資産運用の高度化に向けて

インベストメント・チェーンを通じた経済成長

神作裕之
小野 傑
今泉宣親
［編］

一般社団法人 金融財政事情研究会

はしがき

本書は、東京大学の公共政策大学院において、2015年度に行われた「資本市場と公共政策―資産運用の高度化に向けた展望と課題」の一部を速記録に基づき収録したものである。この講義は、みずほ証券株式会社による寄付講座「資本市場と公共政策」の一環として、小野傑客員教授と今泉宣親特任准教授が担当し、テーマに応じて各界から専門家・実務家にゲストとしてお越しいただき、最先端の実務と理論について、豊富なデータを示しつつ実態に即してお話をいただいたものである。なお、この講義は、公共政策大学院と、法曹養成専攻（法科大学院）および法学政治学研究科総合法政専攻との合併講義として開講された。

急速な少子高齢化の進展と1700兆円にも及ぶ国内家計金融資産が現預金を中心に運用されている実態にかんがみ、日本において「資産運用の高度化」が重大かつ喫緊の課題であることは、疑いの余地がない。国民の安定的な資産形成を促進するためには、わが国の資産運用の実態と資本市場の現状を正しく認識したうえで、課題を析出し、それを解決するための処方箋を検討する必要がある。

家計金融資産の過半を現預金が占めており、主要先進諸国に比較して株式や投資信託の割合が低いわが国において、「投資から資産形成」の流れを促進するためには、一方で、少額からの積立・分散投資を可能とするＮＩＳＡの改善・普及や、金融に関する国民のリテラシーを高めることが重要である。他方、金融商品の開発を行う金融機関や、資産運用にかかわる資産保有者および資産運用者などの機関投資家の側は、真に顧客・最終受益者の利益のためにそれぞれの専門的業務を提供し発展させることが重要である。そのためには、金融機関や機関投資家が、どのような行動規範に基づき行動すべきかについて、一般的な原理を明らかにするとともに、実際の業務に即してそれを具体的な規範としていくことが重要であると考えられる。金融機関や機関投資家のフィデューシャリー・デューティーあるいはスチュワードシップ責任として論じられ、実践されている問題である。

本書では、わが国における資産運用とその技術的な進展、公的年金・投資信託・生命保険会社などのとりわけ中長期的な観点からの投資を目指す機関投資家における資産運用の現状、機関投資家の行動規範である日本版スチュワードシップ・コード、フィデューシャリー・デューティーの意義、資産運用に係る国際金融規制を含む法規制の動向などを取り上げている。本書が、資産運用や資産形成に関心のある方々にとって参考になれば幸いである。

なお、本書の記述のうち意見にわたる部分は執筆者個人の見解であって、その所属する組織の見解ではないことをお断りする。

本書の出版については、一般社団法人金融財政事情研究会の谷川治生氏、堀内駿氏に大変お世話になった。厚く御礼申し上げる。

２０１７年１月

神作　裕之

はじめに

本書は、東京大学の公共政策大学院、法曹養成専攻（法科大学院）、および総合法政専攻の大学院生を対象に、２０１５年度に行われた講義「資本市場と公共政策」の速記録を編纂したものです。

本講義は、毎年度、資本市場を取り巻くさまざまな課題のなかから、将来、官公庁や金融機関の職員、法曹関係者、研究者などを目指す学生に学習してもらうのに適したテーマを選んで、関係する実務家をお招きし、講演や議論を通じて、学生各人にリアルな政策課題への理解を深めてもらうことを目的にしています。２０１５年度は「資産運用の高度化に向けた展望と課題」をテーマに取り上げました。

「資産運用の高度化」というテーマは、メガバンクグループの資産運用会社の再編にみられるとおり、金融業界にとってはまさに目の前の取り組むべき課題となっていますが、まだ社会に出ていない学生にとってはやや縁遠い世界と考えられました。そこで、授業では、公共政策的な議論だけではなく、わが国における資産運用の歴史や、企業年金や生命保険会社といった各運用主体を取り巻く現状なども講義に盛り込みました。いずれも、各分野の第一線の方を講師としてお招きし、それぞれのお立場で抱える問題意識と取組みを、裏付けとなるデータや実際の経験を交えて学生にお話しいただきました。講義を通じて、学生各自が擬似的に講師と同じ立場に身を置いて考えることによって、表層的理解や思い込みではなく、本質を見据えた解決策を思索する経験を積んでもらうことを試みた次第です。

講義自体は全13回あり、その大半を実務家の講師からのお話にあてました。このうち、紙幅の関係および登壇者の意向などから、本書では第1章から第9章までの9人の方の講義について収録しています。

なお、このようにリレー形式で講義を行ったこと、特に各運用主体の切り口と、業界横断的なテーマとで講義を組み立てたことから、読者の方が読み進めるなかで重複などをお感じになる部分もあろうかと思います。また、記述は原則として講義時点（2015年9月～12月）の内容となっているため、市場の変化や制度改正等により現時点の状況と異なる部分もあるかもしれません。いずれも講義録という性質をふまえ、ご容赦いただければと思います。また、一部の登壇者には、わかりやすさ等の観点から今回、講義録とするにあたり、内容を再整理いただいております。

なぜいま「資産運用の高度化」なのか

国立社会保障・人口問題研究所が公表している「日本の将来推計人口（平成24年1月推計）」によれば、2060年のわが国の総人口は8674万人、そのうち15歳以上64歳以下の生産年齢人口は4418万人、65歳以降人口は3464万人と見込まれています。2015年（注1）の生産年齢人口は7703万人、65歳以降人口は3398万人であることから、今後半世紀近く経ても、高齢者の規模はいまとあまり変わらない一方で、高齢者を支える現役世代は4割以上減少することが見込まれていることになります。

現役世代比率が低下した将来では、社会保障の枠組みが現在のものと異なっている可能性も考えられます。そのため、国民各人による現役時代の自助努力による資産形成が今後いっそう重要となっていきます。

マクロでみれば、家計における適切な運用は、1700兆円に及ぶ家計金融資産という国富を、今後食いつぶすことなく増やしていくという点で重要です。新興国をはじめとする海外・国内に分散投資を行うことで、世界の成長の果実を国内に取り込んでいくことは、経済が成熟し低成長下にあるわが国において不可欠となっています。

ここでわが国の家計金融資産の内容をみると、約1700兆円のうち、半数以上の890兆円あまりが現・預金となっており、この傾向は過去から大きく変わっていません。また、家計金融資産の3割を占める保険・年金についても、これまで国債等を中心に運用されてきました。

この結果、たとえば1993年以降の20年間でみても、より積極的なポートフォリオ（資産構成）となっている米国の家計金融資産が3・4倍になったのに対して、日本は1・5倍にとどまるなど、ポートフォリオの差が国富の成長の差につながっていることをうかがわせる結果となっています（図表0－1）。

このような現・預金中心のポートフォリオに対しては、わが国の長年にわたるデフレのもとでは合理的選択であったとする指摘も少なくありません。特に米国との違いの背景としては、自国の株式市場が、右肩上がりで成長してきた米国と、デフレ下で伸び悩んできた日本、という点も指摘されています。しかしながら、自国市場だけをみるのではなく、グローバルな積立・分散投資を行う限り、過去の結果からは為替リスクを加味したとしても、長期的には世界経済の成長に準じた収益が得られるとの試算もあります（図表0－2）。したがって、問題は、自国市場の成績というよりは、家計を含めたわが国金融資産の適切な運用を支える資産運用ビジネスが機能しているかどうかと考えられます。すなわち、家計等の金融資本市場へのアクセスの面で資産運用の高度化を実現し、金融資産が中長期にわたりグローバルに分散して投資される環境を整えることで、世界経済の成長の果実がわが国に取り込まれるとともに、わが国の資本市場に対しても成長マネーが供給されるようになることが期待されます。

一方、最近では、世界的に低金利環境が継続し、マイナス金利が導入されるに至り、債券や株式等を買持ちする伝統的な運用方法では、リスクに見合ったリターンを得られる運用がむずかしくなってきているとの指摘もあります。このため、企業年金や生命保険会社といった機関投資家は、運用対象・運用手法の工夫により、求められるリターンを満たすべく努力を続けています。このような運用技術の観点からも資産運用の高度化は喫緊の課題といえます。

以上のように、わが国の家計を中心とした金融資産の「資産運用の高度化」はわが国の資本市場を取り巻く課題として、時宜を得たものであり、足元で、政策的な動きや、法学的議論もなされていることから、公共政策大学院生お

図表０－１　日米の家計金融資産の規模の推移とポートフォリオ比較

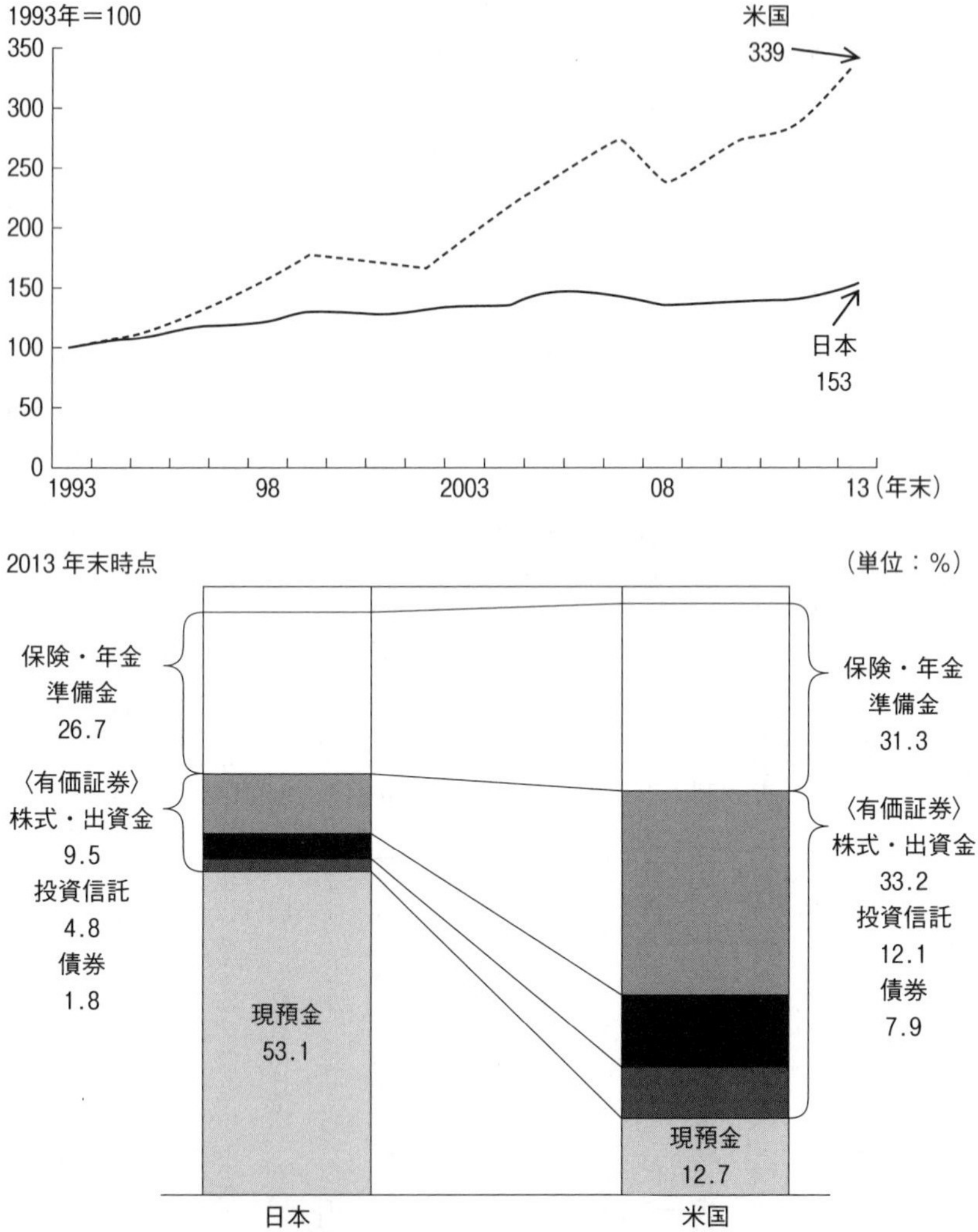

（出所）　金融庁「平成25事務年度金融モニタリング基本方針」

図表０－２　グローバルな積立・分散投資の収益の試算

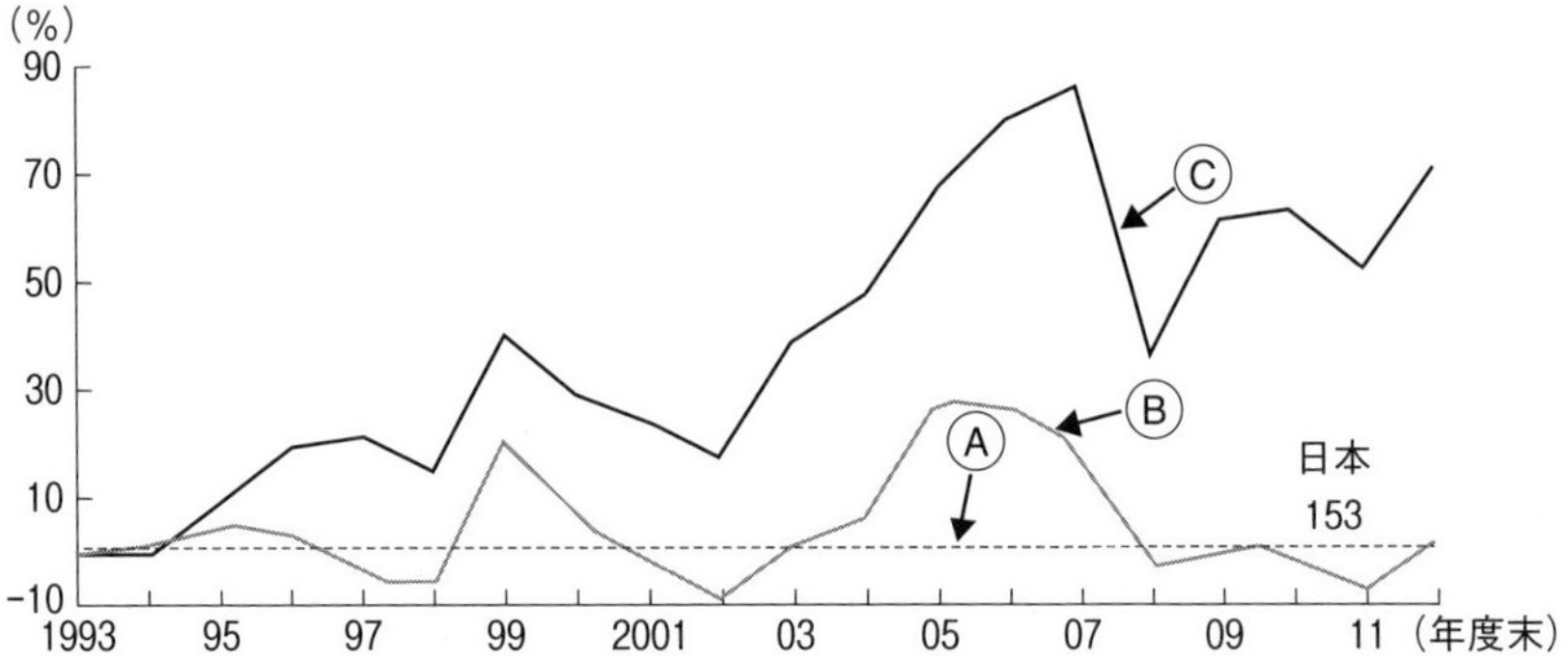

	運用方法	リターン（年平均）
A	定期預金で積立運用	0.1%
B	国内の株・債券に半分ずつ積立投資	0.1%
C	国内・先進国・新興国の株・債券に1/6ずつ積立投資	3.6%

（注１）　各計数は、毎年同額を投資した場合の各年末時点での累積リターン（為替ヘッジなし）。
株式は、各国の代表的な株価指数をもとに、市場規模等に応じ各国のウェイトを掛けたもの。
債券は、各国の国債をもとに、市場規模等に応じ各国のウェイトを掛けたもの。
（注２）「リターン（年平均）」は、累積リターンを運用年数で除したもの。
（出所）　金融庁「平成25事務年度金融モニタリング基本方針」

よび法科大学院生向けの講義としてふさわしいものと考え、テーマに取り上げることにしました。

「資産運用の高度化」をめぐる政策的な動き

講義の流れを簡単に紹介する前に、資産運用の高度化をめぐる政策的な動きの全体像に触れておきます。政策に関する動向は、各章のなかでもそれぞれに関連する部分が言及されていますが、個々の取組みの間の関係性がわかりやすくなるよう、全体を俯瞰した整理を試みたいと思います（実際の講義（第1回の授業）で今泉が簡単に触れたものをあらためて再整理したものです）。

ここでは、資産運用の高度化をめぐる政策的な動きを、大きく、①家計が自助努力による資産形成を行うインセンティブとなるもの、②年金積立金管理運用独立行政法人（ＧＰＩＦ）をはじめとする政府関連ファンドの改革、③日本版スチュワードシップ・コードの導入、④資産運用にかかわる金融機関への監督等に関するものの4点に分けて整理します。

① 家計に対するインセンティブ

家計に投資のインセンティブをもたらすものとしては、まず投資優遇税制があげられます。２００３年に、構造改革の一環として「貯蓄から投資へ」を進めるべく、投資家のすそ野拡大を目指す観点から証券税制の整備が行われました。この一つとして導入されたのが、株式の配当金・売買益に対する税率を10％とする軽減税率です。この証券軽減税率は、時限の制度として２０１２年末に終了する（本来の20％に戻す）こととなったため、これにあわせて、投資家のすそ野拡大だけでなく、家計の資産形成の後押しに焦点をあてた制度として２０１３年にＮＩＳＡ（少額投資非課税制度）が導入されました。

ＮＩＳＡは、現役世代の資産形成を念頭に、非課税となる投資額を少額（年間１００万円まで）に抑える一方、中長期の投資を促す工夫（5年間の非課税期間）が制度として組み込まれました。また、家計資産を成長マネーに向かわせる呼び水としても期待され、毎年の日本再興戦略にＮＩＳＡの普及促進や拡充が盛り込まれています。この結果、投資上限の引上げ（年間１００万円→１２０万円）や、世代間での資産移転を念頭に置いたジュニアＮＩＳＡの導入、さらには積立型ＮＩＳＡなど、継続的に制度の拡充・発展が進んでいます。

家計に投資のインセンティブをもたらしうるものとしては、もう一つ、確定拠出年金制度があげられます。厚生年金基金や適格退職年金等の既存の企業年金制度等は、給付額が約束されるという特徴がある一方、それゆえに年金資産の運用リスクを企業が負うこととなっていました。しかし、中小企業等を中心に、こうしたリスクを負うことは簡単ではありませんでした。そこで、2003年に導入されたのが確定拠出年金制度です。確定拠出年金制度では、企業は一定金額を従業員のために拠出（企業型の場合）する一方、運用内容は従業員が自ら決めることになっています。そのため、企業は従業員に対して投資教育を行うことが義務づけられています。

米国では、同様の制度（401（k））が1980年代に導入され、投資教育や実際の運用成果による成功体験等を通じて、米国の家計金融資産における投資信託や株式の比率を上昇させる大きな推進力となりました。日本では、これまでのところ確定拠出年金制度の利用、同制度からのリスク性資産への投資は伸び悩んでいますが、2016年の法改正により制度が拡充され、今後、家計に対する投資のインセンティブとして重要な役割を担っていくことが期待されています。

② GPIFをはじめとする公的・準公的資金の運用等の見直し

わが国の公的年金や独立行政法人等が保有する金融資産、「公的・準公的資金」は200兆円以上にのぼります。これら法人は、独立行政法人改革等のなかでさまざまな改革が行われてきましたが、資産運用にフォーカスした検討はなされてきませんでした。他方、2012年に安倍政権が成立し、アベノミクスが進められるなか、これら資金についても、資金の運用目的・規模・性格をふまえた適切な運用・リスク管理・ガバナンスが求められることとなり、内閣官房に設置された有識者会議で、見直しの議論がなされました。

公的・準公的資金のなかで、最も規模が大きいのが年金積立金管理運用独立行政法人（GPIF）および公務員共済等の運用を担う3つの共済組合（国家公務員共済組合連合会、地方公務員共済組合連合会および日本私立学校振興・共済事業団）です。これらは、有識者会議での議論にあわせて、ポートフォリオの見直しやリスク管理の高度化等を進め、たとえばGPIFではアベノミクスが始まった2012年度末から2015年度末にかけて運用資産が約12％上昇する結果となっています（120・5兆円→134・7兆円）。

③　日本版スチュワードシップ・コードの導入

②であげた公的・準公的資金に限らず、機関投資家は、一般に自らに資産を託した最終受益者（家計等）に投資の成果がもたらされるよう行動する責任があるといえます。投資の成果がもたらされるためには、投資先企業が企業価値、生産性を中長期的に高めていくことが必要です。そこで、機関投資家が、投資先企業と建設的な対話を行うことで、企業の業績向上と投資リターンの増大を実現させることを期待して、日本版スチュワードシップ・コードが策定されました。

日本版スチュワードシップ・コードでは、機関投資家の規模や運用方針によって、とるべき行動も異なってくることが考えられることから、詳細な義務を一律に課す「ルールベース・アプローチ」（細則主義）ではなく、各機関投資家が置かれた状況に応じて実質において責任を果たすよう「プリンシプルベース・アプローチ」（原則主義）が採用されました。

④　資産運用にかかわる金融機関への監督等

家計の資産運用にかかわる金融機関としては、金融商品の商品開発、販売、運用、資産管理を担うそれぞれの金融機関（投資運用業者、保険会社、販売会社等）があげられます。これらの金融機関は、家計の安定的な資産形成を実現するうえで重要な役割を担っているとして、金融庁によるモニタリング（検査・監督）において、「真に顧客のために」行動しているか検証されてきました。

具体的には、平成27事務年度・平成28事務年度の金融行政方針のなかで、これらの金融機関は「他者の信任に応えるべく一定の任務を遂行する者が負うべき幅広い様々な役割・責任」である「フィデューシャリー・デューティー」を負っていることを前提に、その徹底が求められて、取組状況の検証がなされることとなりました。

これらの方針に従ってモニタリングを行い、その結果を分析・評価して、業界全体の課題やよい取組事例を、年度の終わりに還元・公表する、というサイクルを繰り返すことを通じ、金融機関の自主的な取組み、一定の行動規律の成立を促していくことが進められています。

講義の概観

最後に、本書の構成に沿って、講義を概観したいと思います。なお、本書の構成は、わかりやすさの点から、実際の講義から並べ替えをしていますが、必ずこの順番でお読みいただく必要はなく、ご関心のあるところをピックアップしていただいても特に障りはないようになっています。

まず、第1章・第2章では、わが国における資産運用の歴史と、資産運用における技術的な高度化とはどういうことかをみていきます。わが国における積極的な資産運用は企業年金から始まったことから、企業年金を中心に、それぞれ、みずほ年金研究所 村上正人氏、みずほ信託銀行 岩村伸一氏にお話しいただきました。

続いて、第3章から第5章では、各機関投資家の現状と課題についてみていきます。企業年金については、すでに第1章・第2章で触れられているので、生命保険会社、GPIF等の公的・準公的資金、投資信託を取り上げました。生命保険会社については、そのビジネスモデルとそこから導かれる運用の状況について、第一生命保険 渡辺康幸氏に、GPIF等については先ほど触れた公的・準公的資金をめぐる見直しを中心に、野村総合研究所 堀江貞之氏に、投資信託については販売会社である証券会社の置かれた環境も含めて、みずほ証券 幸田博人氏にお話しいただきました。

政策的論点としては、第4章でGPIFについて、第5章でNISAについて触れられていることから、第6章では、日本版スチュワードシップ・コードを取り上げています。同コードの導入の経緯や概要について、導入時の担当課長であった金融庁 油布志行氏にお話しいただきました。

第7章・第8章では、資産運用を取り巻く法学的論点を取り上げました。法概念としてのフィデューシャリー・デューティーについては本講義の担当教員でもある西村あさひ法律事務所パートナー弁護士 小野傑氏に、投資運用業を取り巻く法規制については西村あさひ法律事務所パートナー弁護士 有吉尚哉氏にお話しいただきました。

最後に、第9章では国際的な議論を取り上げました。国際金融規制改革やシャドーバンキング、長期投資といったテーマについて、京都大学経営管理大学院でも教鞭をとられているみずほ証券 熊谷五郎氏にお話しいただきました。

［引用文献］

（注1） 総務省人口推計（2015年11月1日確報値）

【編者紹介】

神作　裕之（かんさく　ひろゆき）

東京大学法学部卒。学習院大学法学部専任講師、同助教授、同教授を経て、2004年より東京大学大学院法学政治学研究科教授。専門は商法・資本市場法。近著として、「日本版スチュワードシップ・コードと資本市場」神作裕之【責任編集】＝資本市場研究会編『企業法制の将来展望―資本市場制度の改革への提言〈2015年度版〉』所収（財経詳報社、2015年）、「運用型集団投資スキームの業規制―投資信託・投資法人制度とプロ向けファンド規制の見直し―」金融法務事情2023号（2015年）、「ドイツにおけるファンド規制―ファンドおよび投資家の類型化の観点から―」早川勝ほか編『ドイツ会社法・資本市場法研究』（中央経済社、2016年）所収等。現在、金融審議会委員、関税・外国為替等審議会臨時委員、法制審議会信託法部会幹事等。

小野　傑（おの　まさる）（第7章の執筆も担当）

1976年東京大学法学部卒。1978年弁護士登録（30期）。1982年ミシガン大学ロースクールL.L.M.修了。1983年ニューヨーク州弁護士資格取得。1985年西村眞田（現西村あさひ）法律事務所パートナー、2004年代表パートナー。2007年東京大学客員教授。流動化証券化協議会専務理事、金融法委員会委員、法制審議会信託法部会委員、複数の金融機関の社外役員（社外取締役、社外監査役）を務める。

今泉　宣親（いまいずみ　よしちか）

京都大学法学部卒。2003年金融庁入庁。金融庁総務企画局企画課、総務省総合通信基盤局、金融庁監督局銀行第一課、関東財務局理財部金融監督第一課などを経て、2011年金融庁総務企画局政策課金融税制室課長補佐、2013年検査局総務課課長補佐、2014年監督局総務課課長補佐。2015年8月より東京大学公共政策大学院特任准教授。

【執筆者紹介（執筆順）】

村上　正人（むらかみ　まさと）（担当：第1章）

株式会社みずほ年金研究所理事長。早稲田大学政治経済学部卒。みずほ信託銀行にてパッシブクォンツ運用室長、執行役員運用企画部長などを歴任。2007年4月にみずほ年金研究所に移り専務理事、2014年10月より現職。社外役職として、独立行政法人勤労者退職金共済機構資産運用委員会委員長など。元GPIF運用委員。著書に『はじめて資産運用をまなぶ本』（中央経済社）、『年金基金が賢明な投資家であるために』（角川学芸出版）など。

岩村　伸一（いわむら　しんいち）（担当：第2章）

1989年早稲田大学大学院理工学研究科修了。みずほ信託銀行総合リスク管理部次長、年金運用部長、投資運用業務部長を経て、2016年4月より総合戦略運用部長（現職）。共訳書に『ファイナンスへの確率解析』（ラムベルトン他著、森平爽一郎監修、朝倉書店、2000年）。

渡辺　康幸（わたなべ　やすゆき）（担当：第3章）

1996年東京大学経済学部卒。同年第一生命保険相互会社（現第一生命保険株式会社）入社。興銀第一フィナンシャルテクノロジー株式会社（現みずほ第一フィナンシャルテクノロジー株式会社）出向、外国債券部などを経て2012年より運用企画部にて一般勘定のアセットアロケーション業務に従事。2015年より運用企画室長（現職）。

堀江　貞之（ほりえ　さだゆき）（担当：第4章）

神戸商科大学管理科学科卒。野村総合研究所資産運用研究室長、野村アセットマネジメントIT第一運用室長などを経て2005年4月より金融ITイノベーション研究部上席研究員（現職）。大阪経済大学大学院客員教授（現任）。2013年よりGPIF運用委員長代理などの政府関係委員を歴任。著書に『コーポレートガバナンス・コード』（日本経済新聞出版社、2015年）等。

幸田　博人（こうだ　ひろと）（担当：第5章）

1982年一橋大学経済学部卒。みずほフィナンシャルグループグループ戦略第二部参事役、みずほ証券経営調査部長、総合企画部長等を経て、2009年より執行役員、常務執行役員企画グループ長、同国内営業部門長等、2016年5月より取締役副社長（現職）。京都大学経営管理大学院特命教授（現任）。1992年以降、金融制度改革、金融ビッグバン等資本市場改革に係る制度調査・市場分析等に従事。

油布　志行（ゆふ　もとゆき）（担当：第6章）

1989年東京大学法学部卒、同年大蔵省入省。1993年コロンビア大学国際関係論修士。2004年から2008年OECD（経済開発協力機構）に派遣され、国際公務員として勤務。アジア新興市場国等を対象に、コーポレートガバナンス改善のための啓発・支援プロジェクトを担当。2013年から2015年金融庁総務企画局企業開示課長。「日本版スチュワードシップ・コード」「コーポレートガバナンス・コード」の策定にあたり、それぞれの有識者会議の事務局を務める。2015年金融庁総務企画局参事官（総合政策担当）。

有吉　尚哉（ありよし　なおや）（担当：第8章）

2001年東京大学法学部卒。2002年弁護士登録（55期）。2010年から2011年金融庁総務企画局企業開示課専門官。2014年より西村あさひ法律事務所パートナー。金融法委員会委員、京都大学法科大学院非常勤講師、日本証券業協会「JSDAキャピタルマーケットフォーラム」専門委員。近著として、『資産・債権の流動化・証券化〔第3版〕』（共編著、金融財政事情研究会、2016年）、『FinTechビジネスと法25講』（共編著、商事法務、2016年）等。

熊谷　五郎（くまがい　ごろう）（担当：第9章）

慶應義塾大学経済学部、ニューヨーク大学経営大学院卒。1982年野村證券入社。野村総合研究所、野村アセットマネジメント、日興ソロモン・スミスバーニー等を経て、2004年みずほ証券エクイティ調査部シニア・ストラテジスト。2007年より同社経営調査室（現市場情報戦略部）上級研究員（現職）。京都大学経営管理大学院客員教授（現任）。財務諸表利用者代表としてIFRS諮問会議（IFRS Advisory Council）副議長、金融庁企業会計審議会会計部会臨時委員、財務会計基準機構基準諮問会議委員、企業会計基準委員会ASAF対応専門委員会専門委員等を務める。

目　次

第3章　機関投資家としての生命保険会社

第一生命保険運用企画部運用企画室長　渡辺　康幸

第4章　公的・準公的資金の運用の高度化等についての議論

野村総合研究所上席研究員　堀江　貞之

第5章 証券会社からみた貯蓄から投資への流れと投資信託

みずほ証券常務執行役員 幸田　博人

第6章 日本版スチュワードシップ・コード

金融庁総務企画局参事官 油布　志行

第7章 法概念としてのフィデューシャリー・デューティー

西村あさひ法律事務所パートナー弁護士・東京大学大学院法学政治学研究科客員教授 小野 傑

第8章　投資運用業を取り巻く法規制

西村あさひ法律事務所パートナー弁護士　有吉　尚哉

第9章 資産運用に関する国際的な議論

みずほ証券経営調査部上級研究員 熊谷 五郎

第1章

機関投資家による資産運用手法の変遷
——年金基金の運用を通じて

みずほ年金研究所理事長　村上　正人

（2015年10月7日）

ただいまご紹介にあずかりました、みずほ年金研究所の村上です。最初にご参考までに私の経歴を簡単に紹介しておきます。１９８５年から年金資産運用にかかわる仕事を長く続けてきて今年で丸30年になります。２００７年までは信託銀行で年金運用の受託機関という立場で仕事をしていたのですが、その後、年金研究所に移りまして8年半過ごしています。現在、研究所ということなので、現場のビジネスからは距離を置いて、中立的な立場で調査研究等の活動を行っているのですが、近年は公的年金をはじめとして公的機関等の運用の委員を拝命することが多くなりまして、むしろ委託する側である年金基金という立場で運用について考えているというのが最近の状況です。

1 公的年金と企業年金

今日は資産運用手法の話が中心ということですが、運用対象となっている資金がどのような性格のものかをとらえておくことが必要だと思いまして、最初に「公的年金と企業年金」というお話をしたいと思います。

わが国の年金制度の体系については、図表1－1のとおりですが、この制度体系の図で2階に当たる部分は、ついこの間の2015年10月1日より厚生年金と共済年金が一元化されて厚生年金になっています。今日のテーマは資産運用ですので、まずは年金資金の規模がどのくらいあるかという話をします。この図で、国民年金と一元化される前の厚生年金を運用しているのが年金積立金管理運用独立行政法人（GPIF）という組織です。GPIFは2014年の12月末の残高で137兆円という非常に巨大な年金資金を運用しています。それから、共済年金は国家公務員と地方公務員および学校法人の教職員等の年金ですが、資金規模はざっと50兆円です。ですから、GPIFとあわせて、いわゆる公的年金といわれる図の※印のところがおおむね200兆円近くの規模になるということです。

日本の年金ファンドがおおよそ300兆円くらいあるということですが、公的年金の部分がいまお話しした約200兆円、後の約100兆円が企業年金その他になるというのが大雑把な資金規模です。

公的年金と企業年金は、同じ「年金」という言葉を使っていてもその性質が異なります。基本的には、公的年金は賦課方式の年金といわれており、年金の給付金というのは現在就労している人の保険料でまかなうということが基本になっています。ただし、公的年金を給付する財源としては、その保険料収入のほかに国庫負担ということで、税金で負担している部分が結構あります。後は、賦課方式なのですが積立金をもっていて、その積み立てられている資金

図表1－1　わが国の年金制度の体系

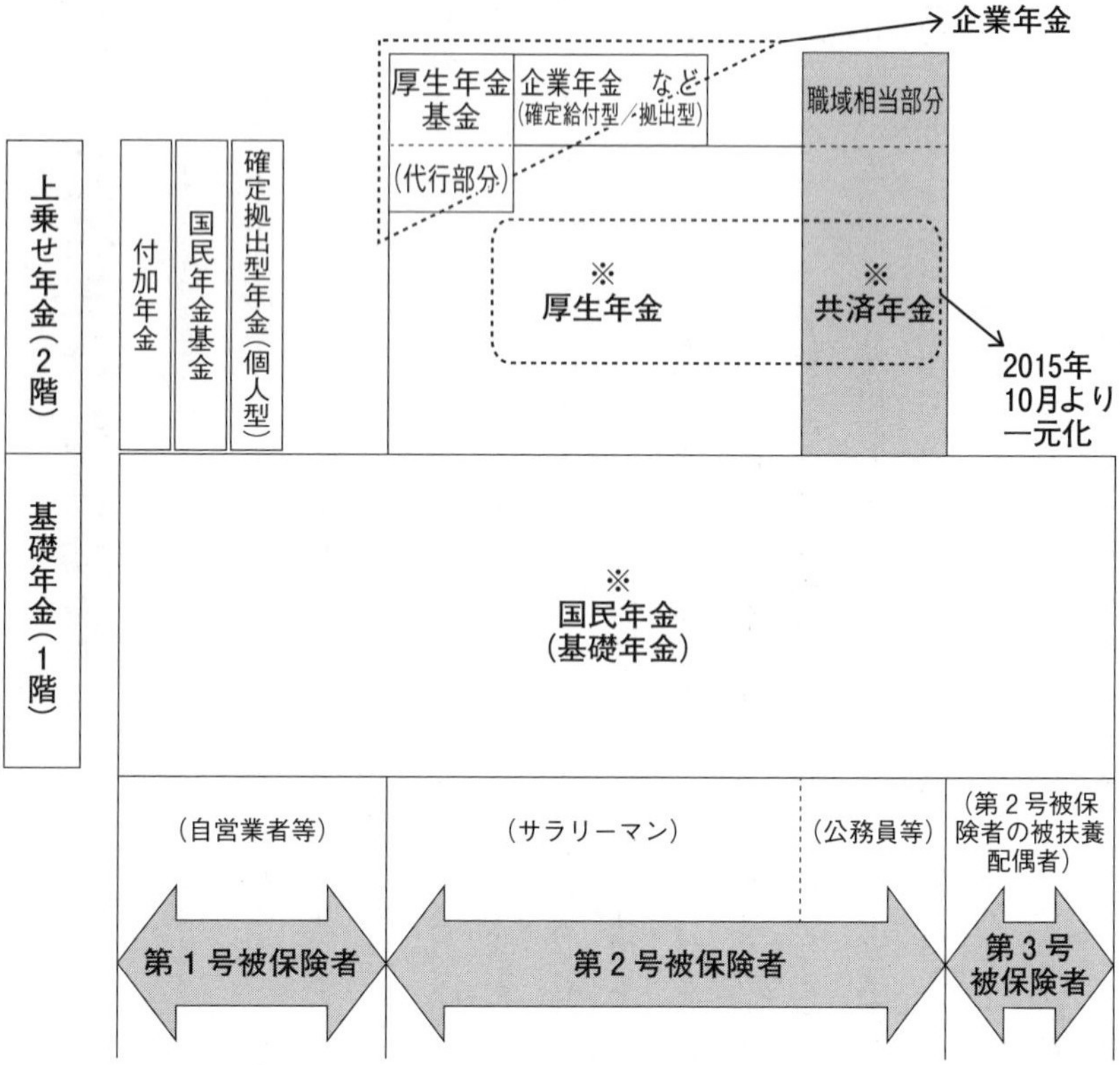

（注）　※印…公的年金。

と、それを運用して得られる運用収益が給付を円滑に行うために活用されています。

　これに対し、企業年金は――ここでは確定給付型のものを前提にお話ししますが――、制度の性質としては自分たちが受け取る年金を事前に積み立てておくという概念で運営されています。

　図表1－2をご覧いただきながら、企業年金の財務諸表の考え方において、数理債務とは何を意味しているかというのを考えます。まずは将来にわたって企業が年金加入者（受給者）に給付しなければならないキャッシュフローがありますが、それを現在の価値に引き直すとどのくらいの負債になるのか、これが年金債務の出発点となる考え方です。

図表1－2　確定給付型企業年金の財政の概念

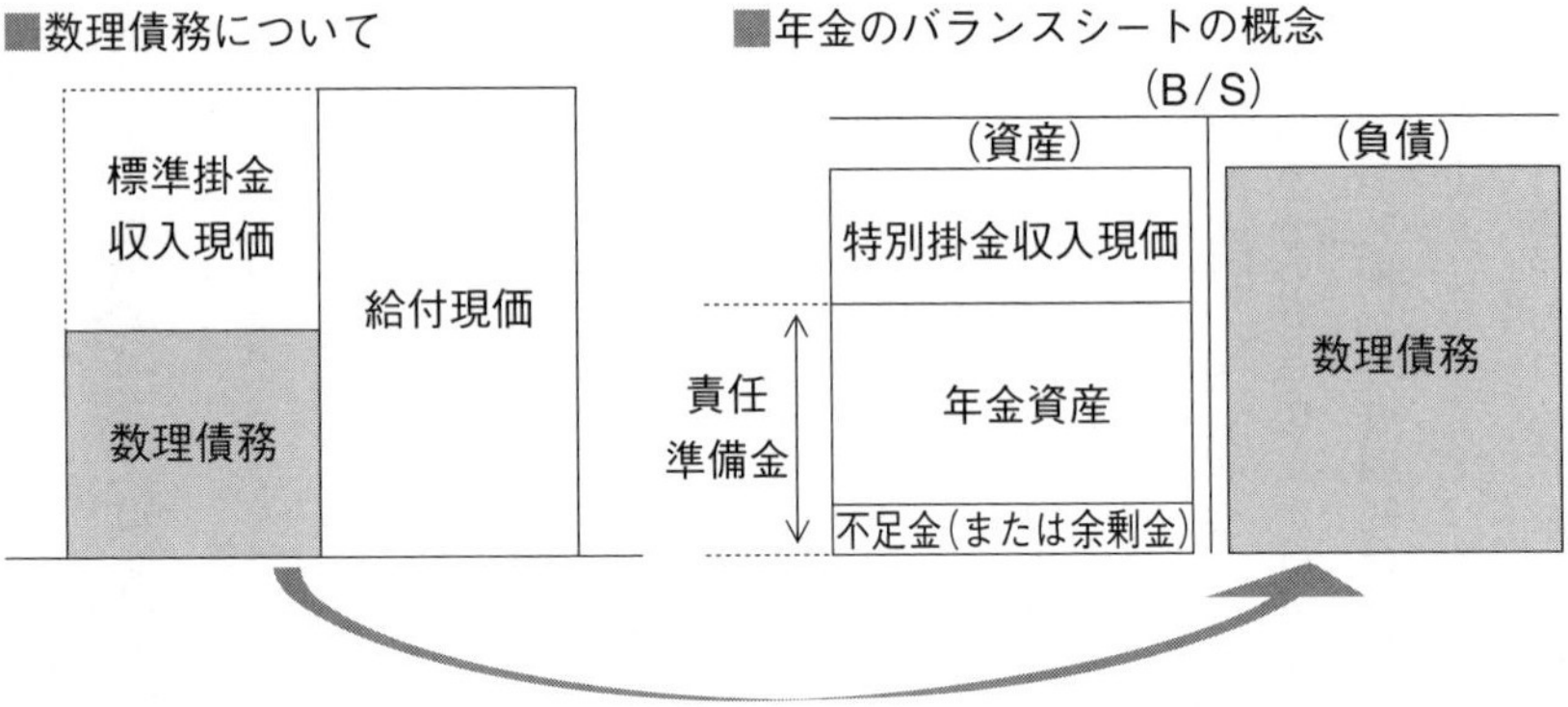

(注)「現価」とは、将来発生するキャッシュフローを一定の割引率で「現在価値」に換算したもの。
(出所)『企業年金マネジメント・ハンドブック』東洋経済新報社を参考に作成

そして資産の側ですが、今後積んでいく予定の掛け金をインのキャッシュフローとしてとらえて、それも現在価値に引き直したのが掛け金の現価の部分です。その差引きの部分の債務、これを数理債務として認識するというバランスシートの考え方です。

この数理債務の部分をきちんと資産としてもっているかどうか、あるいは数理債務に対応する部分を今後に別途積む予定があるかどうか、それとの差異で不足や余剰が発生してきます。事前積立型で運営する年金は、常にこのような検証を繰り返していくということになるわけです。

公的年金は基本的には「保険」の制度で、稼ぎもなくなって長生きするリスクに社会全体で対応していく概念です。一部積立金を有しているものの、事前積立ではありません。詳細には立ち入りませんが、このあたりが公的年金と企業年金の年金制度としての基本的な違いということで、運用の話をするうえでも前提として知っておくべきところをご説明しました。共通点は、規模が大きく長期で運用を考えていかなければならないところです。制度に関する話はここまでにして、年金運用の歴史についてお話ししたいと思います。

2 年金運用の歴史

年金運用の歴史といったときに、公的年金が市場運用を開始したのが1986年からですが、企業年金はそれよりもずっと長い歴史があり、税制適格年金という制度が1960年代から年金資産の運用を行っていました。公的年金は1980年代の後半になってから、企業年金のポートフォリオを参照しながら運用を開始したのです。そのような背景がありますので、この歴史のところについては企業年金を中心にお話ししていきます。

その企業年金の歴史について、これは我流の区分なのですが、図表1−3のように第Ⅰ期から第Ⅲ期までの三つの時期に分けてお話ししていきたいと思います。最初に大雑把な流れを説明しますと、第Ⅰ期は企業年金発足から1980年代の半ば頃までの期間で、厳格な運用規制のもとで長期保有の貸付金や債券でインカム中心の運用を行っていた時代でした。第Ⅱ期の1980年代後半から2000年頃にかけては、15年がかりで運用規制の緩和が進んでいきます。この時期に投資顧問会社にも門戸が開かれ、年金資金の運用を行うことができるようになります。また、公的年金の運用はこの時期に始まっています。第Ⅲ期は運用が自由化されてから今日までです。規制がすべて撤廃された

図表1−3　企業年金の運用の変遷の歴史的区分

第Ⅰ期	企業年金発足～1980年代半ば頃	長期保有の貸付金・債券等のインカム運用中心の時代
第Ⅱ期	1980年代後半～2000年頃	有価証券中心のポートフォリオへ ⇐規制緩和の進展、投資顧問会社の参入 （公的年金の市場運用もこの時期に開始）
第Ⅲ期	2000年以降	運用自由化による多様化

図表1－4　年金信託の資産構成の推移

（単位：％）

	1975/3末	80/3末	85/3末	90/3末	95/3末	98/3末
国内株式	10.9	11.4	12.7	26.7	27.4	35.7
国内債券	32.5	46.1	54.7	39.4	41.8	39.4
外貨建て資産	0.0	0.0	8.3	16.4	16.9	18.4
貸付金ほか	56.6	42.5	24.3	17.5	13.9	6.5

（注）「国内債券」については1985年頃を境に、満期まで継続保有して金利収入を得るのが主体の運用から、時価増殖を目指したポートフォリオ運用へと内容自体が変化したと推測される。また、「外貨建て資産」については、外貨建ての株式・債券がほとんどで、「外貨建て証券」と読み替えられる。

（出所）信託協会公表データより、執筆者加工

なお、年金信託には厚生年金基金と税制適格退職年金が含まれる。この間、信託銀行の年金運用のシェアは企業年金全体の約6～7割を占めていた。

のが１９９９年です。したがって、日本の年金運用の歴史を振り返ると、２０００年以降の約15年間が自由に運用できた期間ということで、自由化後の歴史はそう長くはないということです。

(1)　第Ⅰ期——企業年金発足から１９８０年代半ば頃まで

企業年金の運用の歴史をさかのぼりますと、まずは１９８５年くらいを境目としましてポートフォリオが大きく変わっています。図表１－４は、年金信託の資産構成の推移を示した表です。この表で１９８５年以前のところで国内債券と貸付金の構成比率を合算すると８割～９割になると思います。ここで第Ⅰ期とした１９８０年代半ば頃までは、国内債券もあまり流動的なマーケットでなかったので、国債等をほとんど満期まで持ち切るかたちでの運用を行っていました。すなわち、わが国の企業年金は発足から１９８０年代半ば頃までは、その資産のほとんどを国内債券と貸付金に運用し、利子配当を収益として受け取る、いわゆるインカム中心の運用を行ってきたといえます。

先ほど、企業年金の財務の概念に触れた際に、将来のキャッシュフ

ローを現在価値に引き直すという説明をしました。その割引率は、通常「予定利率」といわれますが、それがどのくらいに設定されていたかというと、1985年の当時は5・5%（法定）でした。ですから、年金資産の運用ではそれに運用報酬等のコストを加えた水準をクリアすれば制度運営上は問題ないことになります。5・5%と聞くと、いま現在はものすごく高い利回りに感じるのですが、実は歴史的には長期国債の利回りが初めて6%を割ったのが1985年のことで、それまでは長期の国債が6%を下回るということはまったくなかった時代です。金利が高い時代で、貸付金にしても8%や9%がざらにつく時代だったので、インカム中心の運用をしておけば、「5・5%の予定利率＋コスト」は十分に上回る運用ができていたということになるわけです。

過去このような運用を行っていた背景として、もう一つは運用規制の存在があります。年金には、大蔵省の通達で俗に「5332規制」と呼ばれていた運用規制が存在しました。それは、まず資産全体の50%以上を国債や担保付きの貸付金等、安全なものに投資しなければならないということです。株式への投資は30%以下、外貨建て資産は、当初は10%以下だったのですが、市場経済のグローバル化に伴って1980年代後半には30%以下まで枠が拡大、そして不動産については20%以下となっていました。

そのリスクの大きな資産の三つの枠を足してみると80%ということになりますが、まずは国内債券等の安全資産に50%以上を投資しなさいということでしたので、必然的にこれらリスク資産は合計50%以下のなかで運用を行うことになっていました。

さらに、この運用比率の規制は年金基金を単位としてではなくて、だれに課せられていたかというと、同じ年金基金から運用を受託しているA信託、B信託、それぞれが契約ごとの受託資産に対してこの規制のなかで運用しなければならないことになっていました。

信託銀行と並んでもう一方の運用の受け手であった生命保険会社は、基金ごとにはポートフォリオ運用は行わず、一般勘定として他の保険資産と一緒にした〝丼勘定〟運用でした。これは、そもそもが保険契約という形態で配当を受け取るという仕組みであったため、年金基金からすると、ほぼ確定利回りの運用というのに近い存在でした。

そのような時代でしたので、年金基金ごとにあまり大きなポートフォリオの違いはありませんでした。日本ではこのような時代が1980年代まで続いて、その後10年以上をかけて、運用規制が徐々に緩和されていくということになるのです。

さて、先ほど説明しましたように、年金運用において昔は貸付金とか長期保有の債券が多かったのですが、それはマクロ的な視点ではどのようなことがいえたでしょうか。年金制度が発足してから1980年代までは、金融行政も長短分離策が続いていて、銀行も短期を扱う都市銀行等の普通銀行と、長期を扱う信託銀行に分かれていました。都市銀行等では、たとえば定期預金は最長2年までしかなく、それより長いものは信託銀行が取り扱っていたのです。この頃の時代背景を考えると、戦後の復興期から続く資金不足のなか、国全体で成長していくために基幹産業に資源を傾斜配分していくことが必要とされ、いわゆる高度経済成長を支えるための資金が必要でした。そのようななかで、たとえば電力会社等への長期の設備投資のための貸付金は、長期金融を扱う信託銀行から、年金などの勘定を通じて出ていたわけです。同様に、公的なインフラ整備のために地方公共団体や特殊法人等が発行する空港債や道路債などにも年金資金から投資が行われていました。マクロ経済的には、年金のポートフォリオにおける貸付金等は、これらの資金供給を行ってきたという意味でも、意義があったといえるのではないかと考えられます。

(2) 第Ⅱ期——1980年代後半から2000年頃まで

1985年に、歴史上も有名なプラザ合意という出来事がありました。先進国間の合意を背景に、そこから急速な

図表1－5　企業年金の資産運用内容の歴史的変遷

■わが国企業年金制度の発足当初より1980年代までは、長短分離の金融行政により、年金資産運用の受託機関は、信託銀行と生命保険会社に限定されていた。

その資金は、わが国基幹産業の設備資金への長期的な貸付や、国・地方公共団体・特殊法人等が発行する債券（国債、地方債、空港債、道路債など）に大部分が運用されていた。

⇒そのような運用は、わが国の高度成長期にはマクロ経済的にも意義があった。

■1980年代以降に起こった下記のような複合的な環境変化が、年金資産運用の内容を有価証券中心へと大きく転換させることとなった。

・高成長の時代から安定成長・低成長の時代へ
・企業が豊かになって優秀な人材確保等の目的で年金制度導入が相次ぎ、年金資産が増大した一方、相対的に国内の設備投資等の長期の資金需要等は減少
・わが国が巨額の貿易黒字等を背景に経済大国になったことにより、円高、金《かね》あまり、金利低下が進行　→債券や貸付金では年金の予定利回りに達しない低金利の時代へ
・経済のグローバル化とともに、年金運用の分野でも規制緩和が進展
・投資理論やコンピュータの発達、資本市場の整備等とともに、運用手法が高度化・多様化

円高トレンドが生じるのですが、その背景としては、日本が貿易黒字を通じて非常に大きな対外債権を積み上げるようになったために、不均衡の是正と、貯め込んだ資金を国外に還流させる必要が出てきたことがありました。貿易黒字で流入した資金等によって、日本国内では金《かね》あまり現象を通じて低金利時代に突入することになります。金利が6％を割って低くなるとインカムだけの運用では年金制度からの要請に応えられなくなるということもあって、資産構成を変えていく節目になりました（図表1－5）。

そのポートフォリオの変化をみると、貸付金等は減少、国内債券も、それまでの高いクーポンの国債等を満期まで持ち切る運用から一変して、ポートフォリオという概念でインカム・プラス・キャピタルのトータルリターンを目指していくという運用に

変わりました。そして、国内株式、外貨建て資産――これは外貨建ての株式や債券の外貨建て証券ですが――のウェイトは増えて、今度は国内債券、国内株式、外貨建て証券の三つ、すなわち市場運用の有価証券で8割くらいを占めるという運用の構成になったのです。

金融情勢が変わり、また経済もグローバル化が進む時代になってくると、基金が自由に運用することを束縛している運用規制が邪魔になってきます。1983年、年金基金のリーダー的な存在であった厚生年金基金連合会はいくつかの有力な年金基金の理事等を集めて専門委員会を設置し、今後の年金資産運用のあり方について検討を重ねました。そして、規制を撤廃して運用を自由化することを求める「基金主導の資産運用をめざして」という報告書が提出・公表されたのです。これを契機に、徐々に規制緩和が進むことになります。

一方で、この報告書では、運用を自由化するからには基金側の責任の強化についても同時に行われなければならないということも謳われました。すなわち、この報告書で、後で触れる「受託者責任」についての基本的な考え方が示されており、「基金は年金給付の責任を果たすためには、基金の加入員及び受給者の利益のみを考慮し全力をあげて資産運用に努力すべき」といったことが書かれました。年金基金は自由化を求めると同時に、自らの規範を考えていく必要が出てきたのです。

1990年代に旧厚生省は、運用規制の緩和を進めるかわりに、年金基金の責任を強化していくため、法令によって基金が基本運用方針を策定することを義務化したり、「受託者責任ガイドライン」を制定して基金の理事等の責務について具体化する等のことが行われました。

この一連の流れのなかで、年金基金は自ら運用目標を示し、資産構成等に関する基本方針を策定していくことが義務づけられることになります。図表1－6のとおり、運用受託機関をどのようなプロセスで選定するかや、運用受託機関をどのように管理するかについても、基本方針のなかに盛り込むよう義務づけられました。

図表1－6　年金基金に作成が義務づけられている運用の「基本方針」等の内容

■確定給付企業年金法やその関係法令で以下のように定められている。

［年金基金が自ら策定する「運用に関する基本方針」に記載すべき内容］

- 運用の目標に関する事項
- 資産の構成に関する事項

→ 年金基金としての資産運用上の重要な意思決定
①いわゆる「政策アセットミックス」を軸とした基本投資政策の決定

- 運用受託機関の選任に関する事項
- 運用受託機関の業務に関する報告の内容および方法に関する事項
- 運用受託機関の評価に関する事項

→ ②運用受託機関の選任と管理

- 運用業務に関し遵守すべき事項
- その他、運用業務に関し必要な事項

［年金基金が運用受託機関に対して「運用指針」（運用ガイドライン）に記載して提示すべき内容］

- 資産の構成に関する事項
- 運用手法に関する事項
- 運用受託機関の業務に関する報告の内容および方法に関する事項
- 運用受託機関の評価に関する事項
- 運用業務に関し遵守すべき事項
- そのほか、運用業務に関し必要な事項

運用受託機関に対して、具体的な資産運用比率やその乖離許容幅、運用戦略等を明示したうえで、運用を委ねる

規制緩和前は年金資産を分けて委託する信託銀行ごとに運用比率制限が存在しましたが、規制緩和後は、年金基金が自ら基本方針を策定することが義務化されたことで年金基金としての運用資産構成をコントロールするようになりました。これによって、たとえばA信託銀行には国内債券のアクティブ運用を、またC信託銀行には国内株式のパッシブ運用を委託するというように、運用機関それぞれに得意な運用に特化したものを請け負わせることができる時代に変わっていったのです。

受託者責任についてはこの時代に基本的な枠組みができていますので、ここでもう少し触れておきます。年金基金の受託者責任における大きな義務として、忠実義務と注意義務があります（図表1－7）。忠実義務は、「もっぱら加入員等の利益を考慮すべきであり、これを犠牲にして加入員以外

図表1－7　年金管理者に求められる「受託者責任」の重要な柱

多くの企業年金基金は、「金融商品取引法」上は「アマチュア」である（届出等によって「プロ」になることができる基金もある）。ただし、確定給付企業年金法等では、以下のような義務がある。

■**「忠実義務」**：「もっぱら加入員等の利益を考慮すべきであり、これを犠牲にして加入員以外の者の利益を図ってはならない」義務

・事業主は、管理運用業務について、法令、法令に基づいて行う厚生労働大臣の処分及び規約を遵守し、加入者等のため忠実にその職務を遂行しなければならない。（確定給付企業年金法第69条） ・基金の理事は、法令、法令に基づいてする厚生労働大臣の処分、規約及び代議員会の議決を遵守し、基金のため忠実にその職務を遂行しなければならない。（同法第70条）

■**年金資産運用にかかわる事業主・理事等に求められている「忠実義務」「注意義務」**

・事業主は、管理運用業務について、社会通念上要求される程度の注意を払い、加入者等のため忠実にその職務を遂行しなければならない。 ・理事は、管理運用業務について、常勤・非常勤の勤務形態やその職責の内容に応じ、理事として社会通念上要求される程度の注意を払い、基金のため忠実にその職務を遂行しなければならない。 特に、管理運用業務を執行する理事（理事長、管理運用業務を行う常務理事及び運用執行理事等。以下、「理事長等」という。）は、管理運用業務に精通している者が、通常用いるであろう程度の注意を払って業務を執行しなければならない。（受託者責任ガイドライン）

の者の利益を図ってはならない」義務とされています。また、注意義務は、一般にいわれる善良な管理者の注意義務よりもさらに厳しい表現になっており、特に管理運用業務を執行する理事は、「管理運用業務に精通している者が、通常用いるであろう程度の注意を払って業務を執行しなければならない」と書かれています。一般の人が注意深く行ったというのでは駄目なのです。そのような義務が年金基金に明示的に課せられました。これらの表現は現在でも確定給付企業年金法等の法律と、それに関係して厚生労働省の通達として出された「受託者責任ガイドライン」のなかに盛り込まれています。

図表１－８　米国エリサ法の「受託者責任」の概要

■エリサ法（ERISA＝Employee Retirement Income Security Act of 1974：従業員退職所得保障法）

［法律の構成］

第１編　従業員の年金受給権の保護 → **第４節　受託者責任**

第２編　退職制度に関する内国歳入法の改正

第３編　司法権・管理・施行

第４編　制度終了保険、年金給付保険公社（PBGC）の設置

第４節　受託者責任（fiduciary responsibility）

a）**忠実義務（加入者利益専念ルール）**

b）**注意義務**（プルーデント・エキスパート・ルール）

c）分散投資義務

d）制度規定遵守義務

［受託者の基本的義務］

a）　忠実義務（加入者利益専念ルール）

受託者は、制度の加入者と受給者の利益のためにのみ制度に対する義務を負うこと。給付の支払、および管理に要する適切な費用の支払以外に年金資産や収入を使用しないこと。

b）　注意義務（プルーデント・エキスパート・ルール）

受託者は、同等の能力で行動し、同様の事項に精通しているプルーデント・マンが同様の性格および目的を有する事業の管理にあたり行使する注意力、技量、思慮および勤勉さ（the care, skill, prudence and diligence）をもって権限を行使すること。

この一連のルールを旧厚生省が検討する際に参照した、米国の年金法といわれる「エリサ法」と呼ばれる法律がありますので、図表1－8に掲げておきます。エリサ法のなかの忠実義務は、加入者利益専念ルールと呼ばれ、「受託者は、制度の加入者と受給者の利益のためにのみ制度に対する義務を負う」となっています。注意義務は、善管注意義務と違って「プルーデント・エキスパート・ルール」――ここでプルーデントとは慎重であることという意味ですが――、習熟した人が慎重にやったのと同様に注意深くなければいけないとして、より具体的に、注意力や、技量や、思慮および勤勉さにおいて、専門家のレベルであることを求めています。

この受託者責任におけるプルーデンス（＝慎重さ）については、「プロセス責任」であるといわれています。資産運用は結果

があらかじめわかるものではないので、運用利回りで責任を果たしていたかどうかが判断されるわけではありません。運用を行うにあたって、どのくらいきちんとしたプロセスを経ていたか、いろいろなことを考慮して注意深く判断したか、そのような意思決定のプロセスが問われる責任とされています。

このように年金基金の理事等の責務が明確にされたうえで規制緩和が進み、やがて規制は撤廃されて、いよいよ運用自由化時代に移ることになったのです。

なお、運用の面ではありませんが、年金の財政運営においても基金の主体性が求められ、1997年には予定利率を基金の判断で設定するようになったことを付け加えておきます。

(3) 第Ⅲ期――2000年以降

次に年金資産運用の自由化の後のようすをみていきます。図表1-9は企業年金の基金全体のポートフォリオの推移です。運用規制が撤廃された直後が丸印をつけてあります1999年ですが、この時のポートフォリオをみると、国内株式は36・5%、外国株式が18%で、この二つを足すと約55%になります。この頃の企業年金の運用は、平均的には国内外の株式に半分以上の資金が投資されていたのです。

ところが、その後、国内株式の比率の推移をみると、今日に至るまでにだいぶ圧縮されてきています。外国株式はほぼ横ばいなのですが、国内株式については、わが国では「失われた20年間」を通じて株式市場が非常に不振だったことや、世界的なITバブルの崩壊やリーマンショックなど、さまざまなことを経て、その株式リスクの大きさを少しコントロールしなければならないということになったわけです。企業年金の場合は、企業が従業員に給付を約束していますから、運用利回りが達しなければ、その足りない部分を企業が持ち出して財務的な負担を負わなくてはなり

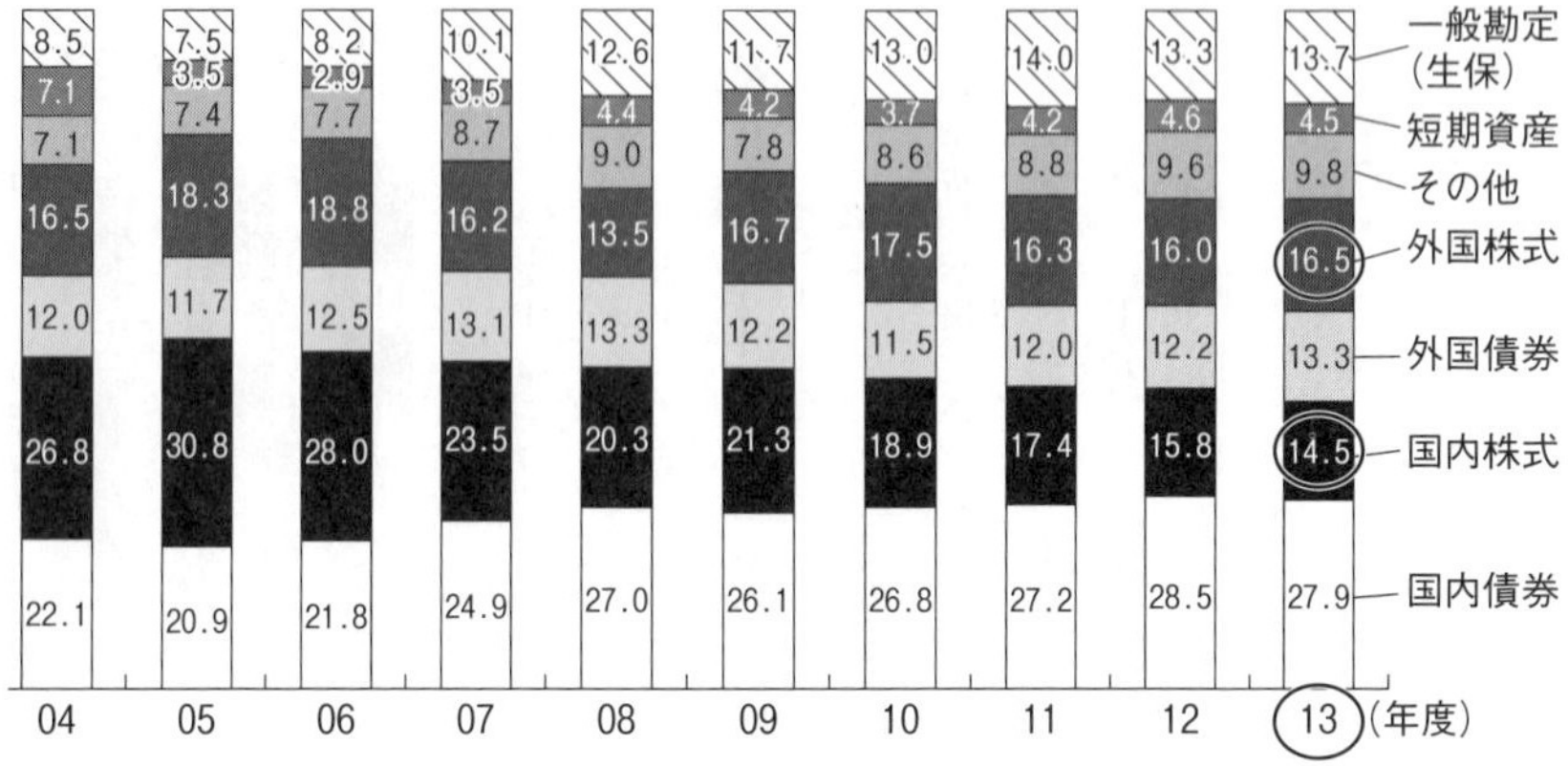

一般勘定（生保）
短期資産
その他
外国株式
外国債券
国内株式
国内債券
04 05 06 07 08 09 10 11 12 13 (年度)
8.5 7.1 7.1 16.5 12.0 26.8 22.1
7.5 3.5 7.4 18.3 11.7 30.8 20.9
8.2 2.9 7.7 18.8 12.5 28.0 21.8
10.1 3.5 8.7 16.2 13.1 23.5 24.9
12.6 4.4 9.0 13.5 13.3 20.3 27.0
11.7 4.2 7.8 16.7 12.2 21.3 26.1
13.0 3.7 8.6 17.5 11.5 18.9 26.8
14.0 4.2 8.8 16.3 12.0 17.4 27.2
13.3 4.6 9.6 16.0 12.2 15.8 28.5
13.7 4.5 9.8 16.5 13.3 14.5 27.9

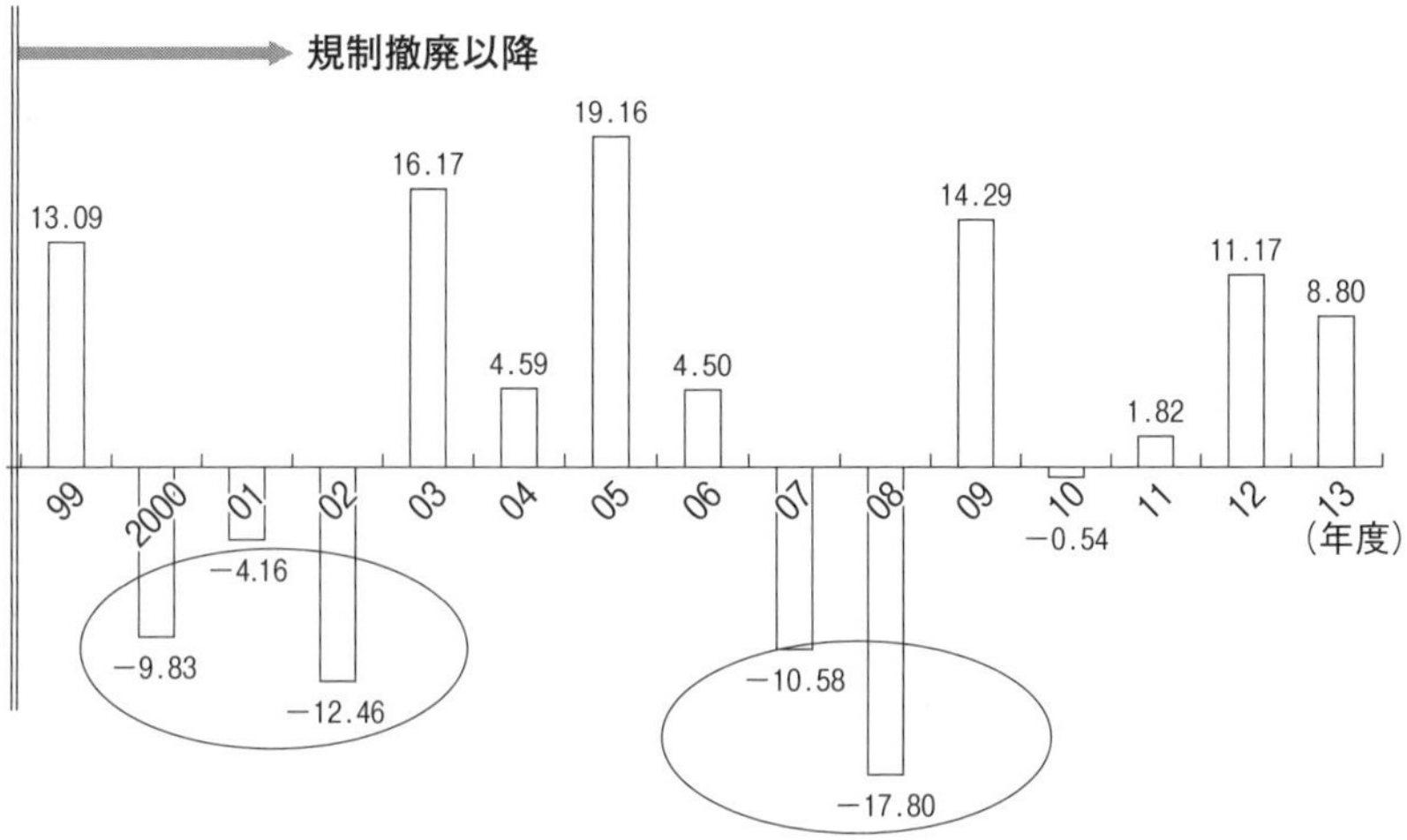

規制撤廃以降
99 13.09
2000 −9.83
01 −4.16
02 −12.46
03 16.17
04 4.59
05 19.16
06 4.50
07 −10.58
08 −17.80
09 14.29
10 −0.54
11 1.82
12 11.17
13 8.80
(年度)

図表１－９　企業年金の資産構成割合の推移

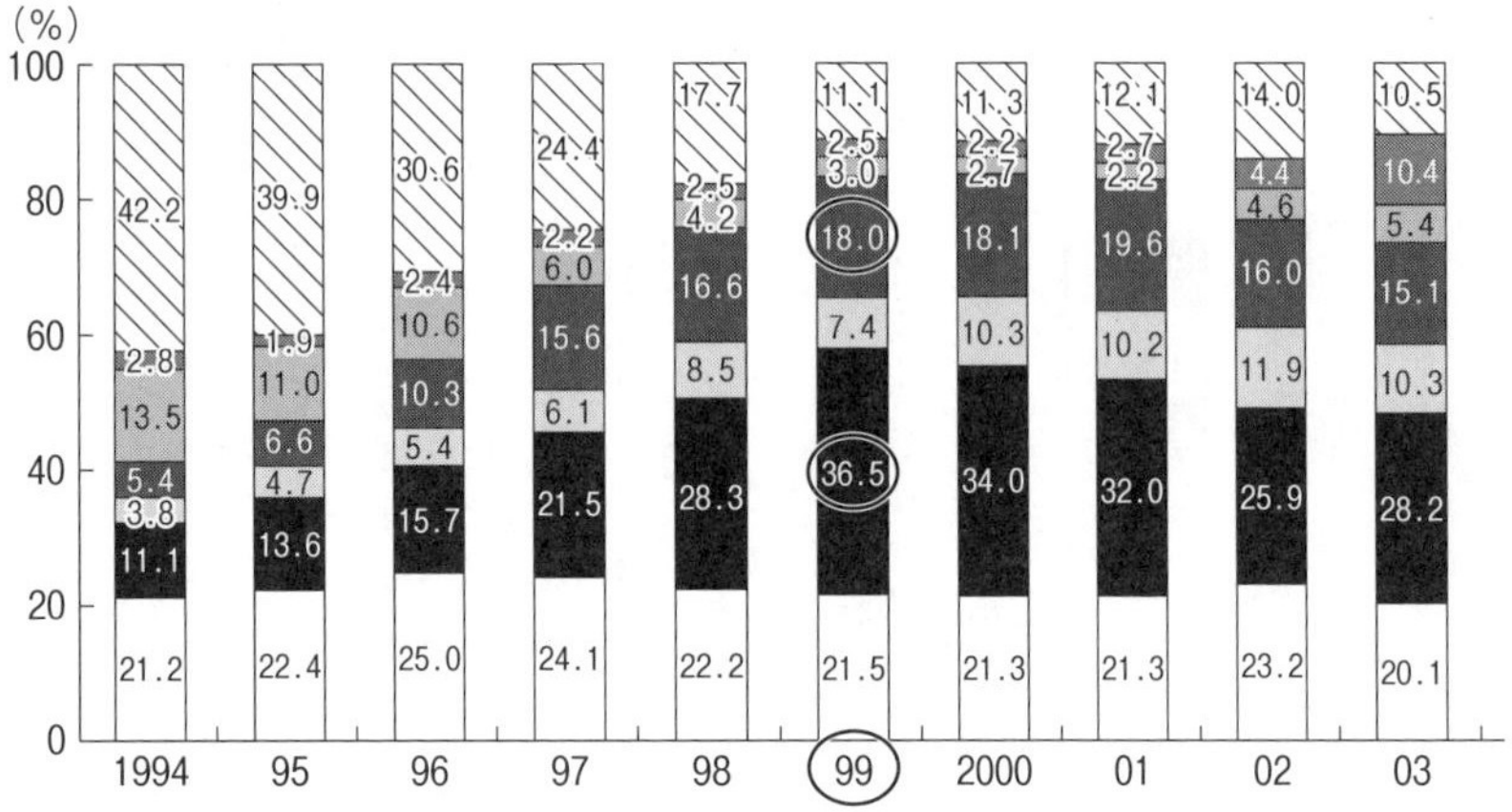

（注１）　2003年度までは厚生年金基金、2004年度以降は厚生年金基金と確定給付企業年金の合計値。

（注２）「その他」は、オルタナティブ投資、転換社債、貸付金等である。

（出所）　企業年金連合会 資産運用実態調査

図表１－10　企業年金の運用利回りの推移

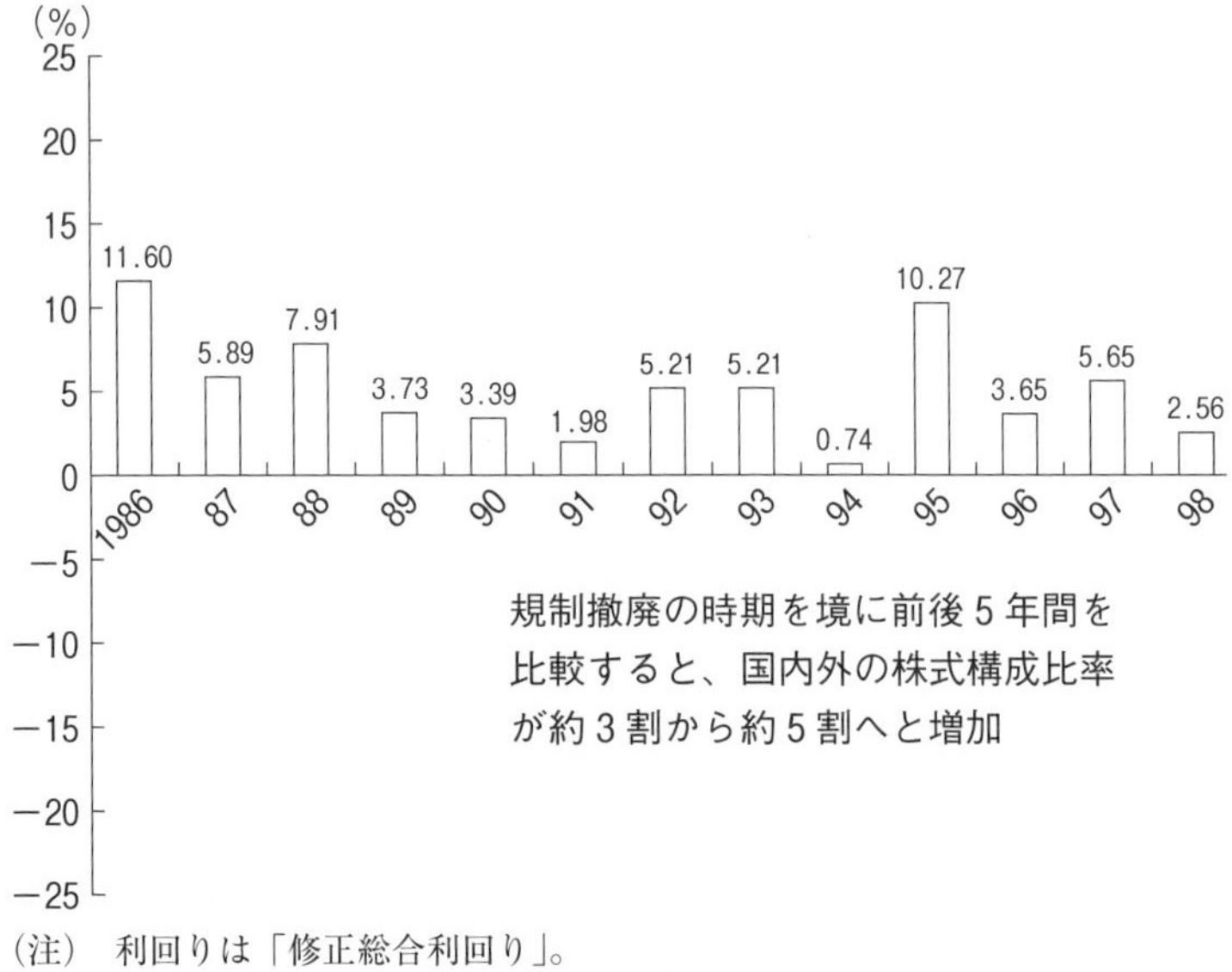

（注）　利回りは「修正総合利回り」。

（出所）　企業年金連合会 資産運用実態調査

ません。リスクをとった運用を行わないと必要な運用利回りを確保できないことが多いのですが、株式市場のリスクの大きさにかんがみ、大きな財務負担となることは避けようと考えて、どちらかというと従来よりリスクを抑えた運用に向かったのが企業年金です。ちなみにＧＰＩＦ、すなわち公的年金のほうは、昨年（２０１４年）に株式比率を大きく引き上げたのが話題になりましたが、これは企業年金は株式比率を抑えるような方向にずっと向かってきたというのとは対照的なことでした。

図表１－10は各年度の企業年金の平均的な運用利回りのグラフです。１９９９年を境に運用規制が撤廃されて、株式のウェイトが増えていくと、各年度の運用利回りがマイナス十数％という年も出現しているように、年々の利回りが非常に変動的になりました。

それでも、ここに示した全期間である28年間を通算すると平均リターンが３・８％（算術平均）となります。そして、それはこの期間の国内債券市場や国内株式市場全体のパフォーマンスとほぼ同じぐらいの利回りになっています。

この今日に至る第Ⅲ期のところでは、株式資産構成の推移を中心に簡単に解説しましたが、分散投資の内容や株式等の具体的な手法等がどう変遷したかについては、次で説明することにしましょう。

3 年金基金の運用プロセスと運用手法の変遷

かなりの時間を歴史等の説明に充ててきましたが、ここからは運用のプロセスや運用の中身の話に入っていきたいと思います。

運用のなかでも特に重要なのがアセットアロケーション、すなわち資産の構成をどのようにするかの意思決定が運用成績の行方の大半を左右するということがいわれています。

株式は、長期的には非常に高いリターンが期待できるかもしれませんが、短期的には非常に変動が高い市場であるわけです。実際に年金資金の運用で株式にどれくらい投資されているかを概念的にお話ししてみましょう。平均的な北米の年金は、株式を6割くらい組み入れるというのが昔からセオリーになっていました。株式を6割組み入れると、期待される収益率の平均値は高くなるのですが、単年度、すなわち1年間当りの変動は幅が非常に大きくなります。たとえばカリフォルニア州公務員年金の場合、リーマンショックがあった年にはマイナス30%近くになっています。市場がよいときは上のほうにぶれて30%になったりすることもあるのですが、そのように上下の振れ幅が大変大きくなるわけです。

GPIF、すなわちわが国の公的年金は、昨年の10月以前の方針変更前は国内外の株式が全体の24%程度の組入れだったのですが、方針変更後に国内外株式をあわせて基本構成割合を50%としたので、シミュレーションをしてみますと、現在は単年度の利回りがマイナス20%になることもありうるようなポートフォリオになっています。逆に、株式市場が好調ならば非常によいパフォーマンスになるのです。

それから、わが国の企業年金の平均像は、先ほどみてきましたように歴史的に株式比率が高い時は50％を超えていたのですが、現在は3割程度株式を組み入れているため、年間ではマイナス15％からプラス15％のあたりに運用利回りが収まるくらいであると推定できます。

運用を考えるときに、すぐに今後の経済はどうなるのか、金利はどうなるのか、株式市場の見通しはどうかというようなことに目が行きがちなのですが、まず考えなければならないのは、運用しようとしているのがどのような資金なのか、どのくらいの期間で運用するか、どのくらいの利回りが必要なのか、年々でどのくらい変動することが許されるのか等々の、資金性格に伴うことをきちんと整理して把握するというのが非常に大事なことになります。来年の春に学費として払う予定のお金を株式運用したら大変なことになる可能性があります。資金の性格によって運用の組立て方が異なってくるということで、これをきちんと把握することが重要なのです。米国の年金がなぜ全体の6割もの資金を株式に運用しているかというと、年金制度の設計に使われている予定利率が非常に高く、特に公務員年金ではいまでも7・5％とか8％の予定利率が使われています。この水準を運用でカバーしていくためにリスクをとらざるをえなくなっており、それが結果として未達に終わっていることが市や州の財政へ影響するなど、さまざまな問題を引き起こしているところがあります。ですから、米国の年金が5割も6割も株式に投資しているからという理由だけで、他の年金運用もそうすることが正当化されるわけではありません。その資金の特性や制度上などから運用に求められているものと、リスクが顕在化したときの影響も勘案して決めていく必要があるわけです。

したがって、政策アセットミックス、すなわち基本方針としての資産構成を決めていくための典型的なアプローチというのは、図表1－11にあるように、まずは資金の性格からして、投資家の事情によるリスク許容度を明らかにすること、もう一方で、資本市場の本質的な分析があって、長期的に期待リターンとリスクがどうであるかを推定し、その両者をもって最適化していく、このようなプロセスを経て政策アセットミックスが決められるのです。

図表１－11　政策アセットミックス策定のアプローチの典型例

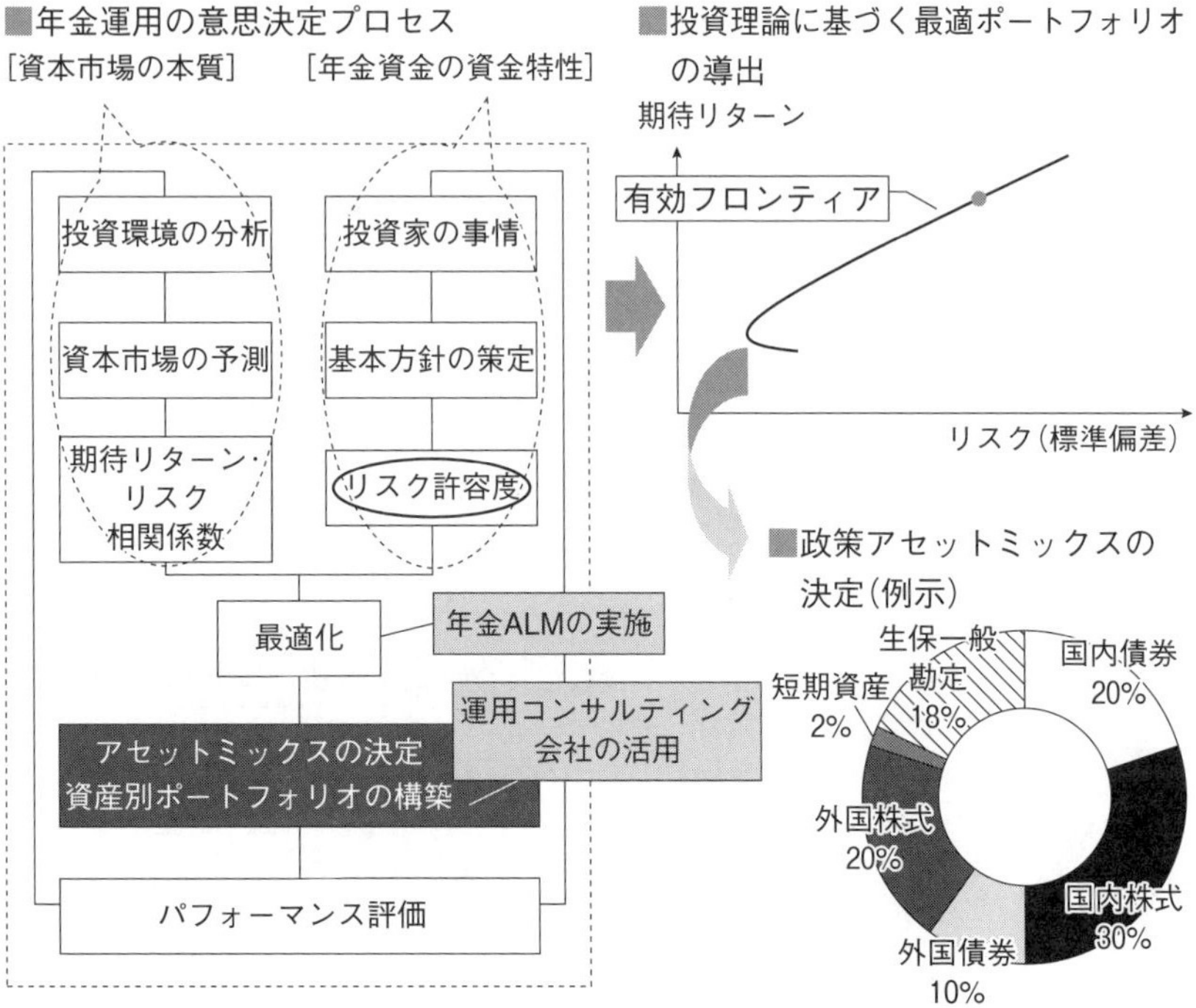

その後、資産ごとに、たとえば株式であればどのような運用戦略を採用するか、インデックス運用をどのくらいの割合にして、アクティブの運用をどうするか、そのアクティブ運用はどのような運用戦略のファンドを採用するか、そのようなことを検討しつつ運用機関の選択を行っていくことになります。そして、ここのところまでの意思決定プロセスは、年金基金が自ら行うべき重要な業務になっているのです。最終的に運用会社が選択されて運用を委ねるのですが、いってみれば年金基金からオーダーされた仕様で運用戦略を実行していくのが運用機関の役割となります。ですから、ＰＬＡＮ、ＤＯ、ＳＥＥの主要なプロセスのなかで、ＤＯの部分を除いては、ほとんど年金基金が意思決定を行っています。ＰＬＡＮとＳＥＥ、この重要な入り口と出口は年金基金が押さえているということです。

図表１－12　日本での政策アセットミックスの構築方法とリスク管理の進化の流れ

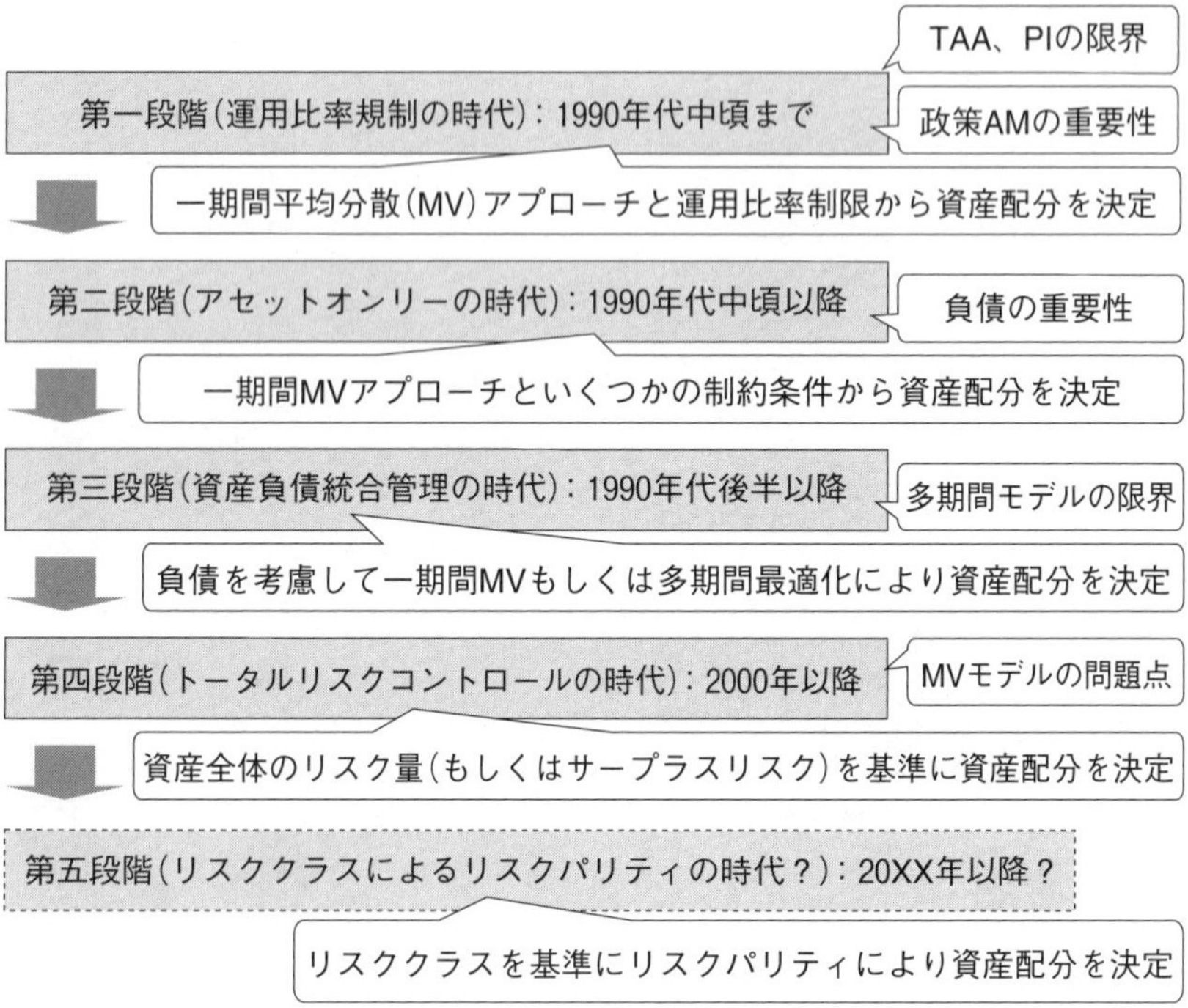
TAA、PIの限界
第一段階（運用比率規制の時代）：1990年代中頃まで
政策AMの重要性
一期間平均分散（MV）アプローチと運用比率制限から資産配分を決定
第二段階（アセットオンリーの時代）：1990年代中頃以降
負債の重要性
一期間MVアプローチといくつかの制約条件から資産配分を決定
第三段階（資産負債統合管理の時代）：1990年代後半以降
多期間モデルの限界
負債を考慮して一期間MVもしくは多期間最適化により資産配分を決定
第四段階（トータルリスクコントロールの時代）：2000年以降
MVモデルの問題点
資産全体のリスク量（もしくはサープラスリスク）を基準に資産配分を決定
第五段階（リスククラスによるリスクパリティの時代？）：20XX年以降？
リスククラスを基準にリスクパリティにより資産配分を決定

（注）　TAA：タクティカル・アセット・アロケーション
　　　PI：ポートフォリオ・インシュアランス
（出所）　みずほ年金研究所

(1)　政策アセットミックス構築方法の変遷

政策アセットミックスという資産構成比率を決める方法に、どのような歴史的な変遷があったのかを大まかにたどると図表1－12のようになります。第一段階、すなわち運用比率規制があった時代は、前に説明した5332規制等で、ポートフォリオ選択の余地があまりなかったのです。国債等で5割以上運用しなければならない一方で、株式は最大でも3割まで、外貨建て資産も3割まで、そのような比率制限で資産構成の大きなところはほとんどが決まってしまう時代でした。

アセットミックスは運用のパフォーマンスやリスクにとって非常に重要な意思決定であるといわれます。最適なアセットミックスを決定する方法としては、歴史的には分散投資の理論を打ち立てて１９９０年にノーベル経済学賞をとったハリー・マーコウィッツが考案したミーン・バリアンス・アプローチ（平均分散法）といわれる最適化の手法を活用していくことが、ポピュラーな方法として定着していました。ただ、その手法で行おうとしても、制約条件として運用比率制限を入力すると、ほとんどそれに縛られて資産配分が決まっていたという時代でした。

第二段階の時期には、徐々に規制緩和が進んでいきますが、年金基金全体としての５３３２規制は依然として残っており、引き続き資産側の条件を中心にアプローチを行っていました。一方でバブル崩壊後の株式市場の低迷や低金利時代への突入などの環境変化で、年金債務と運用との関係が次第に議論にのぼり出します。

そして、第三段階の時期です。１９９６年に年金財政のルールにおいて、従来の簿価を基準とした運営から時価を基準とした運営への改正が行われます。年金運用はリスク・リターンの両面から、変動も考慮しつつ、負債の条件を満たしていく収益をあげていくということを考えなければならないのですが、次第にその負債との関係性が意思決定のなかで占める割合が高まりました。そこで、年金の世界でもＡＬＭというアセットとライアビリティのマネジメント、すなわち資産負債総合管理が行われるような時代になりました。

年金資金は、非常に長い期間にわたって運用が行われます。企業年金でも20年、30年、それ以上の期間、運用していかなければなりません。その年金の財政を健全性の視点から再検討を行うのが5年サイクルであり、財政再計算と呼ばれます。それで、将来の給付に対する掛け金のバランスや、年金資産が十分あるのかどうかなどのチェックが行われるのです。ですから、掛け金等に影響を与えないということでは、5年で期待された運用成果があがっていることは大事です。ところが、1年でもそれを下回ってしまったりすると、強制的に財政再計算が行われる最低責任準備金という水準があり、そこで掛け金の水準等を見直さなければならないという事態が発生します。したがって、長期をにらんだ運用でリスクがとれると考えられる一方で、5年間ではこのような条件を満たさなければならないとか、

1年間ではこのような条件を満たさなければならないというハードルが存在します。長期運用であると同時に、定められた年限で条件を満たしていかなければならないのです。図表1－12に載っている多期間最適化というものですが、平易に表現しますと、そのようないろいろな期間の制約もクリアしつつ、最適な解を求めていかなければならないということを解決するようなモデルです。多くの年金基金で活用されていたというわけではありませんが、このような手法も資産構成を検討する際に試行されたということです。

次の第四段階というところには、トータルリスクコントロールと書かれています。基本投資政策で特に重要なのはリスクコントロールであるという考え方から、まずはリスク・バジェットということで、資金全体でとれるリスクの総量を初めに明確にして、それを資産ごとに配分していく、言い換えれば内訳として債券や株式のリスクをどれくらいずつとっていくかを考え、それが資産構成を決めていくというような方法論が芽生えてきました。その方法については、事後的にリスクのバランスを把握するための補助手段としては用いられたことはありましたが、資産配分を決定するための中心的な方法としては普及しませんでした。

その後、リーマンショックが起こった2008年に指摘されたのは、従来の伝統的な市場といわれる先進国の株式・債券市場が一斉に下落したということで、短期的にみると従来想定していた分散投資のリスク相殺の効果が働いていないということでした。なんらかの危機等の局面となると一方向に資産全体が動くということが時々あったわけです。短期間での資産の相関が非常に高まることを考えた場合、従来の分散投資が本当にそれでよいのかどうかということがもう一度問われることになりました。

そこで、どのようにしてリスクコントロールをしていったらよいのかという方法論として、いくつかの手法が考案されました。たとえば、従来からの国内株式、国内債券、また外国株式、外国債券、そしてエマージングの株式というようなカテゴリーに分類するのではなくて、株式はグローバルとして全部一塊で考えたほうがいいのかもしれない

図表1－13　企業年金の運用利回りに関する統計（1986-2013年度）

（単位：％）

	■運用利回り	■市場ベンチマーク収益率 国内債券	国内株式	外国債券	外国株式
〈28年間通算〉					
平均リターン	3.8	3.8	3.6	6.1	10.7
リスク	8.7	3.7	24.4	12.9	25.0
〈前半　1986-1998年度〉　規制撤廃以前					
平均リターン	5.2	6.0	2.4	6.5	14.6
リスク	3.2	4.2	20.3	15.1	25.3
〈後半　1999-2013年度〉　規制撤廃以降					
平均リターン	2.5	1.9	4.7	5.7	7.3
リスク	11.5	1.8	28.2	11.4	25.0

（出所）下記データより、加工。
国内株式：東証株価指数TOPIX（配当込）
外国株式：MSCI-KOKUSAI（配当込・円ベース）
国内債券：NOMURA-BPI（総合）
外国債券：シティグループ世界国債インデックス（日本を除く）
※平均値は算術平均。
※外国株式、外国債券は為替ヘッジなし。
運用利回り：企業年金連合会「企業年金連合会資産運用実態調査」

とか、あるいは資本市場の背景にあるインフレだとか、経済成長だとか、あるいはデフレだとか、いろいろな経済的な現象に対してそれぞれの資産がどのように反応するかということも考えて、もう少し多角的なリスクのコントロールの仕方を検討すべきであろうとか、そのような議論が行われたのです。

最後に第五段階でリスクパリティという言葉が出ていますが、これは最近議論されている考え方です。たとえば、図表1－13のリターンとリスクをご覧ください。国内債券と国内株式の2資産でポートフォリオを考えたときに、それらを均等に50％ずつ保有したとすると、ポートフォリオ全体としてのリスクが9割方、圧倒的に大きな国内株式のリスクに支配されてしまうことになるのです。そのようなことだと分散投資といっても本当に効果があるのかどうかということで、むしろそれぞれの資産のリスクのウェイトが均等になるように資産の構成比率を決めたほうが、全体としては分散効果が発揮されるのではないかという考え方が出現しています。それは、リスクの大きさに反比例して資産の構成割合を決めていくということ、すなわち資産ごとのリスクの大きさが均等になるように資産の組入れ比率を考えていくということで、これがリスクパリティという考え方です。このリスクパリティのポートフォリオは、リスク当りのリターンでみたときの効率がよいといわれます。しかしながら、それを用いると債券のウェイトが非常に大きくなるわけですが、今度はそのことによって要求される利回りを得るのがむずかしくなるということがまた議論されているということです。

資産配分の手法について、細かいところにまで触れましたが、このようにアセットミックス、資産構成を決定する方法論についての議論や実践が、時代・環境の変化とともに進化をみながら行われてきているのです。

(2) 年金の投資対象資産等と運用戦略

アセットミックスの変遷に続いて、次は図表1－14で、年金基金の代表的な投資対象の中身をみていくことにします。主流を占めている投資対象として、国内債券、国内株式、外国債券、外国株式の4資産があり、これらはよく伝統的資産と呼ばれています。それぞれにパッシブ運用とアクティブ運用があります。国内株式の場合、パッシブ運用というのは、通常は東証株価指数（ＴＯＰＩＸ）に連動する運用であって、日経平均株価というのは指標としてはほとんど使われないのです。ＴＯＰＩＸのほうが幅広く国内株式市場をカバーしているという観点で、ＴＯＰＩＸが使われることが多いわけです。ただ、最近、新しく誕生したＪＰＸ日経４００という指標に連動するようなパッシブ運用が一部で使われ始めています。

アクティブ運用は、基本的には市場でつけている証券価格が適正ではないという考え方に立つということです。市

図表１－14　年金基金の代表的な投資対象

伝統的資産	代表的な運用戦略
国内債券	パッシブ戦略（ベンチマーク：NOMURA-BPI） アクティブ戦略⇒金利予測型、クレジットリスク特化型、トータルリターン型
国内株式	パッシブ戦略（ベンチマーク：配当込 TOPIX） アクティブ戦略⇒市場型、割安型、成長型、中小型、クオンツアクティブ型
外国債券	パッシブ戦略（ベンチマーク：シティグループ世界国債インデックス） アクティブ戦略⇒トータルリターン型、ハイイールド型
外国株式	パッシブ戦略（ベンチマーク：MSCI KOKUSAIインデックス） アクティブ戦略⇒割安型、成長型、市場型、クオンツアクティブ型、中小型

生保一般勘定商品

オルタナティブ		
	異なる投資対象	不動産投資信託（REIT）、私募不動産、プライベートエクイティ、商品先物、エマージング株式（債券）、証券化商品、為替 等
	異なる投資手法	ヘッジファンド（ファンド・オブ・ファンズ）、ロングショート、グローバルマクロ、マーケットニュートラル 等

（出所）　みずほ信託銀行資料に基づき、執筆者作成

場の価格というのは、マーケットコンセンサスであり、市場参加者の合意によって形成されるということがいわれるわけですが、たとえばそれよりも自分たちは優れた分析、予見ができるという考え方に立ってアクティブ運用は行われています。割安型というのは、さまざまな材料から市場のつけている価格が本来的な価格よりも割安であると判断した銘柄をピックアップして投資していきます。成長型というのは、たとえば市場で平均的に人々がこの企業はこれくらい成長するだろうと考えているコンセンサスよりも、より成長すると見越して投資を行っていきます。成長型にも、短期的な値動きのモメンタムを活用したものなど、いろいろなスタイルがあるのですが、基本的にはいま、例をあげたような銘柄分析や市場価格についての判断の裏付けとなる思想によって運用戦略がいろいろと分かれてくるのです。

　債券や株式といった伝統的な資産の運用に対して、２０００年代になると運用が自由化されたの

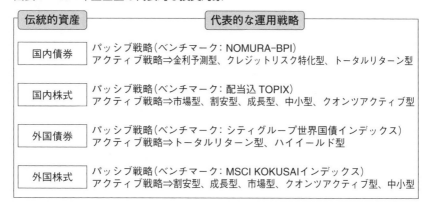

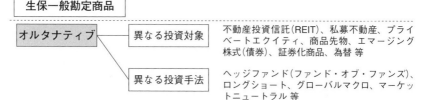

に伴い、オルタナティブ分野などの新たな投資対象への運用が議論・検討され、実践に移されてきました。これは自由化ということだけでなく、世界的なＩＴバブルの崩壊だとかリーマンショックなどで株式市場も不安定さを増し、パフォーマンスもよくなかったこと、世界的な金利の低下等で債券市場も魅力が低下したことなどが大きく影響しています。そこで、ＲＥＩＴやヘッジファンド、プライベートエクイティ、さらに最近ではインフラ投資などが話題になってきているということです。

いまお話ししたアクティブ運用とパッシブ運用については、図表1－15にポイントを整理してあるのですが、アクティブ運用に対してパッシブ運用は市場並みのリターンの獲得に徹するということです。パッシブ運用は低コストでできることがメリットです。本当に市場平均よりもよい運用ができるのでしたらすべてアクティブ運用を行えばよいのですが、アクティブ運用で長期的に市場平均に勝ち続けるというのは非常にむずかしいといわれています。実際に運用結果を観察しても、常に市場平均に勝って上位に居続けているマネジャーはまれなのです。そのようなこともあり、年金基金がどのような考え方でこれらを組み合わせていくかというのが、また一つの大きなテーマになっているわけです。

通常、一つの年金基金の運用としては、パッシブ運用とアクティブ運用の複数の運用戦略を組み合わせた運用戦略ミックスの考え方によってファンドが選択されていきます。このような投資の仕方は、わが国ではだいたい１９９０年代を通じて確立されてきました。

株式のアクティブ運用もいろいろな変遷があります。先ほど割安株や成長株の考え方の違いに触れましたが、特に運用会社において個々の企業を分析するためのアナリスト体制が整備されたことで、企業の将来キャッシュフロー、フリーキャッシュフローなどの分析・予測を通じて、それを現在価値に引き直して算出した企業価値と市場価格の相違によって判断していこうという運用が、１９９０年代には典型的なアクティブ運用のスタイルとして確立されてき

図表１－15　パッシブ運用とアクティブ運用

アクティブ運用

[市場を上回るリターンを追求]
① 市場でつけられている株価は、その企業の事情をすべて反映しているわけではない。
② 自分は、そうした株価に反映されていない部分を見極めることができる。

パッシブ運用

[市場並みのリターンに徹する]
① 株価は、その企業の事情を(おおむねor完全に)反映している。
② したがって、株式市場の平均的なリターンを継続的に上回り続けるということはきわめて困難。

1　アクティブ運用とパッシブ運用

・資産運用の基本スタンスは、アクティブ運用とパッシブ運用に大別できる(この区分は、広義には「運用スタイル」に含められることもある)。

2　アクティブ運用

・アクティブ運用とは、市場平均(通常TOPIXなどの市場インデックス)のリターンを上回ることを目標とする運用のことをいう。
・市場平均以上のリターンを継続的に獲得することはきわめて困難であるといわれている。

3　パッシブ運用

・パッシブ運用とは、市場平均どおりのリターンを獲得することを目標とする運用のことをいう。
・インデックス運用は代表的なパッシブ運用である。

（出所）　みずほ信託銀行

ました。また、２０００年頃からインデックスに工夫を加えたアクティブ運用なども出現し始めました。たとえば企業の業績や収益動向を織り込んで新たなインデックスをつくって運用するアクティブ運用など、市場平均に勝つためにいろいろな工夫が行われてきた歴史があります。

それから、最近の一つの話題としては、企業経営に積極的にかかわっていこうとするアクティビストファンドや、社会的責任に着眼したCSRファンドなどがあります。CSRファンドは、そのようなことがきちんと組織に根づいて経営されている企業はパフォーマンスがいいという考え方によります。アクティビストファンドにも複数のやり方があるのですが、たとえば、経営にいろいろ具体的なアドバイスを行うことによってもっと企業価値を上げるような余地がある企業を見出し、そのような企業に大きな資金を投じて、企業経営に介入していくようなファンドも出現しています。このように、多種多様なアクティブ運用が時代の変遷とともに出現しているのです。

運用会社の典型的なアクティブ運用はどのようなプロセスで行われるかというと、まずは投資哲学（Philosophy）といわれるものがあって、それが運用戦略を律していきます。中長期的にみて市場の価格形成はどのように行われているか、その市場観に基づいてどのように運用していけば付加価値をつけていくことができるだろうか、そのような具体的な方法論のことをこの分野では「投資哲学」という言葉で表現します。一般的に聞く「哲学」と少々違うような定義かと思いますが、その投資哲学に基づいて具体的な投資戦略を立て、ポートフォリオ運営に落としていきます。その投資戦略に従って、最終的に銘柄選択、ポートフォリオの構築をしていくのです。さらには、定期的に投資戦略に照らして企図したポートフォリオにズレが生じていないかどうかをチェックして、それをリバランスしていきます。ですから、銘柄の売買というのは、その結果として起こるということです。ポートフォリオのリバランスとは、戦略に照らして不適合になってきた銘柄を外して入替えを行い、再びポートフォリオの構成を戦略にあうように調整していくことです。運用会社の手法は多種多様ですが、典型的な例としてはこういったプロセスでアクティブ運用を行っているということです。

さて、次にわが国の年金運用の歴史上、どのようなトピックがあったかということに少々触れておきましょう。わが国の年金資産運用では、ちょうど1980年代後半でバブルがあった時代に国内株式に大幅なシフトをしていて、当時の運用比率制限の上限の3割近くまで国内株式を保有していたところが多かったのです。その頃は株式市場や不動産市場についての神話みたいなものがあって、日本では不動産や株式は市場が右上がりで下落することはないという浮かれた考え方が蔓延していた時代でした。冷静に考えるとおかしな話ですが、バブルが起きる時とは往々にしてそのようなものです。そのバブル崩壊後、国内株式へシフトしていたことが年金基金の運営にとっても大きな負の影響をもたらすことになるのです。

1990年代は一時的にですがエマージングマーケットへの投資がブームになったことがありました。これもアジア通貨危機で縮小することになりました。2000年前後の、いわゆるITバブルが起きた時期には成長株ファンドがもてはやされました。これもバブル崩壊で大きなマイナスの運用利回りをもたらすわけですが、資産運用というのは、どうしてもそのような世の中の事象、皆が向いたような方向に引っ張られていってしまいがちなところがあります。

2000年代になるとヘッジファンドのブームがあるのですが、それも中身がいろいろ見直されて現在に至っています。歴史を紐解くと、ブームに乗るというのはその期間はよくても、結果的にはあまりうまくいかないことが多いのです。年金基金、投資家は、その対象の本質をよく見極めて運用していくことが大事であるということがいえるでしょう。

4 年金運用の収益の源泉――資本市場の価格形成等

さて、今日は資産運用手法とその変遷ということが講義の主たるテーマでありますが、先ほど年金基金や投資家は本質を見極めて運用にあたることが大事だという話をしました。そのようなことを考えていくために、ご参考までに背景にある資本市場の価格形成についての基本的なところに少し触れておきたいと思います。

まず、図表1－16で債券の現在価値を考えます。ここではいちばん多く存在する利付債券に代表させていますが、債券というのは、この図のように将来にわたってクーポンが支払われ、満期時に元本が償還されるというような確定したプラスのキャッシュフローが生じます。その将来のキャッシュフローを、現在において何がしかのお金を投じて購入するということになります。理論値として、将来のキャッシュフローを市場実勢を反映した割引率で割り引いて現在価値が求められるのですが、現在価値のほうからみればその割引率が利回りになるという性質があるわけです。債券を購入するということは、現在の実際の現金の価値と、将来のそのようなキャッシュフローを交換するということです。

株式の場合もいまの債券と同じような考え方を適用して理論値を算出しようとしたのがバー・ウィリアムズという人で、配当割引モデルという考え方です（図表1－17）。株式は、会社が存続する限りはたいていは配当もゴーイングコンサーンで続いていくのですが、その配当というキャッシュフローを現在の価値に割り戻せば株式の理論価格が求められるのではないかということでした。ただ、確定利付きで元本償還額も決まっている債券の場合と違って、この配当の額を将来にわたって予測するというのは非常にむずかしいことです。したがって、そのようにして現在の適正

図表１−16　債券の現在の理論価値の考え方

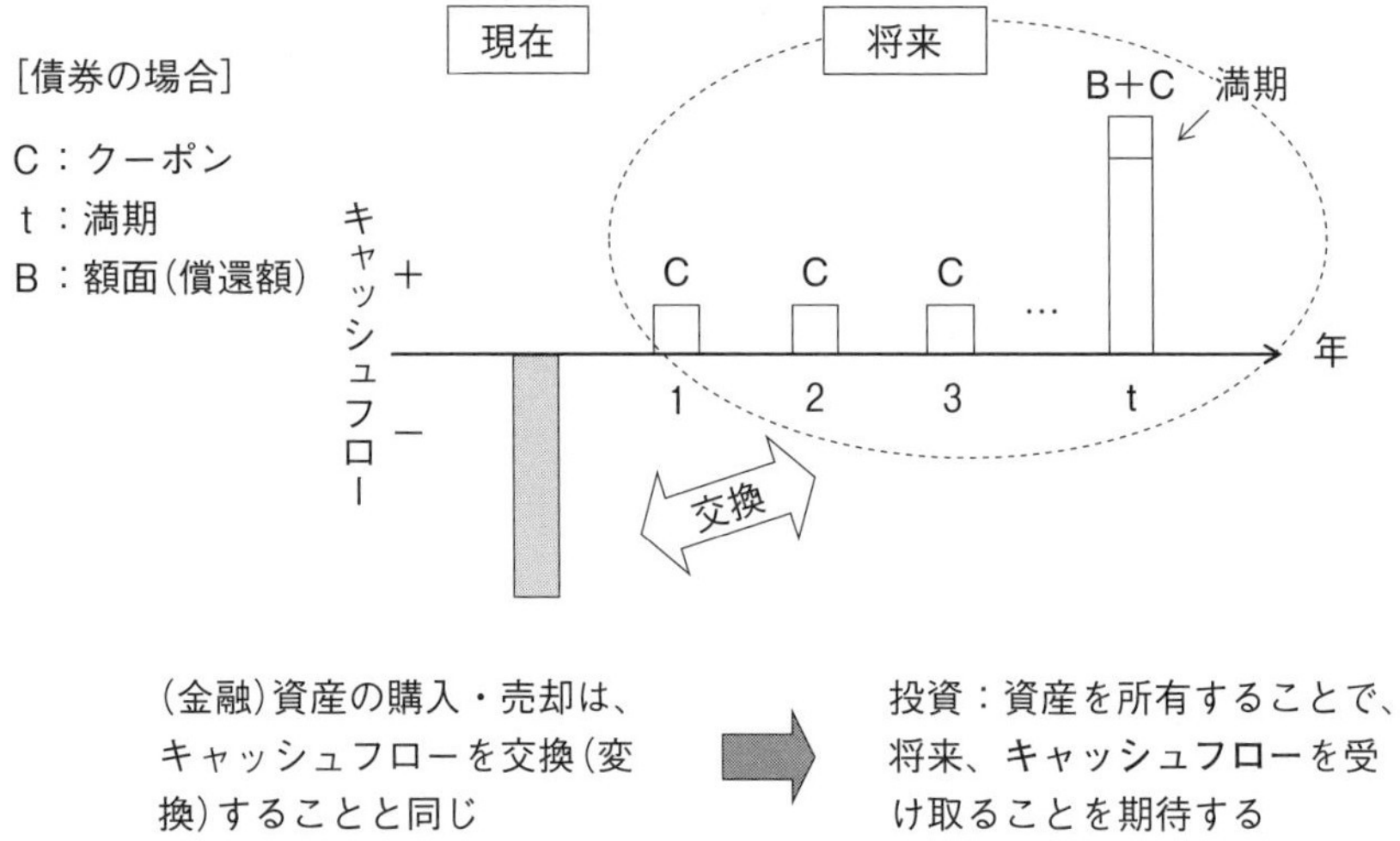

図表１−17　株式の現在の理論価値の考え方

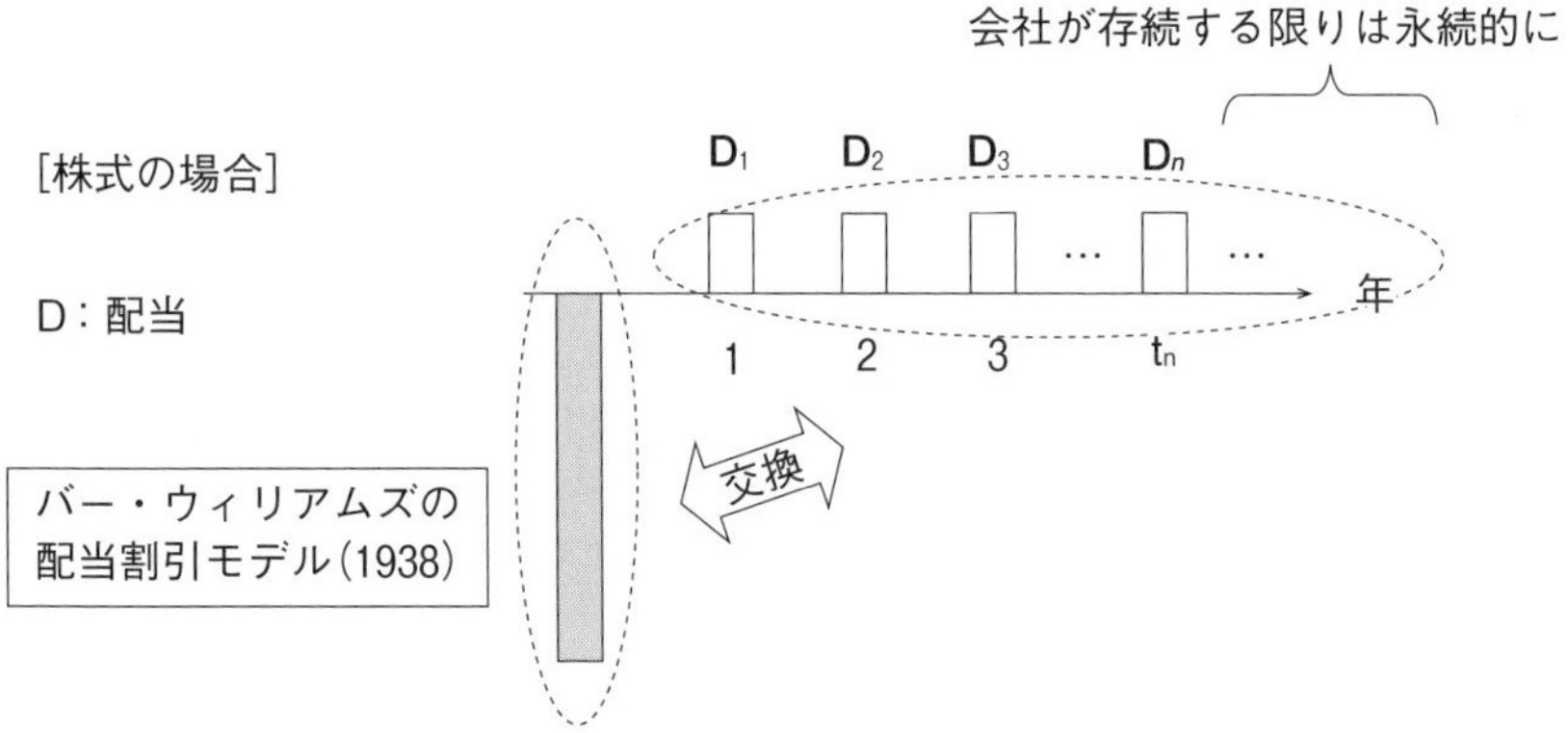

な価値を推計しようとしても人によってかなりの幅があることになるのです。

そもそも、株式市場の価格形成については、昔から二つの学派の論争がありました。一方はファンダメンタル価値学派で、株式にはファンダメンタル価値と呼ばれる絶対的な価値がある、すなわち企業の実力が反映して株価が決まってくるという考え方です。基本的には、そのような考え方に基づいて投資を実践したのがベンジャミン・グレアムやウォーレン・バフェットでした。バフェットはまだ現役です。

もう一方は砂上の楼閣学派ですが、言葉のとおり株価は非常にあてのないなかで形成されているという考え方です。将来の見通しなどはだれも正確にはわからないので、群集心理が株価を形成していくという、そのようなことを主張したのがケインズでした。

いまほど説明しました二つの学派については、どちらが正しいというのではなくて、両方とも株式市場の本質的なところを表しているということがいえるのではないかと思います。先ほどのバフェットも、「株価と企業価値がピタリと連動することは絶対にない。株式市場は短期的には人気投票マシンなのだけれども、長期的には価値の計量器として働く」ということをいっています。また、ジョン・テンプルトンという人は、もう少し具体的に、「長期的には株価指標は、1株当り利益の長期成長ラインに沿って上下しながら動く」ということをいっています（注1）。このように、ある程度、企業収益に代表されるようなファンダメンタルを反映した軸をもちながらも、さまざまな出来事等によって市場参加者の心理等にも揺り動かされながら推移していくというのが、実際の株価形成であるのではないかと私は思っています。

このことを過去の市場の推移で観察してみたのが図表1－18です。このグラフの中心の期間は、日本ではいわゆる「失われた20年間」に該当する期間です。日本を含む4カ国の株価と、ファンダメンタルズの要素としての企業の1株当り利益（ＥＰＳ）の推移を重ねてグラフにしたものです。色の薄い線が1株当り利益なのですが、ここで使っているのはアナリストたちによる企業の向こう1年間の1株当り利益の予想の平均値（コンセンサス）です。

まず、米国のグラフをご覧いただくと、株価とＥＰＳがだいたい似たような推移をしています。この取り上げた期間のなかで、株価のほうがかなり上方に乖離しているのは、２０００年前後のＩＴバブルがあった時期であることがわかります。また、英国やドイツについても概ね似たような動きになっていたということがいえるでしょう。ところが、ご覧のように日本はＥＰＳとの関係がよくわからないような株価形成が行われてきていたのです。

これを図表１－19の恒等式で解明してみます。まず、株式投資で得られる収益は「配当」と「株価の変化」との合計です。いまですと配当利回りは平均的には2％近くの水準になっています。後は株価がどのくらい上昇したかで株式投資の収益は決まってきます。株価の変化を式の展開のかたちで表すのは複数の方法があるのですが、私はこの図の恒等式をよく使っています。すなわち、株価を「ＥＰＳ（Earnings Per Share）」と「株価収益率」に分解したものです。両者とも、新聞やネット上の市場に関する情報等で確認できる指標ですが、株価収益率とは何かというと、１株当り利益の何倍で株価が取引されているかというのを表す指標で、ＰＥＲと呼ばれています。

そのＰＥＲ、すなわち1株当り利益の何倍で株価が取引されるかというのは、先進国の水準ですと、12～13倍くらいからせいぜい17～18倍くらいまでが適当と考えられる水準ということがよくいわれます。いま現在、日本はそれが15～16倍で、1株当り利益の水準からしたらそれほど無理のない株価水準であると考えられます。このＰＥＲは市場参加者が将来を強気に考えると倍率が上がっていき、市場参加者が非常に慎重になると倍率が下がっていきます。しかしながら、長期的にはある一定の方向にトレンドをもつ性格のものではなくて、上下を繰り返しつつ、たいていは先ほど触れたような水準の範囲内に収まるというようなことです。そのように考えれば、株価というのは、結局は企業の1株当り利益がどれだけ伸びるかによって決まってくることになります。この恒等式はそれを表した式なのです。

■米国（S&P500）

（1985年 1 月 3 日＝100）

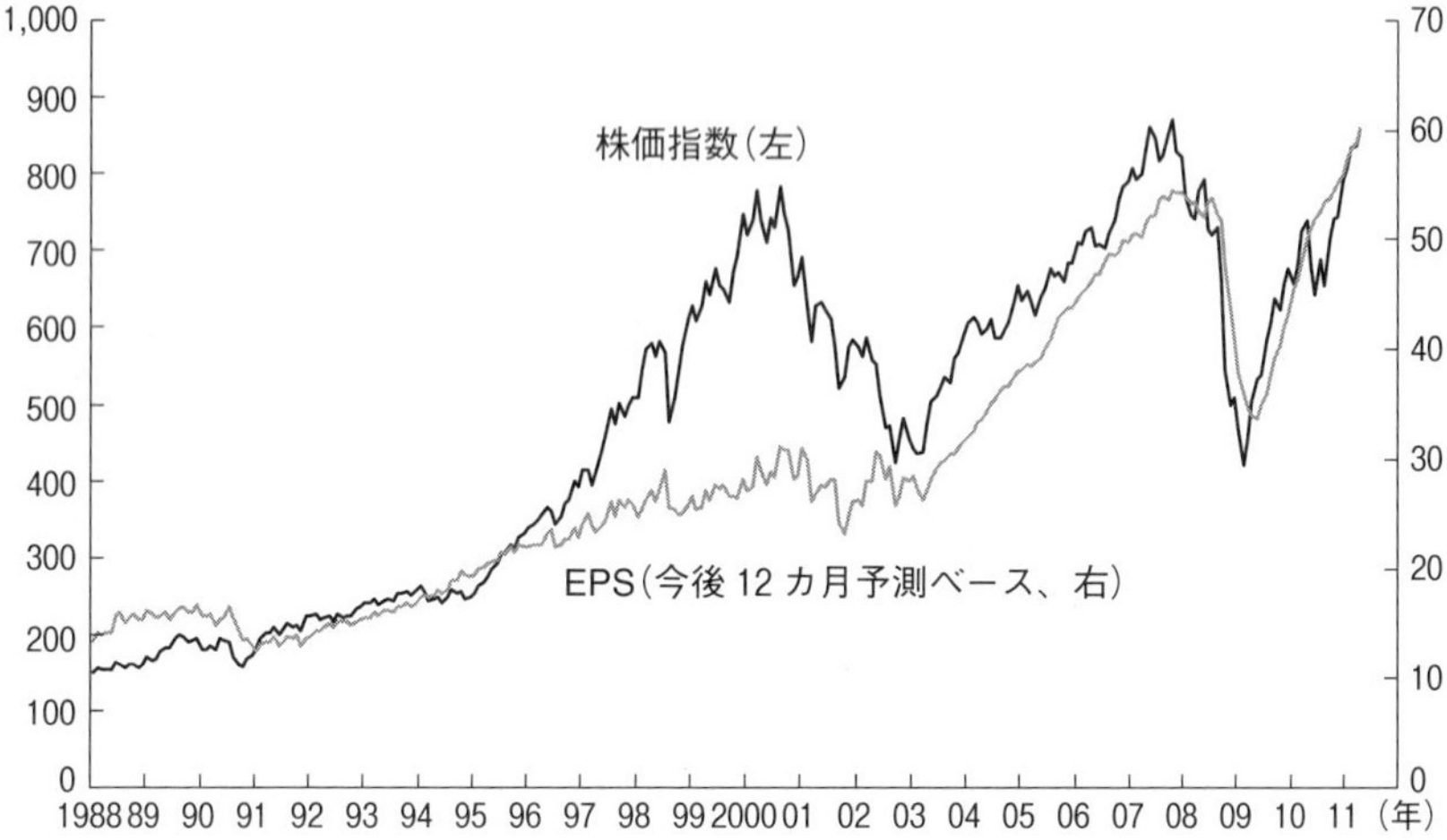

■ドイツ（DAX30）

（1985年 1 月 3 日＝100）

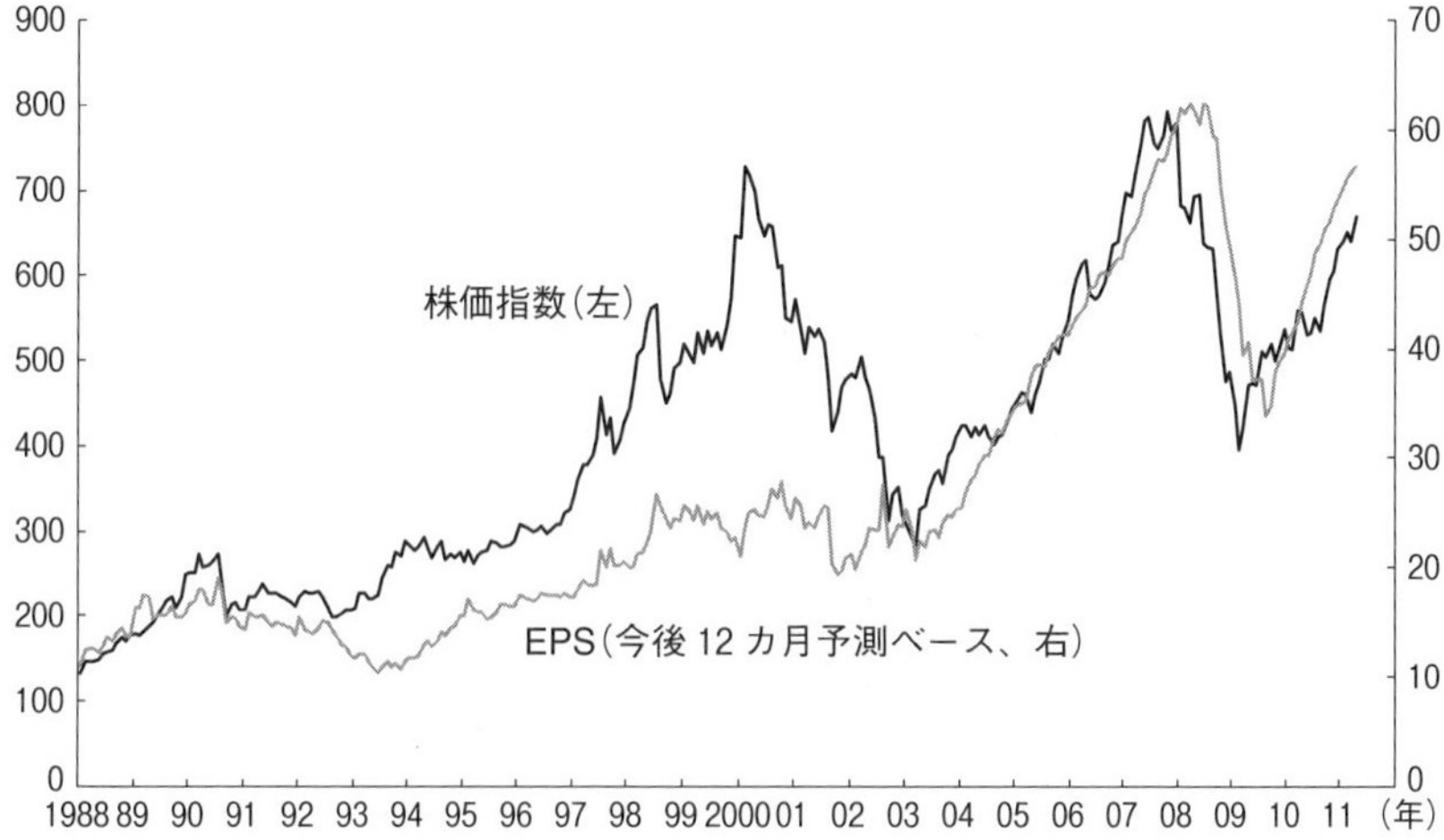

図表1－18 「失われた20年」間の１株当り利益（EPS）と株価の推移

■日本（TOPIX）

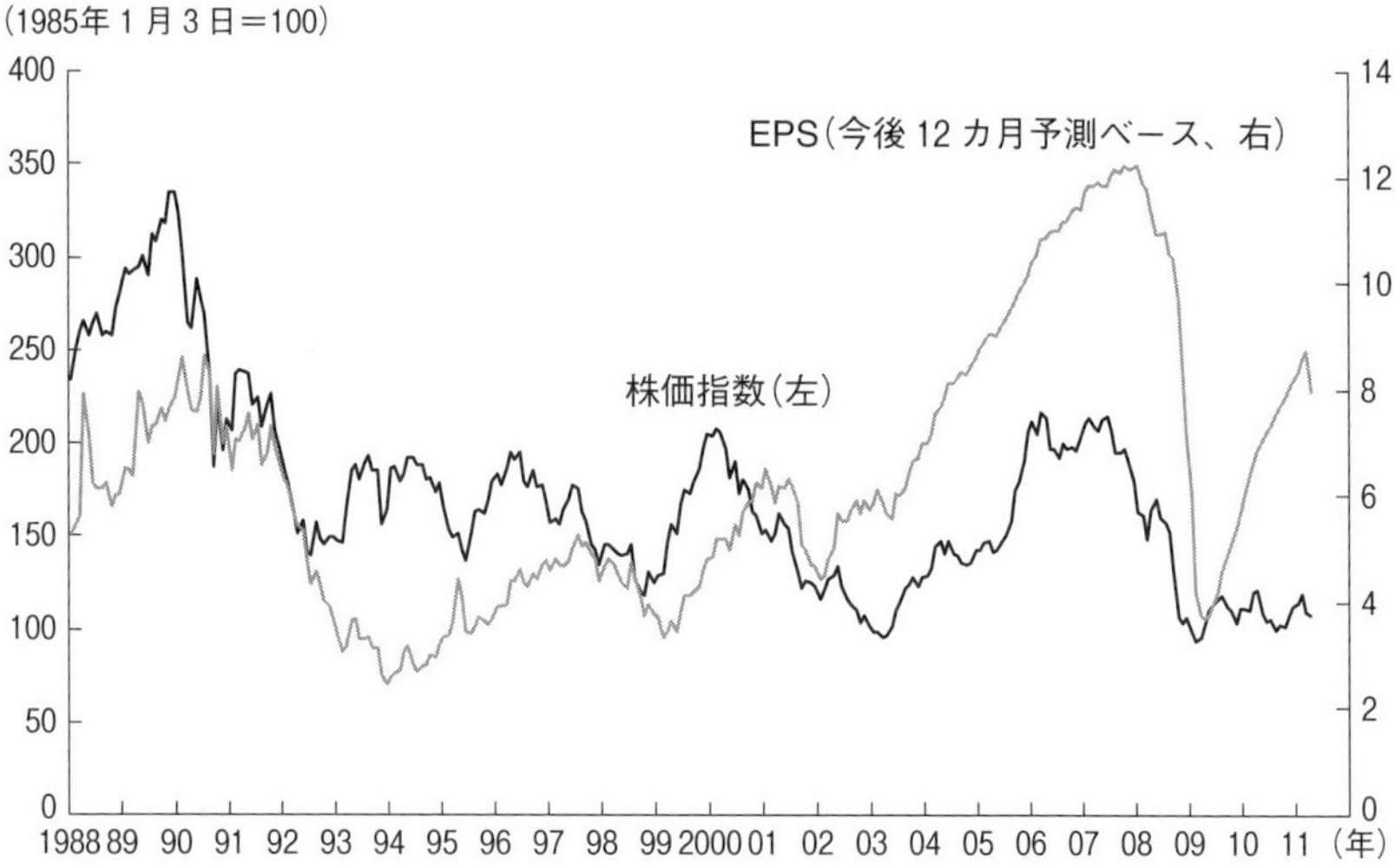

■英国（FTSE100）

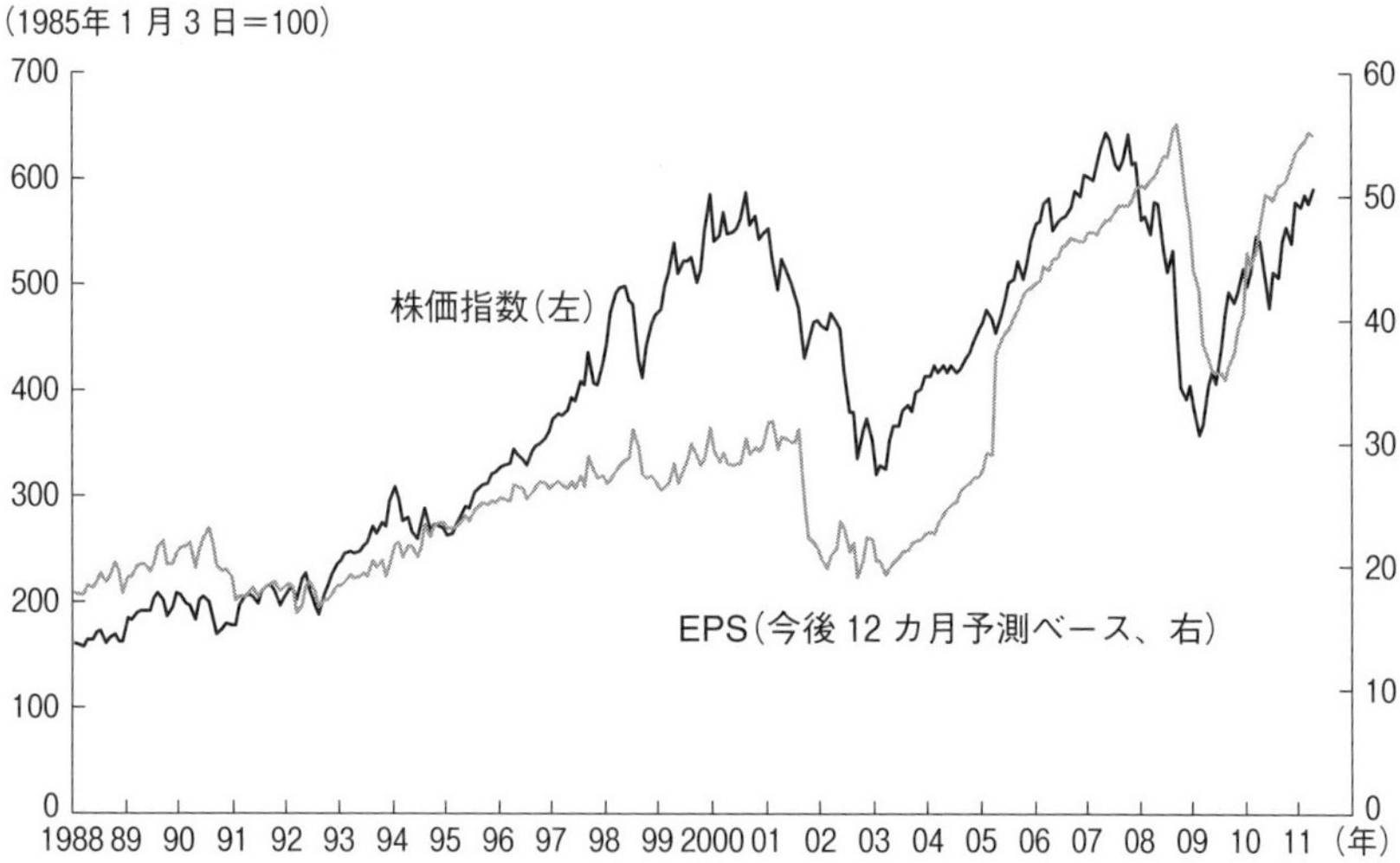

（注） 利益はIBESによるアナリスト予想のコンセンサスを使用。

図表１－19　長期的に株式リターンを支配するものは……

株式投資からの収益＝配当＋株価の変化

であるが、「株価の変化」はどのように表されるか

[恒等式]

株価＝１株当り利益 × 株　価 / １株当り利益 ＝ EPS × PER

（企業ファンダメンタルズの要因）（主として市場参加者の要因）（１株当り利益）（株価収益率）

上式は各項を「変化」としても成り立つ。

株価の変化＝EPSの変化 ×PERの変化

※ PERが安定的ならEPSの変化によって株価の行方が決定

図表１－20　各市場のリターンの構成要素の分解

■各国市場のリターンを構成要素に分解してみると……

（1990年９月～2010年９月、20年間の変化の倍率）

	株価	＝	EPS	×	PER
日　本	0.55		0.56		0.97
米　国	4.47		3.21		1.40
英　国	3.20		2.18		1.47
ドイツ	2.85		1.75		1.63

[EPSの伸びと株価の伸びの関係]

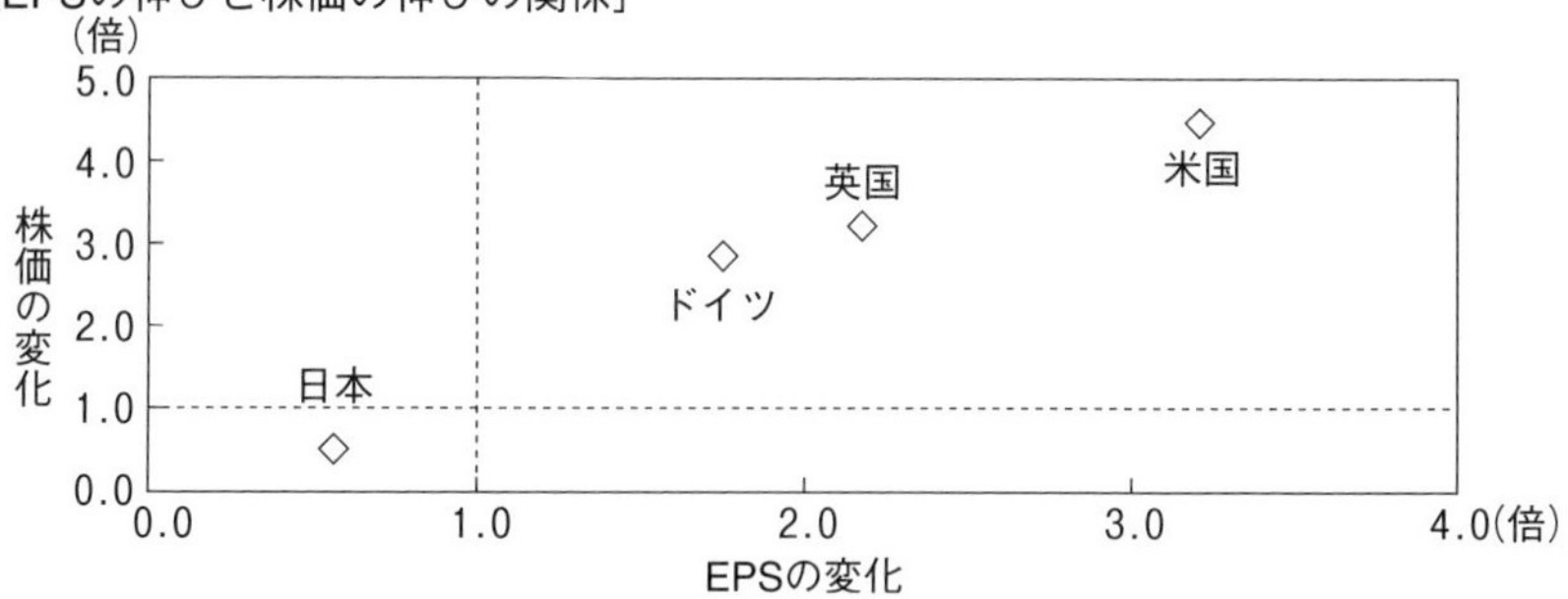

（注）　上記は1990年９月＝１としたときの2010年９月の値。
　株式のユニバースは、日本：TOPIX、米国：S&P500、英国：FTSE100、ドイツ：DAX30
　なお、EPSは実績値を使用。

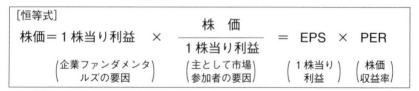

図表1－21　「失われた20年」間の株価収益率（PER）の推移

■PERの国際比較

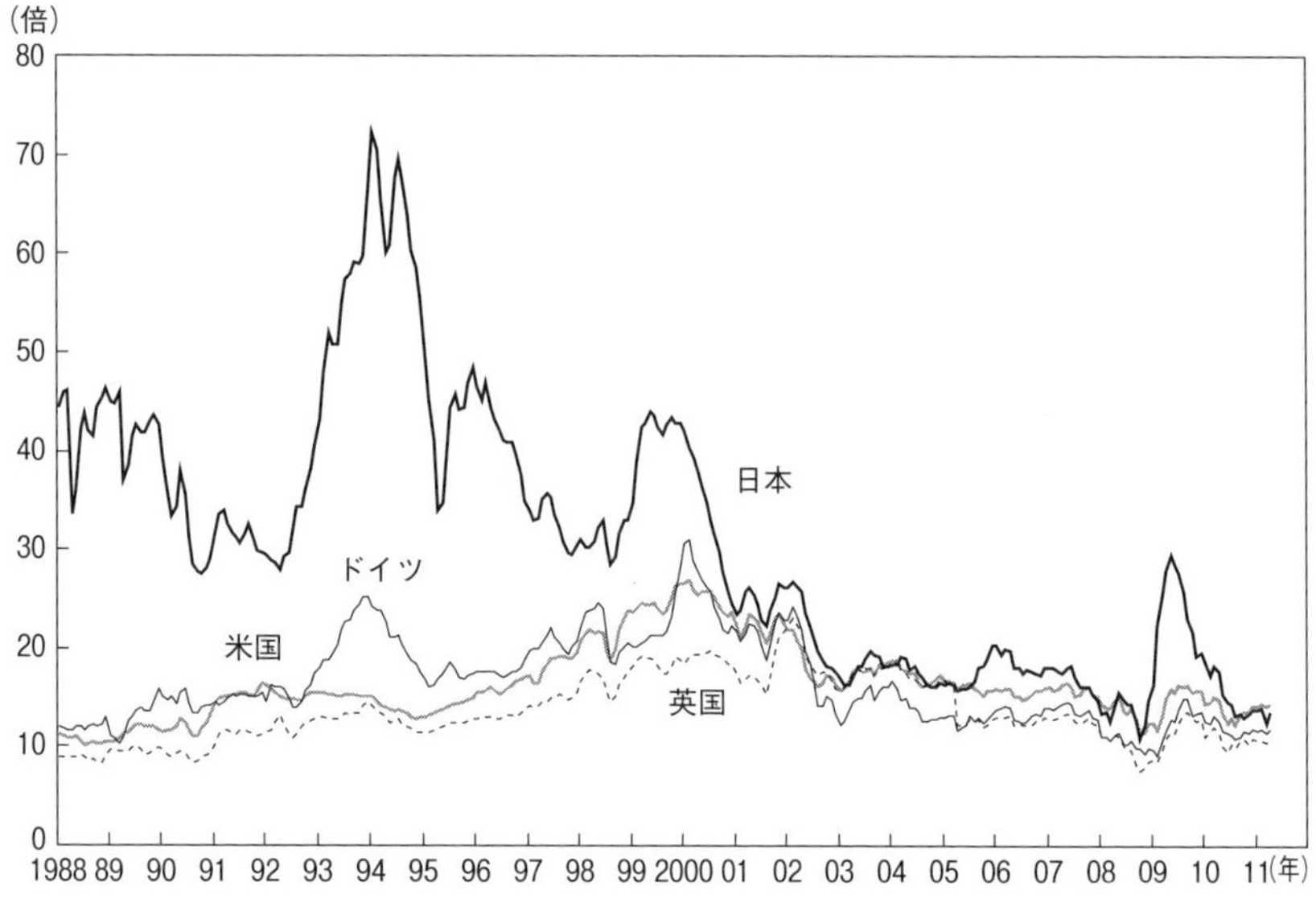

・**PER＝株価／1株当り利益**

上式のように「利益の何倍で株式が取引されているか」ということを表しているため、この指標は株価水準の割高 or 割安を判断するための代表的な指標として用いられている。

・PERは10倍台半ばくらいまでが割高感のない水準として語られることが多い。

（注）　利益はIBESのデータによるアナリスト予想のコンセンサスを使用。

次に図表1－20で、先ほどの恒等式に実際の数字を当てはめてみます。ここでは1990年～2010年の間で分析しているのですが、日本は、この間は「失われた20年間」で株価が6割以下の水準になってしまっていました。この分解した数値では、PERのほうは大きくは変わっていませんが、1株当り利益が大変落ち込んでいます。ところが、米国、英国、ドイツは、株価が3～4倍くらいになっているのですが、それを支える1株当り利益が20年間では2～3倍になっているわけです。これは何年何月で区切ってデータをとるかによっても随分数値自体が変わってくるので注意は必要ですが、概してこのような傾向にあることは確かです。したがって、日本は企業

図表1－22　企業の利益成長のプロセスと株式投資リターンの源泉

■株主の投資リターンに反映されるプロセス

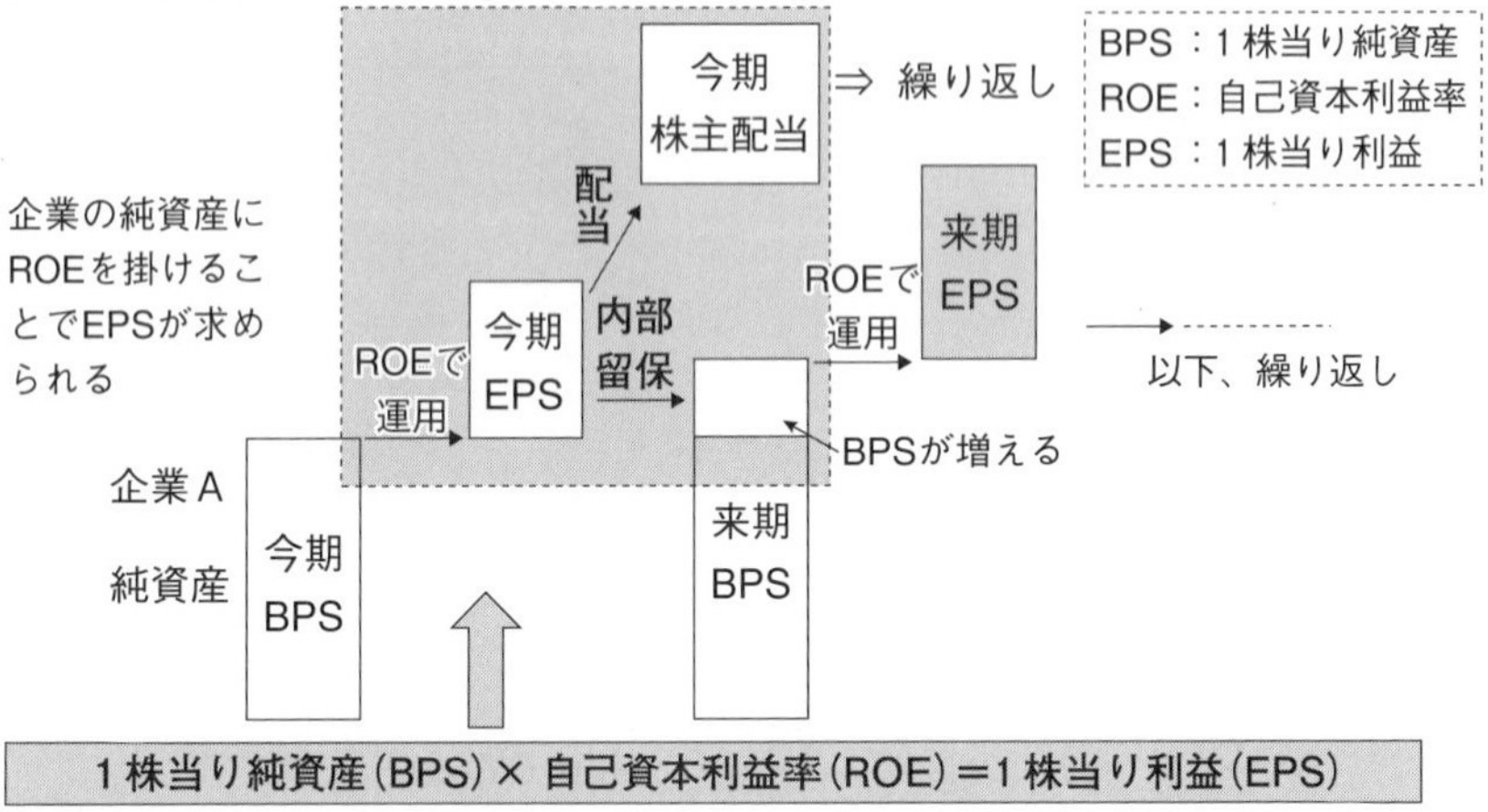

■ROEが一定とすれば、EPSの増加率は、ROE×(1－配当性向)

(出所)　井手正介『バリュー株入門』(日本経済新聞出版社)より、執筆者作成

の1株当り利益が伸びていかないと株式市場がなかなか好転していかないということがわかると思います。

また、過去において日本は、PER、すなわち1株当り利益の何倍で株式が取引されているかという指標が、40倍とか70倍とか、他の先進国に比べて非常に高かった時代がありました。これについては、わが国の場合は高くても説明可能であるのだということで、学者も巻き込んださまざまな議論がありました。株式持合いの部分をネットアウトして考えるともっと説明力が上がるとか、あるいは企業の含み資産等を算入するとどうかというような〝Qレシオ〟という概念を提唱する学者等もいて、PERが高いことを正当化しようとするいろいろな議論があったのですが、結局のところ、図表1－21のとおり2000年代になって他の先進国並みの水準に収斂していきました。

図表1－22でもう少し理解を深めたいと思います。この図の左のほうから説明しますと、企業の1株当り純資産(BPS)に自己資本利益率(ROE)を掛けると今期の1株当り利益(EPS)が算出されます。この今期の1株当り利益は、内部留保に回る部分と配当として株主に支払わ

図表1－23　理論式から考える株式投資のリターン（まとめ）

■株式投資リターンを考えるための重要な恒等式

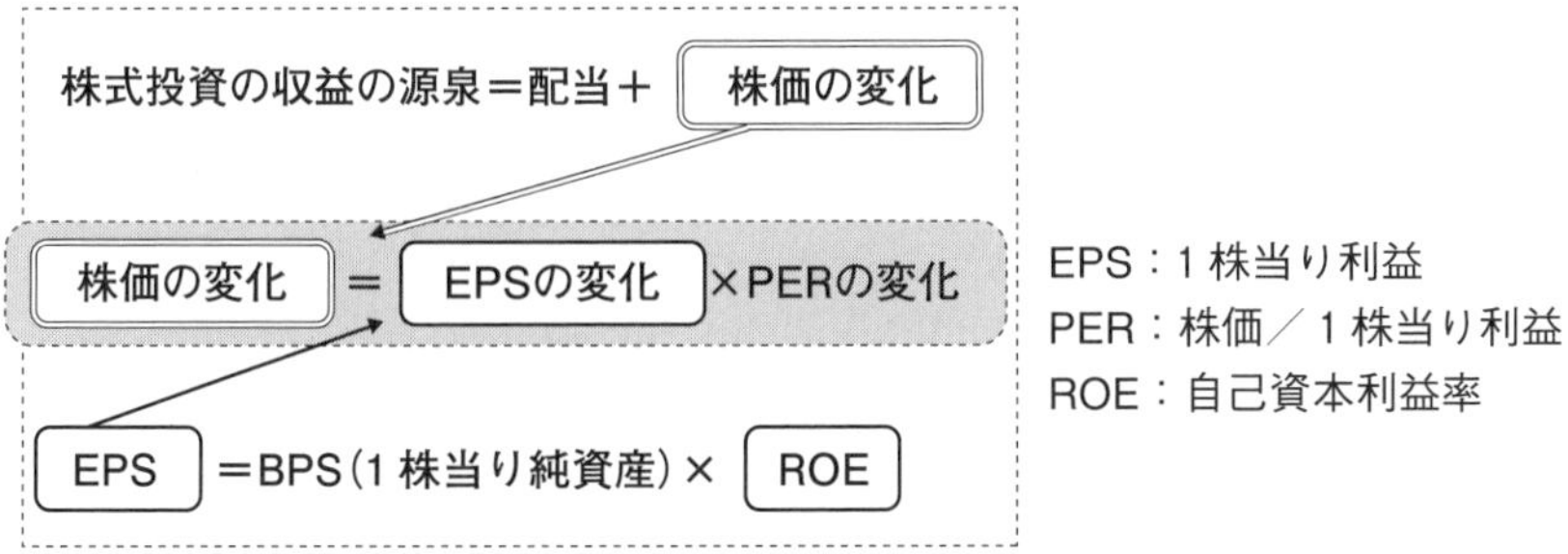

⇒仮にPERが一定水準であるとすれば、株価の変化（伸び）はEPSの変化（伸び）で決定される。そのEPSは、ROEの水準に依存する。

※PERが一定水準にならない理由の一つとして、それが将来のEPSやROEの水準を先取りして動く可能性があげられる。ただし、その市場の「先取り」は必ずしも正しいわけではない。

れる部分とに分かれます。株主の立場からすると、配当として受け取る分は手元に現金がくることとなりますが、内部留保に回った分もそれだけ企業価値が増大しているということで、両方が株式の投資リターンとして反映されることになるわけです。ですから、最近、ＲＯＥが注目されているのですが、それが非常に重要だということがこの図からわかります。

図表1－23が、先ほどの式にＲＯＥを加えたものです。式の展開で2段目のところまでは先ほど説明した式ですが、1株当り利益（ＥＰＳ）というのは、企業の「1株当り純資産（ＢＰＳ）×ＲＯＥ」で算出されます。ですから、株式投資がより大きな収益をもたらしていくには、ＲＯＥが高まることが非常に重要になってくるということです。

図表1－24にはＲＯＥの1974年以来の推移を先進国と比較してグラフにしてあります。日本はいちばん下を這っている線のところです。この期間で日本がゼロになっているところが2カ所ありますが、実際にはマイナスで、データの算出ができなかったためにゼロのところに置かれています。したがって、均しますと実際はこのグラフの見かけよりはもう少し下なのです。このデータ自体はＭＳＣＩ世界株式インデックスから作成

図表1－24　主要国のROE比較

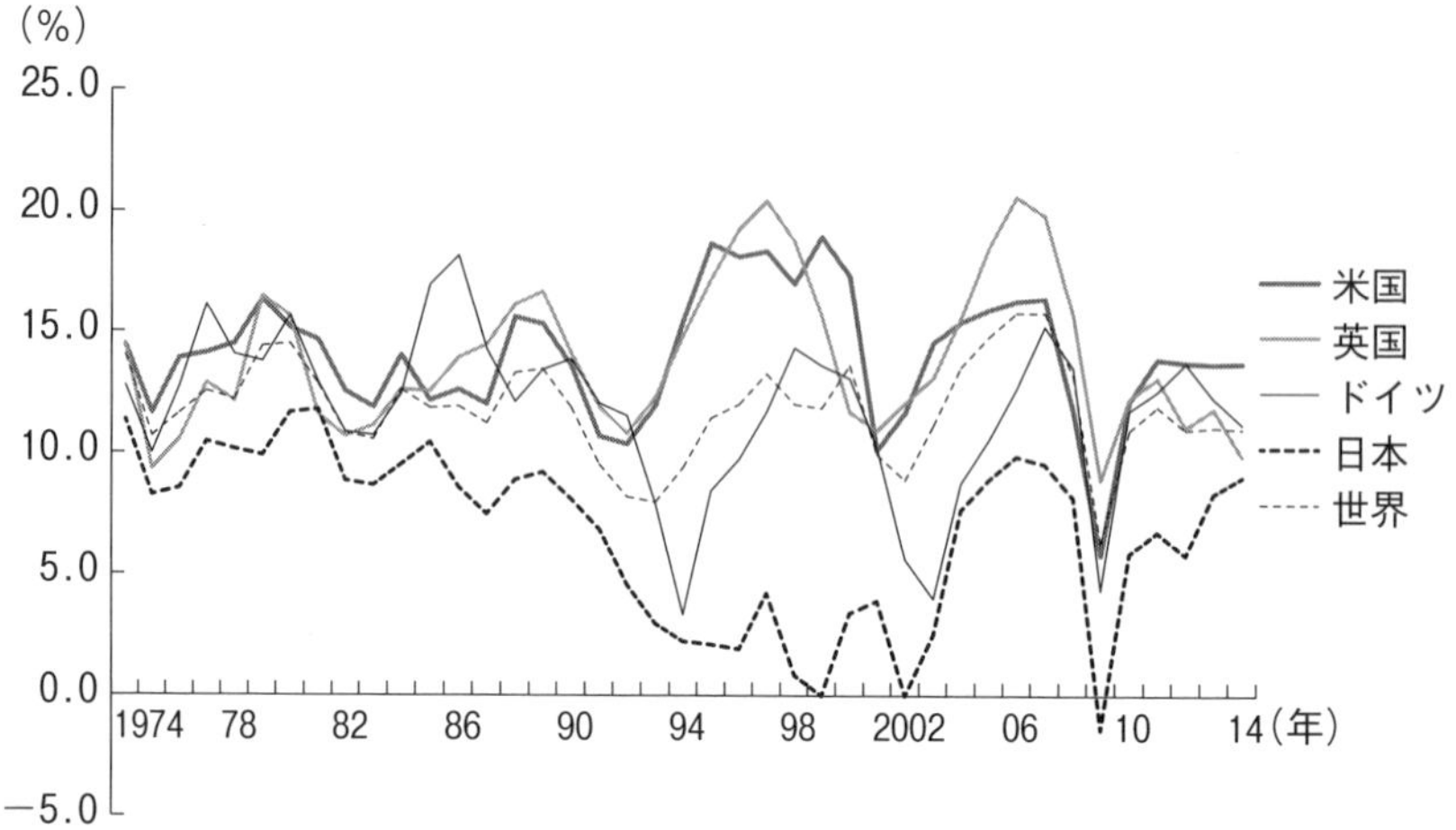

（出所） FactSet Indices/12Month Trailing(LTM-reported by companies)

したものですが、米国、英国の企業群は、上下動はあるものの、平均的には15％ぐらいのＲＯＥをクリアしています。ドイツも平均すれば10％以上の水準となるでしょう。日本の場合、特に注目されるのは、バブルの頃には10％を割って、それからずっと下方に向かっていたということです。今後、この授業のなかでもコーポレートガバナンス・コードやスチュワードシップ・コードの話が取り上げられるように伺っていますが、それらの方策が重要になってきた背景として、このような推移があったということで結びついていくと思います。

図表1－25はＲＯＥを財務指標に分解した表ですが、マージンと回転率とレバレッジというように要素を分解していきますと、回転率、レバレッジについては米欧と比較してそれほど変わらないのですが、日本はマージン、すなわち売上高に対する利益率が顕著に劣っているということがいえるわけです。このあたりが改善されていくかどうかが、ＲＯＥが好転していくかどうかの鍵になると考えられます。

なぜ日本企業のＲＯＡやＲＯＥが低いかということに関して、5年前、2010年の『経済財政白書』が語っていたのは、一つの原因としては、株主の要求する利益率が低いこと

図表1－25　日米欧の企業群のROEの比較

■日米欧の資本生産性分解

［日本］

分類	ROE	＝	マージン	×	回転率	×	レバレッジ
製造業	6.8%		4.5%		0.95		2.3
非製造業	5.7%		3.2%		0.95		2.8
合計	6.6%		4.2%		0.95		2.4

［米国］

分類	ROE	＝	マージン	×	回転率	×	レバレッジ
製造業	23.3%		12.0%		0.89		2.3
非製造業	15.4%		7.9%		1.08		3.1
合計	20.8%		10.7%		0.95		2.6

［欧州］

分類	ROE	＝	マージン	×	回転率	×	レバレッジ
製造業	15.4%		9.1%		0.82		2.6
非製造業	18.5%		16.7%		0.89		3.3
合計	16.4%		11.7%		0.84		2.8

（注1）　2011年暦年の本決算実績ベース、金融・不動産除く。
（注2）　対象：TOPIX500、S&P500、Bloomberg European500 index対象の企業のうち、必要なデータを取得できた企業。
（出所）　中神康議氏分析～『「市場」ではなく「企業」を買う株式投資』（金融財政事情研究会）より

が、企業に利益率が低い投資プロジェクトを選択させているのではないかということでした。これは、投資している側にも責任の一端があるということをいっているようなものです。

資産運用手法のことからは少し外れたお話をしてきましたが、ここでは何をメッセージとして皆さんにお伝えしたいかというと、図表1－26にあらましを掲載してありますように、たとえば株式投資といってもいったい何が収益をもたらすのだろうか、といったような投資対象の収益の源泉、リターンの源泉から考えるということが投資をするうえで非常に重要になってくるということです。債券投資というのは、クーポンや元本償還等のキャッシュフローがはっきりしていることがあってわかりやすいわけですが、株式投資は、いまお話ししたように要素

図表1－26　投資リターンの源泉を考えておくことの重要性

■各投資対象のリターンの源泉について考える

Ⅰ	株式投資の基本部分	「株式リターン＝配当＋株価の変動」かつ「株価の変動＝1株当り利益(EPS)の変動 × 株価収益率(PER)の変動」であるため、株価収益率(PER)が長期的には安定水準にあるとすれば、株式リターンは「①配当」と「②1株当り利益(EPS)の変動(→成長率)」によって決まることになる。 ①②は、まさに企業ファンダメンタルズに依存して決定される。	経済の実態やキャッシュフローから説明がつく部分（Ⅰ～Ⅲ）
Ⅱ	債券投資の基本部分	金利変化や信用リスク変化等による保有期間中の価格変動およびデフォルト等を度外視すれば、クーポンや償還金額からなるキャッシュフローは固定される。	
Ⅲ	商品(金、原油、穀物、等)	基本的にはその対象自体がキャッシュフローを生むものではなく、経済活動のなかでの需給バランス等によって価格が決定される。 したがって、その価格変動は需給バランスの変化等が主要因である。	
Ⅳ	各投資対象のアクティブ運用部分、多くのヘッジファンド	運用戦略、投資技法(裁定、タイミング、等)による運用上の超過収益の獲得 →経済実体上は新たな価値創造やキャッシュフローの産出が行われていないものが多い。	→ほとんどが投資マネジャーのスキルに依存する部分

［参考］　**プラス・サムの投資**（マクロ的に経済的価値の上昇が伴うもの）　⟷　**ゼロ・サムの投資**（マクロ的な価値の産出には関係ない市場参加者同士のやりとり等）

あわせて、これらのリターンと表裏をなすリスクを考えておくことが求められる

を分解していくとみえてくる部分があります。

また、鉱物資源や原油というような、いわゆるコモディティと呼ばれる「商品」も最近は投資対象になってきていますが、これは特にインカムを生むものでも何でもないので、市場参加者の需給によって価格が決定されます。したがって、将来的に需給がどうなるかが非常に大きな要因になってきます。

ヘッジファンドはさまざまなタイプのもの

があるのですが、長期的に企業が成長することによってリターンを得ていこうというよりは、タイミングをとることなどによって市場の短期的な変動を利用して収益を稼いでいこうという考え方のものが圧倒的に多いのです。

投資のなかには、企業価値が上昇していけば投資している人は皆、リターンを得られる可能性があるだろうといったようなプラス・サムのものと、ある価格を基準にして市場参加者同士で売ったり買ったりして、トータルしてみれば勝つ人も負ける人もいて合計すると結局はゼロというゼロ・サムの投資と両方あるということに注意が必要です。年金基金の運用のように、資金規模が大きくて長期運用を行う資金はプラス・サムの投資が本流と考えられてきましたが、2000年代になってからはゼロ・サムへの投資のウェイトも結構高まっているような年金基金が出現しています。

5 年金運用と資本市場

最後に「年金運用と資本市場」のことについて触れておきたいと思います。ケインズは、株式投資には二つのスタイルがあるということをいいました。その一つは、真正の長期投資で、これは世の中における価値を創造していく投資ということです。すなわち、新しいテクノロジーとかイノベーションを具現化して、新規雇用と新しい富を生み出すような投資であるということです。もう一つは、短期の美人コンテスト投資で、これは価格の安いと思った人と高いと思った人が売買していて、投資家間の証券の売買であり、結局、世の中全体で新たな価値を生むのには結びつかないような投資です。ケインズは株式投資をこのように二つに分けて表現しています（注2）。

図表1－27は高校の社会科の教科書に載っているような図なのですが、資本主義市場経済のなかで、新しい価値を創造する源泉となるのはどのセクターかといったら、政府が主体であり続けることはないし、家計であることもないので、結局は企業が新しい価値を生み続けていくというのが大事だということになってきます。その価値創造が経済全体のパイを大きくし、また投資家のリターンにも結びついて、マクロ経済的にもよい循環をもたらすという思想が、先ほどのケインズの話のなかにはあるのだと思います。

これに関連して、年金がなぜ株式に投資したかということについて、歴史的な視点からお話をします。現在は株式を中心に多くのリスク資産に投資を行っている米国でも、1950年代にゼネラルモータースのウィルソン社長が新しい企業年金の創設の提案をするまでは、年金運用といえば生命保険会社を通じて国債や抵当証券、すなわち確定利付きの証券に100％投資しているにすぎなかったのです。ところが、ウィルソンは、専門の運用会社を通じて、米

図表１－27 「価値を創造する投資」とは

■下図のようなマクロ的な経済循環図で考えると、企業がエンジンの役割を果たさなければ経済全体が成長していかないことがわかる ⇒ リスクマネーが供給され、それを企業が生かしての価値創造をきちんと行っていかないと、すべてが良好な循環となっていかず、世の中に富が蓄積されない

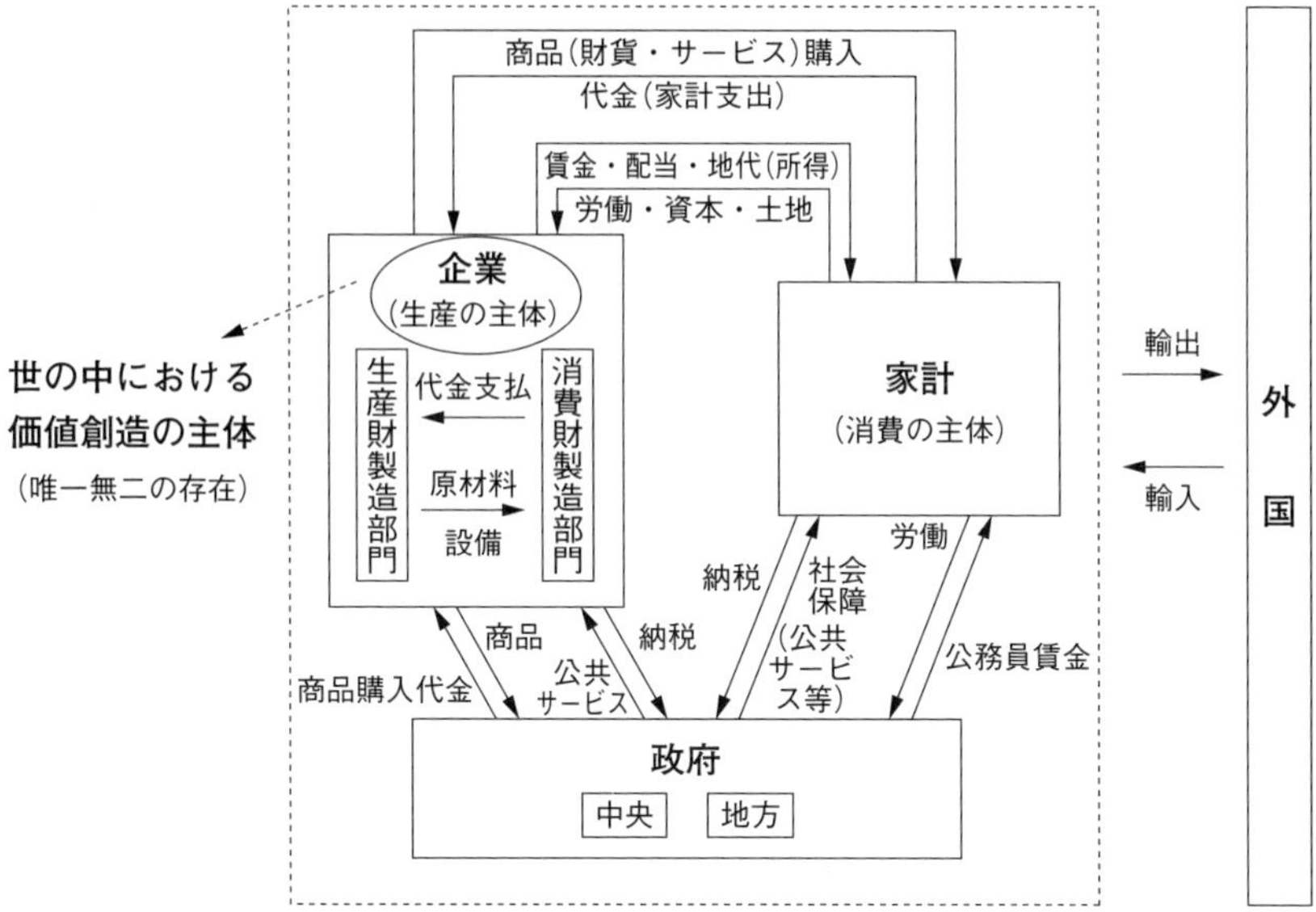

・**債券**は政府や企業等の発行する負債証券であり、平たくいえばあらかじめ約束された条件でのお金の貸借に等しい。
・**株式**は企業が事業を行って新たに産み出した価値いかんによって、株主がどのような価値やキャッシュフロー等を得られるかが決まってくる。

国の経済成長そのもの、すなわち株式に投資することを提案したということです。

米国は1960年代が「黄金の時代」といわれていますが、そのような経済の成長期に差しかかっていて、それに伴ってこれから飛躍的に拡大することが想定される年金の財政的な基盤というものを考えると、それを負債証券である国債や社債等といったもののみに投資することは経済全体としても不健全ではないか、国も企業も過大な負債の発行に依存するようになる危険があるのではないかという指摘をしているのです。それで、大規模な年金制度というのは、生産手段、経済そのもの、すな

わちこれが株式を指すのですが、株式に投資をして、その果実を一緒に享受していくべきだという思想を唱え、このことが歴史的にみると年金の株式投資が盛んになる一つの契機になっています（注3）。

さらに歴史をさかのぼって米国の証券市場についてみると、ウォール街の大暴落があった1929年の後、米国経済はどん底を経験するのですが、今後に向けて新しく市場等の整備をしていかなければならないということで、ルーズベルト大統領が行った議会演説に次のようなものがあります。それは、「SECだとか証券法といった一連の法規を制定する基本精神は、銀行や大企業、その他機関を経営する人たち――すなわち、他人のお金を使ったり預かったりする人たちは、『受託者』の立場に立つという、古来からの真理を確認したい」というものです。このような演説を議会で行っているのです。これはどのように解釈できるかというと、企業が公開市場から資本を調達したということは、その意味ではパブリックな存在になる、それは国民の財産を預かって運用する受託者の立場になるのだということを再認識すべきということをいっています。具体的な方策としては、企業に徹底的にディスクローズをさせて、それを国民全員で判断させる市場の仕組みをつくっていくのだということを議会で宣言しているわけです。これが資本主義市場経済と整合する考え方であり、最終の判断は一人ひとりの国民がすべきという軸をずらしてはいけないということをいっています。これは非常に参考になる話ではないかと思います（注4）。

わが国の年金も、多くの株式を保有するようになって、基準に従って議決権行使を行うようになりました。この年金におけるコーポレートガバナンスについては、1990年代後半から盛んに議論されるようになりました。なぜ議決権行使が中心的な議論になったかというと、まずは年金分野における受託者責任という議論が高まって、加入者の利益に忠実に行動しなければいけない、そのような観点から議決権も行使すべきということになりました。また、そのような行動を起こすことが、企業に対して「シグナル効果」になるという考え方がありました。その頃に年金の運用利回りが低迷している大きな原因は株式市場の低迷にあり、それには企業の利益率の低水準が大きく影響しているので、それに対して物を申していかなければいけないということが議論されていたのです。さらに、日本も年金運用の資産規模が次第に巨大化してきたことで市場への影響を考えた場合に売却という選択が制約を受け、すると保有したままでパフォーマンスをあげていくには、企業に対して行動する必要が出てきたわけです。

一方で、企業の側も持合いが次第に解消に向かったことに伴い、株主構成のうえで外国人投資家などの流動的な株主の比率も高まってくると、一部の企業では株主総会の定足数である5割に達するのかどうかも危ぶまれ、株主総会の成立についての懸念が生じてきました。すなわち株主議決権の空洞化懸念により、当時は企業のほうからも、賛否はともかくとして、とにかく投票してくれということを年金の受託機関の側に働きかけることもありました。

このような背景で年金による議決権行使が開始されたのですが、議決権行使を通じて企業にいろいろ物申すというのはなかなかむずかしいことでした。当初はどのような議論が中心だったかというと、たとえば、不祥事が起こった企業や業績が低迷している企業の役員の再任については「否」とするとか、取締役会が議論できないほどの大きな規模の場合、たとえば30人も40人も取締役がいるようなところについては選任に異議を唱えるとか、社外取締役といっても経歴をみると企業に近い人だという場合は「否」とする、といったようなことが議論され、実行されていたのです。

今日までの年金分野におけるコーポレートガバナンス活動を総括しますと、図表1－28のようなことになります。企業のほうに投資家目線というものを意識してもらって、その視点からいろいろ考えてもらうための契機にはなったのですが、本来、目指したところの企業価値の向上を通じて投資収益の改善をしていくというところにはなかなか結びつかなかったのです。年金基金も次のステージに向けて何らかの検討が必要な時期に差しかかっていたのです。そのところにアベノミクスの施策として、国をあげて市場、投資家、企業の各方面に働きかけた一連のコーポレートガバナンスに関する施策が打たれたというのが現在の状況です。具体的には、スチュワードシップ・コードやコーポ

図表1－28　年金分野におけるコーポレートガバナンスの評価と今後

■今日までの年金分野におけるコーポレートガバナンス活動についての評価
・企業に年金という投資家の存在を認識させ、取締役会の構成や退任慰労金問題、買収防衛策等について投資家目線を意識して考えさせる契機となり、IR面の充実等に関しても影響を及ぼした。
・一方で形式基準にとどまった点が多く、本来の目的である企業価値の向上については顕著な成果はみられなかった。
⇒次なるステージへ向けての取組みが必要な時期に差しかかっていた。
■このような状況のなかで、アベノミクスの施策として、国をあげて市場、投資家、企業の各方面に働きかけ、規律を求めた一連の施策が打たれる。
＊スチュワードシップ・コード　＊コーポレートガバナンス・コード
＊会社法改正　＊ROE等を基準とした市場指数の出現
■今後に向けて
・年金は過去も将来も長期の投資家の中心
・特に株式投資を倍増させた公的年金の取組姿勢は影響が大→注目
・今後さらに企業価値向上へ向けた建設的な対話が行われ、成果に結びついていくことが期待される。

レートガバナンス・コード、それから会社法の改正とか、ROEを基準とした市場指数の出現もありました。こうやって少し長めの歴史をみることによって、現在私たちが立たされている局面がどういうところなのかというのが少しわかってくるのです。

今後に向けてのお話をしますと、年金は過去もそうでしたが、将来も長期投資家の中心であることは変わらないと思います。そこで、昨今の流れからすると、特に、株式投資を倍増させた公的年金がどのような取組みをするか、このことが企業や市場へ与える影響が非常に大きくなってきていると思います。今後、さらに企業価値向上に向けた建設的な対話が行われて、成果があがることを期待したいところです。

最後になりますが、補足としてつけました図表1－29について触れておきます。前段のほうで、わが国の年金関係の法令等における「受託者責任」の考え方は米国のエリサ法という年金法をかなり参考にしたというお話や、ルーズベルト大統領の議会演説のお話をしたのですが、それよりもっと前の明治時代に渋沢栄一

図表１－29　渋沢栄一翁の教え

わが国の歴史的な企業家であった渋沢栄一翁は、企業経営者への教訓として次のような言葉を残しているが、これは「受託者責任」に通じるところがある。

■例えば――会社に於ける重役が、株主から選ばれて会社経営の局に当たる場合には、会社の重役たる名誉も会社の資産も、悉く多数株主から自分に嘱託されたものであるとの概念を有ち、自己所有の財産以上の注意を払って管理しなければならぬ。重役は常に、会社の財産は他人の物であるといふことを深く念頭に置かねばならぬ。

■会社の重役たる名誉も、会社の資産も悉く多数株主から自分に嘱託されたものである。若し多数人の信任が無くなった際には、何時でも潔く其の職を去るのが当然のことである。

（出所）　渋澤健『巨人・渋沢栄一の「富を築く100の教え」』（講談社）、および渋澤健氏講演資料

翁が、このようなことをいっているのです。それは、「会社の重役たる名誉も会社の資産も、ことごとく多数株主から自分に嘱託されたものであるとの概念で、自己所有の財産以上の注意を払って管理しなければならない。会社の財産は他人のものであるということを重役は常に深く念頭に置かなければならない」ということです。「日本資本主義の父」ともいわれる渋沢栄一翁がこのようなこともいっているということで、受託者責任の基本的な概念も、欧米流の考え方であるということだけでもないのだろうと考えます。このようなことは現在の経営者たちにもよく知ってもらいたいと思います。

6 質疑応答

質問　企業年金の運用利回りの歴史的推移の説明（図表1－10、16～17ページ）で、規制撤廃以前はかなり安定してプラスの利回りが確保できていたのが、規制撤廃以降かなり乱高下しており、リスクが増大する一方、平均的なリターンは下がっています。これはあらかじめ想定されていたのでしょうか。また、リスクに見合ったリターンが得られているのでしょうか。

回答　たしかに、規制撤廃の前までは運用利回りがゼロを下回るということはなかったのですね。それが、グラフの右側のほうの規制撤廃以降は何回かマイナスにもなって年々激しく上下に変動しています。その年度ごとの利回りを統計処理したデータが、図表1－13（25ページ）にあります。これによると、全28年間の期間を通算すると企業年金の平均利回りは3・8％、リスクというのは標準偏差ですが8・7％となっています。これが意味しているのは、各年の利回りのデータは3・8％±8・7％の範囲に全体の約3分の2の数が分布するということです。ところが、その下に28年間を2分割したデータがありますが、それはちょうど規制撤廃以前と以降になっています。この両者の平均リターンとリスクを比べてみていただくと、規制撤廃以降はリスクに見合うリターンが得られていないようにみえますね。その点はご指摘いただいたとおりだったと思います。ただし、20％以上のリスクがある株式を多く組み入れれば、利回りが大きくぶれることもあらかじめわかっていたのは確かです。

年金ほど大きな規模の資金になると、運用利回りは市場自体の収益率がどうであったかに大きく依存します。運用規制撤廃以前は市場の金利も高く、また1985年頃から1990年代に至るところで金利低下が起きてきてキャピタルゲインも生じたことで、国内債券市場のインデックスが6%の収益率をもたらしていました。運用規制からして国内債券の投資比率も高かった時期です。他方、この時期はバブルの崩壊、また企業収益の低迷が続いていたことがあって、国内株式はこの期間では2・4%しか上がっていません。この期間の運用利回りが平均3・8%であったことは、資産の大宗を占める国内債券、国内株式の市場の収益率をみると理解が可能です。

2000年以降は、長期金利が1%台と低い時代が長く続き、国内債券投資は収益率が2%も出ないという環境となり、運用資産の構成上もリスク資産のウェイトが増えたことから、ますます株式市場、あるいは外国証券市場でどのくらいのリターンがあげられるかで運用結果の行方が大きく左右されるようになりました。株式市場は、ITバブルの崩壊や、リーマンショック等で通算すると国内外ともにあまり冴えず、金利も世界的に低金利気味で推移したということもあって、どうしても運用利回りがあがらなかったのです。市場自体がリスクに見合った上昇を遂げなかったということで、結果的には運用の変動のリスクに見合ったリターンは得られていなかったことになります。

なお、そのような状況を経て、企業収益が改善していかないと日本の株式も上昇しないということから、いま現在進捗している、企業や投資家を含めて市場に規律づけをしていく一連の施策がどれだけの効果をもたらすかが注目されるところになっているのだと思います。

【引用文献】

(注1) チャールズ・エリス著、鹿毛雄二訳『大投資家の名言』日本経済新聞社
(注2) キース・P・アムバクシア著、野村総合研究所他共訳『年金大革命』金融財政事情研究会
(注3) 井手正介著『アメリカのポートフォリオ革命』日本経済新聞社
(注4) 年金資金運用研究センター第2回シンポジウム井手正介講演録「最近の株式市場を巡る諸問題」

第2章

運用技術の高度化
――年金運用の現場から

みずほ信託銀行投資運用業務部長　岩村　伸一
（２０１５年11月25日）

みずほ信託銀行の岩村です。今日は、実務の話を中心にお話をさせていただきます。今日お伝えしたいことは非常にシンプルです。年金運用において、安定的な資産運用をするためには、いろいろなソリューションがあるということです。安定的というのは、目標リターンを、いかにリスクを極小化して、すなわち変動しないようにして達成するかということです。ソリューションというのは、投資対象を拡大することと、投資手法を拡張することです。こういうことについてお話をさせていただきたいと思います。

まず初めに、企業年金を取り巻く環境として投資環境と会計制度について、それから安定運用を求める年金にとって、金融規制強化などの外部環境の変化によって投資機会が拡大しているということについて、簡単に確認します。次に、その対応として、従来の企業に加えて、事業や資産へ投資対象を拡大すること、それから単一資産の買い持ちからの投資手法の拡張が必要だということをご説明します。

3番目に、新しい投資対象・手法を投資テーマとして整理して、活用する運用商品をどのように位置づけていくかということを、その運用商品の強みとともにご覧いただきたいと考えています。最後に、もし時間が余れば、マーケットの変動に対するリスクコントロールや、新しい投資アイデアについてもご説明ができればと思います。

1 企業年金を取り巻く環境とその対応について

最初に、代表的な投資対象の市場環境からみていきます（図表２－１）。上のグラフは２００５年以降の日米欧の株価の推移です。ここ10年を振り返りますと、２００８年９月にリーマンショックがあって、大きく下落しました。その後、金融政策と財政政策に支えられて株価は回復してきたというかたちになっています。振り返りますと、２０００年以降、下落局面は何回かありましたが、それは世界的なバランスシートの調整だったのではないかといえると思います。

第一局面が２００７年～２００８年、先進国の債務問題と書いていますが、背景としては、２０００年代に欧米を中心に住宅ブームがありました。それが米国の住宅バブルの崩壊とサブプライム問題、ひいてはリーマンショック、その後のグローバル金融危機につながったということです。

第二局面が先進国の財政問題です。サブプライム問題以降、各国が財政出動して財政を拡大しました。特に欧州においては、ユーロ統合以降の対外バランス、すなわち債権・債務の残高の悪化があって、それがギリシャショックや欧州債務危機、さらには米国の債務上限問題、米国の国債の格下げにつながっていったということです。

そして、第三局面がまさにいま、２０１５年から起こっているのではないかといわれている、新興国の債務問題です。リーマンショックの時に、中国は４兆元という大量のお金を使った景気対策をし、これにより信用拡大が起こって世界経済は回復しましたが、いま、それが中国の構造問題と経済の下振れリスクにつながっています。それが波及して新興国経済全体の調整リスク、原油を中心とした資源安につながっているということです。

図表２－１　各投資対象資産の運用パフォーマンス①

■日・米・ドイツの株価推移（2005年以降）

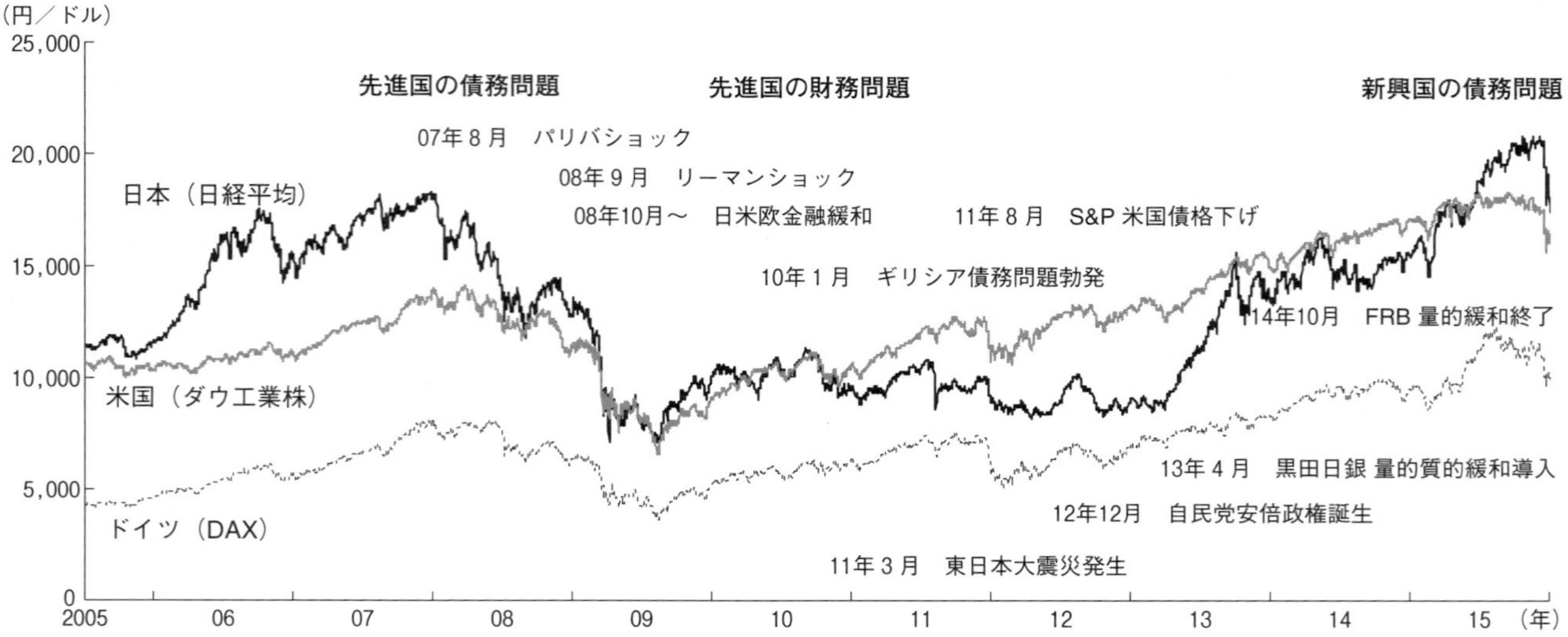

■日・米・ドイツの10年金利推移（2005年以降）

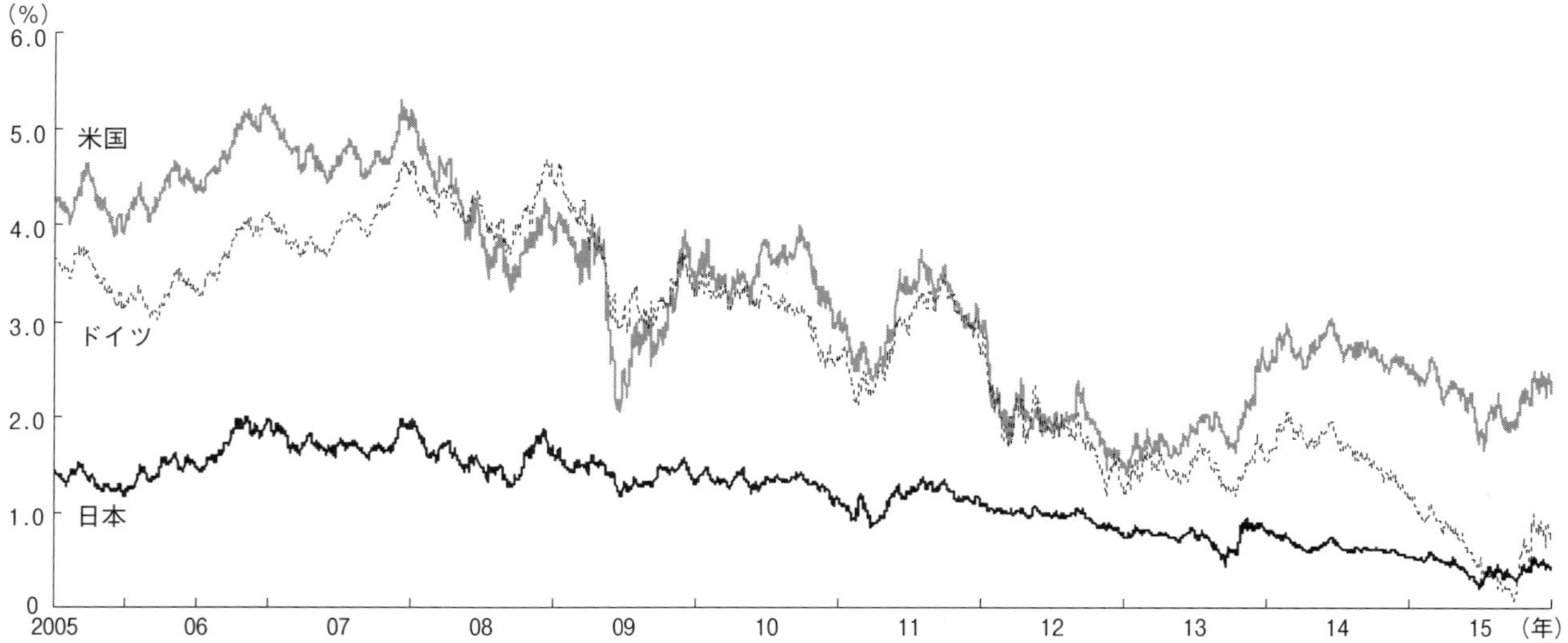

（出所） Bloomberg等より、みずほ信託銀行作成

図表2－1の下のグラフは金利の推移です。日米欧の長期金利、ここでは10年国債の金利の推移を示していますが、長期にわたって金利が低下していることがわかると思います。10年前は、日本の1～2％に対し、欧米の金利は4～5％あったわけですが、グローバルな金融緩和政策によって随分低くなり、いまやドイツの金利は、一時、日本の金利を下回るといったことが起こっています。

次に図表2－2をみてください。上のグラフは2005年以降の為替の推移ですが、リーマンショックで大きく円高が進行し、一時、70円台まで入っています。ただ、その後、120円台まで戻ってきました。下の棒グラフは、直近3年の投資対象資産のパフォーマンスを示しています。2013年度、2014年度は、ご覧のとおり、ほぼすべての資産がプラスでしたが、2015年度は、8月以降、中国の景気悪化懸念と、米国が利上げをするのではないかという観測を発端としたリスク回避の動きが市場に広まり、ほぼすべての投資対象資産がマイナスになっているというのが現状です。

次に、先ほど申し上げた金利を、もう少し詳しくみていくと、各国の金融当局の金融緩和政策による国債の大量買入れ、投資家の安全資産志向により、長期金利が大きく低下した結果、図表2－3の左上の表のように、濃い網かけの部分は実は金利がマイナスになっています。金利がマイナスになっているというのは、お金を預けて元本が返ってくる際に、利息がもらえるのではなくて、逆に利息を支払うということです。そういう異常事態になっているということです。

図表2－3の左下のグラフは、2008年3月末と2015年9月末の国別の10年国債利回りを比較したものです。足元では大きく下がっていることがわかります。

ここまで金利が低下すると、資産運用において非常によくないことが起こっています。図表2－3の右側に表を四つ並べていますが、これは今後1年間債券を保有したときのリターンを示しており、横軸がベース金利が上昇した場

図表２－２　各投資対象資産の運用パフォーマンス②

■米ドル・ユーロの対円推移

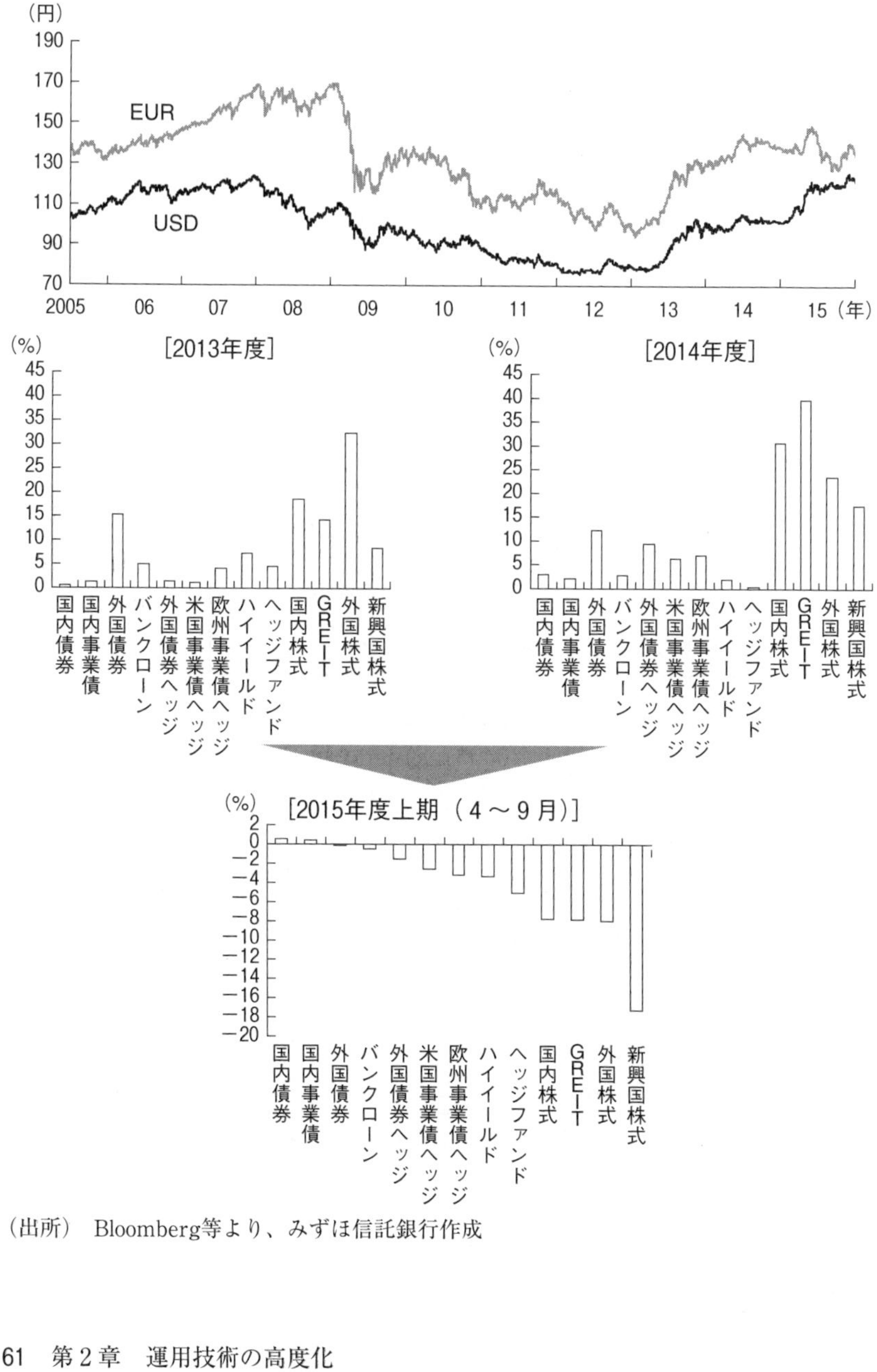

（出所）　Bloomberg等より、みずほ信託銀行作成

■低下する金利上昇耐性（クッション効果）

〈国内債券（NOMURA－BPI総合）〉

	±0.0%	+0.10%	+0.20%	+0.30%	+0.50%
±0.0%	0.7%	−0.1%	−0.8%	−1.6%	−3.1%
+0.2%	0.6%	−0.2%	−1.0%	−1.8%	−3.3%
+0.4%	0.5%	−0.3%	−1.1%	−1.9%	−3.4%

〈先進国国債（シティ世界国債）〉

	±0.0%	+0.2%	+0.5%	+0.7%	+1.0%
±0.0%	1.7%	0.4%	−1.5%	−2.7%	−4.5%
+0.3%	0.9%	−0.4%	−2.2%	−3.4%	−5.2%
+0.5%	0.5%	−0.8%	−2.7%	−3.9%	−5.6%
+1.0%	−0.7%	−2.0%	−3.8%	−4.9%	−6.6%

〈米国事業債（バークレイズ米国コーポレート）〉

	±0.0%	+0.2%	+0.5%	+0.7%	+1.0%
±0.0%	4.1%	2.7%	0.7%	−0.6%	−2.4%
+0.3%	2.0%	0.7%	−1.2%	−2.4%	−4.2%
+0.5%	0.7%	−0.6%	−2.4%	−3.6%	−5.3%
+1.0%	−2.4%	−3.6%	−5.3%	−6.5%	−8.1%

〈欧州事業債（バークレイズ欧州コーポレート）〉

	±0.0%	+0.2%	+0.5%	+0.7%	+1.0%
±0.0%	1.9%	0.9%	−0.5%	−1.4%	−2.7%
+0.3%	0.5%	−0.5%	−1.8%	−2.7%	−4.1%
+0.5%	−0.5%	−1.4%	−2.7%	−3.6%	−4.9%
+1.0%	−2.7%	−3.6%	−4.9%	−5.8%	−7.1%

・今後１年間（2015年９月末基準）のトータルリターンを表示、うち網かけ部分はプラスリターン部分
・枠囲み部分は2013年12月末時点でプラスリターンとなっていた部分
・横軸はベース金利の変化幅、縦軸はクレジットスプレッドの変化幅

（出所） Bloomberg等より、みずほ信託銀行作成

図表２－３　低下するインカムゲイン

■国別・残存年限別の金利水準（2015年９月末時点）

	1年	2年	3年	5年	7年	10年	15年	20年
スイス	−0.80	−0.82	−0.85	−0.71	−0.45	−0.14	0.26	0.46
ドイツ	−0.30	−0.26	−0.21	−0.01	0.19	0.59	0.85	1.09
オランダ	−0.18	−0.24	−0.16	0.04	0.33	0.78	0.95	1.29
フランス	−0.19	−0.18	−0.06	0.22	0.47	0.98	1.41	1.62
日本	0.00	0.02	0.02	0.06	0.10	0.35	0.67	1.13
英国	0.50	0.56	0.76	1.19	1.46	1.76	2.10	2.31
米国	0.31	0.63	0.90	1.36	1.74	2.04	2.32	2.45
イタリア	0.04	0.13	0.29	0.75	1.22	1.72	2.22	2.50
スペイン	0.03	0.13	0.35	0.88	1.49	1.89	2.40	2.80

■国別の10年国債利回り

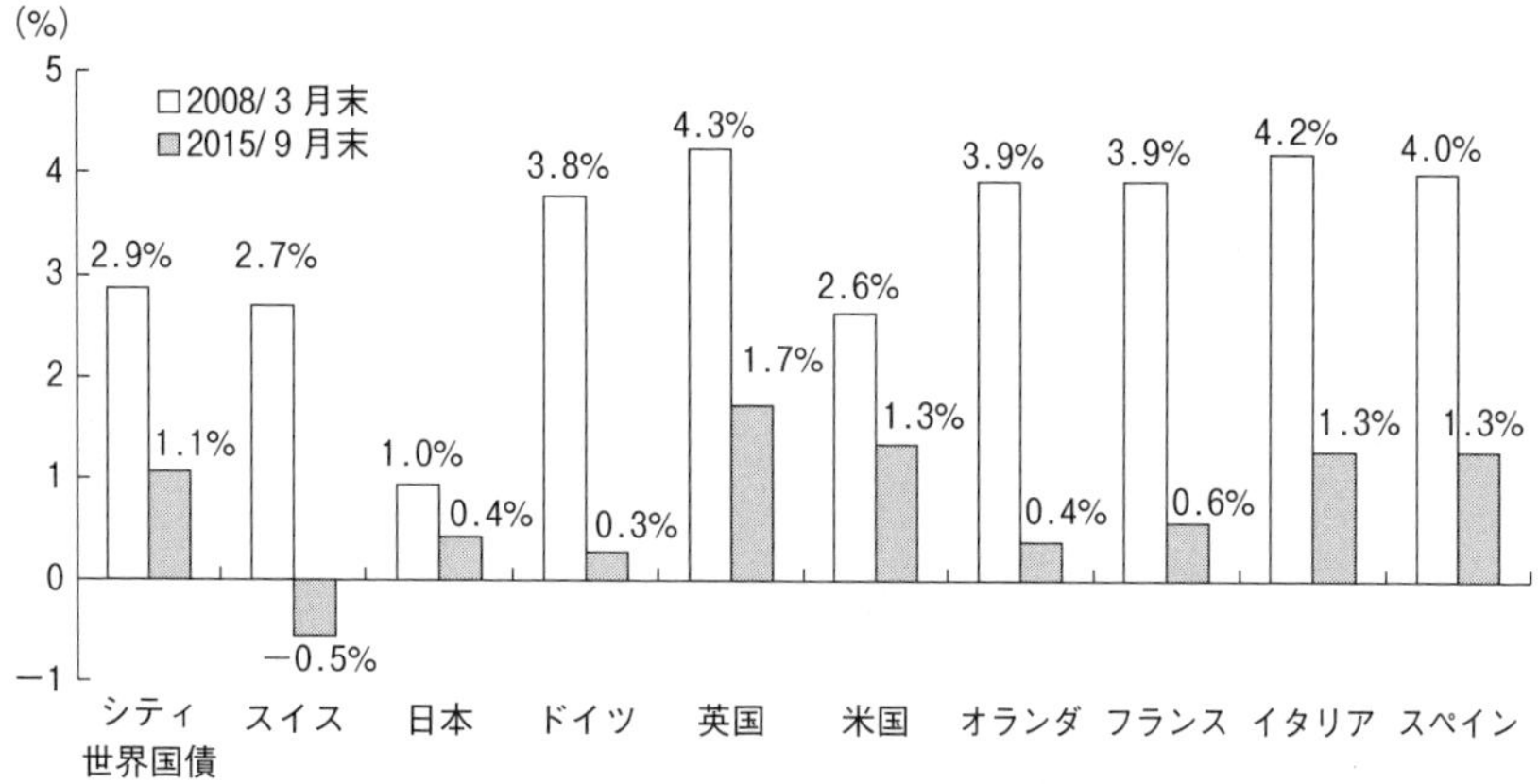

合、縦軸がクレジットスプレッドが拡大、つまり、信用悪化が進む場合を表しています。みていただきたいのは、網かけをしている部分は、プラスのリターンを保つのですが、枠組みをしている2年前に比べて、金利が上昇したときの抵抗力、対応力がかなり低下しています。

次に、図表2－4をみていただきたいのですが、先ほど申し上げたように、世界的な金融緩和によって大量のマネーが入ってきた結果、実体経済以上にリスク資産、特に株式市場の資産価格を上昇させ、その半面、大量のマネーによって短期的に変動が増えた、ボラティリティが増幅したという言い方をしますけれども、そういう結果になっています。

1番目のグラフは、2011年からの株価のボラティリティを示していますが、何かが起こるたびに急上昇しています。ボラティリティがポーンと上がって、下がって、またポーンと上がってということで、矢印のとおり、イベント時にはこういう上昇が起こっているということです。

次に、社債の市場流動性の低下についてお話しします。市場流動性というのは、社債を売ろうと思った時にすぐに売れるか、と考えていただければ結構です。

図表2－5の1番目と2番目のグラフは、上が米国の投資適格の社債、下はハイイールド債の市場規模と売買回転率を表しています。ご覧のとおり、どちらも市場規模は倍近くなっていますが、折れ線の売買回転率が落ちています。売買回転率というのは、1年間ですべての銘柄が必ず1回売買されると100％と考えてもらえればいいですが、それが落ちています。

また、図表2－5の3番目のグラフで白の棒で示したのは、ハイイールド債に占めるブローカーやディーラーが抱える在庫です。この白の棒が極端に減少しているかわりに、網かけの棒で示したETFやミューチュアルファンドの割合が増えています。

図表2－4　幾度となく上昇する市場ボラティリティ

■日米株価のボラティリティ推移

先進国の株価は上昇トレンドをたどるも、幾度となくボラティリティは上昇

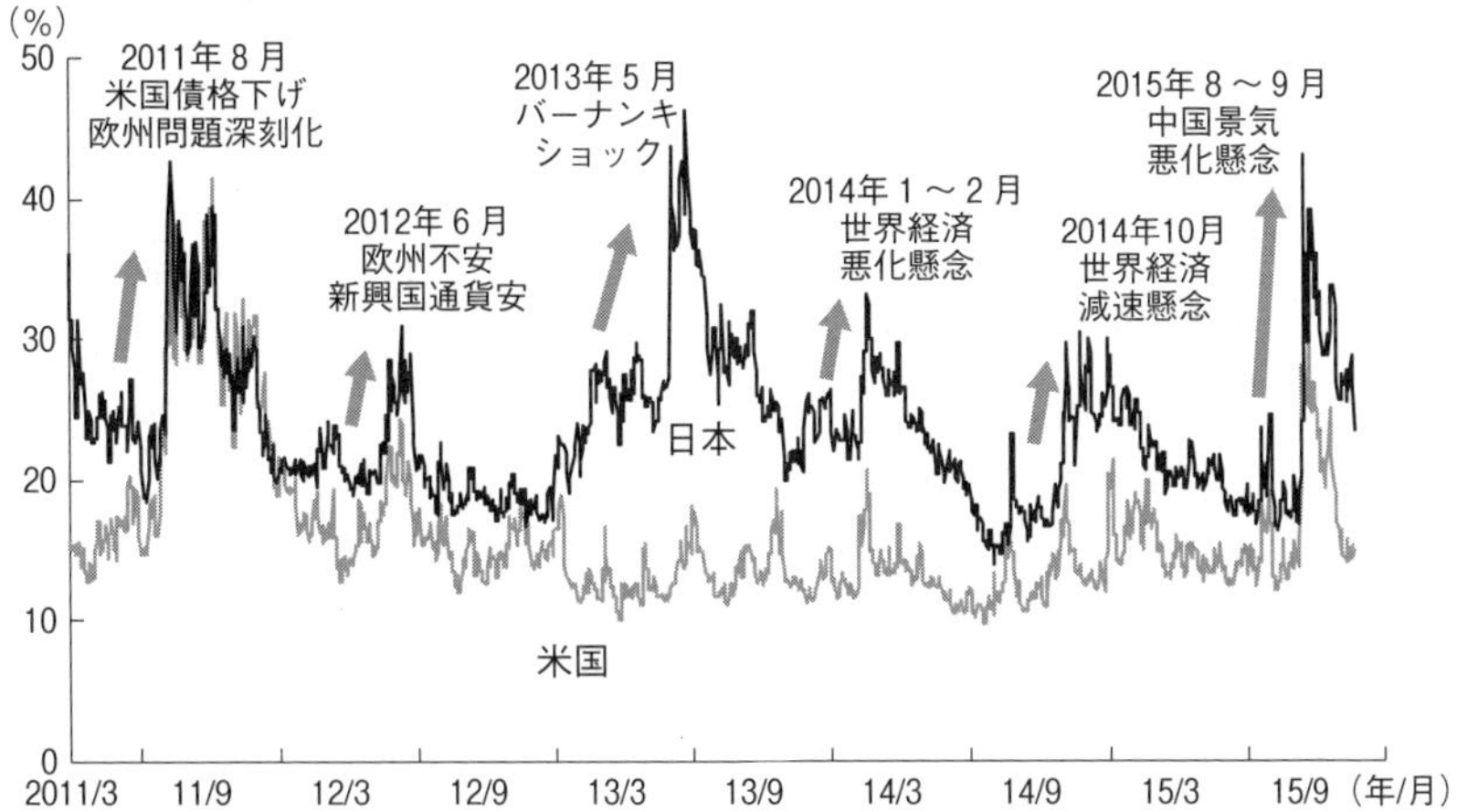

■日米株価推移

2013～2014年度も短期的な下落局面が散見される

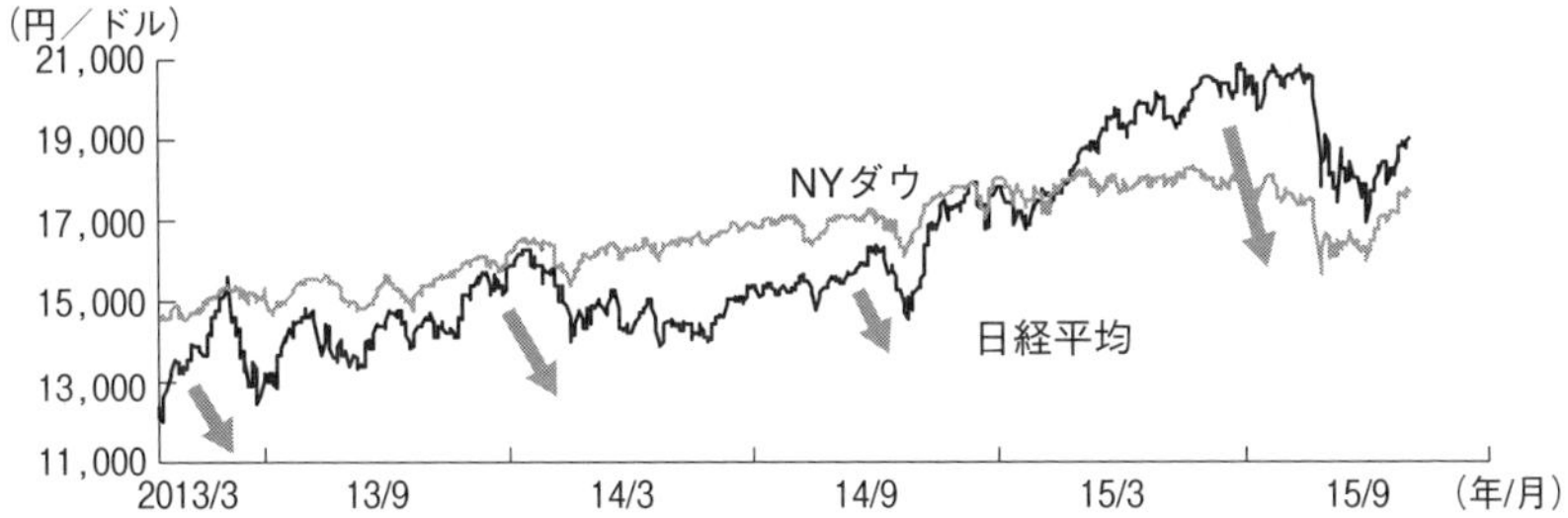

■米国ハイイールド債スプレッド推移

2009年以来低下が続いていたハイイールド債のスプレッドも拡大

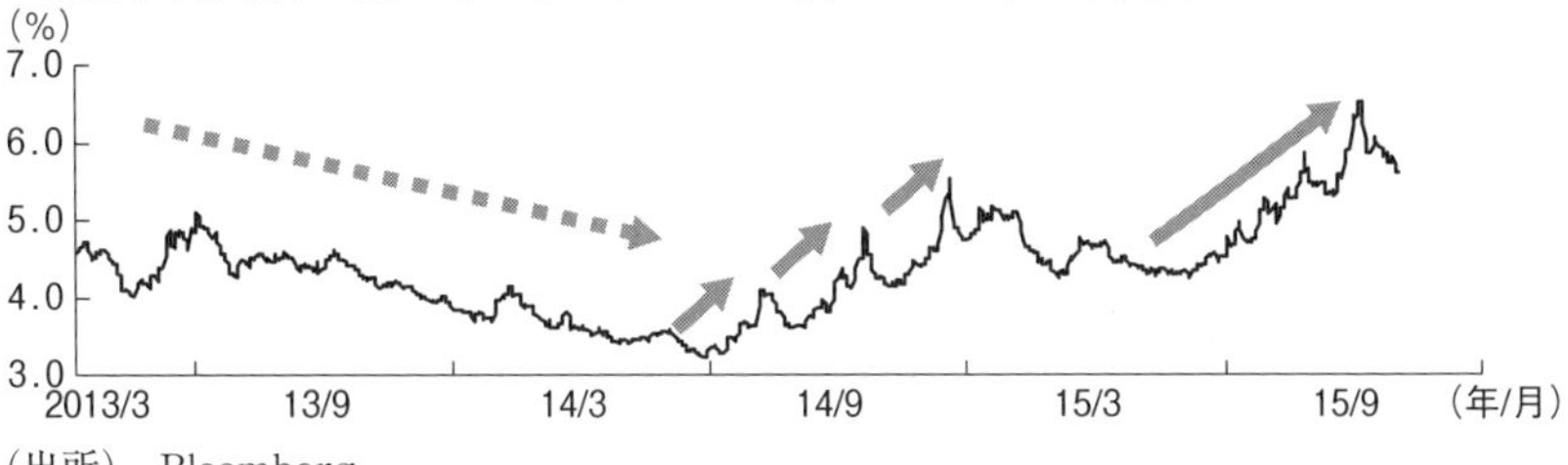

（出所）　Bloomberg
株価ボラティリティ：日本Nikkei Stock Average Volatility Index、米国CBOE Dow Jones Industrial Average Volatility Index
ハイイールド債：バークレイズ米国HY債指数

図表2－5　市場流動性の低下

■米国投資適格社債市場の市場規模と売買回転率

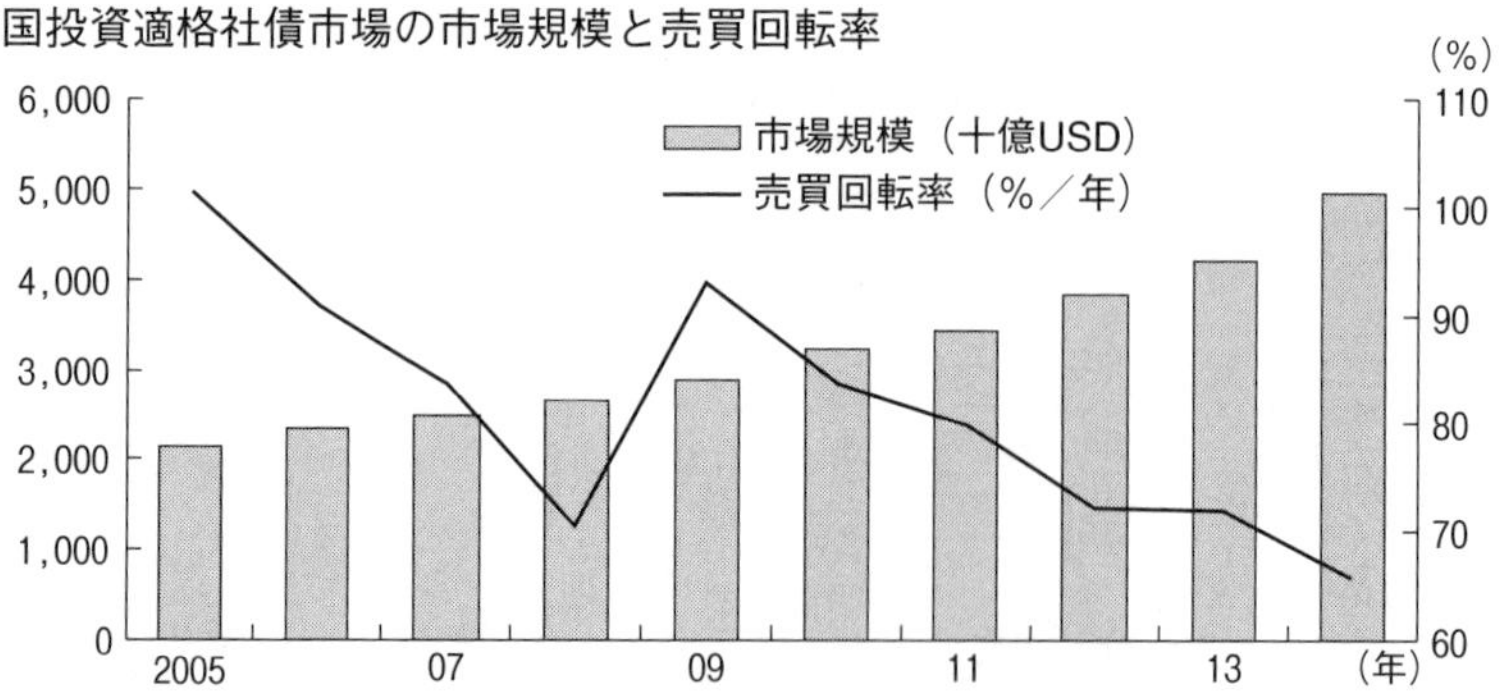

■米国ハイイールド債券市場の市場規模と売買回転率

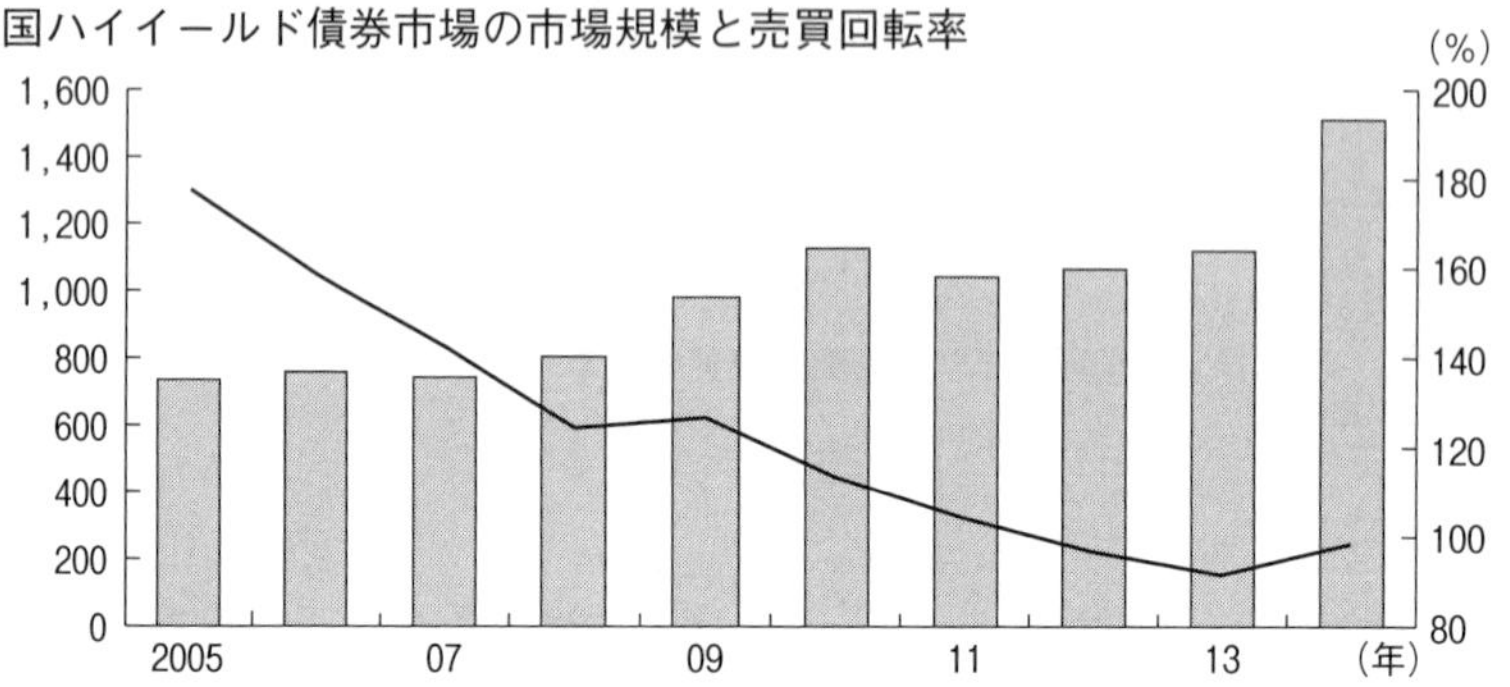

■拡大する流動性ミスマッチ

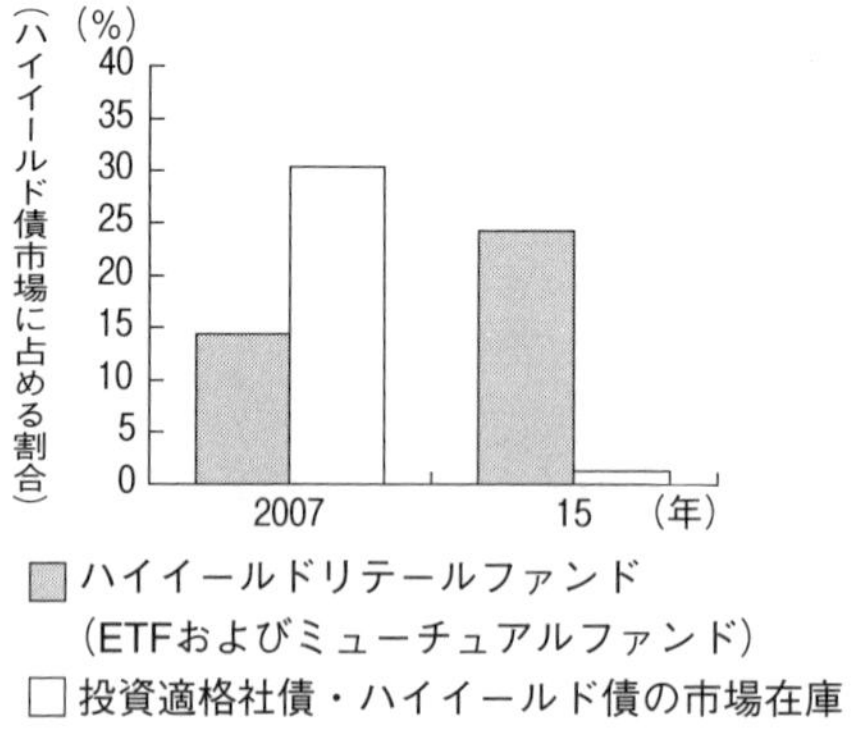

図表2－6　B/S即時認識の企業財務への影響

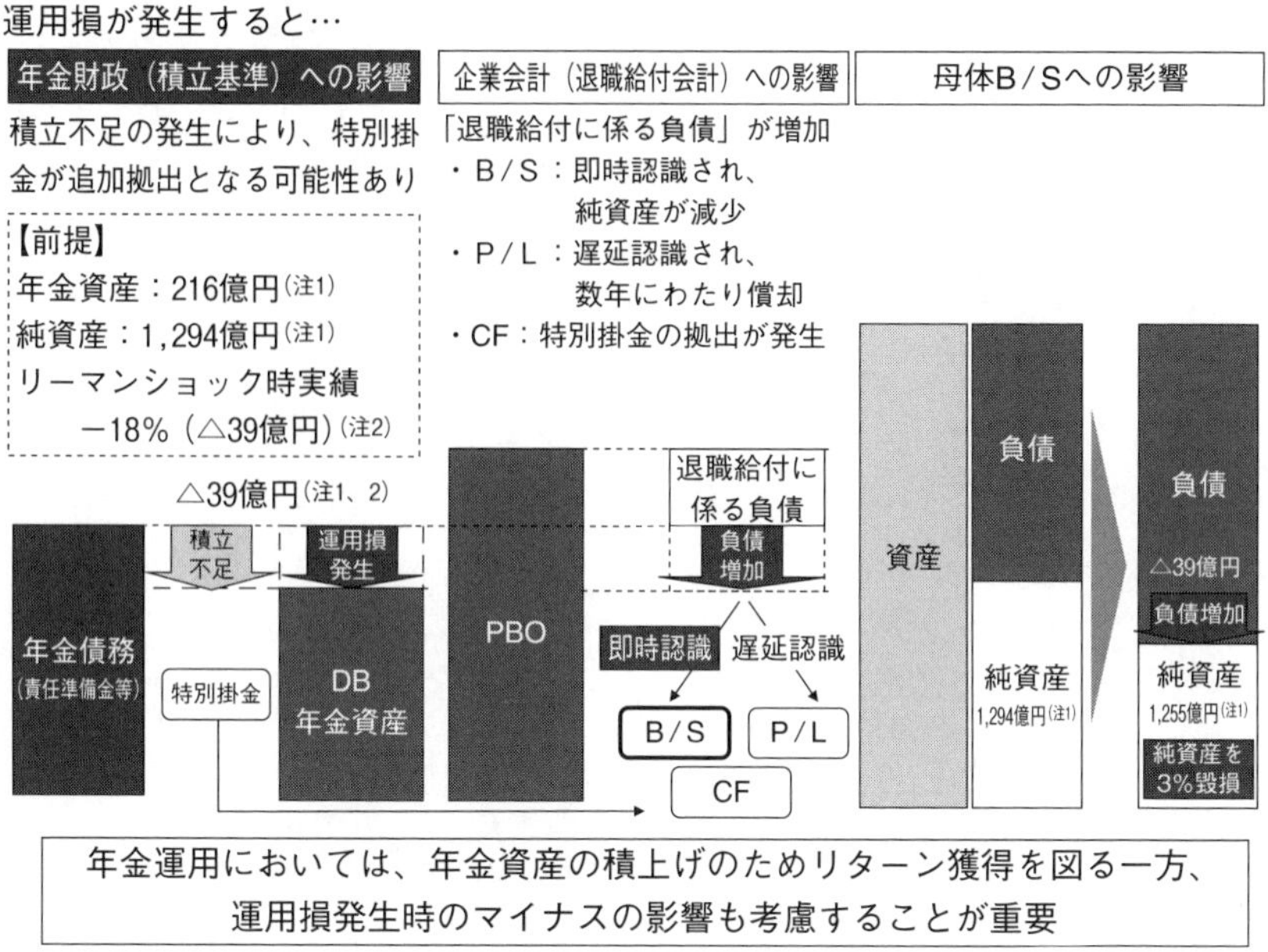

（注1）「日経データ（2013年度決算）」より、上場企業を中心とする計3,319社の年金資産、純資産の平均値。
（注2）「年金情報」年金パフォーマンスインデックスによる、2008年度の年間収益率。

これが示唆するのは、過去は銀行や証券会社がポジションをとって、一定の売買を吸収できる状況にあったのですが、こうやって在庫も少なくなってくると、結局、いままで吸収してくれていた人が買ってくれないということです。ヘッジファンドなどがかなり下落したところで口をあけて待っているのですが、そこまで下落しないと売れません。したがって、いままで以上に価格変動が大きくなるということです。これは後ほどまた出てきますが、ドッド・フランク法制定など、金融規制強化の流れのなかで、ブローカー業務から証券会社などが撤退するようになり、こうした傾向が顕著になってきているというのが現状です。

次に、話は少し変わりますが、株式に代表されるリスク資産の価値の変動が企業会計にどういう影響を与えるかを、図表2－6で簡単にまとめています。2014年3月期から、連結ベースで年金資産、負債であるＰＢＯ（予測給付債務）の変動が、母体企業の純資産に直接反映するようになっています。いわゆるＢ／Ｓ即時認識です。

左側の点線の囲みにリーマンショックの時にどれくらいのインパクトがあったかを示していますが、平均的に18％のマイナス運用になり、39億円の運用損が発生し、最終的に、いちばん右側に示す企業のバランスシートの純資産を３％毀損するインパクトを与えたということです。このように、年金が企業会計に短期的にインパクトを与える、決算にインパクトを与える、投資家に迷惑をかける、ということで、やはりさらに安定運用をやっていかなければいけない。長期運用といったところで、単年度のブレもなかなか許容しがたい状況になってきているということです。

これらの背景のもとに、これまで安定運用を行うためいろいろ工夫を凝らしてきた推移を図表２－７にまとめています。２０００年以降、ＩＴバブル崩壊で株が下がった時にロングショートやオルタナティブといわれる投資が増えています。２００７年、２００８年のサブプライム問題、リーマンショック時のマイナス運用の後に、バンクローンや最小分散、私募ＲＥＩＴ、保険といった、どちらかというと価格変動の少ない運用戦略へのニーズが増えています。し、片仮名、横文字が続いて申しわけないのですが、債券アンコンストレインドやマルチアセットといった市場のベータの影響を低減する、言い換えれば市場の株価の動きにあまり影響されない手法へのニーズが高まってきているということです。

この後、ちょっと視点を変えまして、資本市場全体でも大きな変化が起きているので、年金という機関投資家の立場で、どういう投資機会があるのかということについてみていきたいと思います。

図表２－８をご覧ください。まず、金融規制強化が行われているわけですが、なぜそんなことになっているかというと、サブプライムローンのように、劣化していた資産に投資をしていたとか、外部格付に過度に依存した投資をしていたなどで、サブプライム問題、リーマンショックが起こったのですが、この時にそれまでの金融規制の問題点が

浮かび上がり、危機防止のための金融規制改革が推進されてきました。

右側に示したバーゼルⅢとかボルカー・ルールといったものは、耳にしたこともあるかもしれませんが、銀行の自己資本や流動性などファンド投資の規制です。銀行が自己資本を使って過度にリスクテイクすることを抑制するという内容になっています。預金を扱う銀行は、その経営が強靱でなければいけないので、活動領域を限定するということです。先ほど申し上げた図表2－5の1番目と2番目のグラフの市場流動性の低下も、これらに起因しています。

結果として、金融機関がリスクをとりづらくなり、バランスシートを縮小せざるをえない、これまで銀行が担っていた資金の出し手としての機能が従来に比べ縮小する傾向にあるということです。資本市場における資金の供給サイドでは、こういった変化がここ数年起こっています。

図表2－9は資金の需要サイドについて、インフラ投資を例にお話しします。インフラ投資が幅広い地域やセクターで拡大していますが、図表2－10の上の円グラフのとおり、投資家の割合はもともと年金が多く、欧米を中心とする年金基金がインフラなどに投資をしているわけです。下の円グラフのとおり、投資家の地域をみると、日本とオーストラリアはそんなにありません。

社会・経済のインフラ整備に要する長期資金は、これまでは金融機関が対応してきましたが、規制強化の影響で金融機関の供給余力が小さくなってきた結果、それにかわる資金供給機能、長期資金を供給できる人が必要となり、それを民間資金に求める動きがグローバルに拡大しています。言い換えると、これまで主な資金供給者であった銀行が投資を行わなくなるので、機関投資家である年金の出番になってきたということです。

最初から申し上げたことをいったん図表2－11でまとめています。国内債券のリターンが低下していますので、それを補うために、株式を中心にリスク資産へ投資してきましたが、ボラティリティの影響を大きく受けて、これではよろしくないということになりました。これに対応すべく、伝統的な投資手法から、市場変動に対応する投資手法、

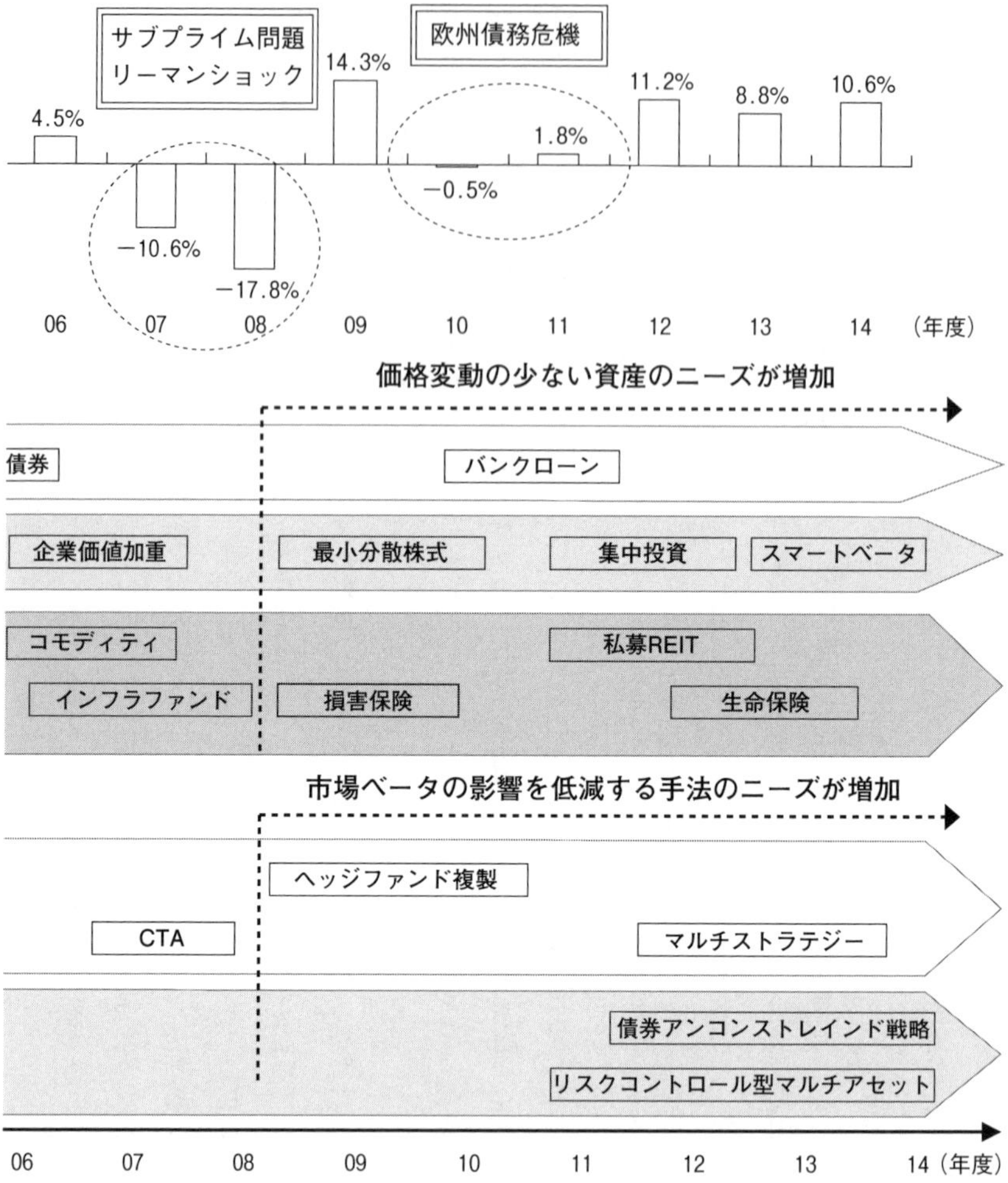
サブプライム問題
リーマンショック
欧州債務危機
4.5%
−10.6%
−17.8%
14.3%
−0.5%
1.8%
11.2%
8.8%
10.6%
06 07 08 09 10 11 12 13 14 （年度）
価格変動の少ない資産のニーズが増加
債券
バンクローン
企業価値加重
最小分散株式
集中投資
スマートベータ
コモディティ
私募REIT
インフラファンド
損害保険
生命保険
市場ベータの影響を低減する手法のニーズが増加
ヘッジファンド複製
CTA
マルチストラテジー
債券アンコンストレインド戦略
リスクコントロール型マルチアセット
06 07 08 09 10 11 12 13 14（年度）

図表２－７　これまでの投資対象の拡大・投資手法の拡張

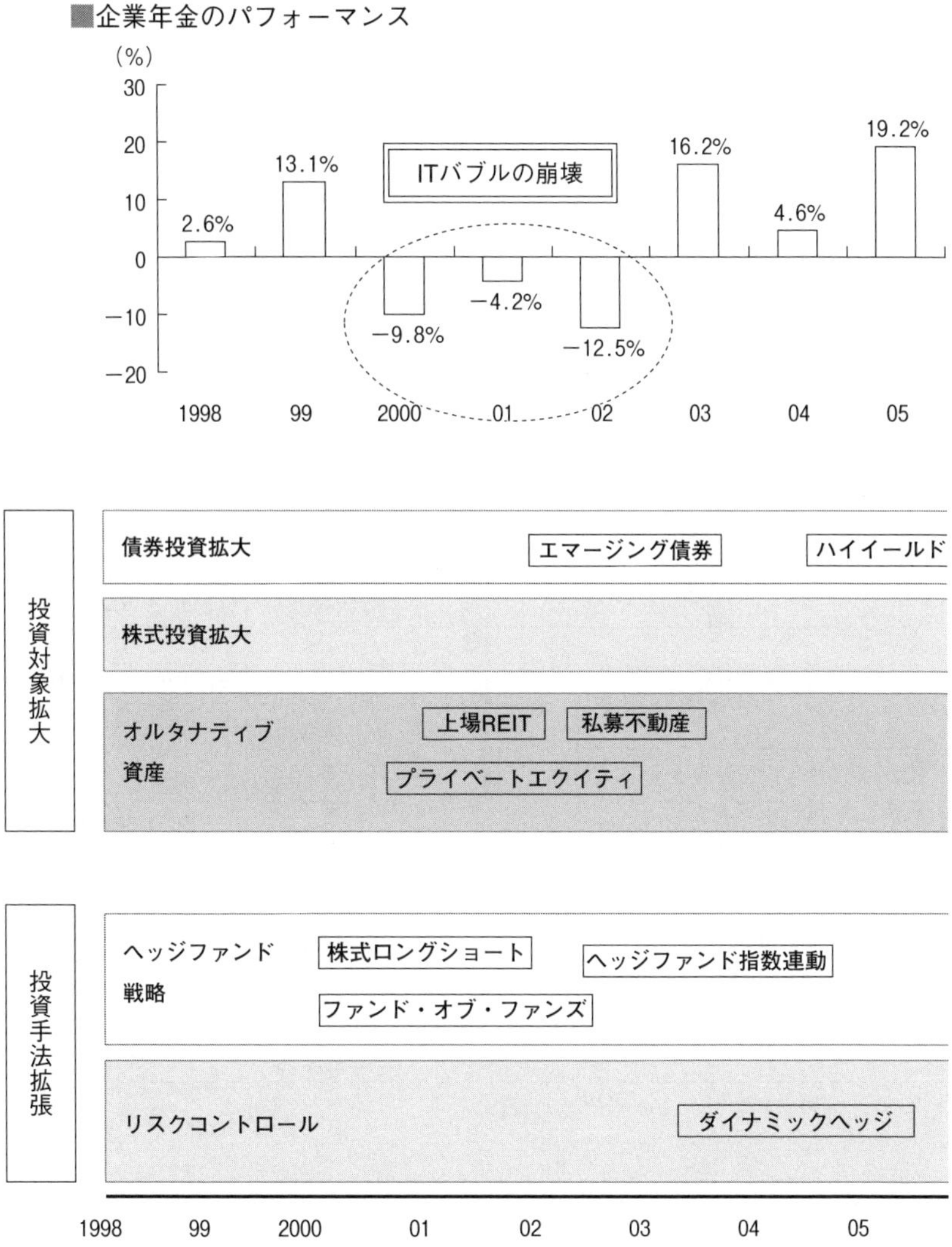

（出所）「年金情報」より、みずほ信託銀行作成

図表２－８　金融規制強化

金融危機から浮かび上がった金融規制の問題点

- ✓金融機関の収益極大化のための過大なリスクテイク
- ✓金融商品の複雑化とリスクの非可視化
- ✓金融市場の国際化によるリスク拡散
- ✓効果的に金融機関を監視・監督できなかった金融監督体制

（注）2009年５月に設立された米国金融危機調査委員会が2011年１月に公表した報告書では、サブプライムローン問題・リーマンショック発生の原因を、「預金取扱銀行の投資銀行業務への参加を厳格に制限したグラス・スティーガル法の緩和が、危機発生の制度的問題である」と結論

↓

2008年11月のG20合意をふまえ、国際金融規制改革が進行

↓

- ・銀行の新たな資本規制基準の導入（『バーゼルⅢ』）
- ・金融機関の説明責任と透明性の向上を通じた金融システムの安定性醸成（『ドッド・フランク法』）等

規制強化の流れ

銀行の健全性の強化（バーゼルⅢ）	相対的にリスクの高い資産（長期または低格付）の保有に対し、自己資本、長期債務による調達要 ↓ 増資 既存業務見直し 資産圧縮 が進行
金融市場の透明性および安定性の確保（ドッド・フランク法マージン規制等）	デリバティブ取引のリスク管理の厳格化、それに伴う対応コストが増加（従来の市場慣行とは異なる規制が導入）
銀行からの高リスク業務の隔離（ボルカー・ルール）	銀行本体による高リスク業務を制限。自己勘定によるトレーディング、およびヘッジファンド・PEファンド向け出資原則禁止

→ 金融仲介機能、マーケットメイク機能が制限を受ける可能性

→ これまで金融機関が担っていた「資金の出し手」としての機能が縮小

（出所）　各種資料より、みずほ信託銀行作成

図表2－9　資金需要の高まり

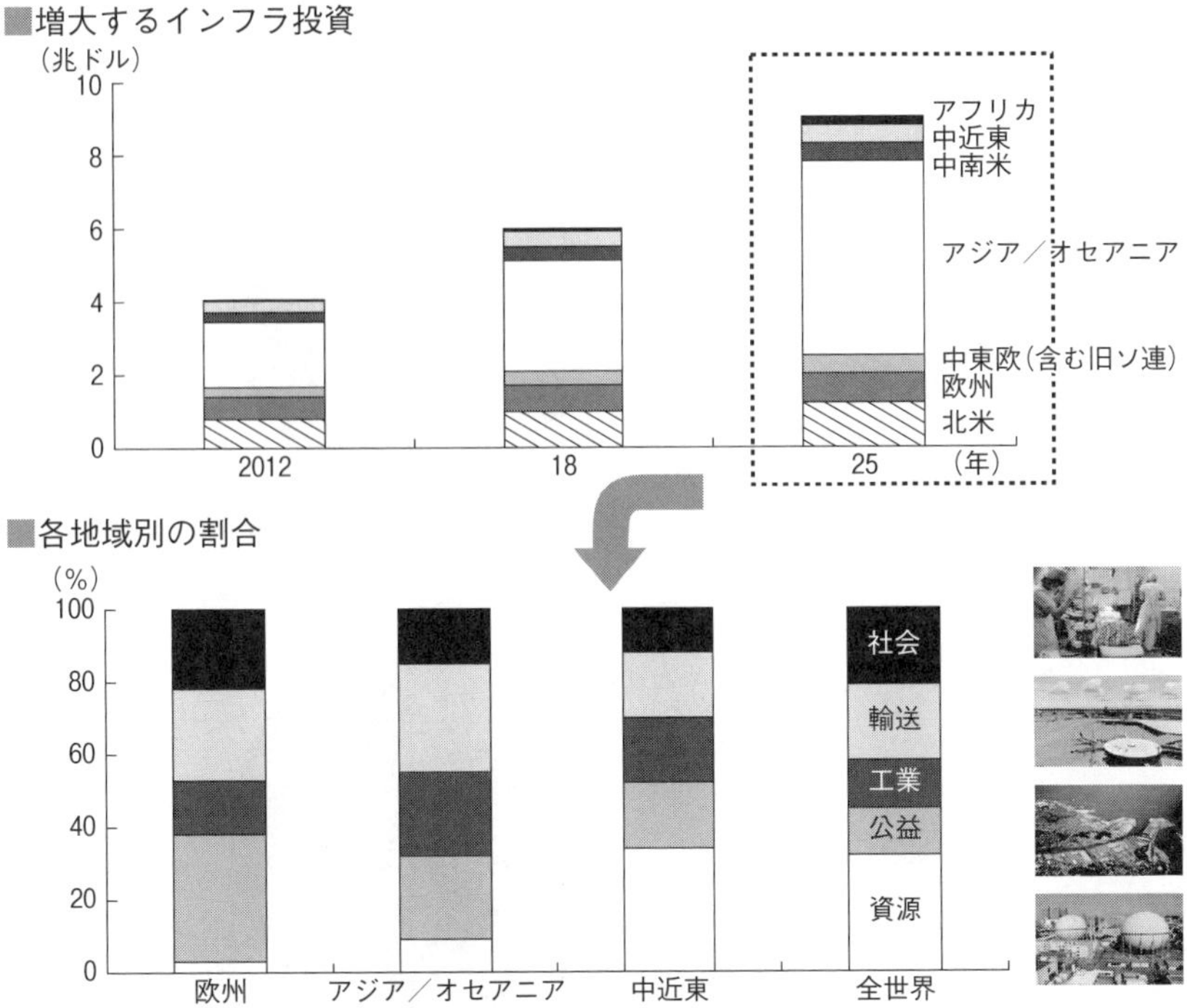

新興国における人口増・都市化・経済成長、および先進国における
インフラ老朽化を背景に、インフラ需要が近年急拡大

先進国における社会保障費増大等を背景とする歳出削減、
新興国の財政悪化等を背景に、民間資金の活用が求められている

運用難に直面する金融機関が、シンジケートローン・出資等を通じ、長期資金需要に対応

世界金融危機後に強化される金融規制をふまえ、金融機関は新規投資を控え、
または保有債権の売却により、エクスポージャーの削減を進める動きが顕在化

金融機関（銀行）にかわり、機関投資家（ファンド）が
「長期資金の供給者」として期待される

（出所）　PwC資料より、みずほ信託銀行作成

図表2－10　現在のインフラ投資の投資家別割合

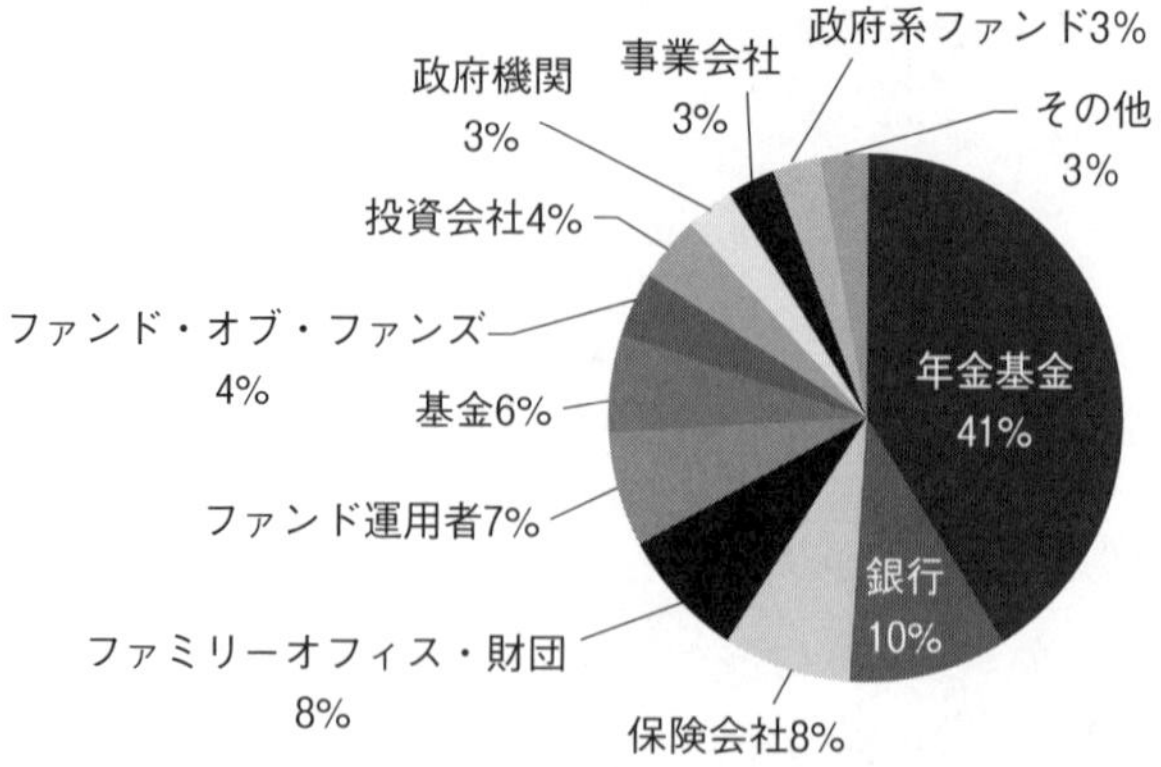

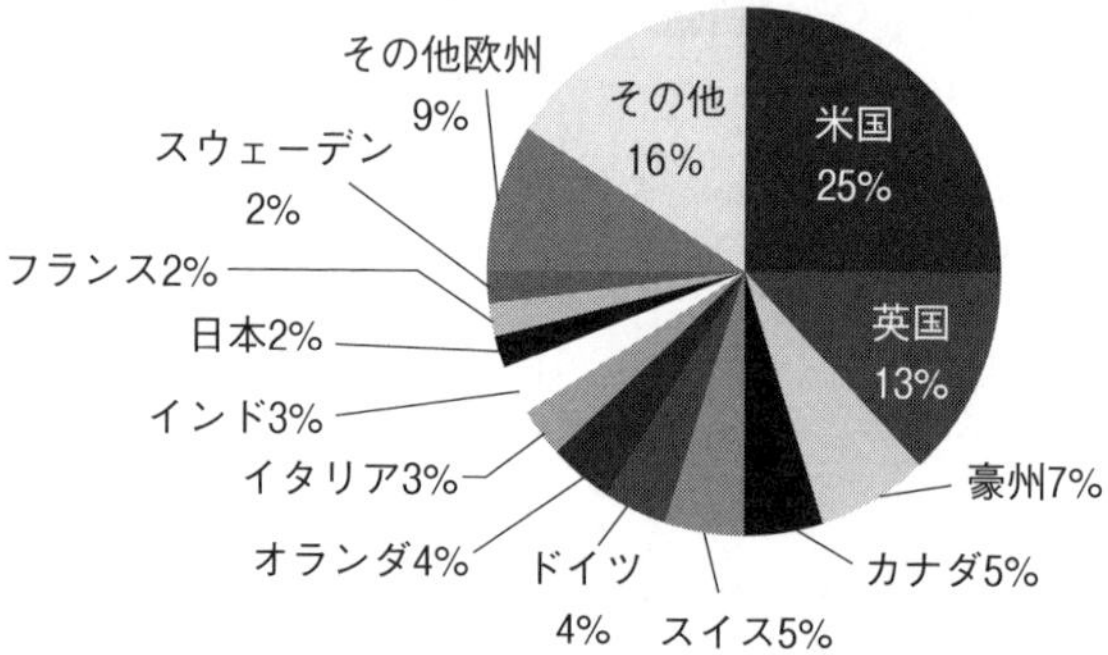

（出所）　Preqinより、みずほ信託銀行作成

また、伝統的な投資対象から、より安定的なリターンが期待できる、短期的な下落を抑制できる投資対象の組入れをさらに進める必要があるのではないかと思います。

一方で、環境変化によって投資機会が拡大をしてきています。いままでアクセスできなかった投資対象を組み入れるチャンスが出てきました。したがって、いまこそ、安定運用を実践するという年金の運用目的と、社会や経済への長期資金の供給という社会的な意義の両方を実現させることができるのではないかと考えています。

図表２－11　まとめ①――環境変化をふまえた投資対象／投資手法の再検討

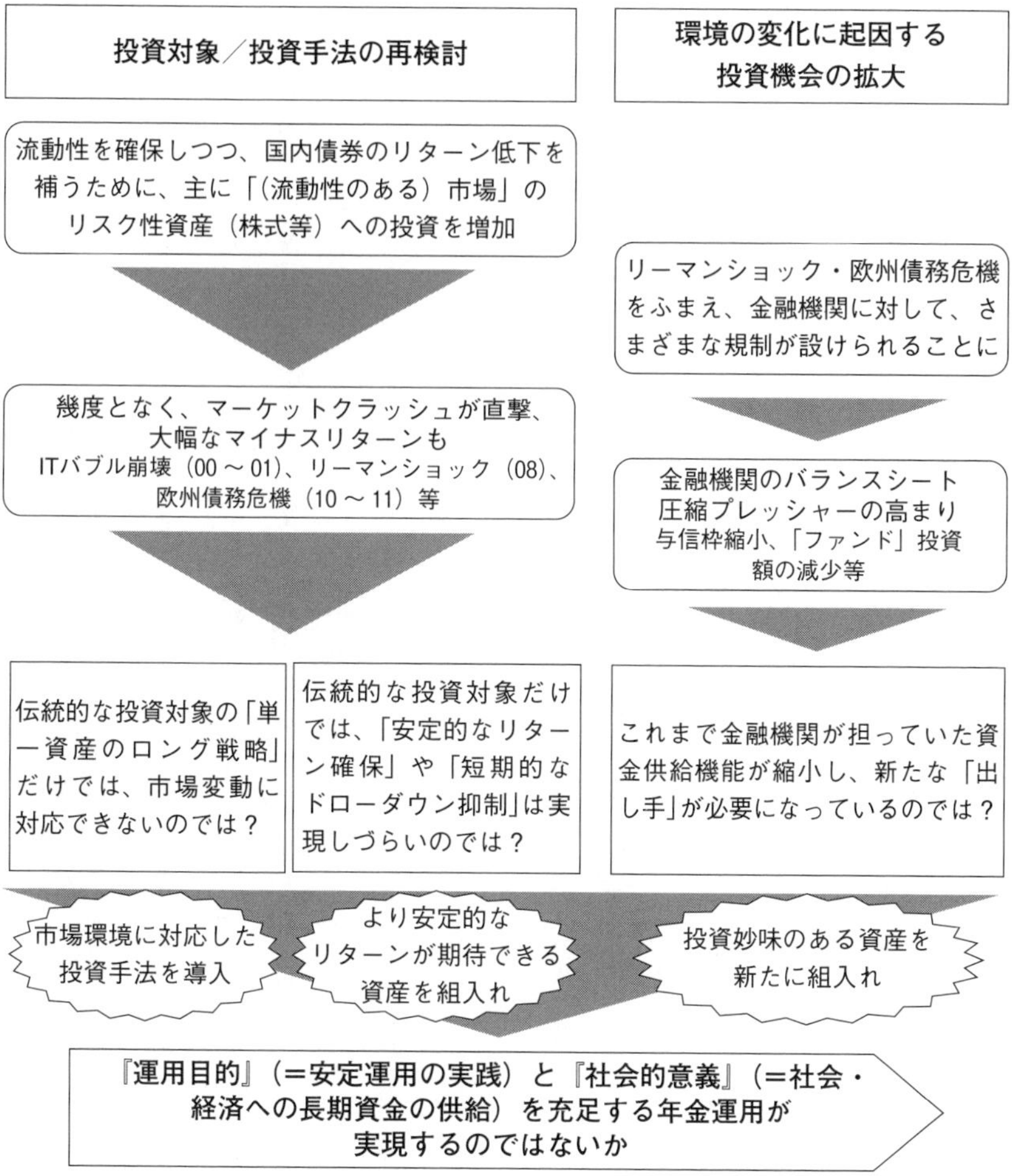
投資対象／投資手法の再検討
環境の変化に起因する
投資機会の拡大
流動性を確保しつつ、国内債券のリターン低下を補うために、主に「（流動性のある）市場」のリスク性資産（株式等）への投資を増加
リーマンショック・欧州債務危機をふまえ、金融機関に対して、さまざまな規制が設けられることに
幾度となく、マーケットクラッシュが直撃、大幅なマイナスリターンも
ITバブル崩壊（00～01）、リーマンショック（08）、欧州債務危機（10～11）等
金融機関のバランスシート圧縮プレッシャーの高まり
与信枠縮小、「ファンド」投資額の減少等
伝統的な投資対象の「単一資産のロング戦略」だけでは、市場変動に対応できないのでは？
伝統的な投資対象だけでは、「安定的なリターン確保」や「短期的なドローダウン抑制」は実現しづらいのでは？
これまで金融機関が担っていた資金供給機能が縮小し、新たな「出し手」が必要になっているのでは？
市場環境に対応した投資手法を導入
より安定的なリターンが期待できる資産を組入れ
投資妙味のある資産を新たに組入れ
『運用目的』（＝安定運用の実践）と『社会的意義』（＝社会・経済への長期資金の供給）を充足する年金運用が実現するのではないか

2 投資対象の拡大／投資手法の拡張

それでは、投資対象の拡大、投資手法の拡張について説明します。図表2－12をご覧ください。上段に示している従来型の投資対象は調達主体である企業です。企業が発行する株式や社債に投資して、企業に資金を提供するというかたちです。各企業は、その資金でいろいろな事業活動を行って、その果実として配当や株価の値上りで投資家に還元することになります。ただ、投資家の立場でみると、その投資資金の配分や活用の詳細は、投資家には開示されないのでわかりません。また、内部留保に回ったり、当然コストが控除されてしまったりするので、投資効率が悪くなる傾向があります。

たとえば、三井不動産という会社では、株式の配当利回りはいま0・6％くらいです。でも、三井不動産のやっている私募ＲＥＩＴの配当利回りは、レバレッジを割り戻して比較できる水準では、3％くらいになります。

こういった課題への対応として、図表2－12下段に書いたように、より直接的に企業の事業活動における個別の事業・資産を投資対象に加えることがいいのではないかと思っています。投資対象が明確で、内部留保などは発生しませんから、より効率的な投資が可能になると思います。ただ、それを行うには、事業とか資産に対する目利き力がこれまで以上に必要になります。

まず、企業が行っていた「事業」への投資、プロジェクト・ファイナンスについて、どのように投資するかを簡単に図表2－13にまとめています。上図の右側に記載しているように、金融機関、年金基金やヘッジファンドが債権者や出資者の立場で、事業主体としてつくられた特別目的会社に対して資金を提供・投資するということになります。

図表2－12 「企業」への投資と「事業」「資産」への投資

■従来型の投資

・従来の投資は、調達主体である「国」「企業」（＝「経営」）に対する投資

・企業は、それらの資金を活用して事業活動を行う

［課題］

✓投資資金の活用先（「どのような事業／資産に活用されているか」）を詳細に認識できない

✓投資資金から企業の内部留保・諸コストが控除されるため、資金効率が高くない

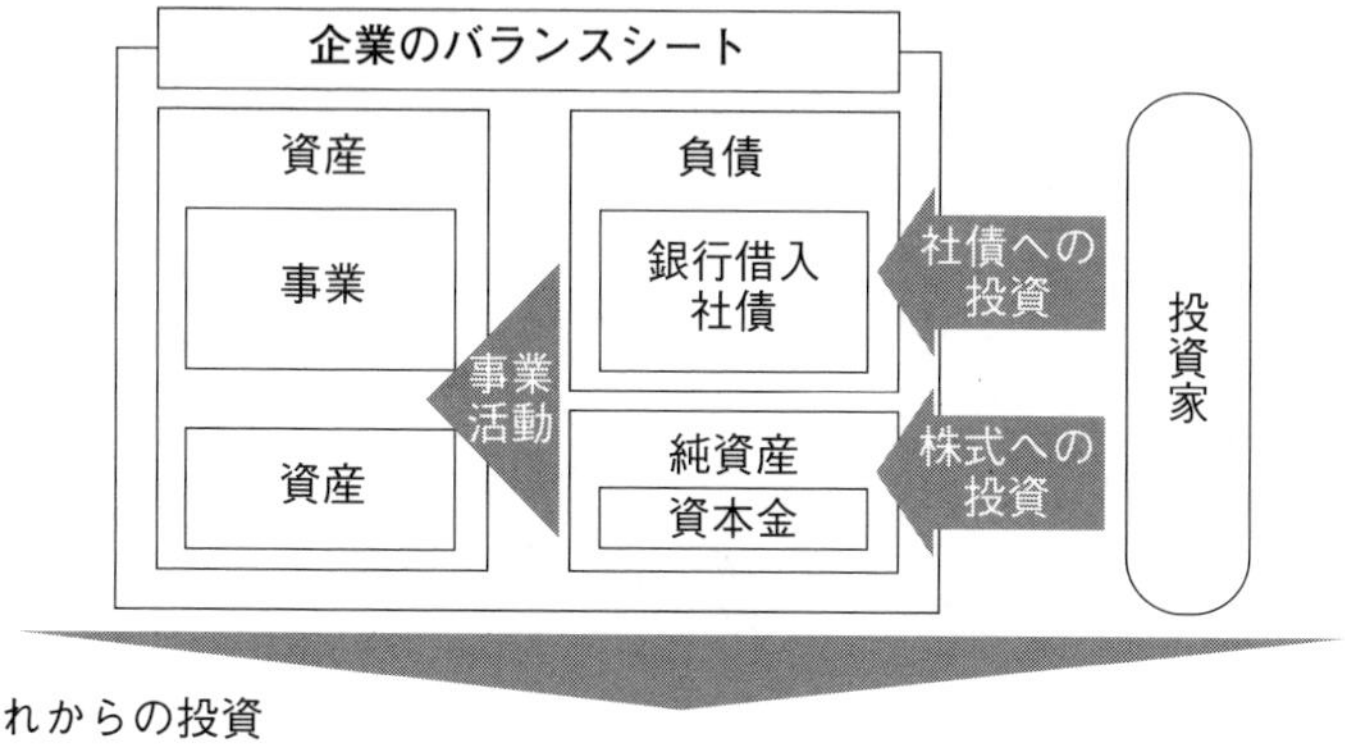

■これからの投資

［対応］

事業活動における個別の「事業」「資産」を投資対象とする（企業のバランスシートからオフバランス）

✓投資対象が明確

✓企業の内部留保などが発生しないことから、より効率的な投資が可能に

※「会社」ではなく、投資している「事業」「資産」に対する投資判断・モニタリングが必要

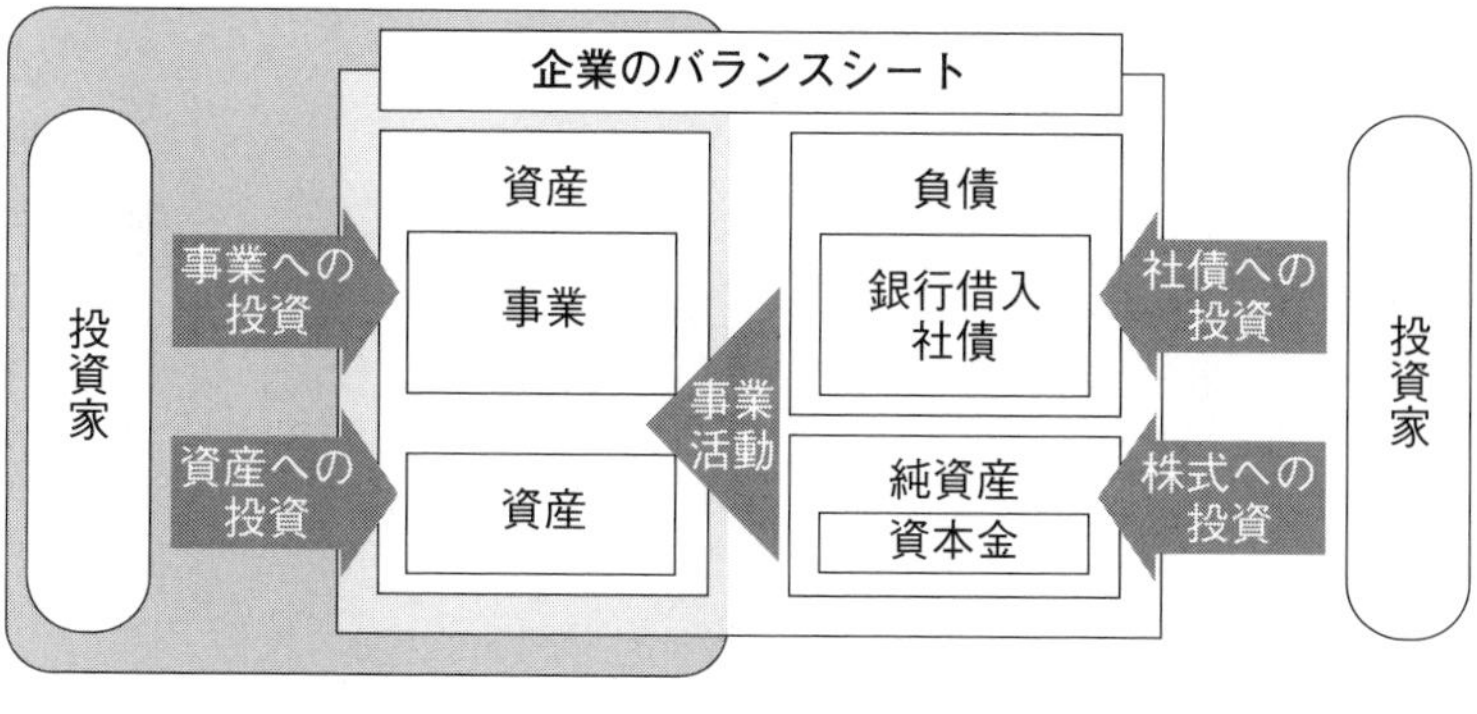

図表２－13　「事業」への投資

■不動産投資ファンド（REIT）、インフラ投資ファンドなどの基本スキーム

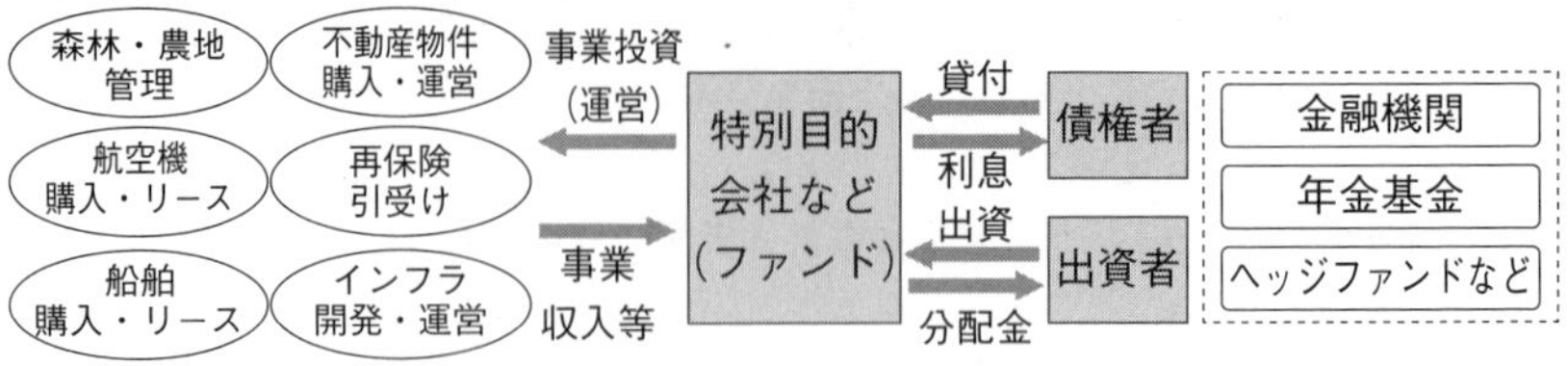

■再　保　険

・世界的に頻発する震災等に対する支払余力の確保、資本規制の厳格化等をふまえ、保険会社のリスクヘッジニーズが増大
・ヘッジファンドや機関投資家の参入を受け、市場規模は拡大

［生保／損保関連証券の発行残高推移］

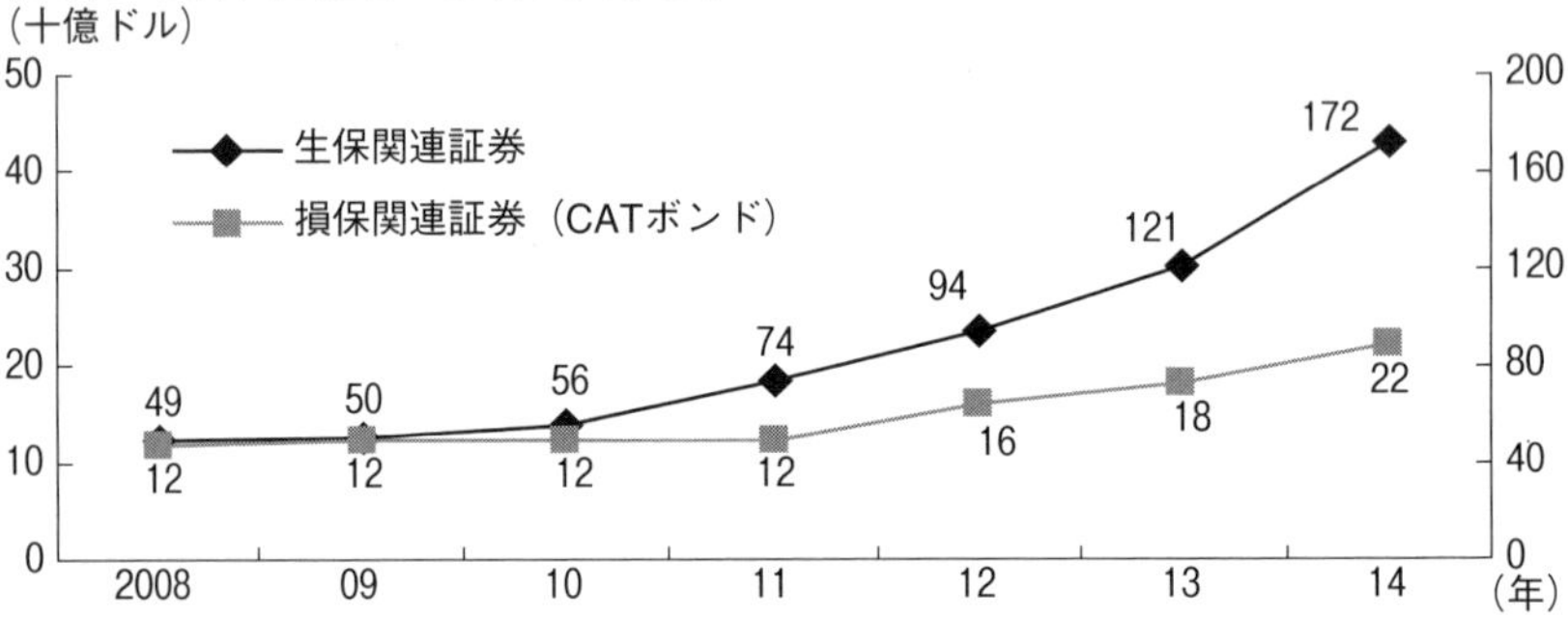

■航空機／船舶リース

・わが国では、航空機・船舶はリース契約によるファイナンスが一般的
・2008年以降の金融危機および景気低迷の影響を脱し、航空機を中心にリース契約数・金額ともに回復

［本邦オペレーディング・リース契約の市場規模推移］

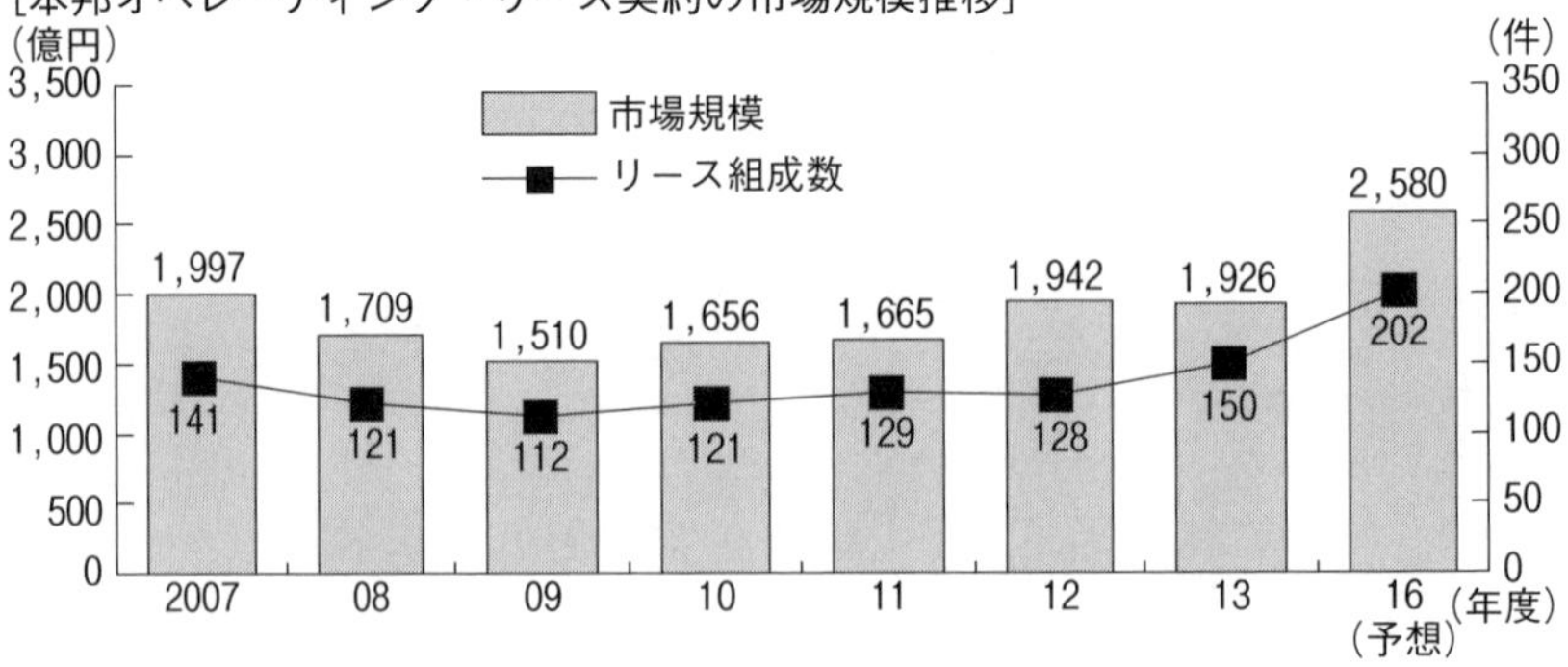

（出所）　クレディ・スイス、矢野経済研究所資料より、みずほ信託銀行作成

この特別目的会社がさまざまな事業運営をして、その対価として事業収入を得て、投資家に還元するわけですが、たとえば不動産賃貸業であれば、特別目的会社が私募ＲＥＩＴの物件を保有することになります。

同様のスキームを有する事業の例を下に二つ出しています。上が再保険事業です。保険会社がリスクを持ち切れないから再保険会社が引き受ける。再保険会社も持ち切れないので、だれか持ってくれないかということで年金がもつという仕組みです。

下が航空機／船舶リースで、これはリーマンショックで少し低迷したのですが、最近、持ち直しています。こうした事業の市場規模拡大が投資機会の拡大につながるのではないかと思います。

図表２－14がもう一つの「資産」への投資、アセット・ファイナンスです。ここでは資産担保証券を例に出していますが、上図の左側のように、金融機関が保有する個々のローンを債権譲渡というかたちで特別目的会社という箱に移します。そこで一つに束ねて、それをシニアやメザニン、エクイティといった複数のトランシェに分けて、それぞれを投資家のニーズに応じて提供する。そうすると、金融機関にかわって投資家が債務者にファイナンスをするというかたちになります。これもシンプルかつ直接的な構図ではないかと思います。

では、ここまでご説明した新しい投資対象について、図表２－15で少し整理をしてみたいと思います。投資対象マップと勝手に名前をつけていますが、縦軸の上が企業への投資、下が事業・資産への投資を、横軸は、左が流動性の高いパブリック市場、右が流動性が低いプライベート市場を表しています。

従来型の投資対象は、左上の点線で囲んだ部分で、流動性が高い国債や投資適格事業債、上場株式です。右にいくと、同じ企業への投資でも流動性が低いプライベートデット／エクイティなどがあります。また、左下は、流動性が高い事業や資産への投資として、たとえば事業への投資である上場ＲＥＩＴ、資産への投資であるＡＢＳやＣＬＯなどがあり、さらに右にいくと流動性の低い私募ＲＥＩＴやインフラ投資などがあります。

図表2－14 「資産」への投資

■証券化商品の基本スキーム

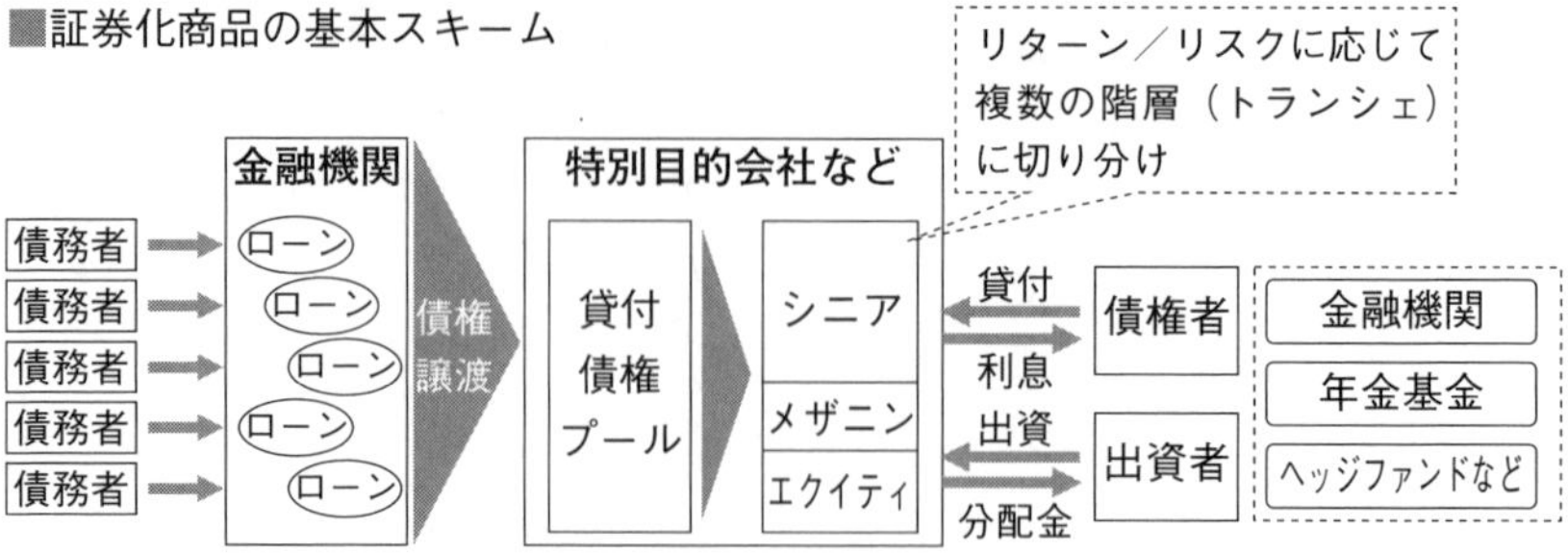

■いち早く回復した米国の証券化市場

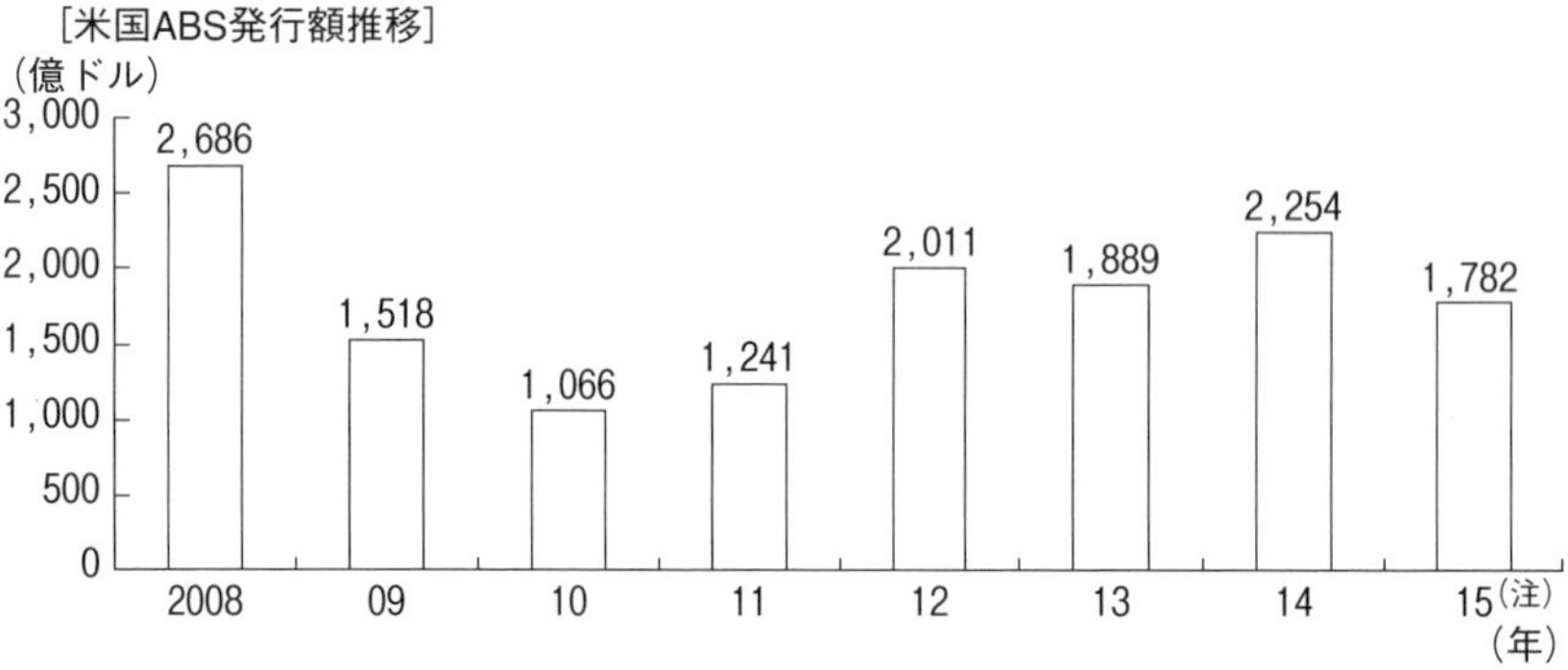

■回復の兆しがみえる日本の証券化市場

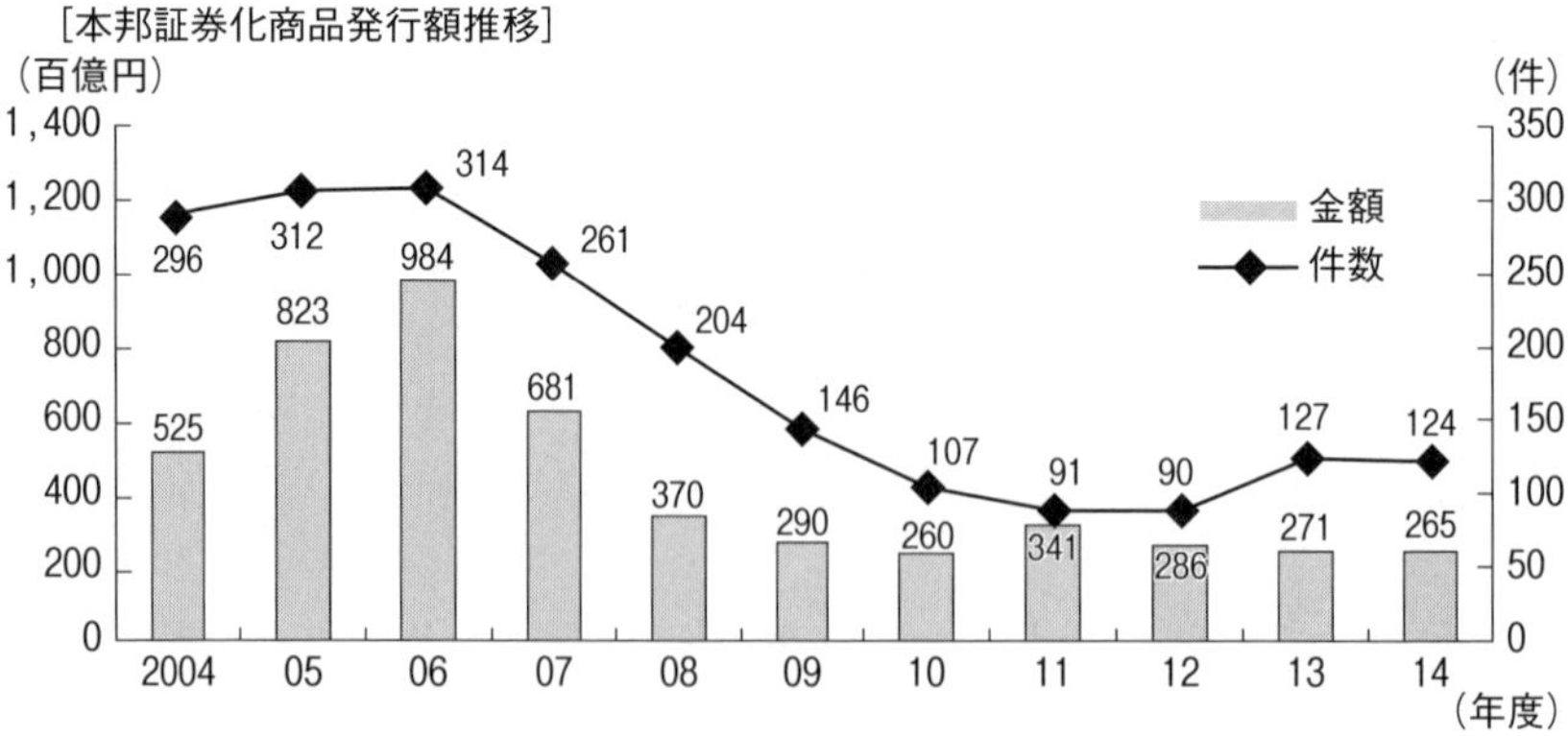

（注） 2015年は1～10月までの累計。
（出所） SIFMA資料・日本証券業協会より、みずほ信託銀行作成

図表２－15　投資対象マップ――投資のリスク／流動性による分類

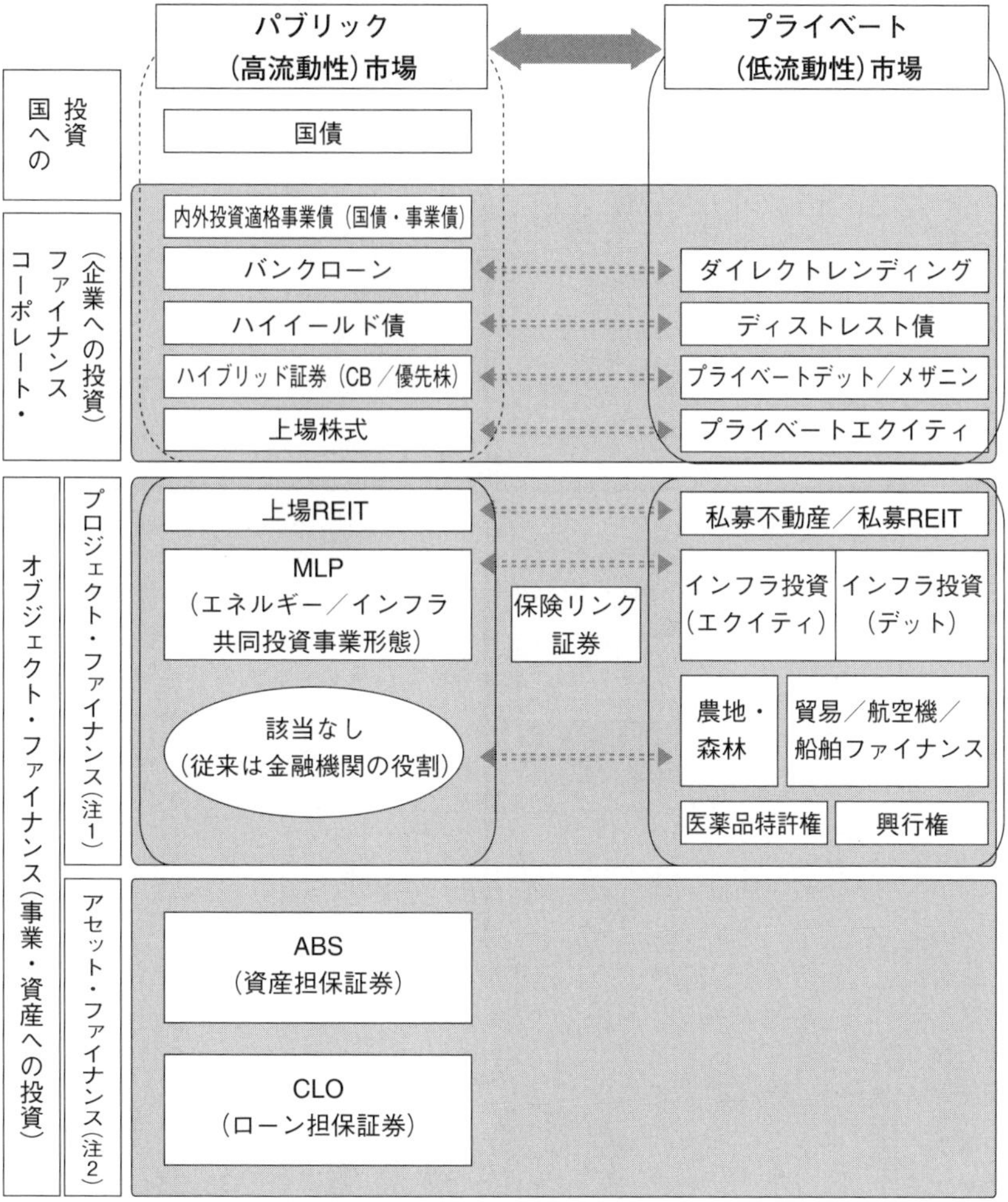

（注１）　企業が行っていた事業への投資〔事業のリスク〕。
（注２）　企業が保有していた資産への投資〔資産のリスク〕。

図表2－16　投資手法マップ――ショートの活用／マルチアセット運用による分類

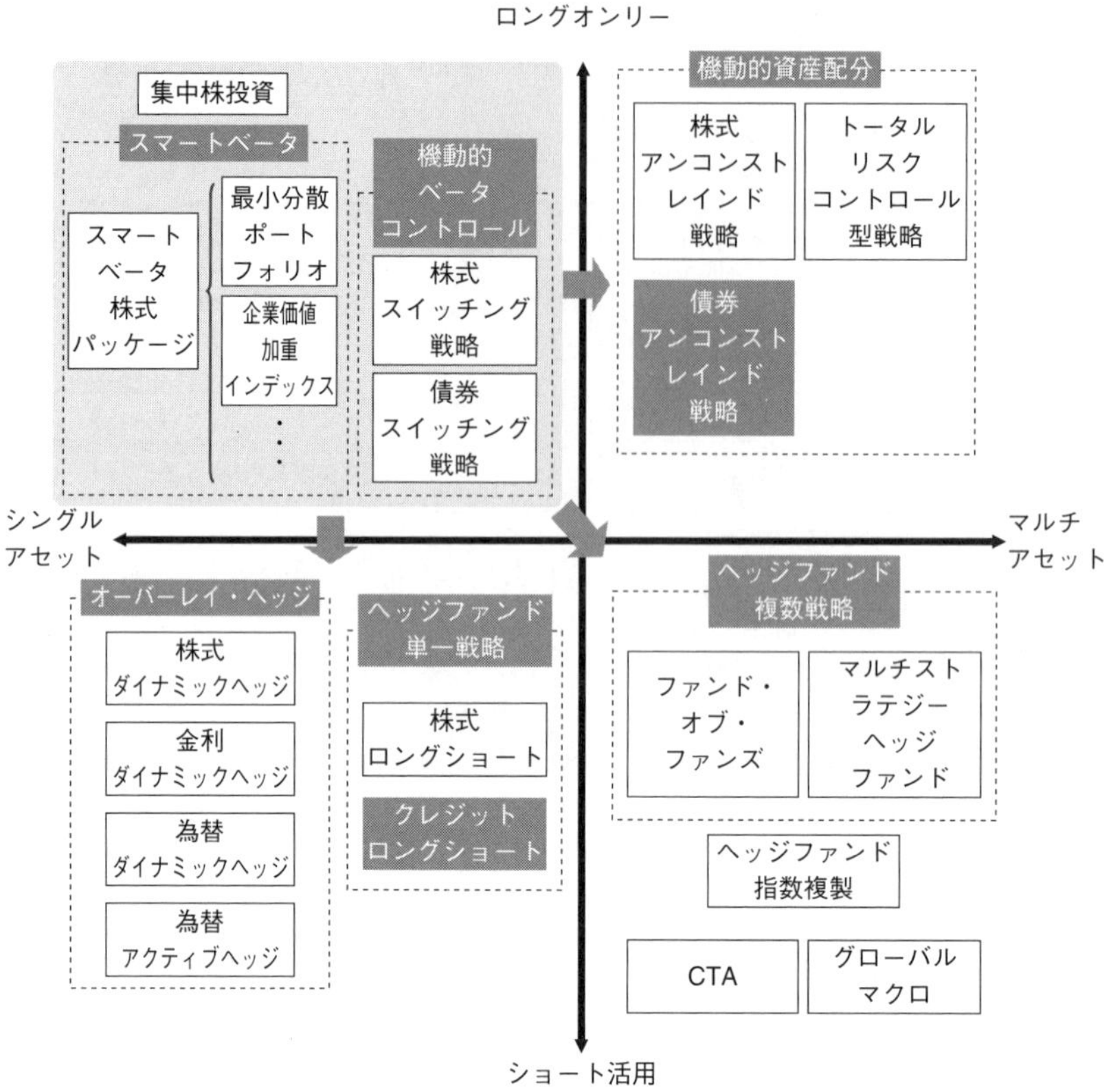

流動性が高いと市場で活発に取引されるので、投資対象ではなくて投資手法として、ショート、要するに買い持ちではなくて売り持ちをつくるということもできます。

そういった投資手法について整理したのが図表2－16のマップです。縦軸は上がロングオンリー、買い持ちだけ、下にいけばショートも使う。買いも売りもやるということです。横は、左側がシングルアセット、一つの資産だけ、右側はマルチアセット、いろいろな資産を使うものです。

基本は左上の網かけをしているところで、投資手法の拡張としては、集中株投資（TOPIXなどのベンチマークに投資するのではなく、かなり銘柄を絞って投資するもの）や、機動的ベータコントロールとかスマートベータがあります。

マルチアセットにすると、右方向にある債券アンコンストレインド戦略と称される機動的な資産配分があります。ショートが加わると、左下の単一資産でいうと、たとえばソニー株を買って東芝株を売るといったやり方です。

さらに、資産も複数、かつ売りも買いも行うとなると、右下のヘッジファンドになりますが、CTAやグローバルマクロといわれる戦略があります。

図表2－17が2番目のまとめです。従来の年金運用は、株式や債券といった流動性のある資産を中心に投資をしてきたのが、今後の環境変化を考えると、投資対象を拡大したり、投資手法を拡張することが必要となっています。投資対象については、資金供給の視点で、企業への投資、事業・資産への投資に分けて整理をしてみました。

左側ですが、企業への投資として伝統的な高流動性資産を用いて、投資手法を洗練するということです。すなわちショートを活用したり、マルチアセットにすることで、流動性を維持したまま――流動性というのは換金性ということでもかまいません――短期的な値下り、ドローダウンを抑制することができるということです。

その右側ですが、市場変動に対して一定の耐性がある投資対象も当然使えばいいということになります。たとえば、より直接的な企業への投資対象としての低流動性資産、プライベートエクイティやプライベートデットもありますし、事業への投資、資産への投資もあります。短期的な投資マネーの影響を受けにくい資産、それから市場の変動の影響を軽減する投資手法を組み入れれば、いまよりリターンを安定させることができるということであります。

図表2－17　まとめ②――投資対象の拡大／投資手法の拡張

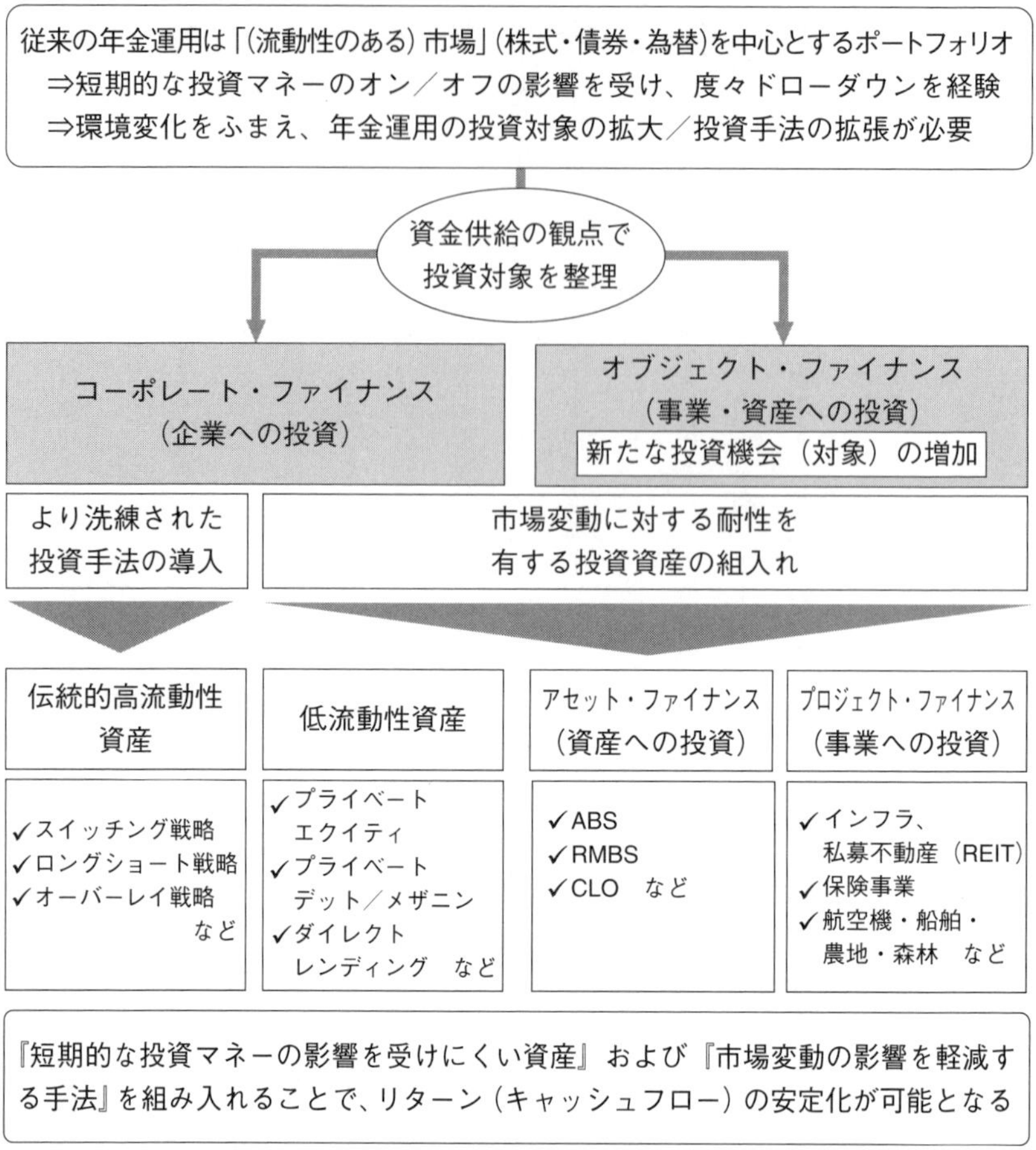
従来の年金運用は「(流動性のある) 市場」(株式・債券・為替)を中心とするポートフォリオ
⇒短期的な投資マネーのオン／オフの影響を受け、度々ドローダウンを経験
⇒環境変化をふまえ、年金運用の投資対象の拡大／投資手法の拡張が必要
資金供給の観点で
投資対象を整理
コーポレート・ファイナンス
（企業への投資）
オブジェクト・ファイナンス
（事業・資産への投資）
新たな投資機会（対象）の増加
より洗練された
投資手法の導入
市場変動に対する耐性を
有する投資資産の組入れ
伝統的高流動性
資産
低流動性資産
アセット・ファイナンス
（資産への投資）
プロジェクト・ファイナンス
（事業への投資）
✓スイッチング戦略
✓ロングショート戦略
✓オーバーレイ戦略
など
✓プライベート
エクイティ
✓プライベート
デット／メザニン
✓ダイレクト
レンディング　など
✓ABS
✓RMBS
✓CLO　など
✓インフラ、
私募不動産（REIT）
✓保険事業
✓航空機・船舶・
農地・森林　など
『短期的な投資マネーの影響を受けにくい資産』および『市場変動の影響を軽減する手法』を組み入れることで、リターン（キャッシュフロー）の安定化が可能となる

3　投資テーマごとの投資対象・手法の具体例

それでは、いままで申し上げた拡大する投資対象・手法について、具体的にお示ししていきたいと思います。図表2－18をみてください。これまで投資対象を拡大したり、投資手法を拡張したりすることが大事だといってきましたが、その際、収益性やリターンに加えて、流動性と安定性の視点が必要になります。安定性は先ほど企業会計の影響のところで申し上げました。流動性というのは、年金基金を一つの大きなファンドと考えれば、受給者のために給付をするため、お金を払っていかなければいけないので、まったく換金ができない資産で運用することはできないわけです。このため、流動性も考慮に入れなければいけないということになります。

図表2－19ですが、まず流動性の視点で高流動性資産と低流動性資産に分けています。高流動性資産は、売ればすぐキャッシュ化できるわけですから、それによって流動性を供給できます。低流動性資産は、売れないけれども、持っていると配当等のキャッシュインフローがあるので、わずかながら、流動性の供給ができるということです。

次に、安定性という観点から、高流動性資産を二つに分けています。インカム収益を引き上げることによって価格変動を吸収しよう、またはリスクコントロールをつけてキャピタル収益を安定させようということができます。

投資テーマは中央の網かけの部分です。これ以外にもたくさんあるのですが、ここではこういうかたちでまとめています。クレジット投資を工夫しようとか、ボラティリティを抑制した株式投資をしようとか、機動的な資産配分戦略を活用しようとか、そういうことになります。

右側の低流動性資産は、取引されていないので時価がなく、評価も一定の仮定に基づいて評価されることが多いで

図表2－18　ポートフォリオ戦略における視点と投資テーマ①

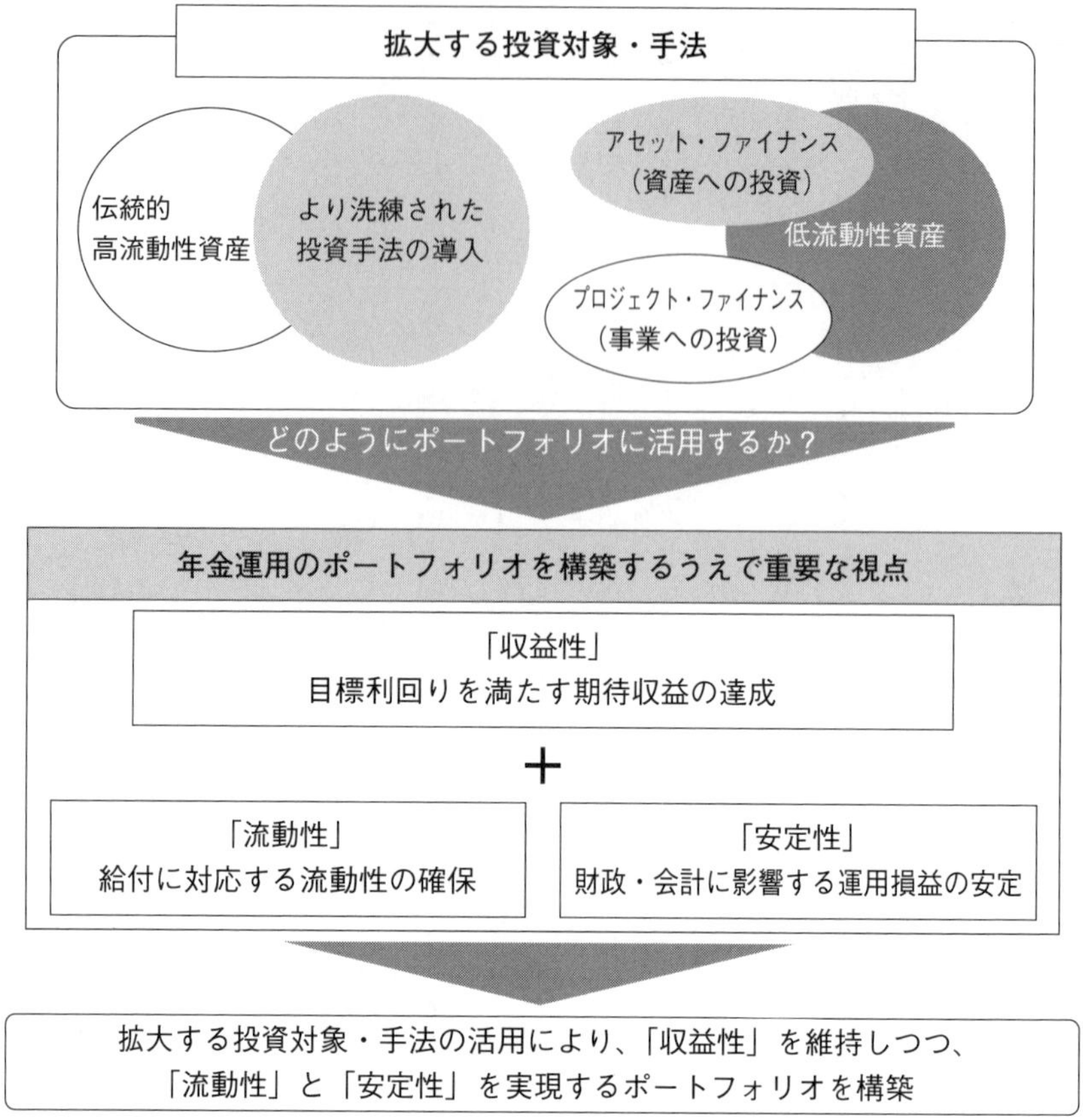

す。ですから、株がドーンと下がっているときでも、こちらは取引されていないので、評価のしようがなく、あまり価格は動かないということになります。

設定する投資テーマは二つで、インカム系とキャピタル系に分けています。

図表2－20、図表2－21は、高流動性資産における投資テーマについて詳しく説明したものです。債券投資のリスクは、金利上昇とクレジットスプレッドの拡大です。将来、金利が上昇すると価格は下がりますが、これに対していかに高いインカムが確保できているかということがポイントになって、課題はインカムの引上げということにな

図表２－19　ポートフォリオ戦略における視点と投資テーマ②

投資対象・手法を「流動性」と「安定性」の視点で整理し、
それぞれに応じた投資テーマを設定

流動性	高流動性資産 キャッシュ化による流動性の供給		低流動性資産 キャッシュインフローによる流動性の供給	
安定性	インカム収益の引上げにより価格変動を吸収	リスクコントロールによりキャピタル収益を安定化	資産の評価価額を適用することで市場心理の影響を回避	
投資テーマ	クレジット投資の工夫	ボラティリティを抑制した株式投資	インカム系投資	キャピタル系投資
	[戦略例] ・バンクローン ・ハイイールド債 ・エマージング債	[戦略例] ・株式ロングショート ・株式ダイナミックヘッジ ・為替オーバーレイ	[戦略例] ・プライベートデット ・ダイレクトレンディング ・インフラ投資（デット） ・私募不動産ファンド（REIT） ・保険投資ファンド（生・損保） ・農地・森林ファンド	[戦略例] ・プライベートエクイティ ・インフラ投資（エクイティ） ・ディストレスト投資
	機動的資産配分戦略の活用 [戦略例] ・債券アンコンストレインド戦略、マルチアセット ・リキッド・オルタナティブ			
留意点	インカムの源泉に関する広義のクレジットリスクの分散（会社、仕組み等）が必要	マネジャーリスクや、スキームのミスフィットリスクに関する理解が必要	投資対象の事業・資産に関する分散の徹底、換金できないことを前提とした投資比率の考慮が必要	

負債が要求する流動性に配慮しながら、上記の投資テーマを効果的に組み合わせる

図表２－20　高流動性資産における投資テーマ①

資産市場		従来の『課題』（対応しなければいけないリスク）	これまでの『事実』	これからの『ポイント』
債券	国内債券	金利上昇	金利低位安定	将来の金利上昇リスクの対価としてのインカムが確保できるか
	外国債券			
	新興国債券		金利上昇（価格回復せず）	投資対象として有効か
	事業債	価格下落 スプレッド拡大	価格上昇・ スプレッド縮小	将来の金利上昇リスクの対価としての高いインカムが確保できるか
	ハイイールド		価格下落・ スプレッド拡大	
株式	国内株式	価格下落 ボラティリティ上昇	ボラティリティ上昇（一時的な価格調整が頻発）	リスクコントロールしつつリターンを獲得できるか
	外国株式			
	新興国株式		価格低迷	投資対象として有効か
為替		円高	一時的な円高進行 レンジ推移	固定的コントロールで十分か
ヘッジファンド		リターン安定 伝統資産との低相関 流動性の確保	リターン不安定 株式との高相関	安定リターンかつ（特に）株式との低相関を実現する投資が可能か

ります。ソリューションは、いくつか書いていますが、クレジット投資の拡張や運用手法の多様化ということがあげられます。

株については、価格下落とボラティリティの上昇がリスクなので、リスクをコントロールしていかにリターンを得られるかということになります。課題は、リターン獲得と書いていますが、厳選投資や、投資の着眼点の拡張といった、下落局面の収益化があげられます。

加えて、ポートフォリオ全体、資産全体で何がリスクかというと、保有している資産間の相関の上昇です。持って

図表２－21　高流動性資産における投資テーマ②

資産クラス	現状認識	課題	ソリューション	投資戦略
債券 ↓ 債券系オルタナティブ	金利低下（将来の金利上昇）	インカム引上げ	クレジット投資の拡張	投資適格社債（グローバル、欧米特化）
			運用手法の多様化	債券マルチ運用、債券スマートベータ戦略
			より深いクレジット投資	バンクローン、ハイイールド債、ダイレクトレンディング
			非債券資産の投資化	不動産、保険、インフラ
株式 ↓ 株式系オルタナティブ	ボラティリティ上昇	リターン獲得 リスクコントロール（下方リスク抑制）	銘柄厳選	集中株式投資
			投資の着眼点の拡張	テーマ投資、エンゲージメント投資、ESG投資
			下落局面の収益化	株式ロングショート戦略、ダイナミックヘッジ
			マルチ戦略	マルチストラテジー型ヘッジファンド
資産全体	資産間相関上昇	資産間相関低減 リスクコントロール	高分散	分散型バランス運用
			機動的配分	リスクパリティ（バジェット）型マルチアセット運用
			低相関戦略の組入れ	グローバルマクロ戦略、マルチファクター投資
			為替リスクコントロール	為替オーバーレイ運用

いる資産が一気に全部下がってしまうとよくないわけで、下がるものもあれば上がるものもあるというポートフォリオを組んでいればいいわけです。しかし、リーマンショックの時はほとんどが同じ相関で下がったとされていますから、資産間の相関を下げるものを入れていくことが重要です。ソリューションは、ここに示した、分散を高める、機動的な配分をする、低相関の戦略を入れる、といったことになります。

図表２－22、図表２－23は低流動性資産についてです。いま、高流動性資産のほうで安定的なリターンを得るため

図表２－22　低流動性資産における投資テーマ①

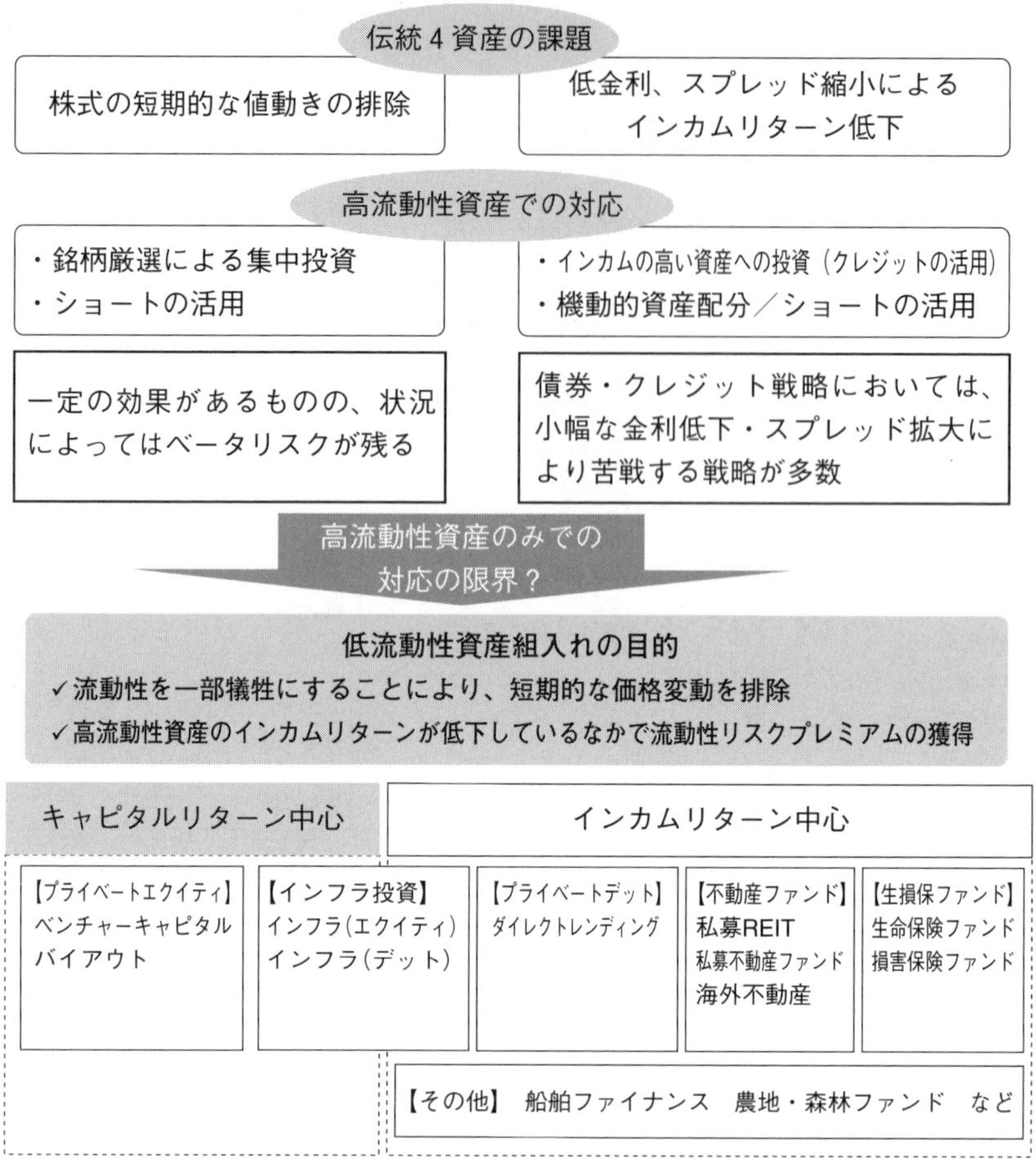
伝統４資産の課題
株式の短期的な値動きの排除
低金利、スプレッド縮小による
インカムリターン低下
高流動性資産での対応
・銘柄厳選による集中投資
・ショートの活用
・インカムの高い資産への投資（クレジットの活用）
・機動的資産配分／ショートの活用
一定の効果があるものの、状況によってはベータリスクが残る
債券・クレジット戦略においては、小幅な金利低下・スプレッド拡大により苦戦する戦略が多数
高流動性資産のみでの
対応の限界？
低流動性資産組入れの目的
✓流動性を一部犠牲にすることにより、短期的な価格変動を排除
✓高流動性資産のインカムリターンが低下しているなかで流動性リスクプレミアムの獲得
キャピタルリターン中心
インカムリターン中心
【プライベートエクイティ】
ベンチャーキャピタル
バイアウト
【インフラ投資】
インフラ（エクイティ）
インフラ（デット）
【プライベートデット】
ダイレクトレンディング
【不動産ファンド】
私募REIT
私募不動産ファンド
海外不動産
【生損保ファンド】
生命保険ファンド
損害保険ファンド
【その他】　船舶ファイナンス　農地・森林ファンド　など

にどうするかという話をしたのですが、実は少し限界があります。その限界を補充する意味で、流動性を一部犠牲にすれば、短期的な価格変動を排除して流動性プレミアムを獲得できるのではないかということで、低流動性資産を組み入れるというソリューションがあります。

図表２－23の左側の二つのグラフは両方とも不動産ですが、ジグザグに動いているのは、上場されているＪ－ＲＥＩＴ、滑らかに動いているのは、私募不動産ファンド

です。たとえば投資物件がまったく同じでも、取引所で取引されるとこのように日々価格が変動しリターンもブレてしまいます。

右側に流動性リスクプレミアムの獲得ということで、株、債券、インフラ、不動産について、流動性が高いもの、つまり上場されているものとそうでないものを比べています。それぞれ左側の棒グラフがプライベート市場ですが、換金性がない分だけリターンが上乗せ、流動性プレミアムが乗っていることがわかります。

図表2－24からそれぞれの投資テーマに入ります。まず始めは、投資テーマ①クレジット投資の工夫です。真ん中に伝統的な債券ベンチマークがあって、年金はずっとここに投資してきたわけですが、上にいけばいくほどクレジットリスクをとる、つまり、インカム収益の引上げを意味しています。これが、「高インカム債券の活用」です。横軸は右へいくほど金利リスクをとる、左にいくほど金利リスクをとらない、つまり「デュレーションの短期化」を表しています。

縦軸と横軸の欄外にCDS、これはクレジット・デフォルト・スワップというデリバティブですが、そのほかに金利・国債の先物を使った「ヘッジ機能を追加」するというものを入れています。

そして、こういうものをすべて使って値段が下がる資産から逃げて、安定的な収益を得ようという「機動的な資産配分」があります。

次の図表2－25が、投資テーマ②ボラティリティを抑制した株式投資です。こちらも伝統的に年金はMSCI－KOKUSAIやTOPIXをベンチマークに投資を行ってきました。横軸がリスク、右へいくほどリスクが高い、縦軸はリターン、上にいくほどリターンが高いということですが、どうしても株をもっていると、本源的な企業価値以外の市場心理の影響を受けやすくなり、ポートフォリオのボラティリティが高くなります。ボラティリティを抑え

■流動性リスクプレミアムの獲得

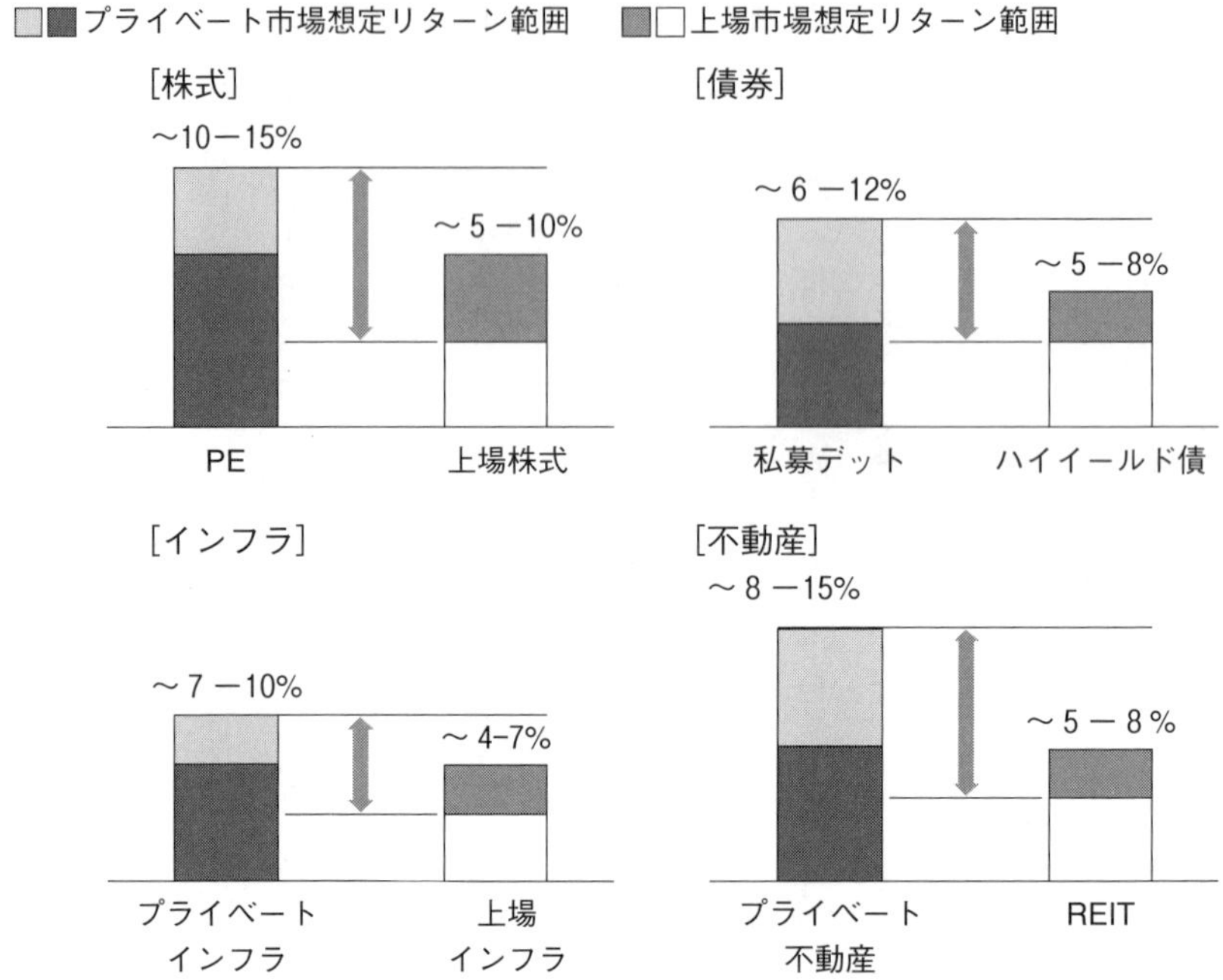

（出所） Partners Groupによる推計（2014）。例示目的のみに記載

るアイデアの一つは、左上の方向、そもそも「ボラティリティが低い投資対象に投資」すればいいということで、最小分散や高配当株式といったものがあります。

もう一つは左下で、先ほど申し上げた「ショートを活用する」、売られると思う銘柄は売れればいいということです。そうすれば株に対する感応度を落とすこともできます。ここにはロングショートとかマーケットニュートラルという手法があります。

次の図表2－26が投資テーマ③機動的資産配分戦略です。下段に書いている、機動的な資産配分の目的は大きく二つあり、一つは、アクティブアルファをとるということ、もう一つは投資効率を向上するということです。アクティブアルファというのは、普通に

図表2－23　低流動性資産における投資テーマ②

■流動性を一部犠牲にすることにより、短期的な価格変動を排除

［国内私募不動産の例　リターン推移（2005年4月～2015年6月末）］

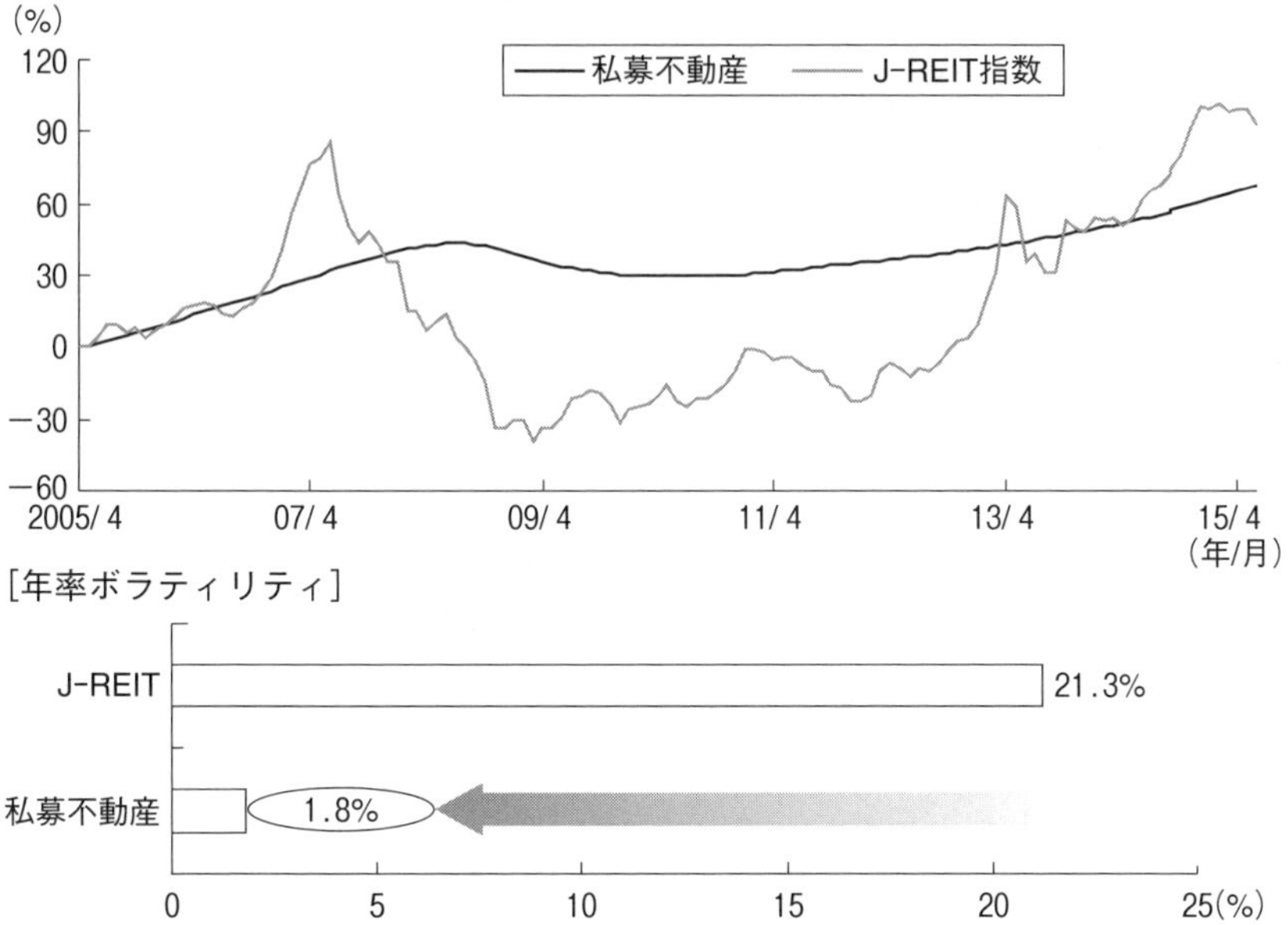

（出所）・データ期間：2005年4月～2015年6月
・J－REIT：東証REIT配当込指数
・私募不動産：ARES Japan Property指数・配当込

パッシブファンドに投資する以外に、何か工夫をすることによってそれ以上の超過収益を得るということです。これを一つの資産で行う場合は、地域やセクターを切り口に配分をしていきますが、複数の資産まで広げると、資産間の相対的な魅力度やリスク量に応じて、どうやっていくかということがポイントになります。

世の中にはいろいろなやり方があって、上段にマッピングしているのは、横軸がシングルかマルチか、縦軸がベンチマーク型か絶対収益型かということですが、このようにいろいろあります。

図表2－27、図表2－28は、投資テーマ④プライベートエクイティ投資と、⑤インフラ投資です。プライベートエクイティ投資は、企業の成長サイ

図表2－24　投資テーマ①：クレジット投資の工夫

■投資対象の多様化により獲得できるインカムゲインは改善する

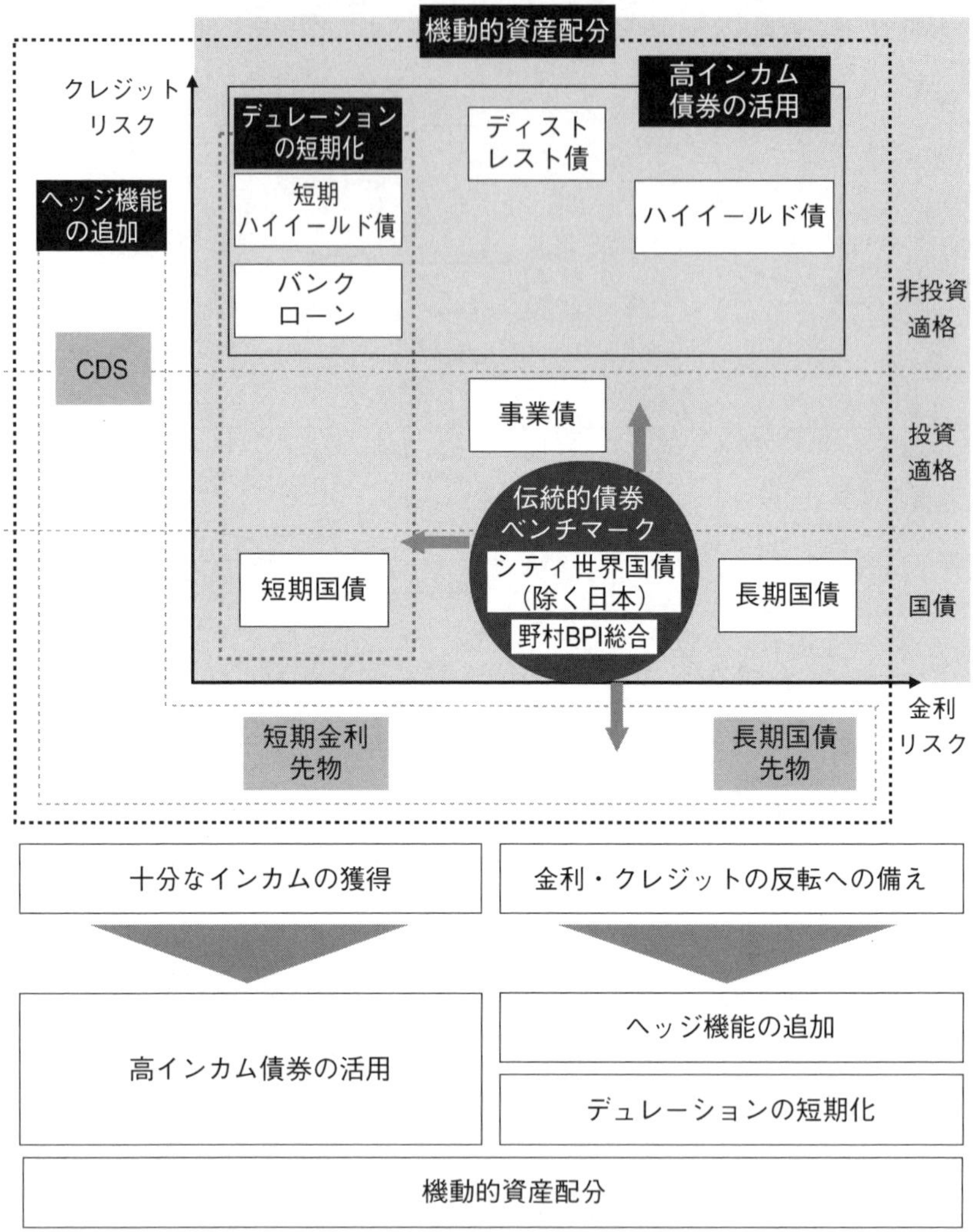

［債券ベンチマークのデュレーション（2015年1月末）］

野村BPI総合	7.98年
シティ世界国債（除く日本）	6.86年

図表２－25　投資テーマ②：ボラティリティを抑制した株式投資

■投資対象・手法の多様化により、株式投資における投資効率は改善

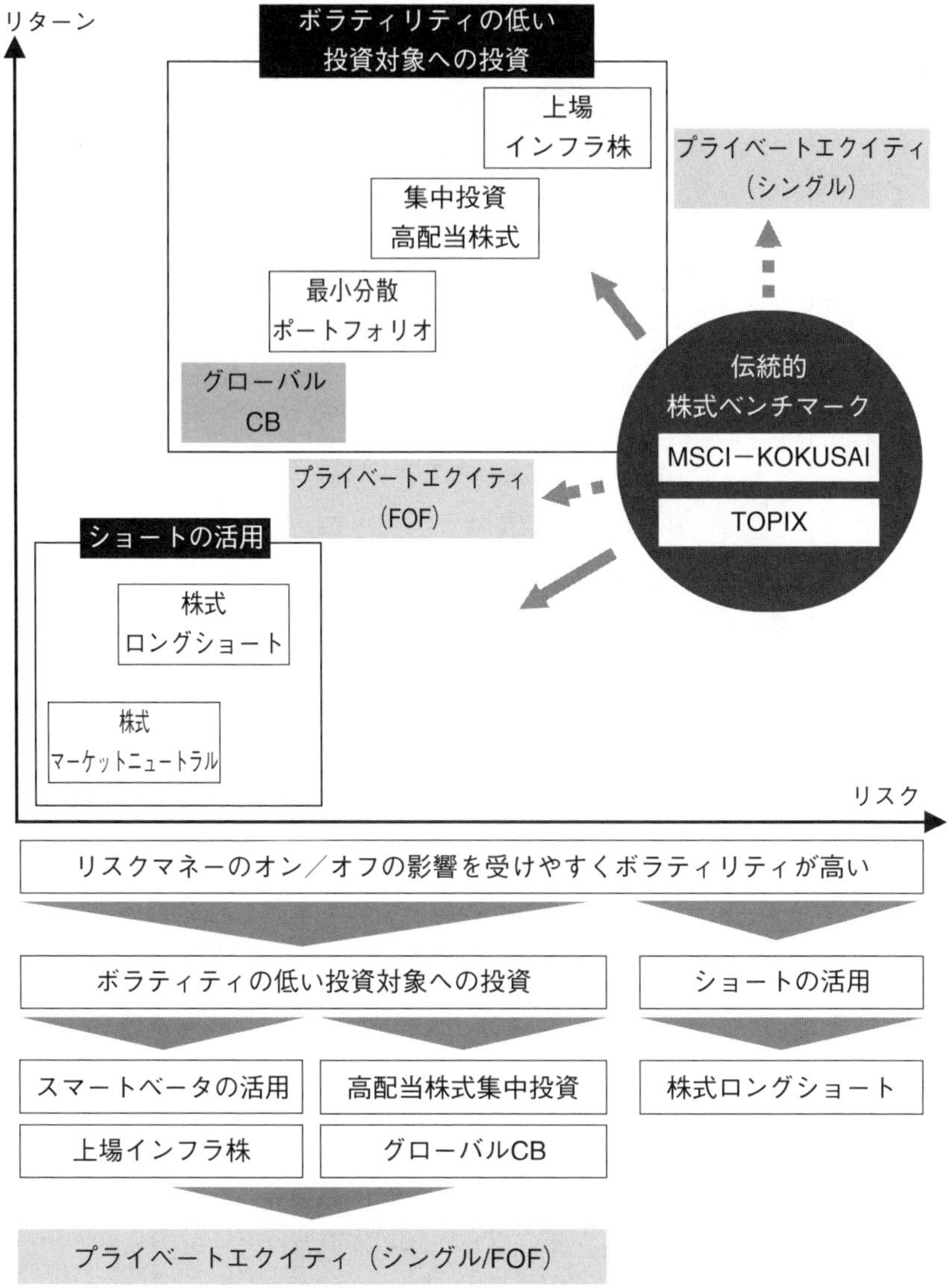

図表２－26　投資テーマ③：機動的資産配分戦略の活用

■多様な投資機会を機動的にとらえることで、投資効率の向上をねらう

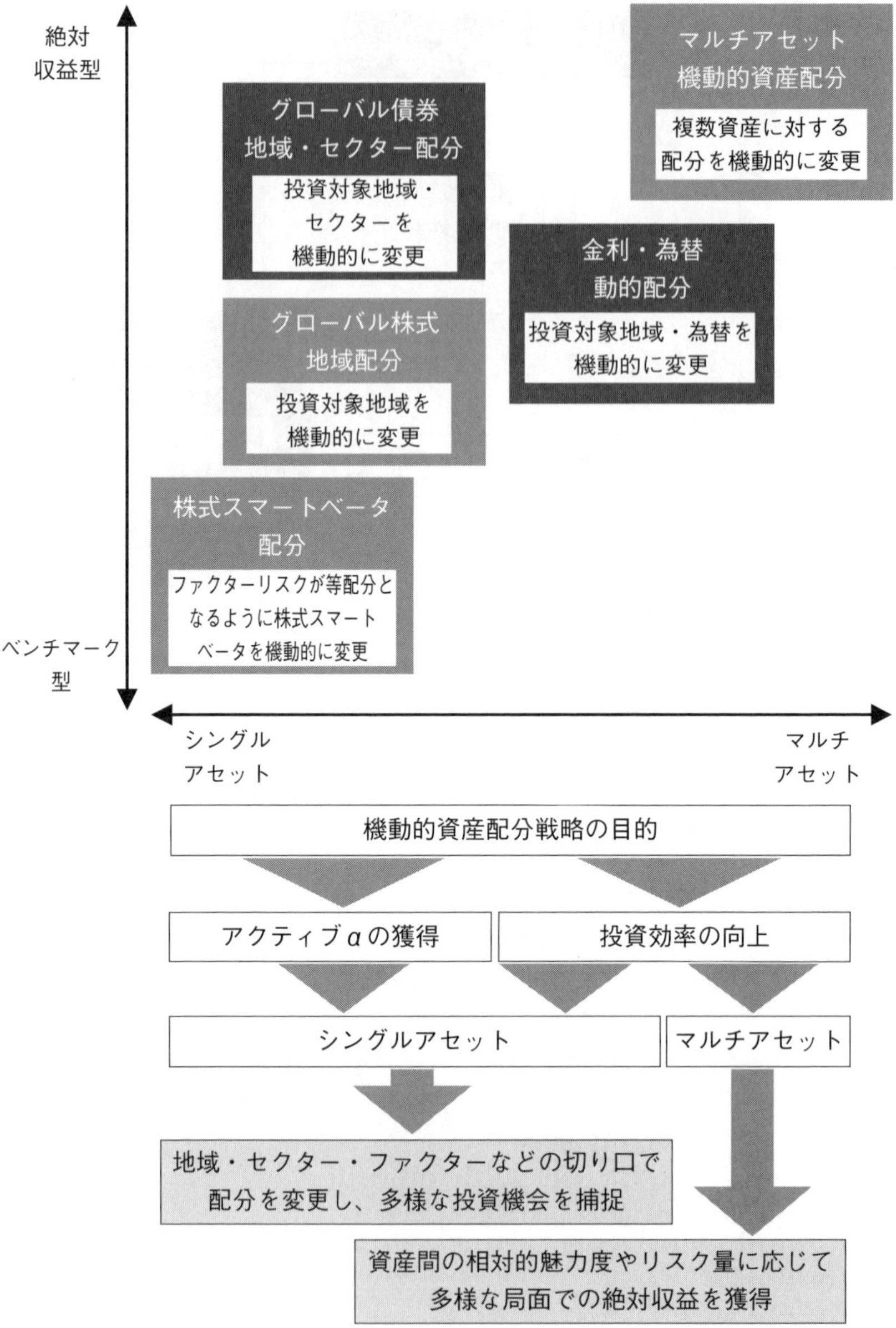

クルにおいて投資を実施し、価値を創造する活動をしてリターンを追求する投資です。上場物ではないので、価格変動はそんなに大きくありません。

インフラ投資というのは、先進国や新興国のインフラストラクチャー、具体的には道路、空港、発電施設、そういった経済活動に必要な施設・サービスに投資するということです。プライベートエクイティに対して、事業収入がある分だけ、よりインカム色が強いということになります。

図表2−27の左上はプライベートエクイティにおけるライフサイクル別の分類、左下はインフラの段階的な分類です。

次の図表2−28の表の中段のイメージ図をみていただきたいのですが、プライベートエクイティもインフラも、未上場の企業活動への投資ということでは同じですが、リターンのなかでインカム収入があるか、企業の成長に重きを置いているかによって少し違いがあります。

左側のプライベートエクイティは、企業価値をいかに向上させて転売・上場するかということなので、リターンの源泉の大半が白のキャピタルゲインということになります。ただ、キャピタルゲインがあがるまで、年間ずっと灰色のコストがかかっていますので、最初の数年はマイナスで、数年たってから一気にプラスのリターンがあがるということで、点線で書いた線のようになるわけです。これがJのようにみえるので、Jカーブ効果と呼んでいます。

一方、右側のインフラ投資ですが、空港、港、発電施設などの、すでに経済活動を行っているものへの投資ということになりますから、濃い網かけで示した部分のとおり、一定のインカム収入、事業収入があるはずです。ですから、この分だけ、プライベートエクイティに比べるとJカーブは浅くなります。

さらに大事なことは、どちらも相応の投資期間が必要になるということです。1年とか2年の投資期間ではすまず、5年から十数年ということになります。また、投資のタイミングによって大きく差が出てしまうこともありま

■他資産との比較

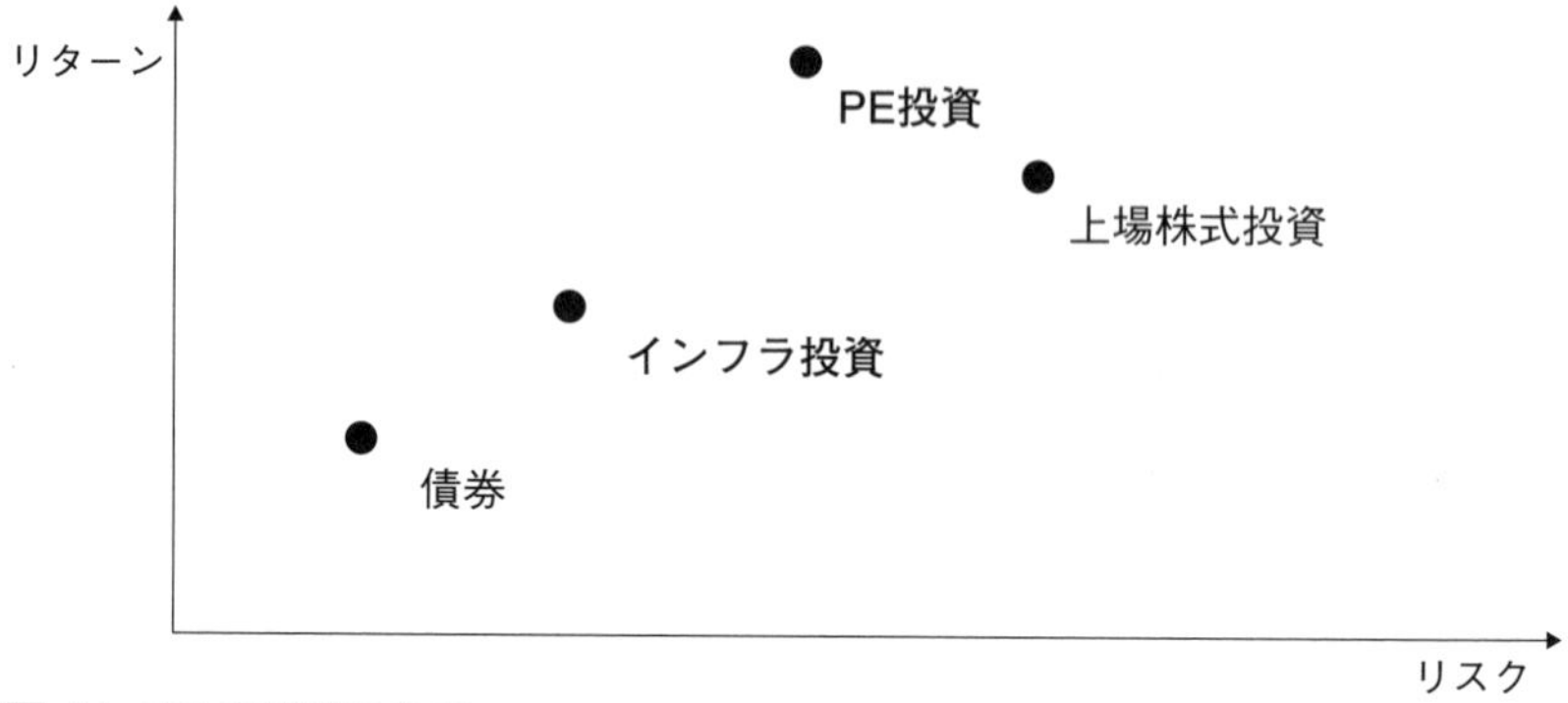

■インフラ資産間の比較

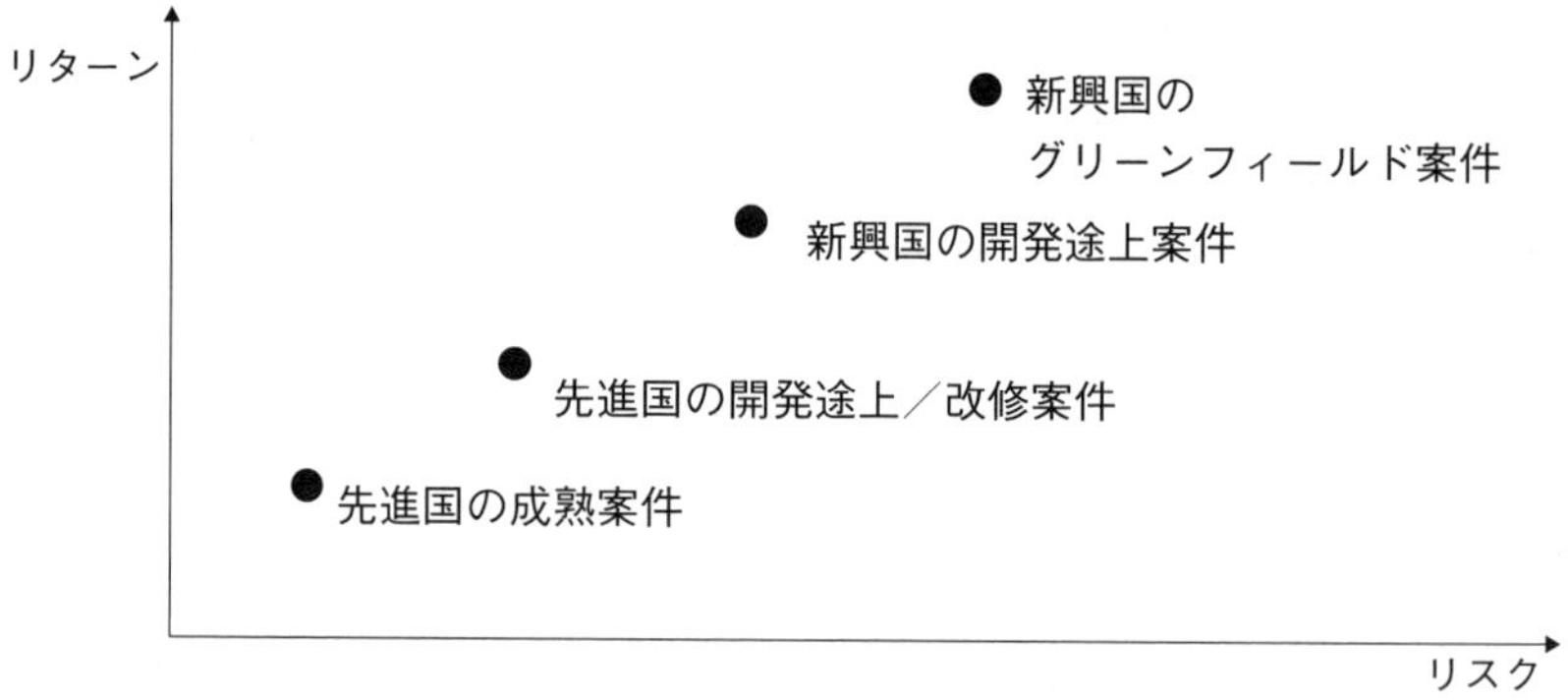

図表2－27　投資テーマ④：PE投資(1)・⑤：インフラ投資(1)

・**PE投資**……企業のあらゆる成長サイクルにおいて投資を実施し、価値創造活動によってリターンを追求する投資

・**インフラ投資**……先進国・新興国の道路・空港・発電施設等の経済活動に必要な施設やサービスへの投資

■PE投資の企業ライフサイクル別分類

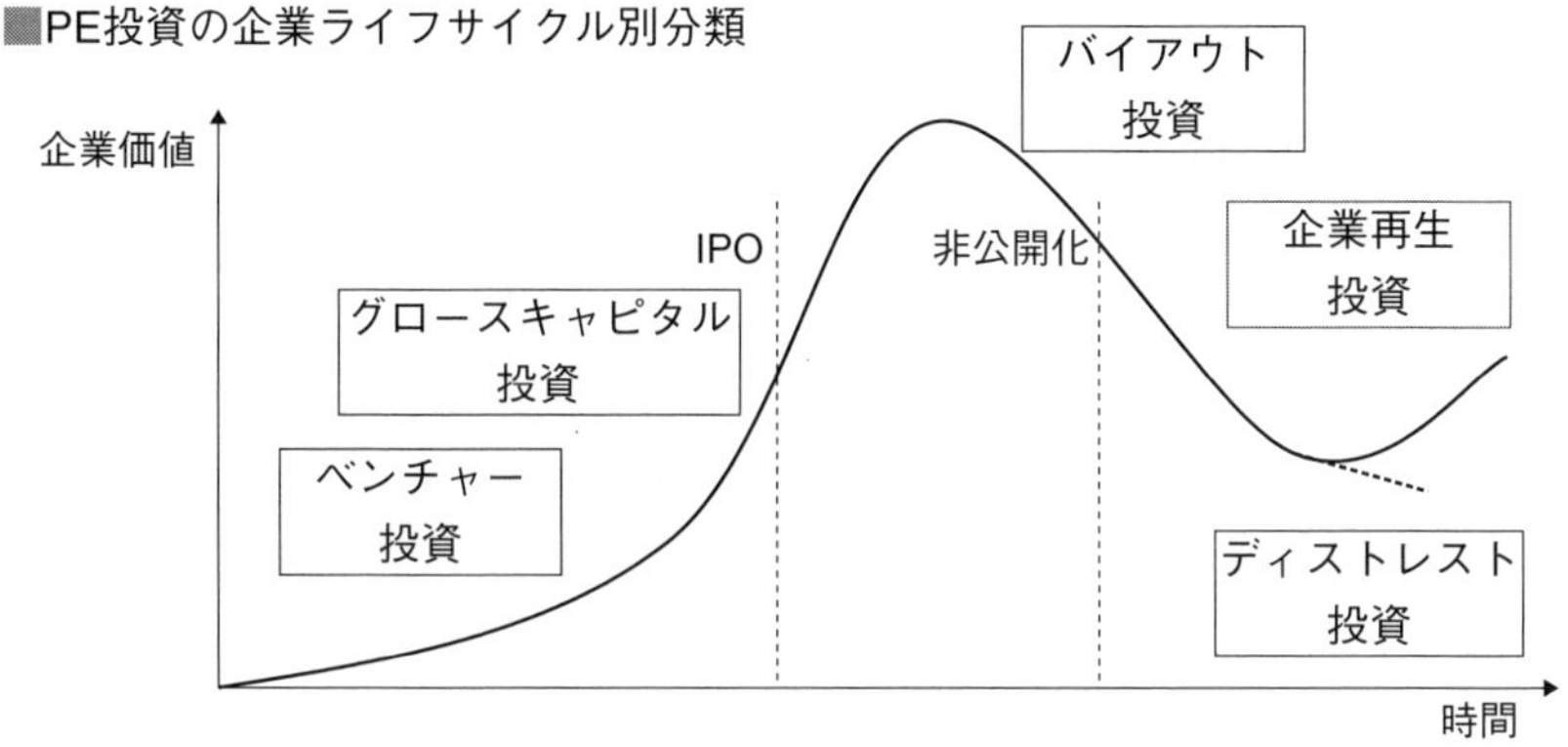

■インフラ資産の段階別分類

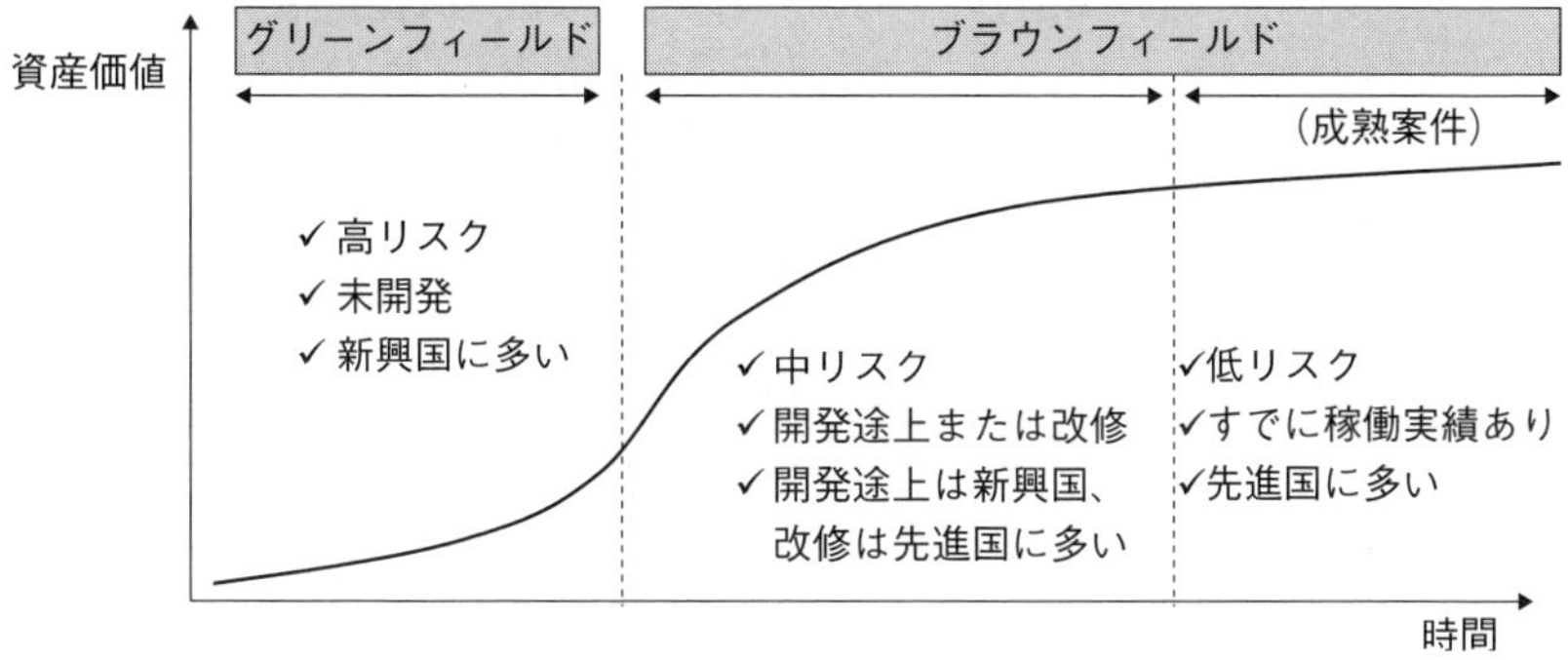

図表２－28　投資テーマ④：PE投資(2)・⑤：インフラ投資(2)

	PE投資	インフラ投資
投資目的／手法	対象企業の経営権を取得し、積極的に関与し企業価値のバリューアップを図る	社会インフラまたはサービスを運営する会社の株式等へ投資を行う
収益源泉／キャッシュフロー	主にキャピタルゲイン (EXITとして、売却もしくは上場を想定) 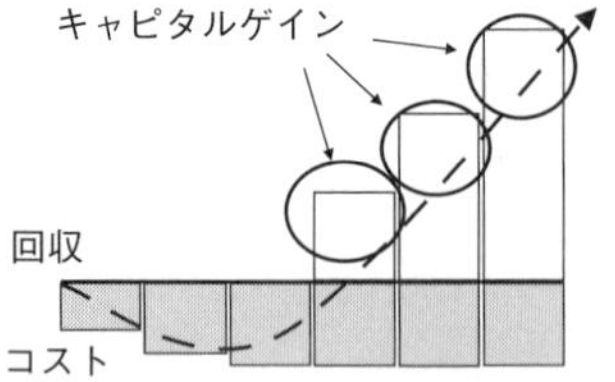 	主にインカムゲイン （投資期間中のインカム収入があるため、一般的にPE投資に比べ、Jカーブ効果が少ない） 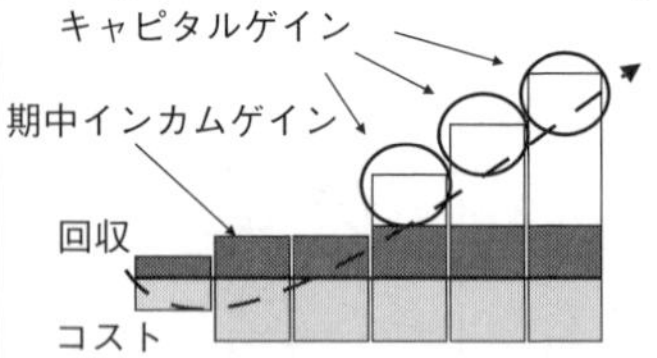
留意点	Jカーブ効果	投資直後はコスト超、一定期間経過後に回収超に
	投資タイミング・投資対象	景気サイクルや地域・開発ステージなどに影響を受ける
	マネジャー選択	長期にわたり解約困難となるため、手法・投資対象の選択が重要

従来は上記留意点に対応するため、シングルファンドをビンテージごとに（時間分散して）継続して積み上げて（コミットメントして）、分散ポートフォリオを構築……構築に時間がかかる、ファンドへのアクセスが困難、環境次第では有効に機能しない、などのケースあり

→ **投資形態として、ファンド・オブ・ファンズが効率的**

す。これはワインと同じでビンテージといわれていて、たとえば、プライベートエクイティ投資していますとか、インフラ投資していますというときに、ビンテージはいつのですかという言い方をします。だから、景気がいい時と悪い時、それぞれの投資タイミングによって、その後の5年、10年のリターンがある程度左右されてしまうということは否めないので、あるときにまとめて投資するよりは、毎年少しずつ投資していってビンテージを分散したほうが、投資としてはいいということになります。

図表２－29が投資テーマ⑥のプライベートデットです。右上のピラミッド型の図の、点線で囲った

ところをみていただきたいのですが、プライベートデットとは、ハイイールド債とかバンクローンで調達ができない中堅企業への融資です。もともと銀行が融資していましたが、冒頭申し上げた規制強化の影響で銀行はどんどん撤退してきたため、ファンドが補完的な役割を担うケースが増えました。われわれ年金の運用でも、インカム収益の源泉として注目しています。

プライベートデットは融資なので、支払の期日とか利払いが存在しています。ただ、左上のグラフのように、流動性があまりない分、流動性プレミアムが乗ってきます。どちらかというと、株のようなハイリスク・ハイリターンではなく、ミドルリスク・ミドルリターンぐらいの位置づけでみればいいと思います。

左下は米国におけるローンの市場規模です。リーマンショックで1回減少しましたが、その後、バンクローンとハイイールド債を中心に拡大してきています。最近、バンクローン、ハイイールド債は価格が大きく下落していますが、プライベートデットはあまり下落していません。これは一時的な需給の影響を受けにくいため、価格面で安定しているということを表しています。ただし、流動性はありません。こういう投資対象を好むお客さまも結構いらっしゃいます。

図表2－30、図表2－31が投資テーマ⑦不動産です。私募ＲＥＩＴのマーケット規模は、いま、1兆円を超えてきたところです。図表2－30の円グラフは、最も代表的な三井不動産のプライベートリートの中身、用途別の内訳を示しているのですが、オフィス、住宅、商業施設、物流施設にきれいに分散されているポートフォリオになっています。

私募不動産のリターンは、他の資産と比較するとかなり安定しています。右下の表のように、他の資産との相関もほとんどなく、ここ数年、日本の年金基金がかなり投資をしています。申し込んでも全額は割り当てられず、10億円申し込んでも、2億円～3億円割り当てられればいいかというくらい過熱しています。

[ローンのマーケット別カテゴリー]

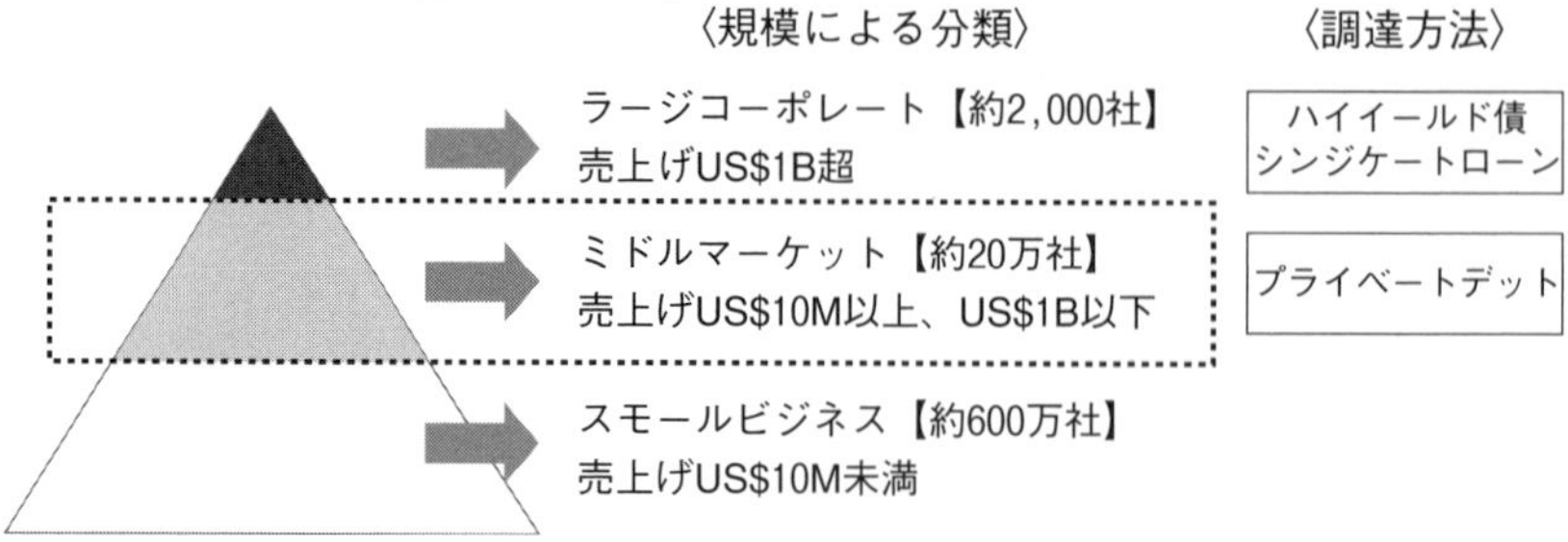

[マーケット別ローン分類、および特徴]

〈マーケット〉 / 〈特徴〉

ラージコーポレート	ミドルマーケット	優先順位	リスク
リボルバー銀行向けタームローン	アセットベースリボルバー	シニア	低
	キャッシュフローリボルバー		
インスティテューショナルタームローン	キャッシュフロータームローン		
	ラストアウトタームローン		
	ユニトランチローン		中
ハイイールド債	2ndLienタームローン	ジュニア	
	メザニン	無担保	高
サボーディネイテッド債	ストラクチャードエクイティ	無担保	
エクイティ	エクイティ	最劣後	

図表2－29　投資テーマ⑥：プライベートデット

■プライベートデット投資の特徴

[プライベート投資における低流動性プレミアム]

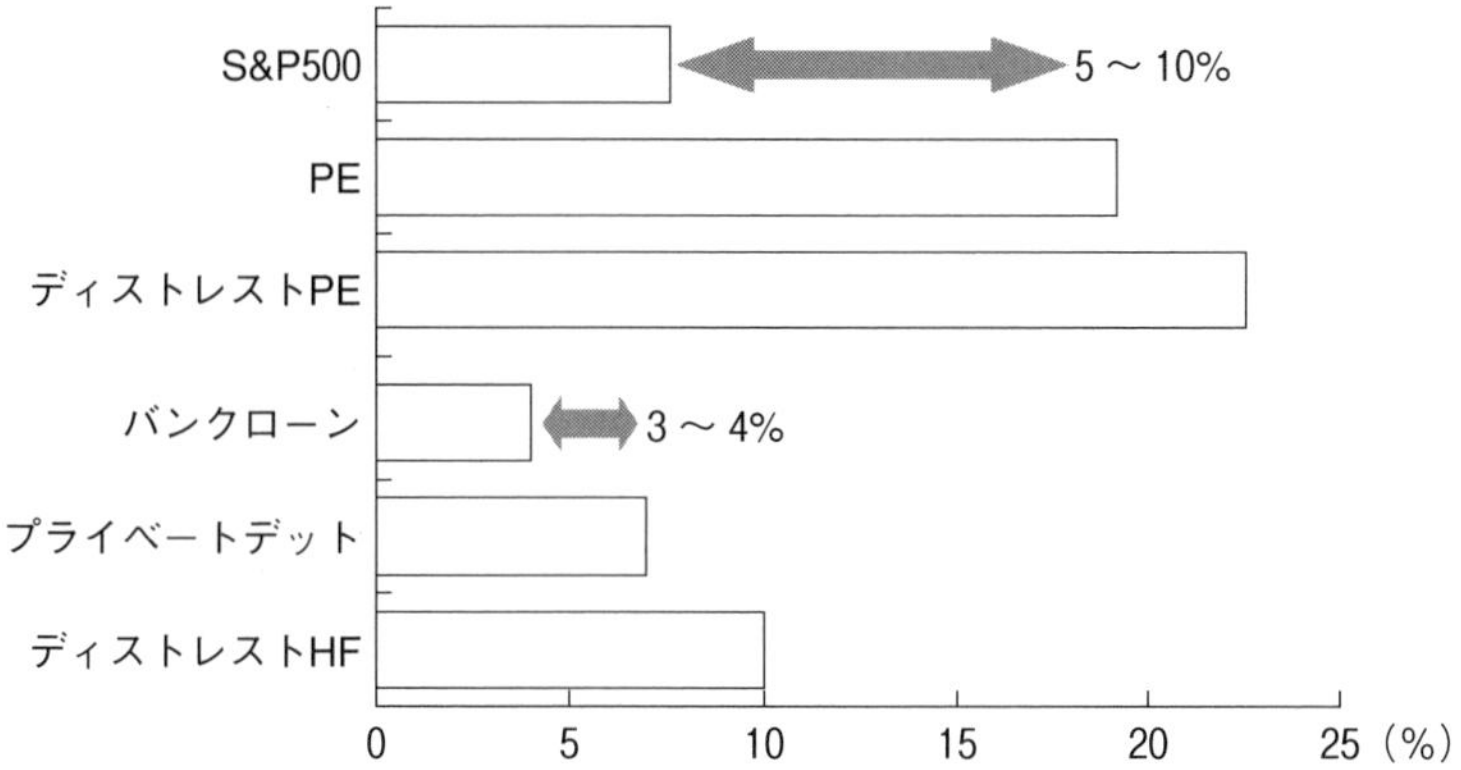

[米国におけるローン市場規模推移]

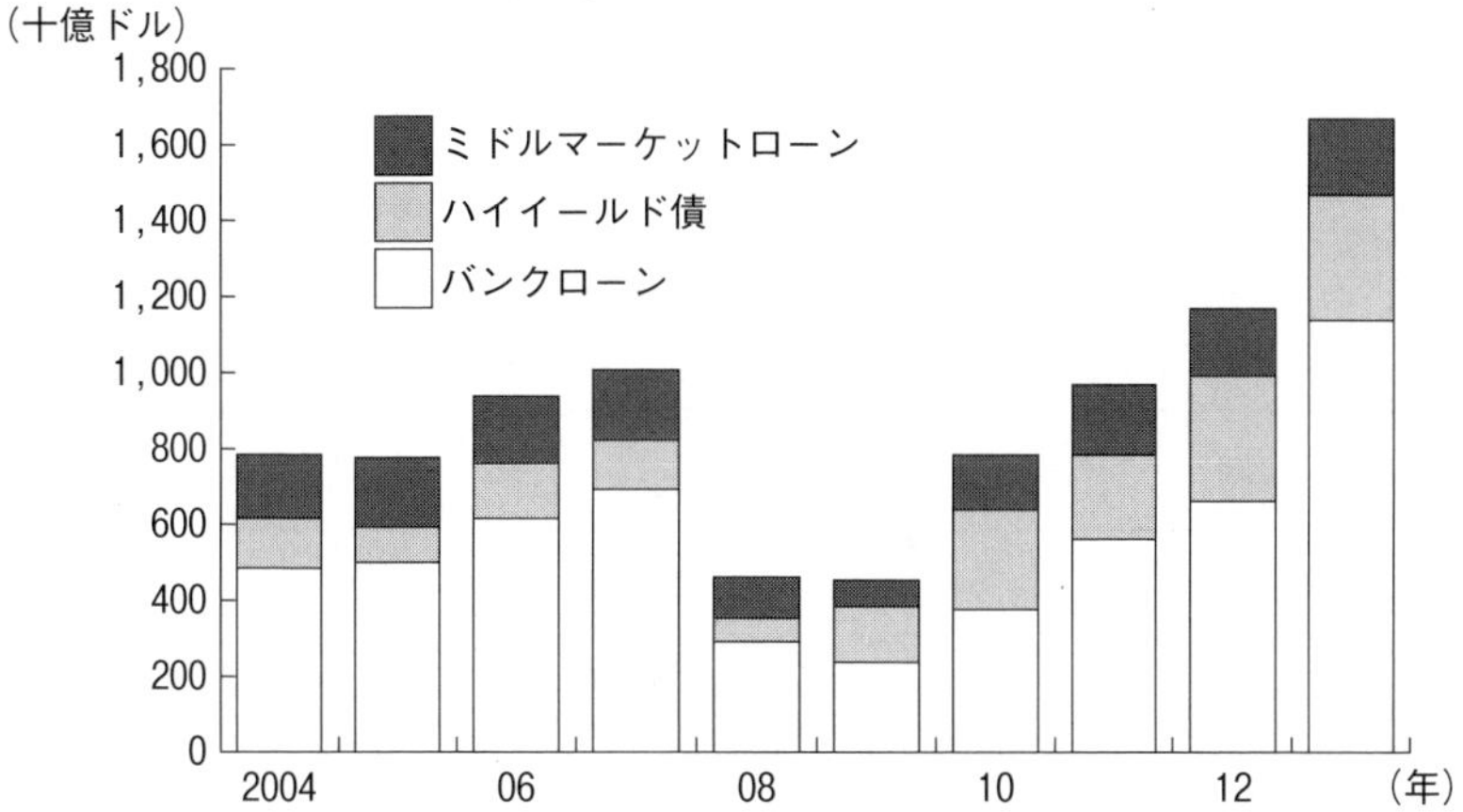

（出所）　みずほグローバルオルタナティブインベストメンツ資料等より、みずほ信託銀行作成

[安定したリターンおよび他資産との低相関（注）（2005年４月～2015年６月）]

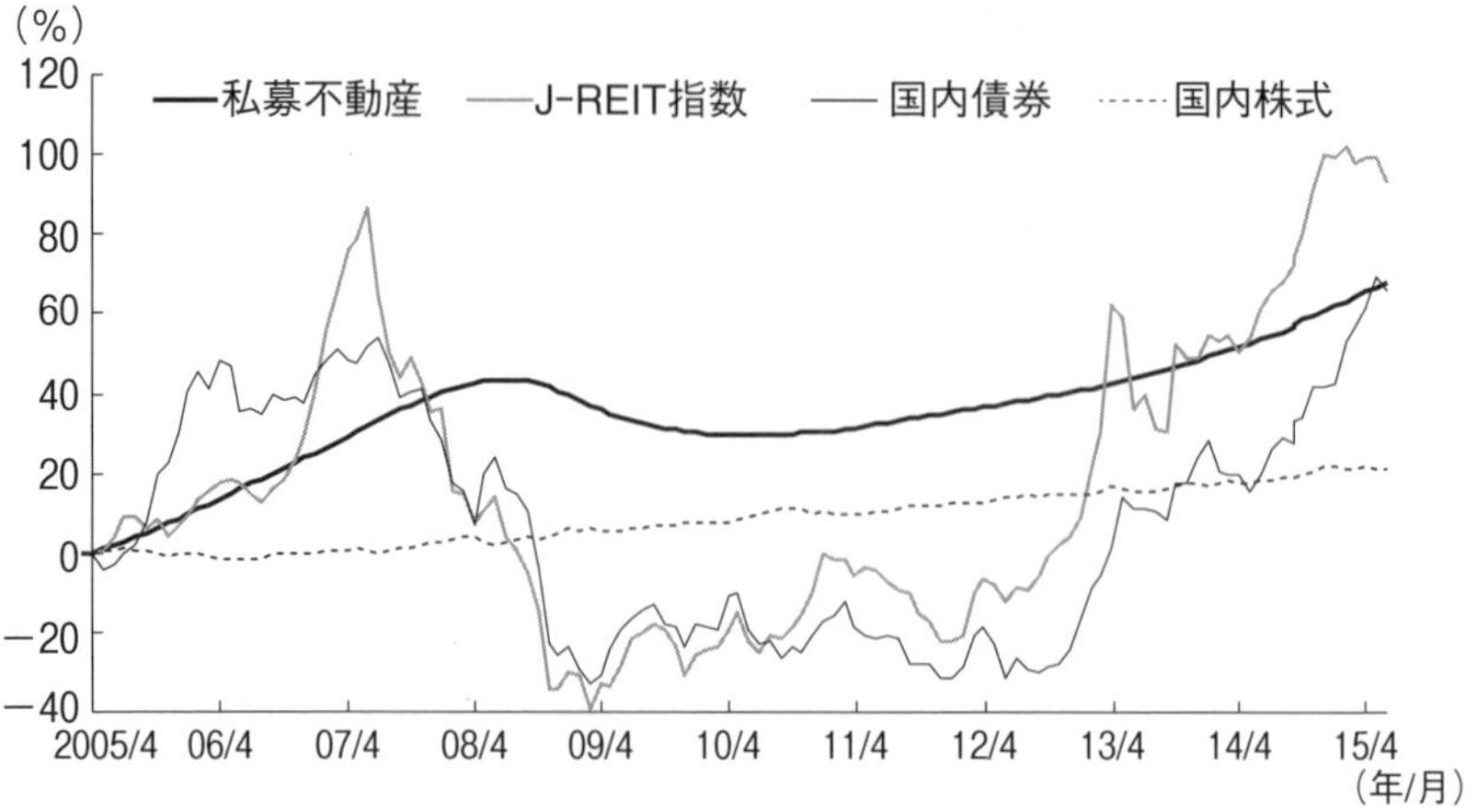

（注） 私募不動産数値については、ARES Japan Property Index：不動産証券化協会（ARES）が公表する不動産投資インデックスを使用。
インカムとキャピタルの合計値であるトータルリターン。

[相関係数（2005年４月～2015年６月）]

	私募不動産	J-REIT	国内債券	国内株式	外国債券	外国株式
私募不動産	1.00	0.09	−0.11	0.16	0.14	0.15
J-REIT	0.09	1.00	0.06	0.65	0.42	0.57

図表２−30　投資テーマ⑦：不動産(1)

■各私募REITの資産規模推移

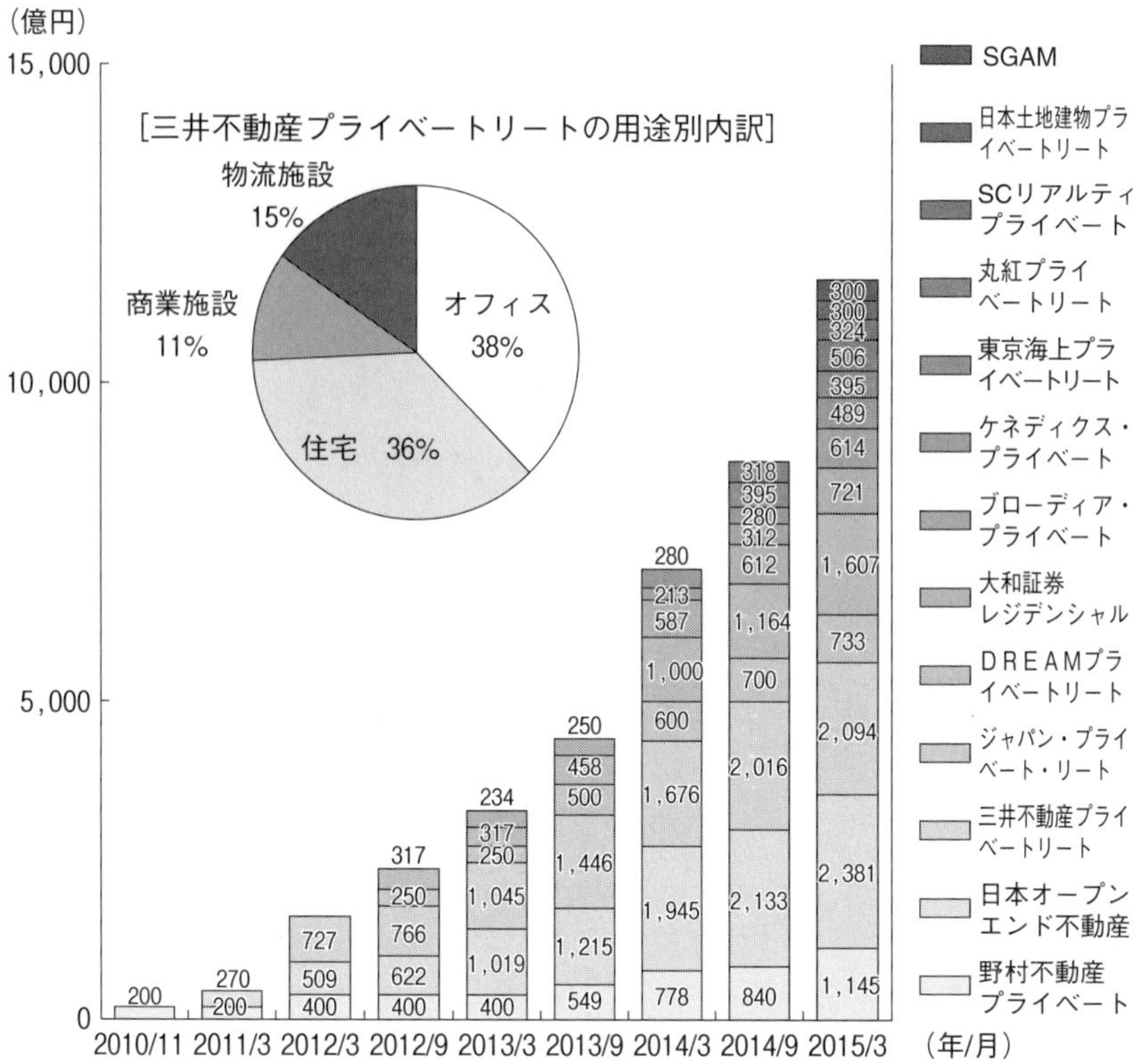

[「海外不動産の特性」インフレヘッジ]

おおむねインフレ率に連動して不動産価格が変動

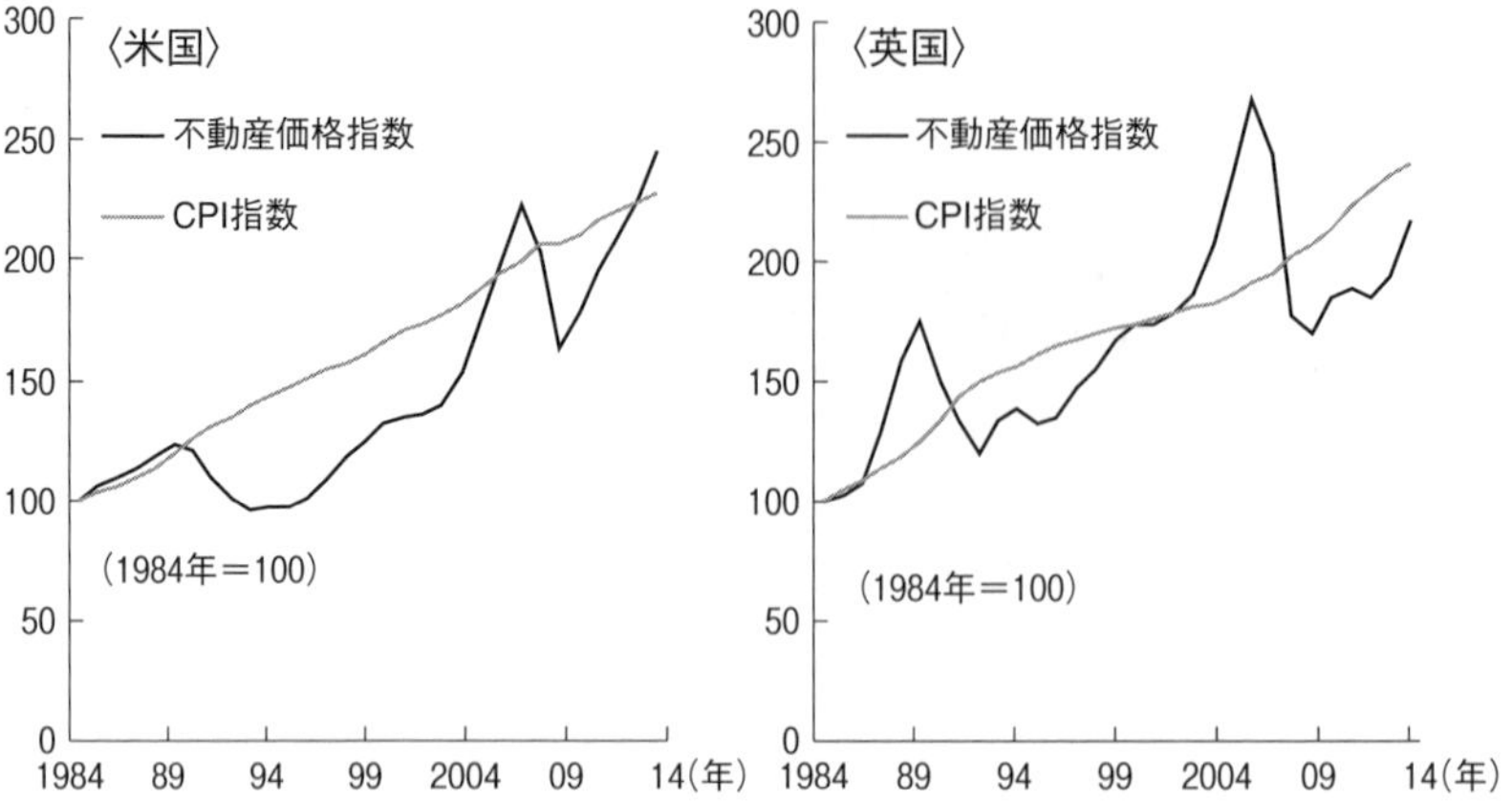

(出所) 米国：NCREIF（NPI-Index）、英国：Bloomberg（IPD）、日本：ARES（ARES Japan Property Index）より、2014年末までの各年インカムリターンおよびキャピタルリターンの実績（現地通貨ベース）を用いてそれぞれの期間にかかる年平均リターンを計算

図表2-31の左側に示しましたように、日英米、だいたい5～6％というのが白のインカムリターンですが、たまたまこの期間でみると、英国と米国はキャピタルリターンもある一方で、日本はほとんどなく、インカムだけとなっています。一見するとリターンが低いようにみえますが、反対によい面もあって、インカムを5～6％見込んでいたら値下りもないし、値上りもないので、確実にリターンが得られるということです。

かつ、右側のグラフは日本では当てはまらないので、あえて外していますが、米国と英国でみると、だいたいCPIという物価指数、要はインフレ率にほぼ連動するようなかたちで価格が上がっています。逆にいうと、日本はインフレが起こっていないので、

図表2－31　投資テーマ⑦：不動産(2)

■海外不動産の特性：安定的かつ高水準なインカム収益

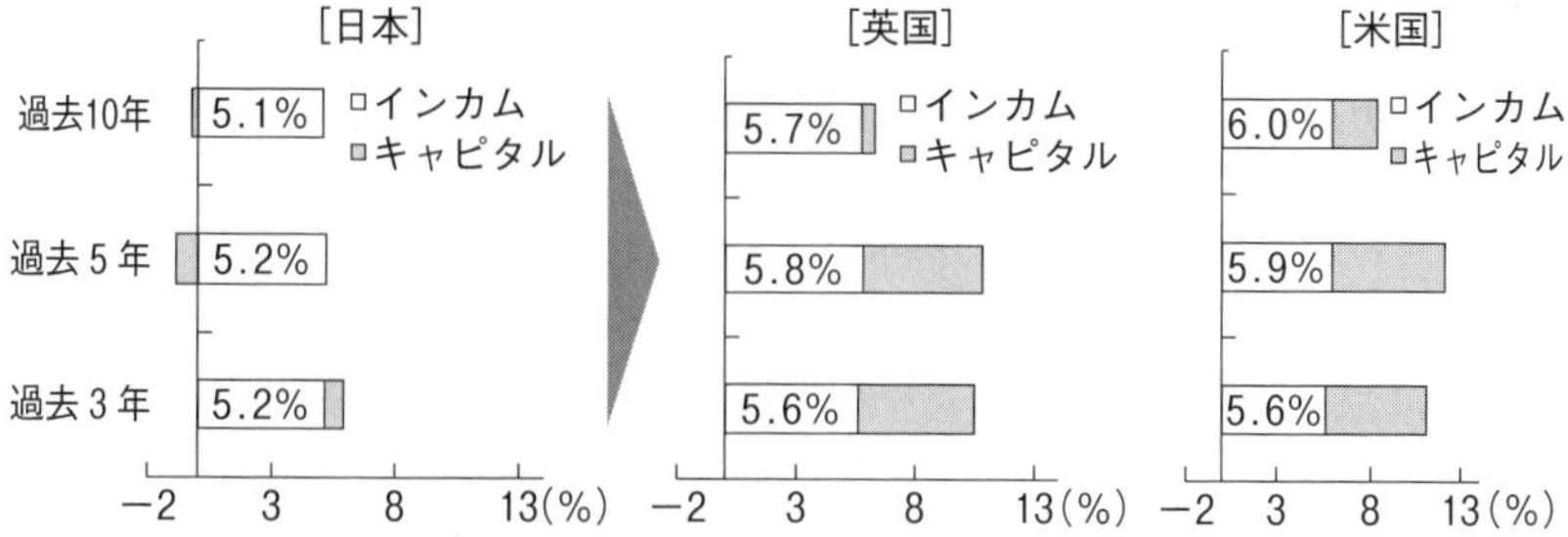

[グローバル不動産売買取引量（2013年実績）]

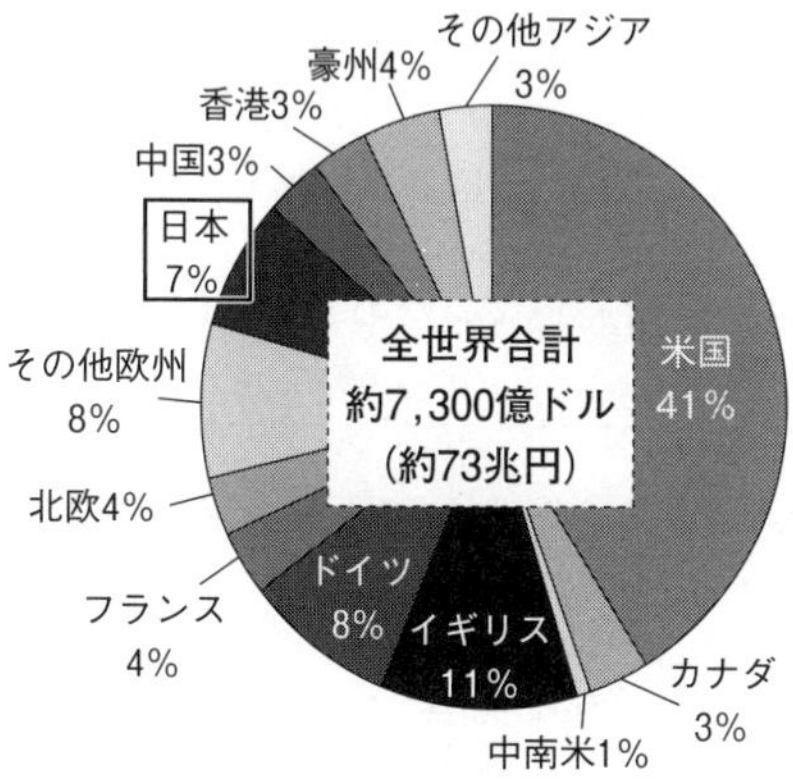

（出所）　野村不動産投資顧問資料より、当行作成

キャピタルリターンは出なくても仕方ないという話にもなりますが、グローバルには不動産投資はインフレヘッジにもなるということです。

　次の図表2－32が投資テーマ⑧保険です。保険商品に投資するメリットは二つあって、まず一つは、収益性が高いということです。保険というのは何かあったら保険金を払うというものであり、保険料は、当然起こりうるリスクよりも一定の余裕、バッファーを乗せて徴収しているので収益は確保されているはずです。したがって、おそらく保険という本業で倒産した保険会社はなく、倒産した保険会社は多分運用とか他のところで失敗しているのだと思います。加えて、独自のネットワークやノウハウが必要なので、保険業というのは参入障壁が高いビジネスでは

図表２－32　投資テーマ⑧：保険

■「保険ビジネス」の収益性の高さを享受

✓通常、保険料には保険金支払が想定よりふくらむリスクに備え、**一定の余裕分（バッファー）が上乗せされている**

・損害保険……契約期間が短期のため、バッファーは少なめ
　　⇒災害等の発生のつど保険料を改定

・生命保険……契約期間が長期のため、（損害保険に比べ）バッファーが厚い
　※再保険大手の一角である、スイス再保険会社のROEは９％を超える（2010年：9.2％、2011年：9.7％）。

✓保険ビジネスは独自のネットワークやノウハウが必要
⇒市場への参入のハードルが高い

■生損保ファンドは株式・金利・為替などの「資本市場の動き」と相関のない投資対象

✓生損保ファンドの投資対象は、自然災害や死亡率の大幅な変動などの「自然現象」

✓「自然現象」は、株式や金利の動きとは関連がないため、生損保ファンドへの投資は**高い分散投資効果が期待できる。**

資本市場と「無相関」の投資対象として、生命保険・損害保険ファンドの活用

［生損保ファンドの主な投資対象］

損害保険	生命保険	
災害リスク 想定以上の災害が起こった場合に損失が発生	**超過死亡リスク** 想定以上の超過死亡があった場合に損失が発生	**超長寿リスク** 想定以上に死亡率が低下、もしくは平均余命が伸びた場合に損失が発生
自然災害の再保険リスク引受け	超過死亡の再保険リスク引受け	超長寿の再保険リスク引受け
事故災害の再保険リスク引受け	医療保険の再保険リスク引受け	

図表2－33　新しい投資アイデア①

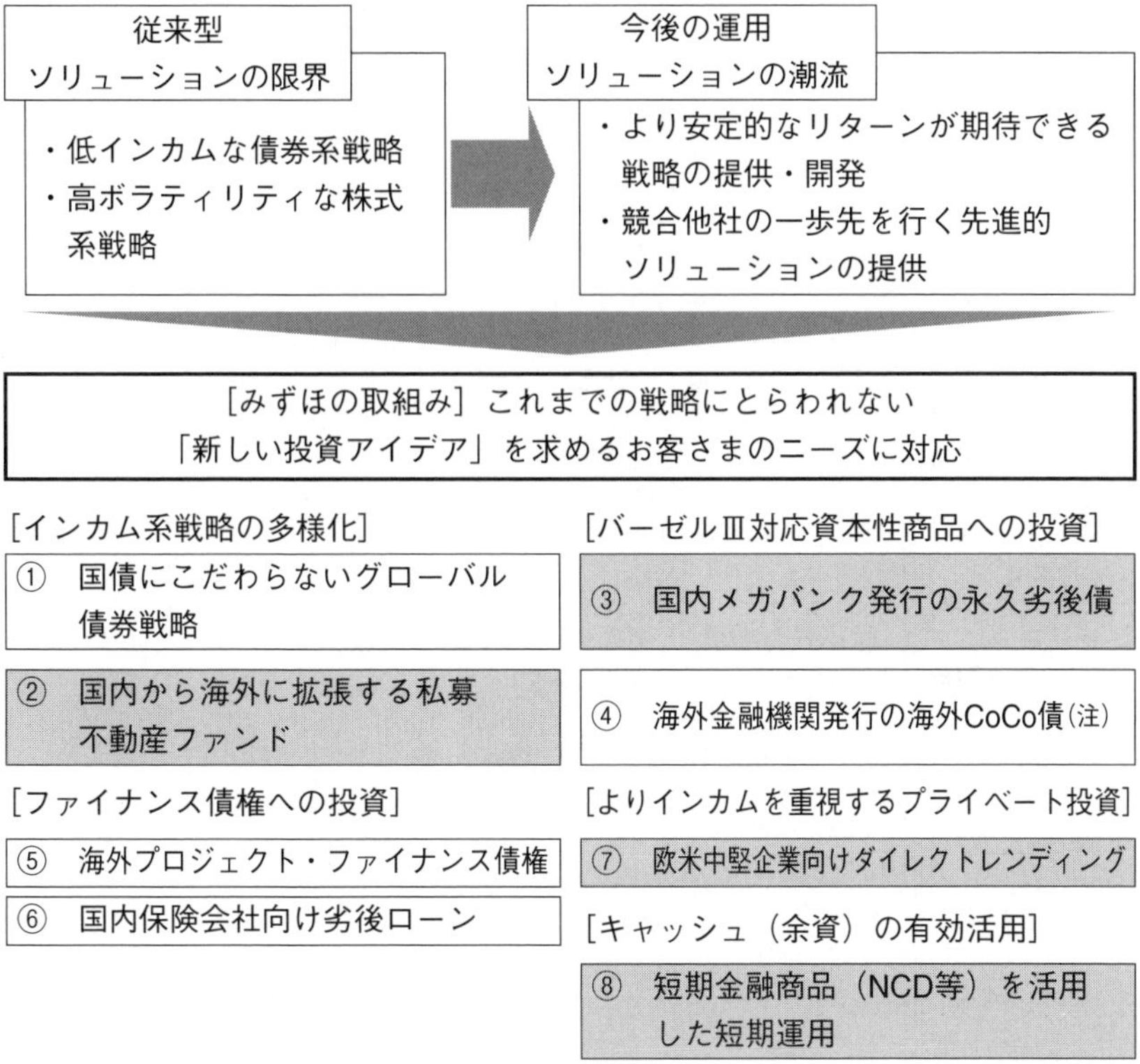
従来型
ソリューションの限界
・低インカムな債券系戦略
・高ボラティリティな株式系戦略
今後の運用
ソリューションの潮流
・より安定的なリターンが期待できる戦略の提供・開発
・競合他社の一歩先を行く先進的ソリューションの提供
[みずほの取組み] これまでの戦略にとらわれない
「新しい投資アイデア」を求めるお客さまのニーズに対応
[インカム系戦略の多様化]
① 国債にこだわらないグローバル債券戦略
② 国内から海外に拡張する私募不動産ファンド
[バーゼルⅢ対応資本性商品への投資]
③ 国内メガバンク発行の永久劣後債
④ 海外金融機関発行の海外CoCo債(注)
[ファイナンス債権への投資]
⑤ 海外プロジェクト・ファイナンス債権
⑥ 国内保険会社向け劣後ローン
[よりインカムを重視するプライベート投資]
⑦ 欧米中堅企業向けダイレクトレンディング
[キャッシュ（余資）の有効活用]
⑧ 短期金融商品（NCD等）を活用した短期運用

（注） Contingent Convertible Bond：偶発転換社債

ないかと思います。

もう一つは、保険は従来の投資対象である株式や金利、為替との相関が低いということです。米国の株が上がったから、金利が上昇したから、為替が円高にいったから、死亡率が上がるということではないわけです。ですから、とっているリスクそのものが資本市場とはあまり関係ないので、ポートフォリオの分散という観点からも、こういう保険ファンドの活用のメリットがあるということになります。

ここまで、投資テーマごとに代表的な投資対象をご説明いたしました。残りの時間で、それ以外の新しい投資アイデアで、こんなものが出始めているというところを図表2－

⑤	⑥	⑦	⑧
金融機関がアレンジする高クオリティなファイナンス債権への投資	実態上の高い信用力に比して高いクーポンが付与されている劣後ローンへの投資	海外中堅企業のクレジットリスクに着目する非流動性プレミアムへの投資	キャッシュ滞留に代替する短期金融商品への投資
バーゼルⅢ適用により今後資産売却が必要となる金融機関からの債権譲渡（ローンパーティシペーション）を活用	低クーポンが常軌化している国内債券投資の代替手段として検討	ファイナンス機会に恵まれない優良企業への直接貸付を実施、債券投資を大きく上回るスプレッド享受を期待	給付対応等で滞留されているキャッシュを低リスク商品で運用し、リターンの積上げを期待
プロジェクト・ファイナンス債権 アセット・ファイナンス債権	国内保険会社向け劣後ローン 〈ソルベンシーマージン規制対応〉	**海外ダイレクトレンディング**	NCD、ABCP、短期債
（長期）インカムリターン：L＋２％ （期間：10年超） （短期）インカムリターン：L＋0.5％ （期間：半年）	インカムリターン：L＋１％強 （期間：10年超）	（米国）IRR：８～11％程度 （期間：５年超） （欧州）IRR：５～７％程度 （期間：５年超）	インカムリターン：0.10％程度 （期間：３カ月程度）

33、図表2－34に沿ってお話ししたいと思います。

番号が①から⑧まででありますが、図表2－33と2－34は対応させていますので、両方みながらご説明します。まず、インカム系戦略の多様化ということで、よりインカムをとりたいというお客さまは多くいらっしゃいます。①は国債にこだわらないグローバル債券戦略ということで、これは従来のベンチマークだけではなくて、それにこだわらない事業債やMBSといったものも入れた投資対象に拡張して、インカムリターンをあげて、金利反転リス

図表２－34　新しい投資アイデア②

	①	②	③	④
投資アイデア（ねらい）	海外の事業債・MBS等を含む総合型債券ファンドへの投資（国債だけのWGBIから拡張）	国内対比高リターンが期待できる海外不動産への投資	実態上の高い信用力に比して高いクーポンが付与されている劣後債への投資（元本削減条項あり）	国内金融機関発行の類似債券に比して高いクーポンの収受が可能な債券への投資（元本削減条項あり）
背景	国債および投資適格社債の低クーポンに伴う今後の反転リスクへの対応	過熱感があり、かつ首都圏特化の国内不動産投資からのシフト。また、国内不動産投資先の投資対象多様化を支援	低クーポンが常軌化している国内債券投資の代替手段として検討	低クーポンが進行している外国債券投資の代替手段として検討
投資対象 リターン目安	グローバル投資適格社債 **債券スマートインカム戦略** インカムリターン：３～５％（期間：７～10年）	**海外私募不動産ファンド** インカムリターン：６～８％（米英の場合）	**国内メガバンク発行の永久劣後債** 〈バーゼルⅢ対応〉 インカムリターン：３％程度（初回解約：５年後）	海外金融機関発行のCoCo債 〈バーゼルⅢ対応〉 インカムリターン：５～７％程度（初回解約：10年前後）

クに備えようというものです。

②は、いま、不動産で私募不動産ファンドの話をしましたが、海外の不動産ファンドにも投資しようという動きが結構出てきています。実は国内よりも高いリターンが期待できるのと、ポートフォリオ全体の分散になるので、いいのではないかということです。

次に、この辺が冒頭に申し上げた規制とも絡むのですが、バーゼルⅢ対応の資本性商品で、③は国内メガバンク発行の永久劣後債です。三菱ＵＦＪフィナンシャル・グループも三井住友フィナンシャルグループもみずほフィナンシャルグループも発行しています。当然、これらの銀行が倒産したら元本を毀損するので、発行体、いま申し上げた銀行の信用リスクを負うのですが、ここまで超低金利になったときに、国債に投資するよりいいだろうということで、徐々にニーズが高まっています。これらの永久劣後債には、5年のコール条項がついています。コールというのは償還させる、そこで終わりにするということで、発行体である銀行がオプションをもっています。注目されているのは、利息が2・5%から3%出る点です。いま、通常の日本の5年の国債の金利は0・1%くらいしかありません。それが2・5%から3%出るということで、リスクを勘案したうえで投資をするということです。

ただ、ここに元本削減条項ありと記載していますが、実はバーゼルの決まりで、普通株式等Tier1比率、中核資本のバランスシート全体に占める割合ですが、これが5・125%を下回ると元本が削減されることになります。銀行は倒産していないのですが、自己資本比率が低下すると償還元本が削減されるところにも注意が必要です。

似たようなものが④の海外金融機関が発行したCoCo債というものです。ココと呼ばれていますが、これはコンティンジェント・コンバーティブル・ボンドというもので、偶発転換社債などと訳されますが、基本的には同じです。ただ、クーポンが高いことから、こちらのほうがいいというお客さまもいます。もちろん、銀行だけではなくて、通常の事業会社もこういったハイブリッド証券を発行しています。そうした投資対象にもニーズが高まっています。

⑤は、ファイナンス債権への投資のなかから、海外プロジェクト・ファイナンス債権というものをご紹介します。これは、「みずほ」もそうですが、金融機関がアレンジしたクオリティの高いファイナンス債権への投資ということで、バーゼルⅢの適用によって、リスクを削除しようとする動きがあります。だれか引き受けてくれないかなというときに、年金基金などが引き受けるケースも最近出てきているということです。

図表2－35　本日のまとめ

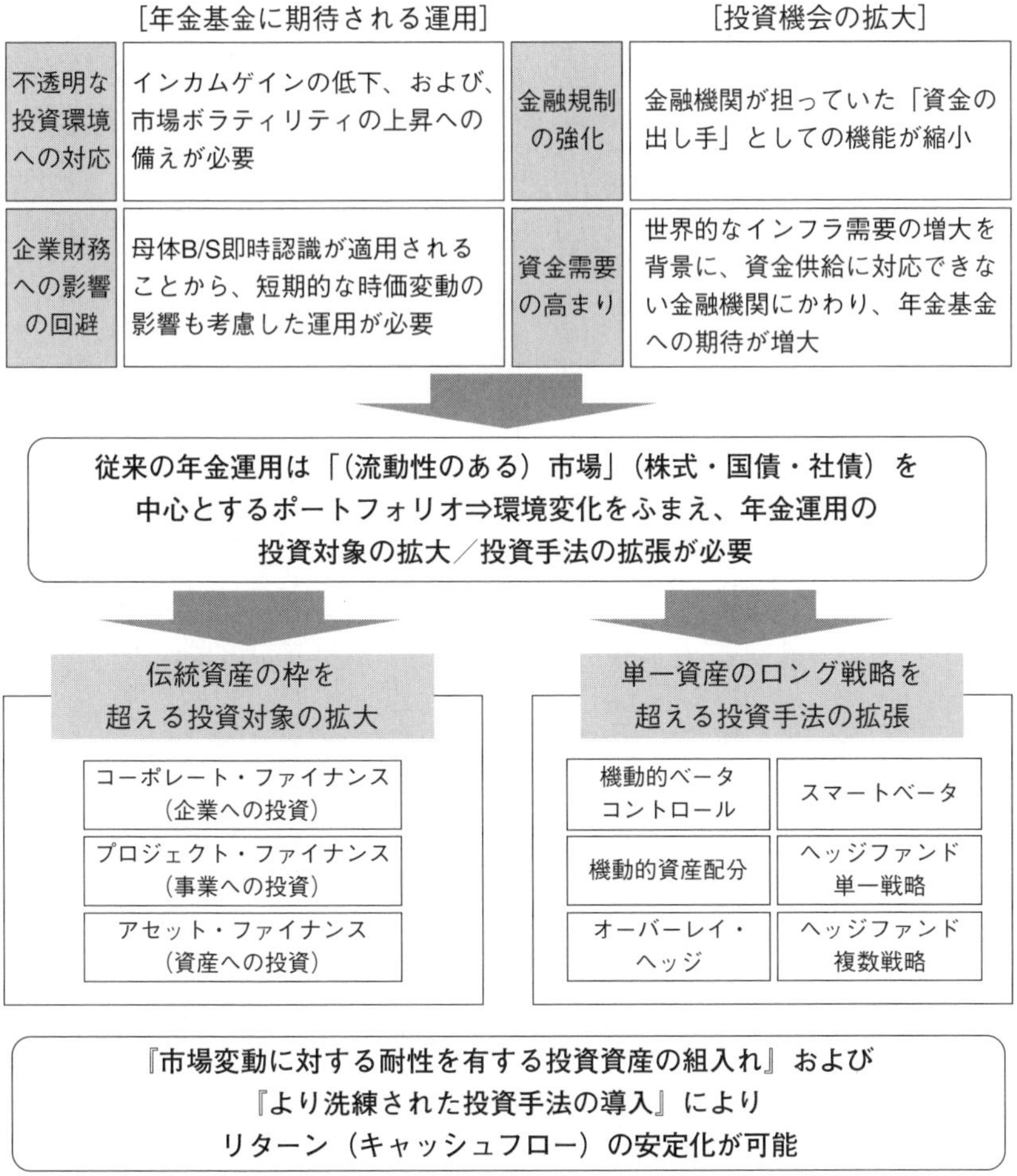

［年金基金に期待される運用］
［投資機会の拡大］
不透明な投資環境への対応
インカムゲインの低下、および、市場ボラティリティの上昇への備えが必要
金融規制の強化
金融機関が担っていた「資金の出し手」としての機能が縮小
企業財務への影響の回避
母体B/S即時認識が適用されることから、短期的な時価変動の影響も考慮した運用が必要
資金需要の高まり
世界的なインフラ需要の増大を背景に、資金供給に対応できない金融機関にかわり、年金基金への期待が増大
従来の年金運用は「（流動性のある）市場」（株式・国債・社債）を中心とするポートフォリオ⇒環境変化をふまえ、年金運用の投資対象の拡大／投資手法の拡張が必要
伝統資産の枠を超える投資対象の拡大
コーポレート・ファイナンス（企業への投資）
プロジェクト・ファイナンス（事業への投資）
アセット・ファイナンス（資産への投資）
単一資産のロング戦略を超える投資手法の拡張
機動的ベータコントロール
スマートベータ
機動的資産配分
ヘッジファンド単一戦略
オーバーレイ・ヘッジ
ヘッジファンド複数戦略
『市場変動に対する耐性を有する投資資産の組入れ』および『より洗練された投資手法の導入』によりリターン（キャッシュフロー）の安定化が可能

⑥は、先ほどは銀行の話をしましたが、保険会社向けの劣後ローンです。劣後しているので何かあったときの返済順位が低いわけですが、かなり利息が高いということで注目をされていて、短期金利にプラス1％で借りてくれるわけです。これに年金が投資しないかという話も出てきています。

⑦は先ほど申し上げたプライベートデットです。ダイレクトレンディングといわれることもありますが、銀行

では満たせない中堅企業の資金調達需要に応えることで、相対的に高いリターンを享受できます。

だいたいこんなかたちで、新しい投資アイデアが次から次へと出てきていまして、基本的にキャッシュフローを生むものは投資対象になるというのがこの業界の通説です。ですから、スポーツカーとか絵画はなかなか投資対象にはなりません。唯一というと語弊があるかもしれませんが、キャッシュフローがないものの投資対象になっているものがあります。ここではご紹介していませんが、金、ゴールドです。ゴールドはずっと値上りしてきて、ここにきてまた下がっていますけれども、他の資産が売られるときに金は値上りする傾向があるので、ポートフォリオに組み入れてもいいのではないかということで、みずほ信託銀行でもご提供しています。

では、時間も迫ってまいりましたので、本日のまとめをさせていただければと思います。図表2－35をご覧ください。年金基金に期待される運用は、不透明な投資環境に対応することと、母体企業の財務への影響を回避することだと思います。また、金融規制が強化されて、インフラを中心に資金需要が高まっていることを背景に投資機会が拡大しているということがあります。こういったことをふまえると、伝統資産の枠を超える投資対象の拡大、それから単一資産のロング戦略、従来の投資手法ですけれども、これを超える投資手法の拡張が必要なのではないかと思います。

市場変動に対して耐性のある投資資産の組入れ、より洗練された投資手法を導入することによってリターンを安定させることができるのではないかというのが、みずほ信託銀行がお客さまに日頃ご説明していることです。

私からの説明は以上です。ご清聴ありがとうございました。

4 質疑応答

質問　年金運用でも、今日、さまざまな投資手法があるということを教えていただいたんですが、年金運用で組まれているようなポートフォリオをたとえば一般人が参考にしてやってみたとしたら、それなりのリターンというのは得られるものなのでしょうか。

回答　今日は運用手法、運用技術という観点で申し上げたんですけれども、実は日本の年金の期待リターンはどれくらいかというと、中心は２・５％くらいです。アメリカはどうなのかというと、正確には調べていないですが、おそらく期待リターンは７％くらいだと思います。ここで米国金利の水準をみると、足元では２％程度です。彼らは期待リターンが７％とかですから、債券運用だけでは全然足りない。だから、彼らは株で運用しないといけない。日本も少し前は金利が２％くらいありましたし、金利が下がっていて、そうなると値上り益もあるので、実は債券だけで投資していてもずっと期待リターンが回っていた、というのがまず年金運用の前提としてあります。

ご質問の趣旨にお答えすると、年金運用を参考として個人が運用しても、多分、大けがはしないという感じでしょうか。先ほど申し上げたとおり、普通の年金基金は、たとえば２・５％とかを安定的に達成するように、安定運用を趣旨としたポートフォリオを組んでいます。なぜかというと、大けがをすると母体企業の財務に影響が出てしまうからです。個人で考えた場合、そういう運用がいいと思う価値観の人もいれば、つまらないなという価値観の人もいて、そこはどう考えるかということでしょうか。

質問　いま、企業が何百兆円という余剰資金を抱えていますけれども、それがいったいどこでどう運用されているのか、されていないのか。企業の余剰資金の運用でもこの手法は十分役立つし、なおかつ、かなり金融資産からの収益もあげられると思うんですが、企業はその辺を考えて運用されている状況なのでしょうか。

回答　当行は年金の運用をずっとやってきたのですが、ここにきて、年金のお金ではなくて、企業そのものにお金が余っているので、うまく運用したいという問合せが結構きています。この時にどうするかですが、やはり何をしたいか、すなわち、どれくらい儲けたいですかというのと、どこまでリスクを許容できますかということになります。どこまで損失を許容できるかということの兼ね合いだと思います。要は目標とするリターンと許容できるリスクがはっきりしていれば、後はたとえば海外は嫌だとか、流動性がないものは嫌だとか、その制約を決めていけば、おのずとどういうものに投資するかというのはみえるはずです。そういうかたちでご提案をさせていただいています。

質問　図表2－4（65ページ）で日経平均と米国の株価のボラティリティの比較があったと思うんですが、日本の株価がボラタイルな理由は何なのでしょうか。

回答　私の実務的な感覚でいうと、日本の株式市場は、グローバルでみれば、非常にローカルなマーケットです。ローカルマーケットは値動きが激しいということではないかと思っております。（グローバルマーケットとローカルマーケットの違いは）市場参加者がいかに多様化しているかということです。いろんな参加者がいれば、おかしいと思った人間が買ったり売ったりするので、おのずと吸収されていくということになるんですけれども、相対的に日本の株式マーケットは、米国の株式マーケットに比べて成熟度が低いということではないかと考えています。

第3章

機関投資家としての生命保険会社

第一生命保険運用企画部運用企画室長　渡辺　康幸

（2015年10月28日）

いまご紹介いただきました渡辺と申します。講義に入らせていただく前に簡単に自己紹介をしておきますと、1996年、いまから約20年前に東京大学の経済学部を卒業しまして、縁あっていまの会社に入社してほぼ20年。20年間ずっと資産運用の仕事をしております。定量的に金融市場の分析をしたり、それに基づいて投資をしたり、といった分野の仕事を主にしてまいりました。

いまは、運用企画部というところで、当社の30兆円強ある資産をどのように運用するかを決めるアセットアロケーションの仕事をしており、今回、「機関投資家としての生命保険会社」というテーマでお話しさせていただく次第です。

今日お話ししたい点は全部で5点。①そもそも生命保険会社とは何なのか、②生命保険会社の資産運用がこれまでどうだったのか、③生保の資産運用を考えるうえで重要なコンセプトであるＡＬＭという概念、④海外の例として欧州の生命保険会社がどういったことをやっているか、⑤生命保険会社における資産運用の高度化について、第一生命での取組みをお話しさせていただきます。

なお、今回の話は、会社ではなく個人の意見として述べさせていただきます。

1 生命保険事業の概況

まず保険は大きく分けると第一、第二、第三分野と分かれまして、第一分野が生命保険、第二分野が損害保険、第三分野が生損の混合保険と呼ばれるものです。私の勤めている生命保険会社は、このうち第一と第三分野に取り組むことができて、損害保険会社は第二分野、第三分野に取り組めるという仕切りになっています。

このなかで、生命保険は、個人で入る保険と、皆さんがこの後、たとえば会社に就職した場合に、その会社を一つの団体として入るような団体保険もあります。

さらに、個人向けの保険は、個人保険と個人年金に分かれ、個人保険が、さらに死亡保険と生死混合保険と呼ばれるものに分かれます。死亡保険として定期保険と終身保険がありますが、定期保険とは、たとえば、これから1年の間にお客さまが亡くなったら１００万円お支払します、そのかわり亡くならなければ何もありません、というものです。それに対して終身保険は、お亡くなりになったら１００万円払います、いつ亡くなっても払います、それが1年後だろうが90年後だろうが、その時に１００万円をお支払するというものです。

それに対して生死混合保険と呼ばれるもの、これは養老保険などが代表ですが、たとえば、いま80万円お支払いただきます、もし10年以内に亡くなられた場合は１００万円お支払します、10年後、生存されていた場合は満期保険金として１００万円お支払しますという保険です。すなわち、10年以内に亡くなった場合にお支払するだけでなく、10年後に生存していた場合も支払われる保険ということで、生死混合保険と呼ばれます。

死亡保険、生死混合保険以外にも、生存保険と呼ばれるものもありまして、たとえば個人年金などは、将来ある時点でまだ生きていた場合に年金をお支払する、逆に亡くなった場合はもうお支払しませんよ、という意味で、これに分類されることもあります。

次に、足元、生命保険が日本でどれくらい契約されているのかをお示ししたのが図表3－1の二つのグラフです。いま、日本に生命保険会社は43社ありますが、その契約金額は合計で79兆円になります。たとえば2015年度の政府の一般会計の予算は90兆円強ですので、相当な金額を1年間で契約いただいているという状況です。

一方、時系列でみると、1990年くらいが非常に大きく、そこからは大きく低下しています。他方、折れ線で表示しているのが契約件数です。こちらは2013年度でいうと、約1900万件、日本の人口が約1億2000万人ですので、ざっくりいうと、1年で六人に一人くらいが新しく保険契約を結んでいただいていることになります。件数でみると過去最高を上回りながら、金額で減少している、なんでこんなことが起きているかというのは、次に出てきますので、そちらで説明します。

一方、下の保有契約金額、いまも有効中の契約の金額や件数を表示したものです。いちばん大きいのは個人保険で、2013年で1365兆円。家計部門の金融資産残高が2015年6月で1700兆円くらいありますので、その8割くらいに当たる金額を保険会社43社で契約として保有している状況になります。

また、折れ線のほうの件数のグラフは、足元では約1・4億件、平均していえば、日本人の一人当りの保険契約件数は1件を超えているような状況になっているということです。

次に、保険契約で大部分を占めていた個人保険と個人年金に特化して詳細をみたものが図表3－2になります。個人保険契約の新契約件数、保有契約件数でみると、全体の5割くらいが「その他の保険」ということで、第三分野と呼ばれる医療とか介護、がん保険が占めています。

一方、金額でみると、たとえば新契約金額では30・5％が終身保険、43％が定期保険となっています。

図表3－1　生命保険契約の状況

▩（保険種類別）新契約金額

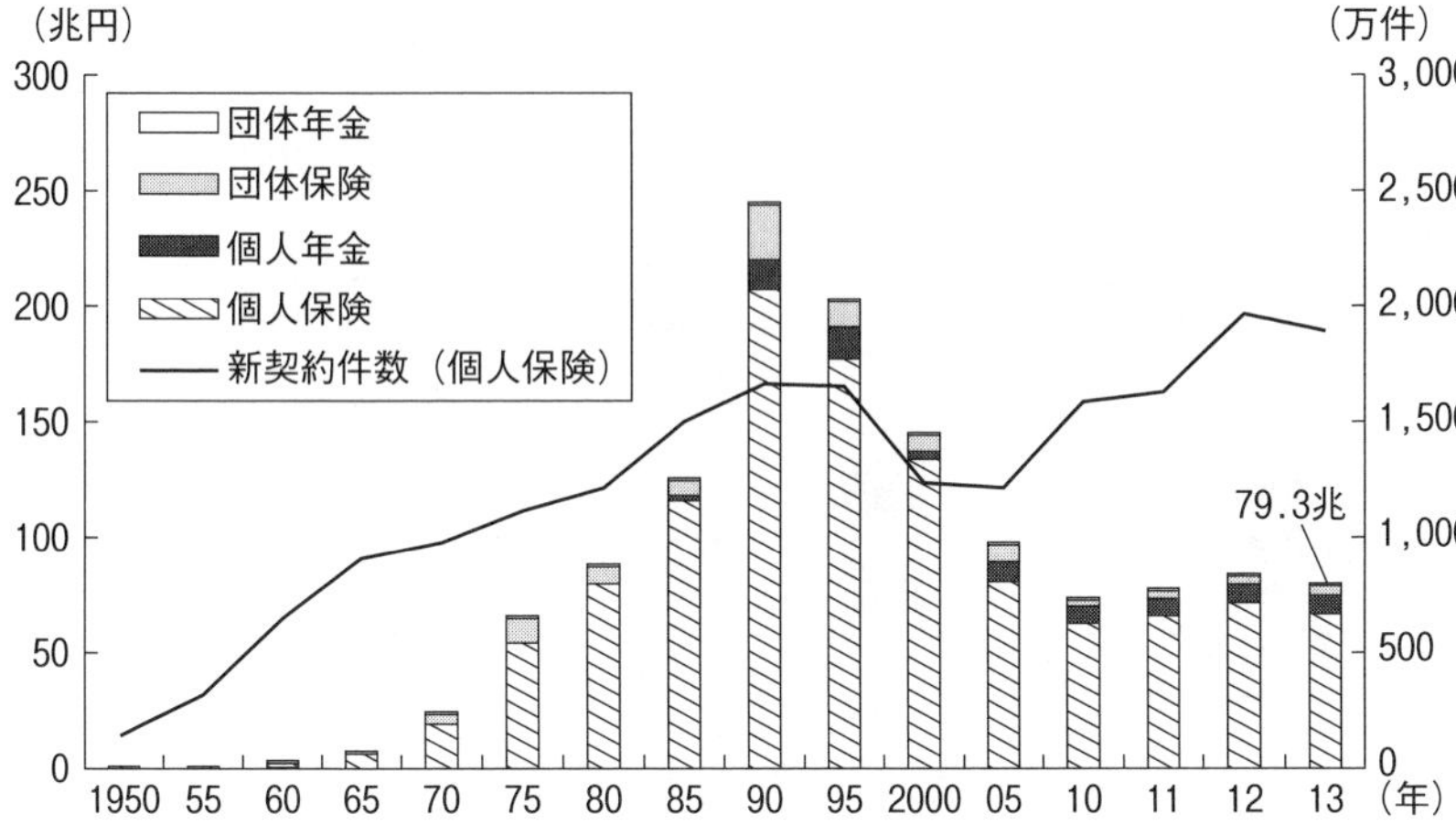

▩（保険種類別）保有契約金額

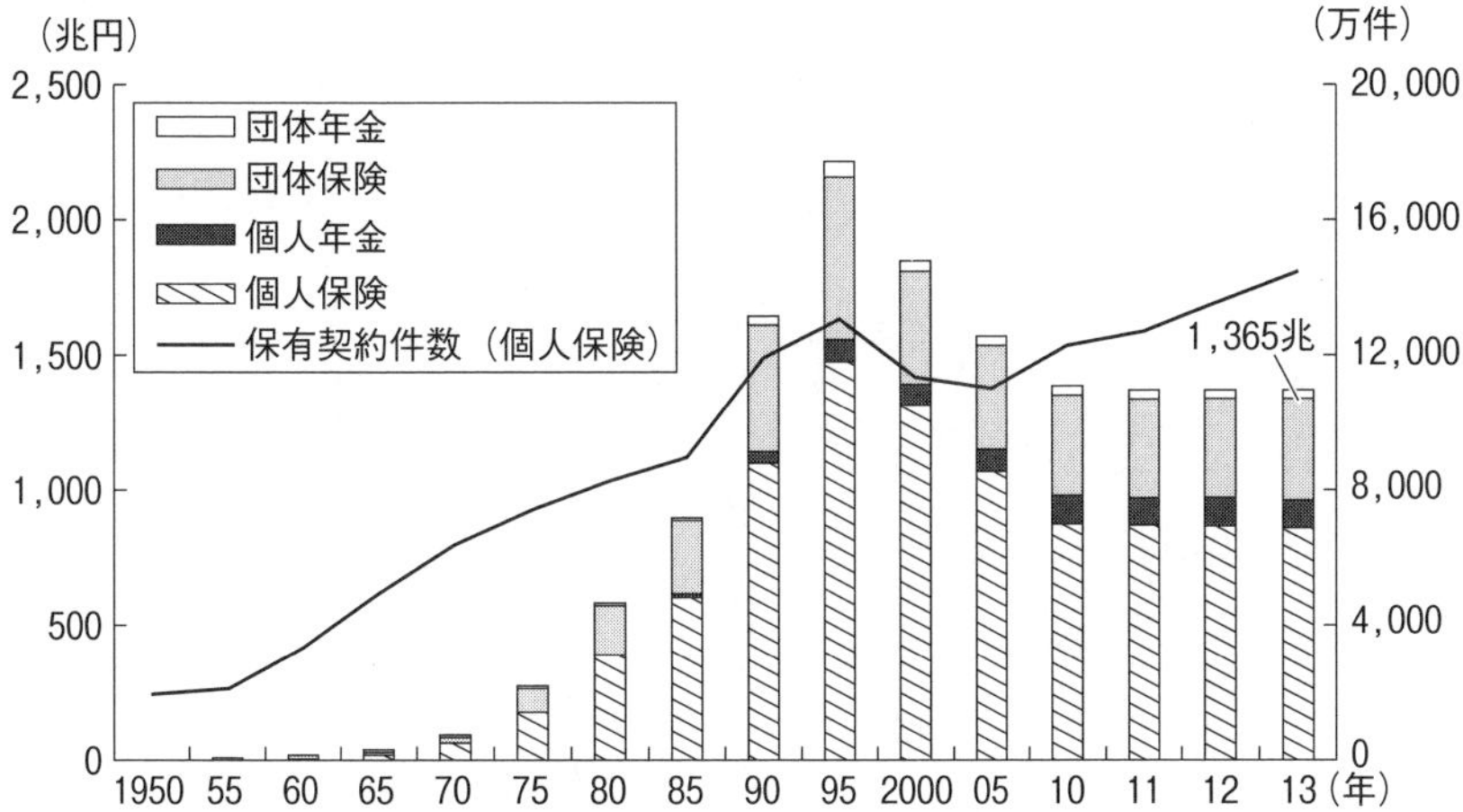

（注）　2005年以前の数値は、旧簡易保険分を含めず。
（出所）　生命保険協会「生命保険事業概況」

図表3－2　個人保険契約（内訳）

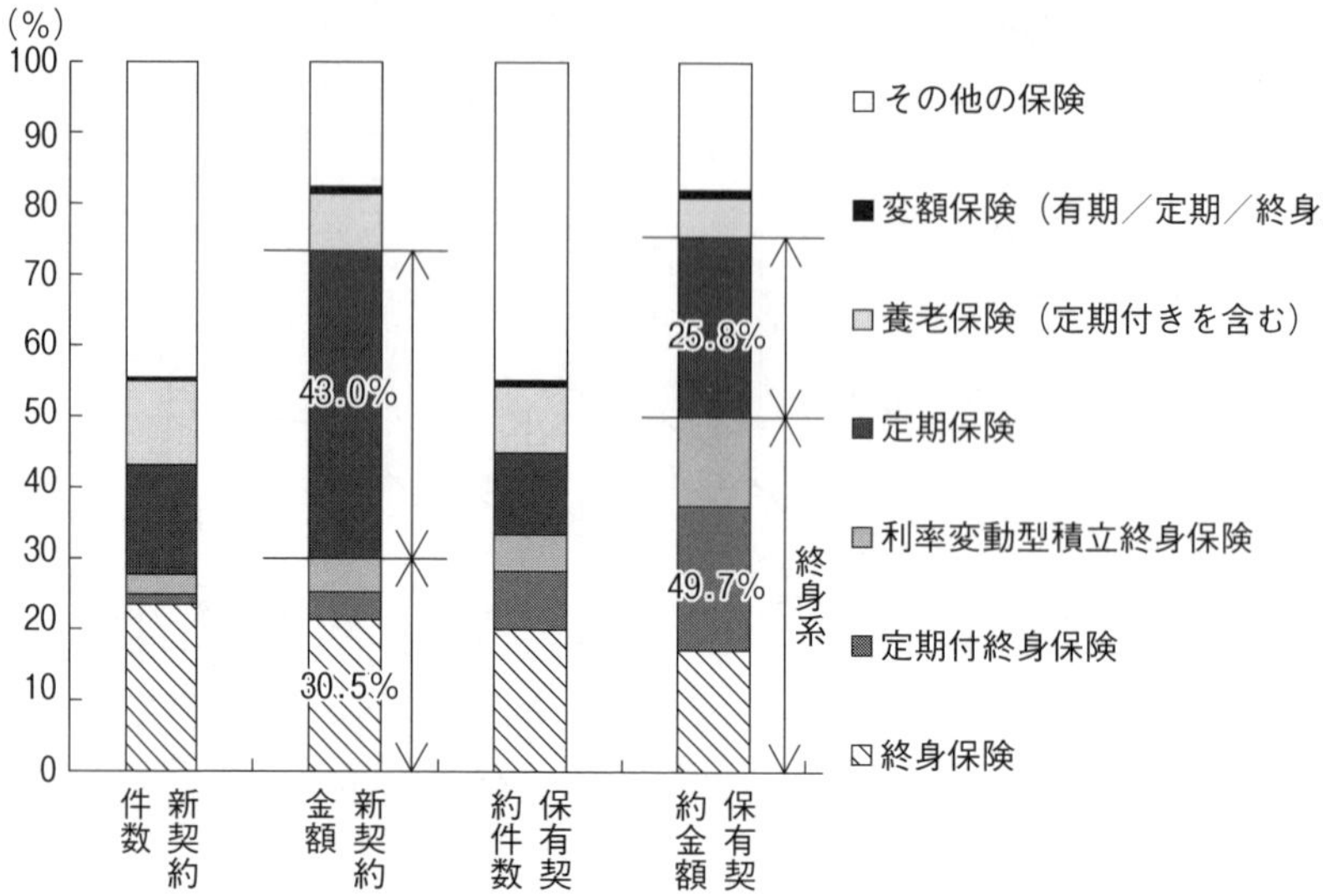

（出所）　生命保険協会「生命保険事業概況」

先ほどのバブル期といまとで、件数と金額が入れ子の関係にある原因はこの点です。第三分野の保険は、たとえば、がん保険では、亡くなった時やがんと診断された時に100万円、入院した時に1日1万円お支払するなど、契約金額に換算すると決して大きくありません。一方、終身保険とか定期保険は、亡くなった時にお支払する金額が比較的大きくて、500万円とか1000万円というケースが多いので、金額ベースで大きくなるというのが特徴です。

バブル期は、終身保険などが売れていたので、件数に対して金額が非常に大きくなりました。いまは、日本の人口動態を考えれば自明ですが、高齢化が進んできているなかで、人々のニーズが、亡くなった時の保険より、老後で、がんとかも含めて医療費等がかかるということで、死亡保障から医療保障などへのシフトが起きてきて、件数の伸びに比べ金額は伸びていないという結果になっています。

また、図表3－3に個人年金保険の新契約・保有契約に占める定額年金と変額年金の割合を載せています。両

図表3－3　個人年金保険契約金額（内訳）

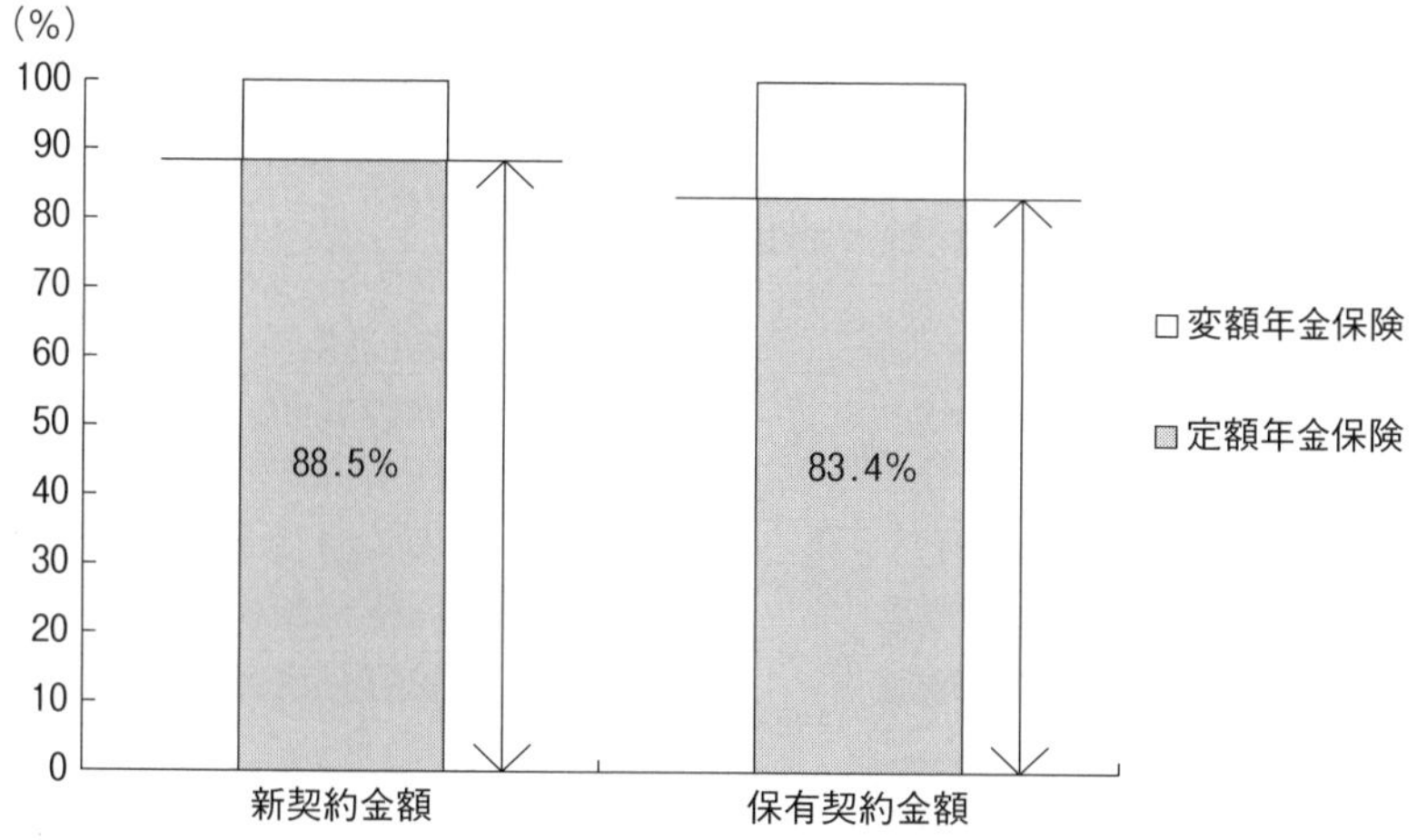

（出所）　生命保険協会「生命保険事業概況」

者とも将来生存していた場合に年金をお支払する保険ですが、お支払金額が最初から決まっている保険が定額年金、将来のたとえば株価などに連動するかたちで変動するタイプの年金が変額年金になります。

後ほど海外の例も出てきますが、日本は、保守的な国民性もあり、また変額年金はえてして株価などに連動する傾向がありますので、過去10～20年、株価があまり上がらなかったというなかで、変額年金に対するニーズはあまり大きくなく、どちらかというと定額年金が好まれているのが足元の状況です。

いままでお話ししたのが生命保険契約の状況ですが、次に、生命保険事業とは何なのか、生命保険会社は何をなりわいにしているのか、お話しします（図表3－4）。

生命保険事業の固有業務は、対お客さまでは、保険の引受けの業務、具体的にはお客さまから保険料をいただいて、何かあったときに保険金を支払う保障の提供や、満期保険金や配当金を払う貯蓄手段の提供になります。

もう一つ、生命保険会社はお預かりしたお金を金融市場で運用して、その運用益を得る、資産運用が固有業務です。資産運用の機能には、資産運用機能と金融仲介機能が含まれます。

図表3－4　生命保険事業とは

・生保事業の固有業務は『保険引受』および『資産運用』であり、「保障の提供機能／貯蓄手段の提供機能／資産運用機能／金融仲介機能」の四つの基本的機能がある。
・生命保険業はこれらの諸機能が相互に結びつくことにより成り立っている。

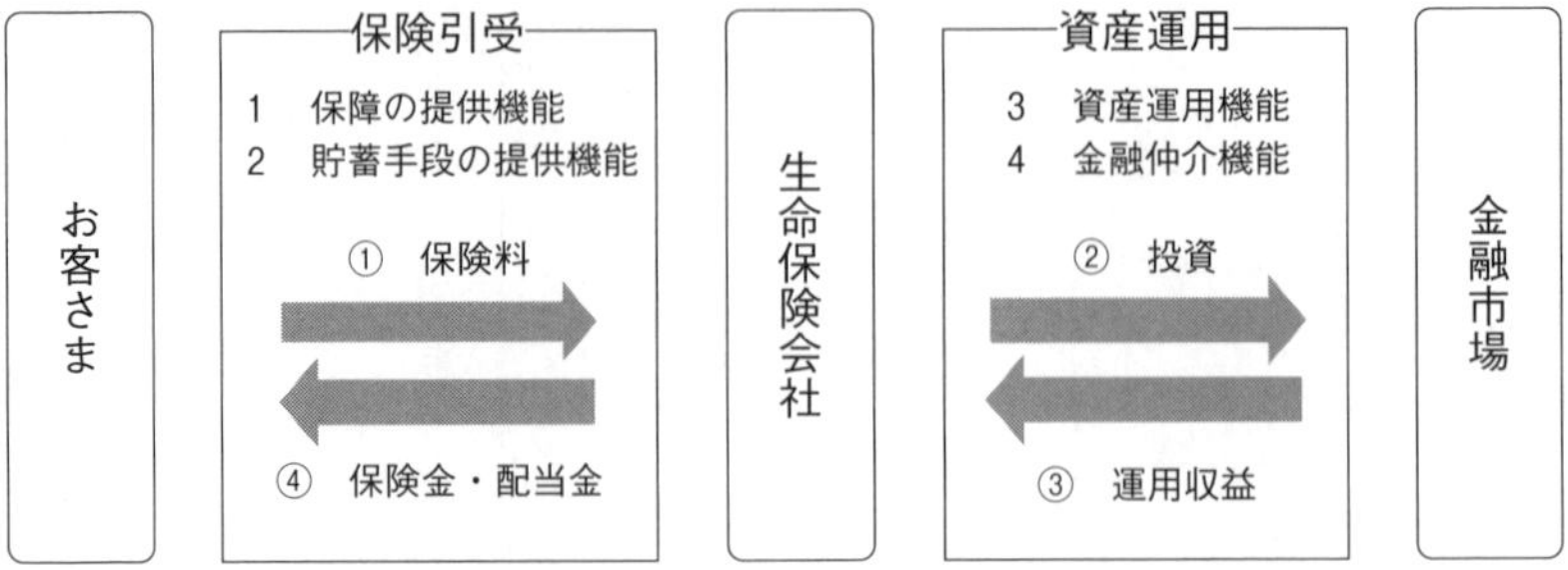

［損益計算書（P/L）］

収益	費用
保険料収入 （＋①保険料） 資産運用損益 （＋③運用収益）	責任準備金残高繰入れ （※責任準備金の増加分） 保険金支払 （＋④保険金）
	利益

［貸借対照表（B/S）］

資産	負債
現預金等 債券・株式・不動産	責任準備金 （※将来の保険金や給付金支払に備えた積立金）
	資本

これらの業務を行う結果として、生命保険会社の貸借対照表とか損益計算書が図表3－4の下図のようになります。損益計算書のほうをご覧いただくと、会社にとっての収益として、お客さまからいただく保険料の収入や、生命保険会社が運用して得た収益がカウントされます。費用としては、特に生命保険は契約が長いので、将来にわたってのお支払を確実にするための積立をしておく必要があるということで、責任準備金残高の繰入れが費用、あと実際にお支払する保険金支払も費用となって、収益と費用をネットしたものが保険会社にとっての利益になります。

図表3－5　生命保険会社の損益計算書

■生命保険業界全体の損益計算書

（兆円）

	保険料等収入	＋ 35.8
	保険金等支払金	－ 33.8
	責任準備金繰入額	－ 4.1
	資産運用損益	＋ 10.0
	その他	－ 4.8
	経常利益	＋ 3.1
	特別損益	－ 0.7
	契約者配当繰入れ	－ 0.4
	税引前純利益	＋ 2.0
	当期純利益	＋ 1.4

■収入保険料の推移

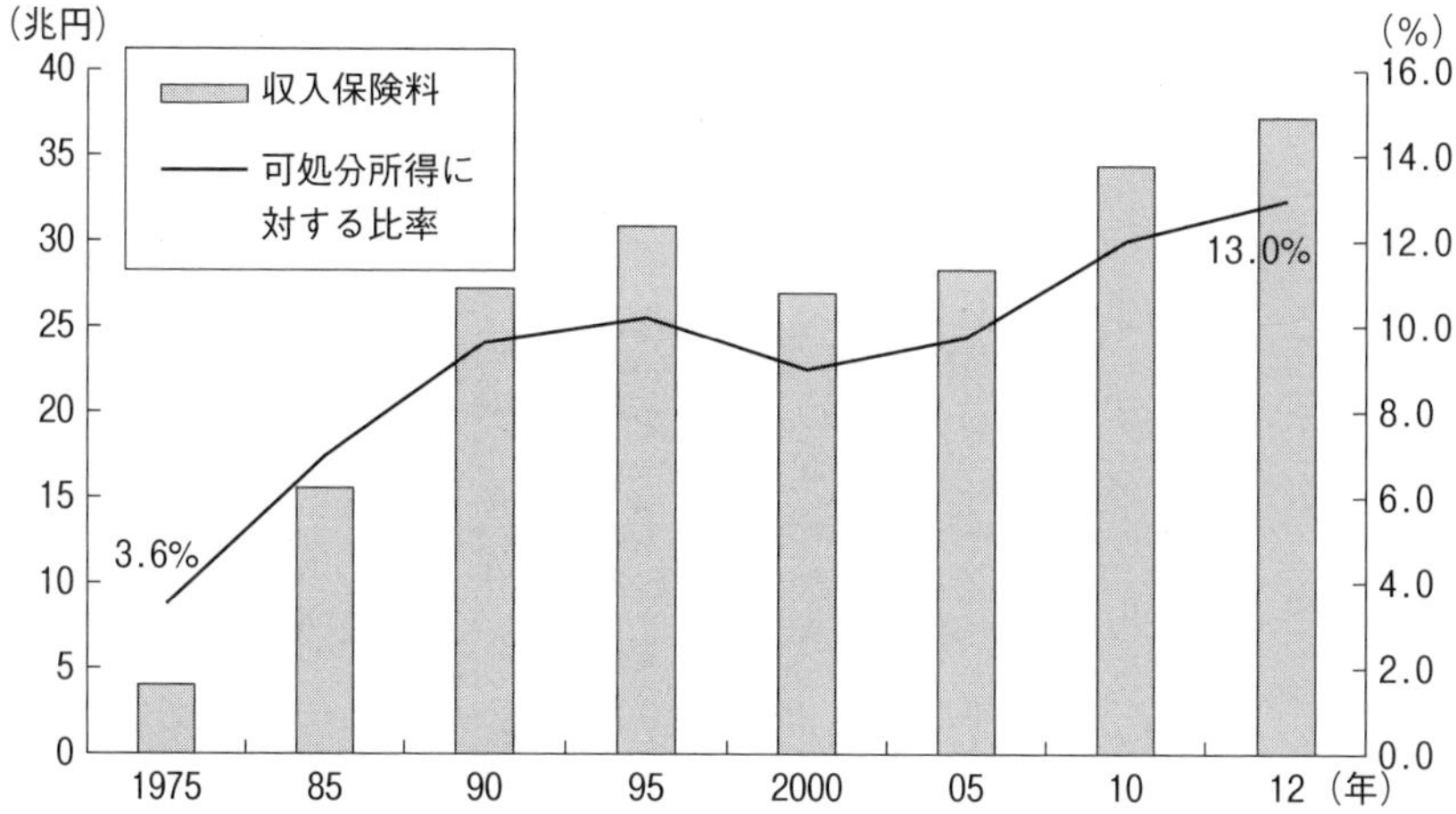

（出所）　生命保険協会「生命保険事業概況」

また、貸借対照表は、お客さまからお預かりして実際に運用している資産が、債券だったり株だったり不動産だったりというかたちで資産の部に計上され、負債には、責任準備金と呼ばれる将来保険のお支払をするために積み立てておくべき積立金が計上され、差額が資本になるというのが生命保険会社のバランスシートになります。

次に、43社合計した生命保険業界全体での損益計算書が図表3－5になります。上の表の、生命保険会社がお客さまから

1年間でいただいている保険料収入が約35・8兆円。一方で、お支払している保険金が33・8兆円。責任準備金繰入額という将来のために積み立てておくべき金額が4・1兆円あって、その下、これが今日のテーマである、資産運用で年間10兆円の利益が計上されるということで、経常利益はネットして3兆円あがる。そして、2段下に契約者配当繰入れとありますが、保険契約者の方に配当というかたちで一部還元した結果、当期純利益が1・4兆円となります。

つまり、資産運用の損益が増えれば経常利益が増えて、契約者の配当が増える。さらに当期純利益も増えて、株式会社であれば株主にとってもいいことがあるということで、資産運用は生命保険会社の損益計算書をみるうえで重要なファクターになっています。

続いて、図表3－6が貸借対照表の状況です。資産の部のいちばん下の350兆円が、生命保険会社が保有している資産の合計金額で、有価証券285兆円、そのうち国債が約150兆円というのが資産の主な構成です。

一方、右側の負債・純資産の部でいうと、保険契約準備金、うち責任準備金305兆円が、将来の保険金支払に向けて会社で積み立てている、負債として認識している金額になります。

生命保険会社の資産の規模は350兆円ありますが、この数字がどれくらいの規模感かを示しているのが下の金融機関資力と呼ばれるもので、各金融機関が資産運用している金額とご理解いただければいいと思います。合計で1700兆円という金額になりますが、国内銀行（銀行勘定）が全体の40％で、次が生命保険業界の20％ですので、このグラフをみても、生命保険会社の資産運用は、日本国全体の厚生の増大とか、そういうことを考えるうえで重要になってくるというのがみてとれると思います。

図表３－６　生命保険業界全体の貸借対照表

■資　　産　（兆円）

短資	15.4
国債	149.8
社債・地方債	38.9
株式	18.0
外国証券	61.5
その他証券	16.8
有価証券	285.0
貸付金	38.1
有形固定資産	6.3
その他	5.7
資産合計	350.6

■負債・純資産　（兆円）

保険契約準備金	312.2
（うち責任準備金）	305.4
その他負債	20.2
負債合計	332.4
基金・株式資本合計	9.9
その他純資産	8.2
純資産合計	18.2
負債および純資産合計	350.6

■金融機関資力（比率）

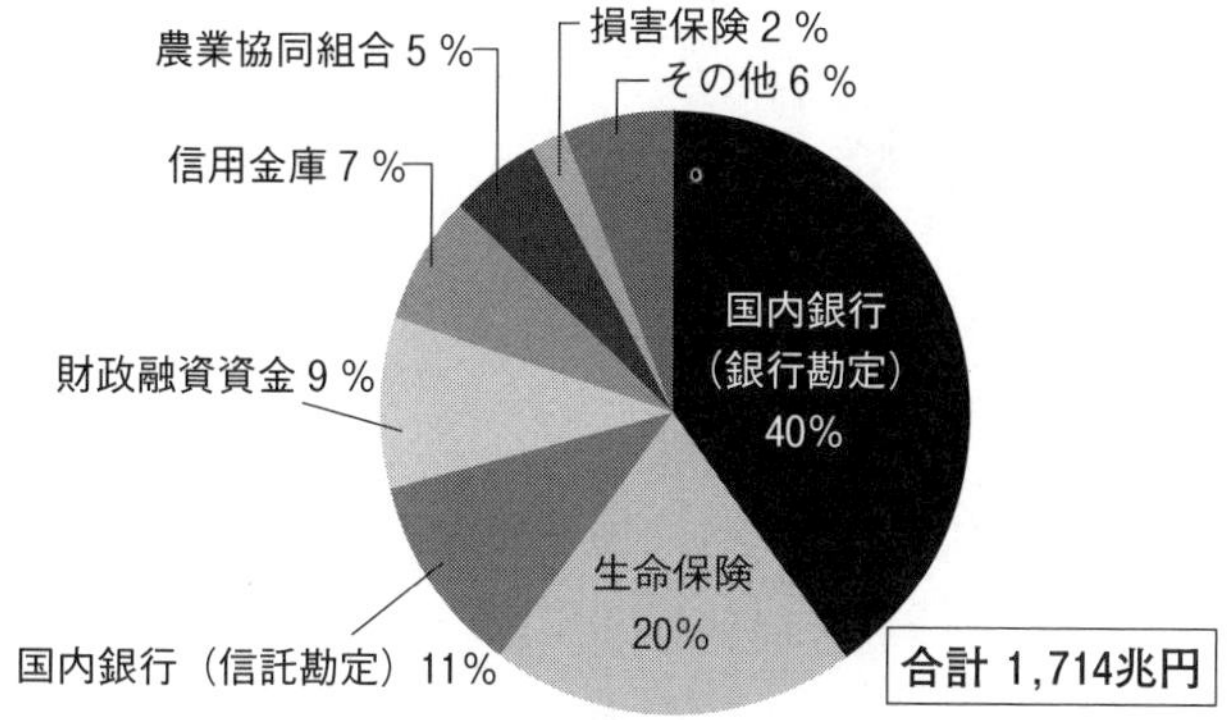

（出所）　生命保険協会「生命保険事業概況」

2 生命保険会社のこれまでの資産運用

次から、足元350兆円のお金の運用の中身をご説明したいと思います。

図表3－7上側のグラフが残高の推移で、2013年の数字が合計350兆円。かんぽ生命除きの金額で申し上げると、1975年の段階で10兆円ちょっとだったところから、足元2013年で約260兆円まで増えてきている。それだけお預かりしているお金が多くて、将来お支払をする必要があるので、しっかり運用していく必要があるということになります。

また、個人金融資産に占める生命保険資産が21・6％という数字がありますが、足元1700兆円を超えた個人金融資産の約2割が保険という形態を経て生命保険会社がかわりに運用しています。

その資産を何で運用しているのか、資産構成をお示ししているのが下側です。いちばん左、1975年時点はほとんどが貸付です。あと、国内株式を一定程度もっています。1975年というと高度経済成長の終わりといったあたりですが、この頃は企業部門、非金融の事業主体がお金を借りて、それを使って設備投資してと、企業活動が非常に活発な時期でしたので、企業の資金ニーズに応えるかたちで、貸付を非常に多くしていたところです。

そこから1985年、1990年にかけて、円建て債券と貸付をあわせた、いわゆる確定利付資産と呼ばれる安全資産の割合が減って、かわりに増えてきたのが外貨建て債券であったり、国内株式や不動産といった、少しリスクの高い、元本割れしたり価格の変動性が高かったりするような資産の比率が高まりました。

ただ、その後は、日本もバブル崩壊以降、株価が下がり、為替のほうも、プラザ合意以降、円高が進んで、日本の

図表３－７　残高・資産構成の推移

■総資産残高

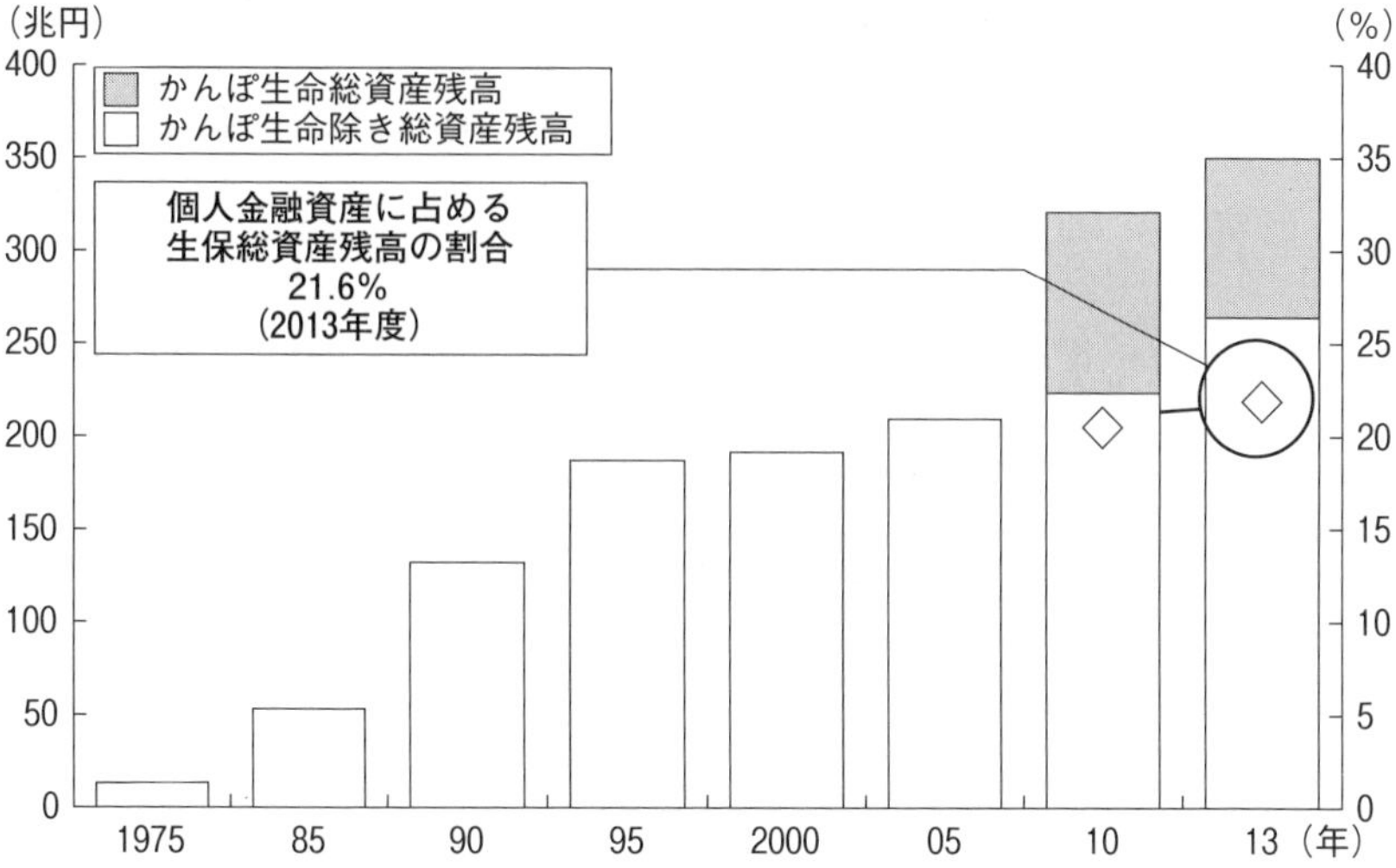

■資産構成

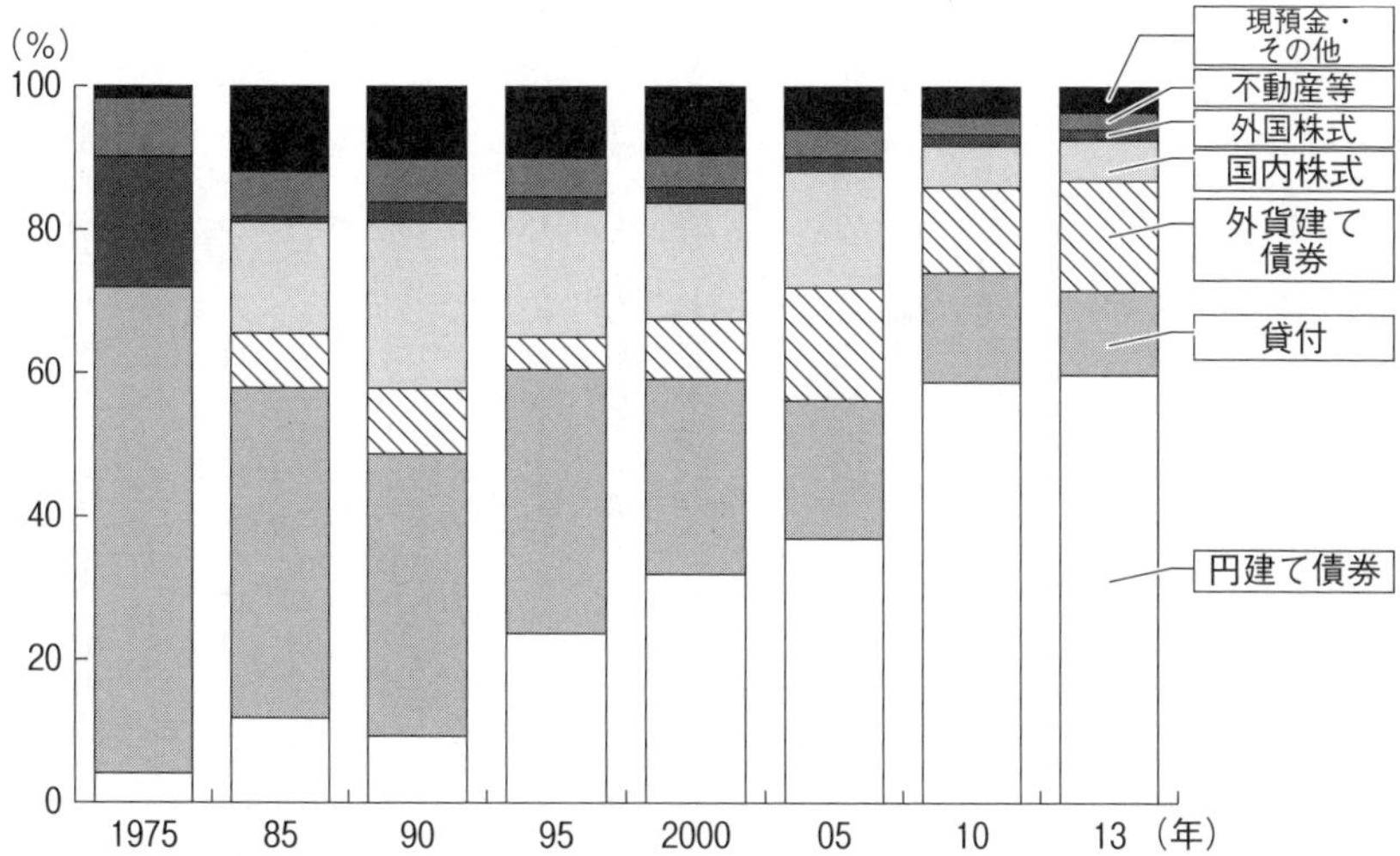

（注）　2010年以降の数値は、かんぽ生命込。
（出所）　生命保険協会「生命保険事業概況」

不動産価格も下がり、とデフレまっしぐらという状況のなかで、生命保険会社の資産の構成がどう変わっていったかというと、貸付は減っていますが、円建て債券が増えて、安全資産の割合が相当程度に増えてきているというのが足元までの大きな流れになります。

資産構成の推移という意味ではいまご説明したとおりですが、いくつかの資産をピックアップして状況をご説明したいと思います。図表3－8が貸付金の推移です。残高ベースでみると、1990年のバブルの頃にかけて、企業活動が活発で、残高はすごく増えていったのですが、その後はどんどん右肩下がりという状況です。

この背景にあるのが下側のグラフですが、非金融法人企業、いわゆる一般事業会社が、2000年くらいから特に顕著ですが、資金余剰、要はお金が余っています。この状態はグローバルにみてもかなり異常な状態で、企業というのは基本的に何か事業をするためにお金を借りて、そのお金を元手にして設備投資したり、何かを調達したりするというのが一般的ではあるのですが、日本の企業は、特に2000年以降、お金が余って、お金を借りますかと聞いてもいりませんという状態になってきました。

だれかがお金が余っていたらだれかが足りない。では、だれが足りないかというと、政府部門が資金不足主体になっています。

そういった背景も含めて、それ以外の要因もありますが、円建て債券の残高が大きく増えていっています。その裏側で、国債の発行残高、国の借金の残高自体も増えていっているところです。少し古いところですが、2013年度で国が発行している国債のうち2割くらいを生命保険会社がもっているという構図になっています。

続いて、株式、外国証券、不動産の残高をお示ししているのが図表3－9になります。いちばん下の国内株式でみていただきますと、1990年代前半をピークに緩やかな減少傾向になっていっている状況です。下側のグラフで日経平均をみていただきますと、1989年に3万円を超えたところでピークをつけ、そこから低下基調にあったなか

図表３－８　資産別の推移（貸付金）

■貸付残高推移

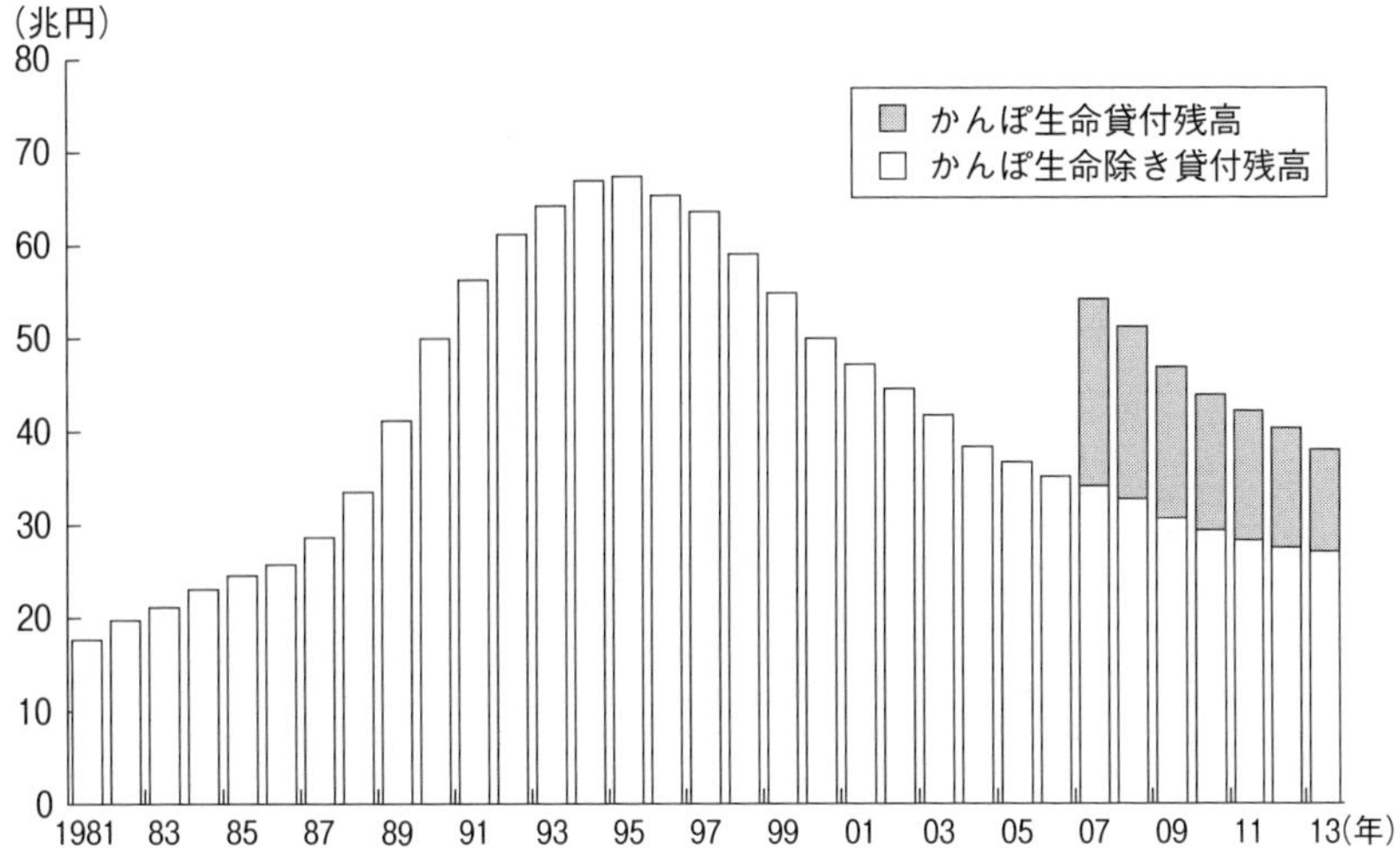

■部門別資金過不足推移

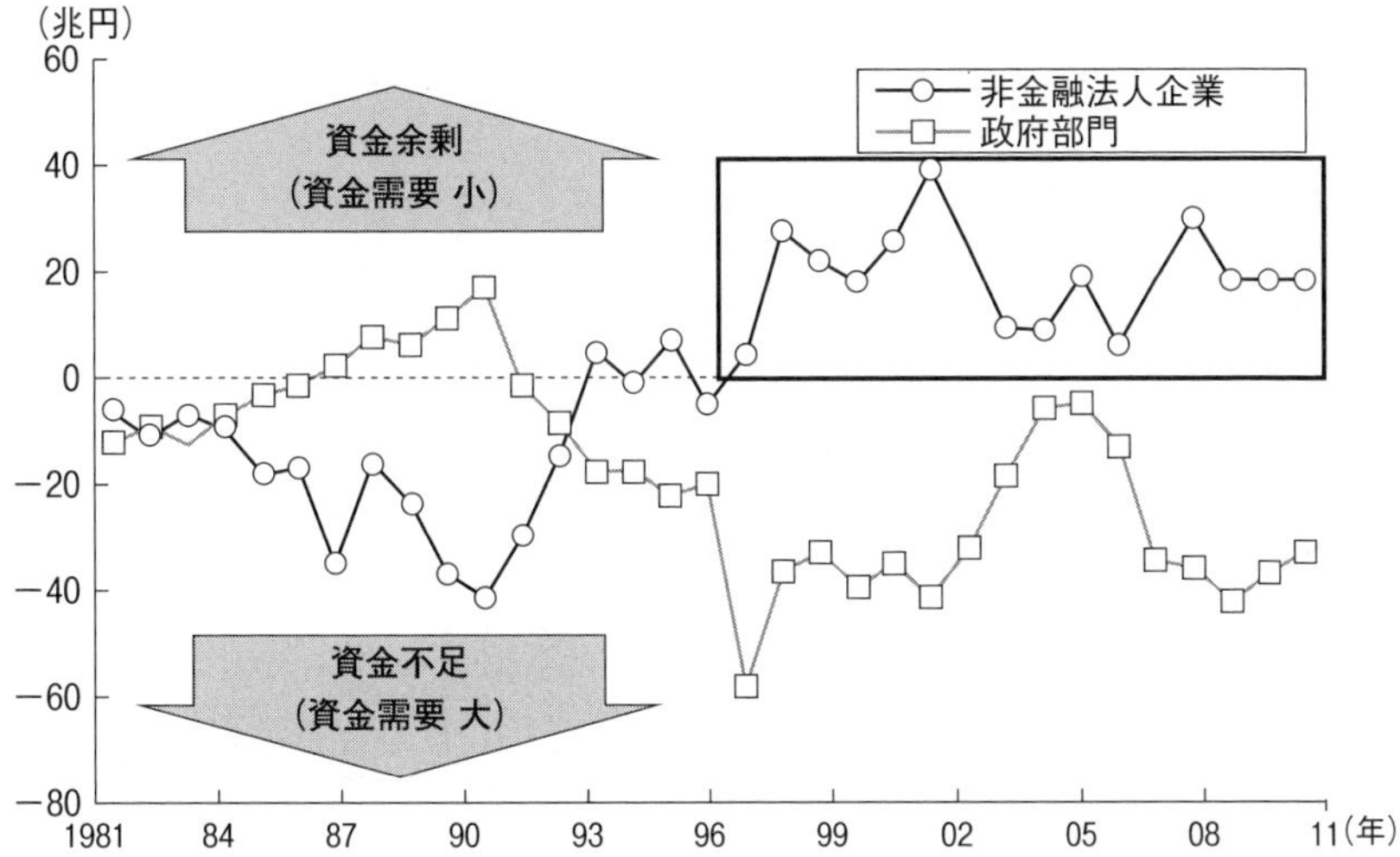

（出所）　生命保険協会「生命保険事業概況」、日本銀行「資金循環統計」

図表３－９　資産別の推移（株式、外国証券、不動産）

■リスク性資産残高

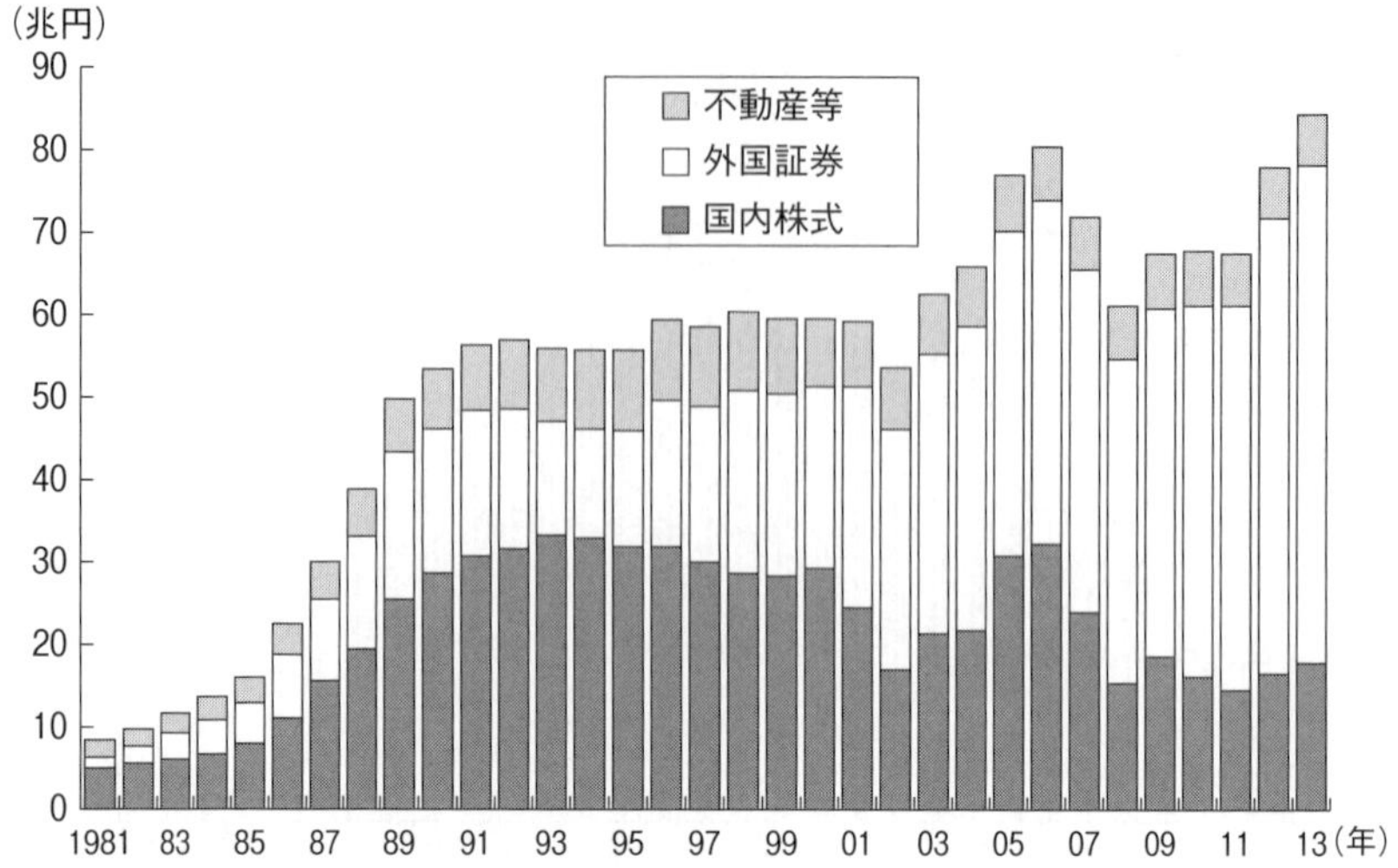

■運用環境（左軸：ドル円、基準地価　右軸：日経平均）

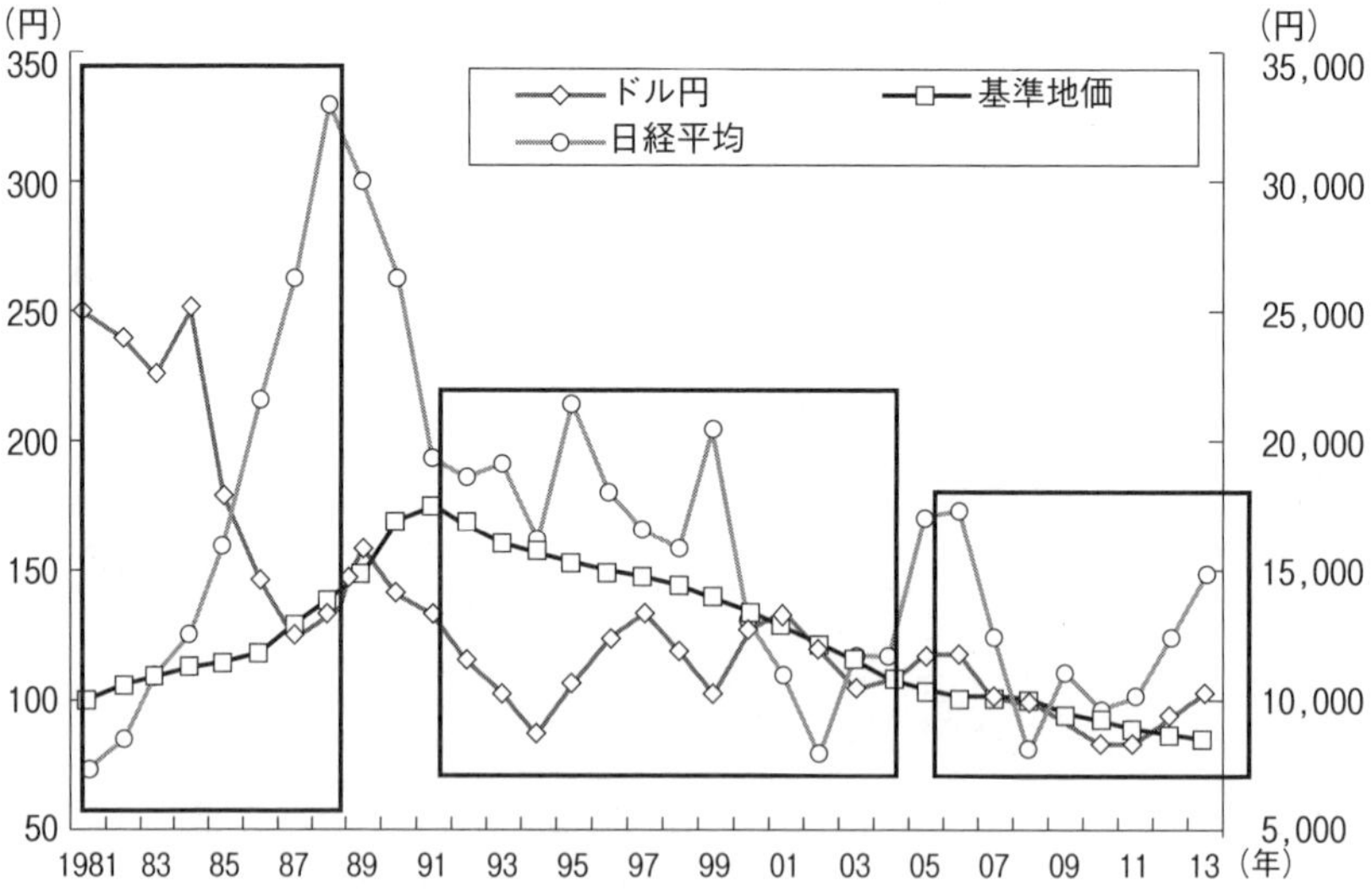

（注）　基準地価は全国平均。1981年を100とした指数。
（出所）　生命保険協会「生命保険事業概況」

で、株の残高も削減傾向にありました。

一方、上側のグラフの外国証券、これは海外の債券や株式ですが、これを残高ベースでみると非常に大きくなってきています。下側のグラフでドル円の折れ線をみると、１９８５年あたりで２５０円をつけたところから１５０円割れまで急激にドル安が進んだ。これはいわゆるプラザ合意後の動きですが、この頃は外国証券の保有はそこまでないのですが、その後、ドル円が１００円を挟んで動くような局面で、徐々に外国証券の残高が積み上がってきているというのが足元の状況です。

資産ごとの推移もふまえて、生保の資産運用のこれまでの変遷ということで簡単にまとめたものが図表３-10です。高度経済成長から１９８０年代前半にかけては、まずは貸付中心、そこから少し公社債が増え、バブル期にはリスク性資産と呼ばれる株だったり不動産だったりが一挙に増えました。ただ、１９９０年代以降、失われた20年という表現もされますが、そういった運用環境のなかで、リスク圧縮のような動きが顕著になってきています。２０００年代の半ば以降でみても、また、２００８年のリーマンショックとかの世界的な金融市場の動揺がありましたけれども、そういったなかでリスク性資産の残高を削減する動きが２０１０年くらいまでは続いてきていたということです。そういったなかで、これからの生命保険会社の資産運用はどうなっていくかというのは、最後の今後の取組みのところで少しお話ししたいと思います。

図表3－10　まとめ

[時期]	[運用環境]	[生保運用の特徴]
高度成長期 (～1970年代前半)	高金利・企業借入増加	貸付中心の運用
1970年代後半 ～1980年代前半	安定経済成長への移行による民間資金需要減退・公的部門資金不足	公社債への投資拡大
バブル経済期 (～1980年代後半)	・プラザ合意による円高進行 ・株式・不動産の高騰	リスク性資産への投資拡大
1990年代	・金融緩和による超低金利時代への突入 ・株式・不動産価格の下落、円高の進行	・リスク性資産の圧縮 ・安全資産への回帰
2000年代前半	・時価会計の導入 ・規制の強化	円建て債券中心の運用へシフト
2000年代後半 ～2010年前後	・リーマンショックを受けた市況悪化 ・資本規制のさらなる強化	・さらなるリスク性資産の圧縮 ・円建て債券の積増し

⇒ 今後の生保資産運用の方向性は？

3 生保の資産運用とALM

続きまして、大きいテーマの3点目として、生命保険会社の資産運用とALMについてお話しさせていただきます。生命保険会社の資産は350兆円あるというお話をしましたが、これらは一般勘定と特別勘定に分けられます。一般勘定とは、お客さまから保険料をいただいて、いただいた保険料を一定の予定利率で運用することをお約束する。予定利率を上回る超過収益をあげた際はその一部を配当でお返しする。逆に、お客さまに提示している予定利率よりも利回りがとれなかった場合は、生命保険会社が自腹で持出しになるという特性をもった契約です。こういった運用をしている部分を生命保険会社の一般勘定の運用と呼びまして、運用によって発生した、予定どおりいかなかった損益をだれが負うかというと、生命保険会社が負う仕組みになります。

一方、特別勘定というのがありまして、これは運用して当初想定より悪くなっても、それをそのままお客さまにお返しする。先ほど定額年金と変額年金というお話をしましたが、いわゆる変額年金のように、将来お支払する金額が市場環境によって変わるような保険料の運用を行っているのが特別勘定と呼ばれる部分です。

これらの運用をしているお金が合計350兆円くらいあり、公式な統計では何対何くらいで一般勘定と特別勘定が分かれているかというのはないのですが、当社、第一生命グループで申し上げると、9対1くらいで一般勘定の運用のほうが多いということになります。特に、特別勘定の運用は、ある意味、一般的な資産運用会社と一緒で、何か目標をもって運用するのですけれども、運用の成果はよくも悪くも全部お客さまにそのまま返るというのが一般的なので、生命保険会社の運用という話をするときに、特別勘定の話をする人はあまりいません。ですので、今日も、この後の話は主に生命保険会社の運用のうち一般勘定の運用、すなわちお客さまから保険料をいただいた段階で、将来にわたって一定の利回りを保証する、それを下回ったら会社はお金の持出しになるというタイプの運用において、どういったことをしているかをお話ししたいと思います。

年金との違いもあわせてご説明したいと思います。生命保険会社の一般勘定では、お客さまからいただく保険料はあらかじめ定めたものから変わらず、一定の利回りを保証しますので、将来にお支払する金額も変わりません。そのため、方式でいうと、積立方式で資産運用をしているというのが大きな特徴です。

これに対して公的年金の仕組みでは、若い世代が老齢世代を支えるという賦課方式をベースとしています。積立金は存在しますが、基本の発想が賦課方式のもとでの資産運用と、その人から預かったお金を一定の利回りで回して将来返さなければいけない積立方式での運用は、基本的に発想が根本から違うということになります。

また、一般勘定では、保険料とか保険金の将来の給付の金額は一定で変わりません。これに対して、公的年金では、物価スライド制のように、将来の金額は変動するというのが前提になっています。

さらに、公的だけではなくて、たとえば企業年金だと、運用がうまくいきませんでした、ちょっとお金が足りなくなりましたという場合に何が起きるかというと、その年金の母体となっている企業が追加の掛け金を出す特別掛金という制度があり、そういうかたちで将来に保険金や保険料を変えるオプションをもっています。他方、保険会社は基本的には将来の保障のために保険料をいただいていますし、定額でお支払すると約束していますので、そこは原則変わらないという大きな違いがあります。こういったことが年金の運用と生命保険の運用の大きな違いということであげられるのではないかと考えています。

こうした生命保険会社の一般勘定の運用に求められる特性は、次の三つの原則になります。まず、①将来にわたって確実に保険金をお支払する、それが生命保険会社の存在意義の一つですので、安全性。先ほど生命保険業界の損益計算書でご説明しましたが、②資産運用でしっかり収益をあげることは、保険の契約者や株主への配当というかたちで各種ステークホルダーに還元できるという意味で収益性もしっかりみなければいけない。また、③急なお支払に備えるための流動性もちゃんと担保する必要があります。これらが生命保険会社の特に一般勘定の運用において求められている三つの原則と呼ばれるものになります。

こういった保険会社のバランスシートの負債側の特性をふまえたうえで、それにあうかたちで運用するという発想がＡＬＭ（Asset Liability Management）と呼ばれるもので、資産と負債を統合的に管理する、という発想のもとで資産運用をしていくというのが、昨今の日本にとどまらず、グローバルな生命保険会社の資産運用の潮流になっています。

では、生命保険会社の負債はどういう特性があるか。いくつかお話ししましたけれども、具体例でまとめたのが図表3－11になります。たとえば、養老保険（一時払い）でいえば、一時払いで最初に保険料をお支払いいただく。その後10年間お預かりして、10年以内に亡くなった場合は死亡保険金、10年間生存された場合は満期の保険金をお支払するようなものについての資産と負債のキャッシュフローがどうできるかというと、生命保険会社からすると、最初に上に棒が伸びていますけれども、キャッシュインがあって、下でキャッシュアウトがある。これがキャッシュフローの構図です。

一方、平準払いの個人保険だと、受取りの保険料は将来にわたってずっといただくわけですが、緩やかにいただくお金自体は逓減していきます。お亡くなりになる方がいて、亡くなられた方はそこでお支払をして終わりになりますので、保険料として入ってくるお金がだんだん減ってきます。キャッシュアウトでは、新契約獲得にかかわる初期費用が相応にかかる。一方、比較的若い人が入ると、最初は亡くなる方があまりいないので、生命保険会社のキャッシュアウトはあまりありません。それが一定年齢を超えてくると相応に保険金のお支払があるので、キャッシュアウ

図表3－11　生保負債の特性

・ALMを効率的に推進するためには、保険商品ごとの負債特性を把握することが重要 ・具体的には、期間・流動性・コスト等の面から保険商品を区分して管理

■負債特性

期間	（商品によって異なるが）一般的には超長期
流動性	保険金支払や解約に備えた流動性の確保
コスト	予定利率
その他	配当金支払

■（参考）保険商品ごとのキャッシュフロー特性
――負債特性の違いをふまえ資産運用戦略を立案

[養老保険（一時払い）]

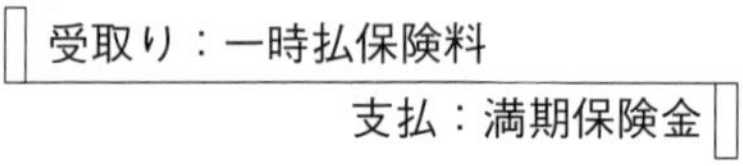

[養老保険（平準払い）]

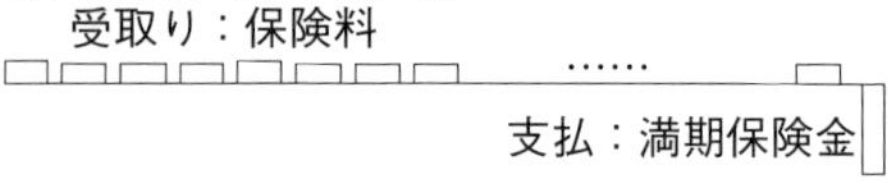

[個人保険（平準払い）]

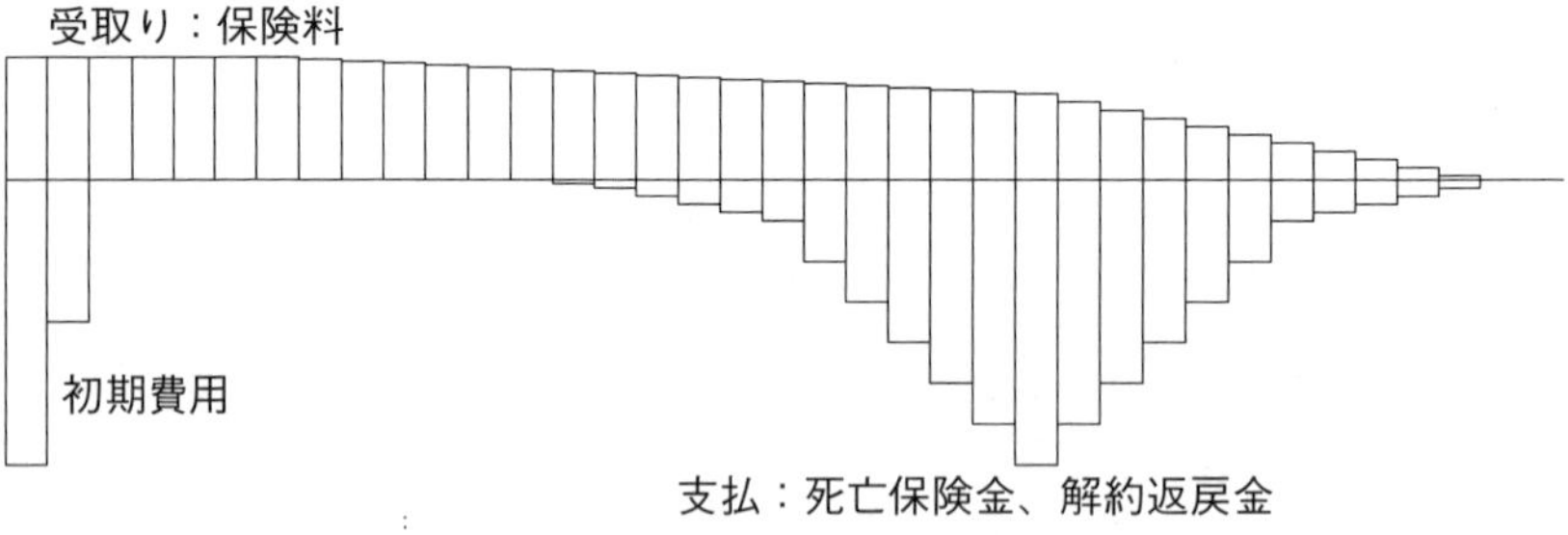

図表3－12　個人保険の予定利率（標準利率）の推移

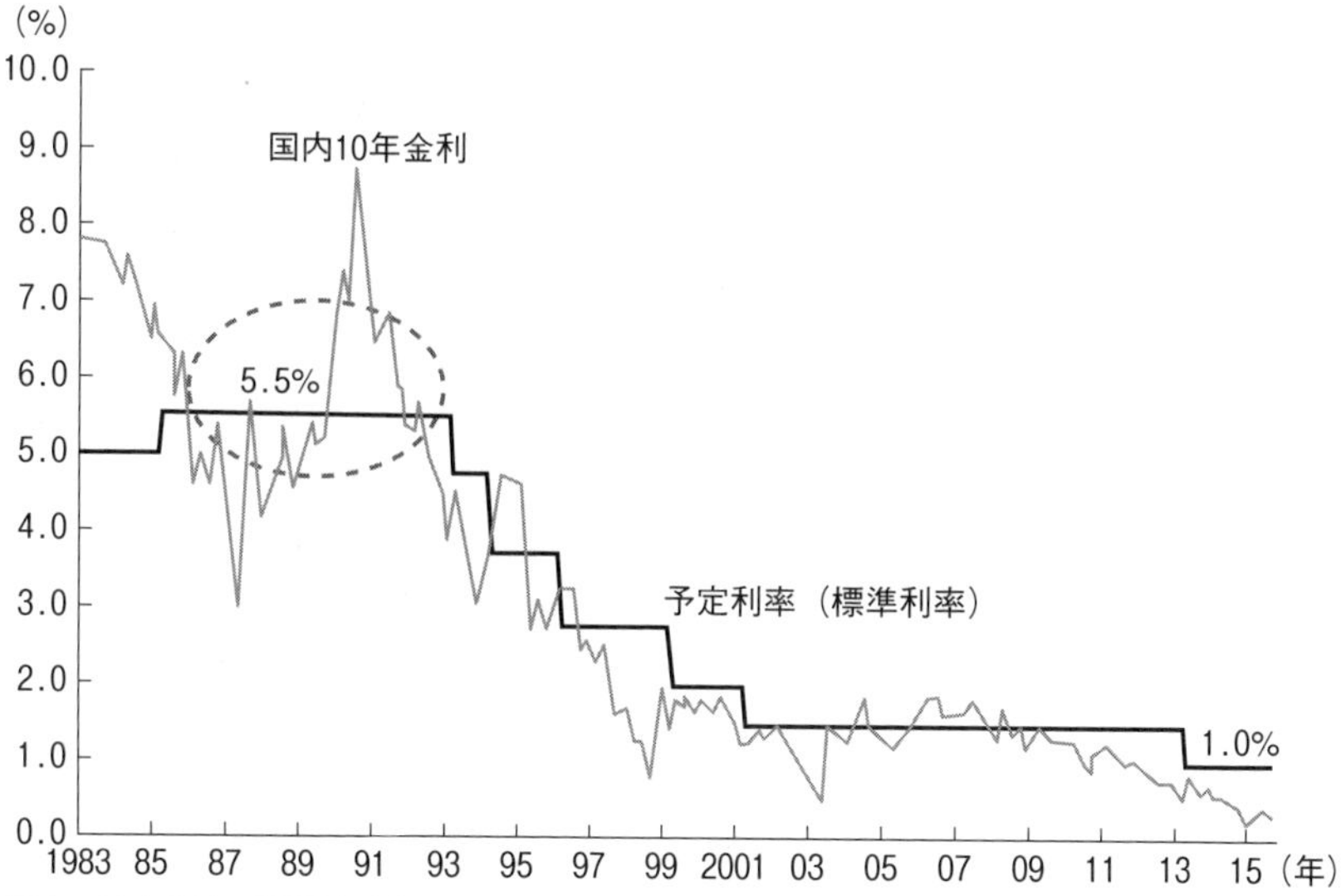

（注）予定利率（標準利率）は終身保険のものを掲載。

トが下に出てくるという構造になります。

生命保険会社からみたお金の受取りと支払は、契約の種類によって全然変わってくるということになります。ですので、負債側の保険契約のキャッシュフローを意識したうえで、それに見合った運用は何かを考える必要がある。それがＡＬＭに基づく運用ということになります。

こういった資産と負債を統合的に管理する必要性の背景には、１９９０年前後のバブルの頃に、図表３－12にあるように、生命保険会社はお客さまに年率５・５％で利回りを保証するような保険を売っていた時期がありました。会社によっては、こういうものをたくさん売った会社もあり、その後、運用ができなくなって、結局、最終的に経営危機に陥る、ないし経営破綻という事例が１９９０年代から２０００年代に散見されました。

何でそんなことが起きたかというと、商品を売る入り口の段階で、その商品の負債サイドがどうなりそうか、それに対して資産をどうすればいいかをちゃんと考えていなかったというのが、経営状態が悪化した理由であろ

図表３－13　第一生命の運用哲学

【運用哲学】『ALMの徹底による中長期的な収益の拡大』

一　**長期・安定的な収益の獲得を目指した資産運用方針の策定** 生命保険資金に求められる長期・安定的な収益を獲得するため、中長期の資産運用方針を策定します。 また、中長期の資産運用方針の方向性を踏まえつつ、保険市場および運用環境の変化により柔軟に対応するため、当該年度の指針となる短期の資産運用方針を策定し、収益の一層の拡大を図ります。

一　**生命保険の商品特性に応じた資産ポートフォリオの構築** 保険商品は個別性が強いことから、商品特性に応じて区分勘定を設定し、きめ細やかな負債情報の把握に努めています。その分析結果を、資産運用方針の策定や修正、実際の運用行動にタイムリーに反映することで、より商品特性にふさわしい資産ポートフォリオの構築（資産と負債の統合管理：ALM）を目指します。

一　**安全性の確保に向けた厳格な運用リスク管理とその分析** 生命保険資金の運用には安全性も求められるため、資産運用方針は厳格な運用リスク管理の基準に沿って策定されます。また、実際の運用行動および保有資産状況についても、日次での運用成果の計測・評価とリスク・モニタリングが実施されています。

うという反省をふまえ、近年では、ＡＬＭ（資産と負債の統合的な管理）に基づく運用を行うことが一般的となったわけです。

図表３－13はご参考までに、第一生命の運用哲学で、ＡＬＭはコンセプトとして大事だと思っています。そのなかで、安定性も当然担保しながら、どれだけ収益性も追求していくかが大事であろうというのがわれわれの思想です。

4 欧州生保の状況

では、ちょっと目を転じて欧州の生保の状況を簡単にみておきたいと思います。

図表3－14はドイツの1年間の収入保険料の数字で、直近2013年では個人／団体年金が38％、養老保険が27％になっています。いちばん下の養老保険がどんどん減ってきています。その国でどういう商品が売れるかというのは、いくつかの要因に大きく左右されますが、一つが税制です。優遇措置があると、そういう商品はそれなりに売れる。その反対、マイナスの影響を被ったのがドイツの場合だと養老保険で、過去は税制優遇があったのがなくなったということで、どんどん減ってきている状況です。

いま、個人年金が売れていると申し上げましたけれども、実際に政府の補助だったり、所得控除みたいなものがあることが売れている背景にあるということです。売れ筋の商品は、当然お客さまのそもそものニーズもあるのですが、それにとどまらず、国のレベルで公的なさまざまな保障制度と組み合わせて、どういった方向に国民を誘導するかというか、そういった観点が視点としては大事になってくるということかと思います。

ドイツの代表的な保険会社を紹介すると、最大手の保険会社でアリアンツ、これはヨーロッパ最大です。図表3－15をみていただくと、営業損益、要はどこで利益をあげているかでいうと、かなりバランスがとれていて、生命保険事業と損害保険事業、両方できるのです。さらに、アセットマネジメント事業、資産運用会社での収益が相応にあがっています。

先ほど一般勘定と特別勘定というお話をしましたけれども、特別勘定、すなわち保証利回りがないかたちで実積還

図表3－14　ドイツの生命保険商品の状況

・年金（主に個人年金）の占率が最も大きい。商品は他の欧州諸国と比べ多様化
・過去は養老保険の占率が圧倒的であったが、税制改正を経て占率が大きく低下

■商品
[収入保険料（生保のみ）ベース、2013年]

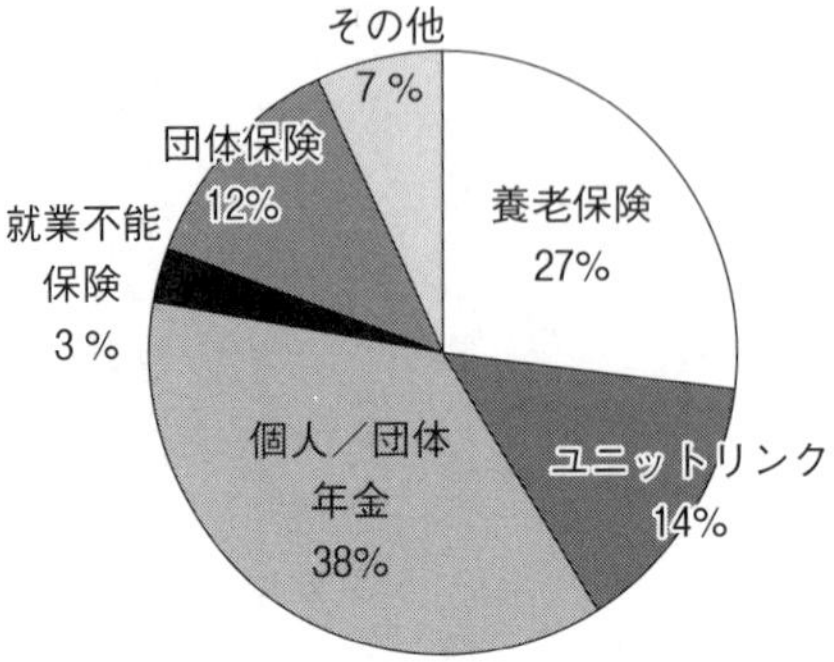

■商品別収入保険料シェア推移

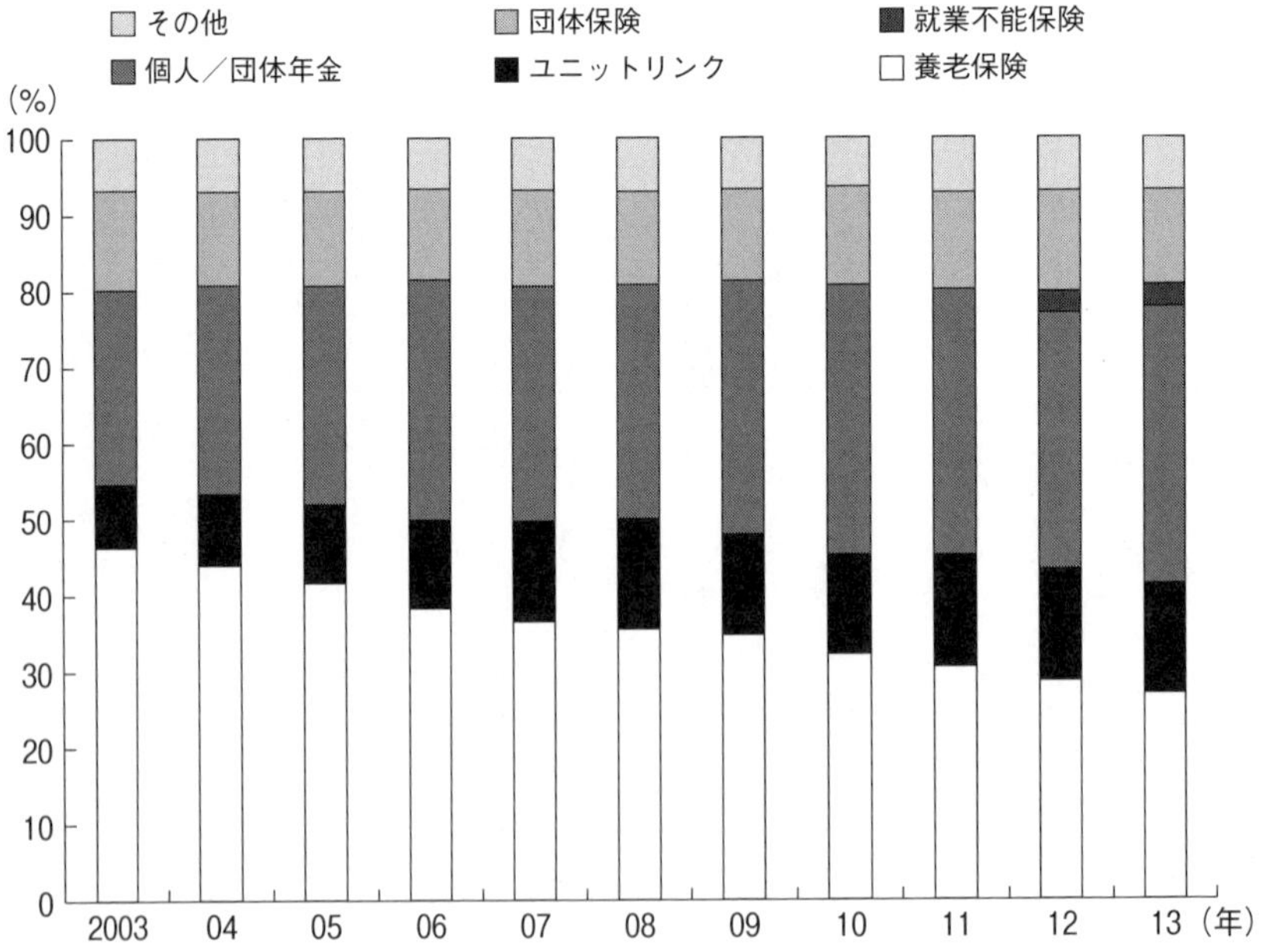

（出所）　ドイツ保険協会（GDV）

元する商品は、みようによってはアセットマネジメント会社が売っている金融商品と同じ特性、保険機能があるかどうかが多少違いますが、かなり類似性があるということで、グローバルにみても生命保険会社は一緒に、あるいは子会社というかたちでアセットマネジメント会社をもっているところが多いです。アリアンツに関していえば、ＰＩＭＣＯとAllianz Globalというアセマネ会社をもっています。後ほどの運用の高度化という話につながりますが、資産運用を高度化するときに、運用会社の活用も一つ大事になってくるということかと思います。

では、アリアンツは実際にいただいている保険料でどういう運用をしているか。図表３－16で一般勘定の資産配分をご覧いただきますと、２０１４年のところで下から四つまでが債券で、安全性の高い資産で約9割運用しています。ドイツの生命保険会社においても、やはり一般勘定はお客さまに予定利率を保証していますので、そのもとで確実にその保証をまかなうために、安全資産を相応にもっているのが一つの特徴です。

続きまして、図表３－17がフランスの状況です。こちらをみていただくと一目瞭然で、商品構成が先ほどのドイツと全然違います。ドイツは比較的日本に近しい部分もあったのですが、フランスは預金代替商品が保険商品のうち３分の２を占めています。

何でこんなことになるかというと、そもそもフランスでは公的年金がすごく充実している。医療系の保障もすごく充実している。国がやってくれるので、自分でやる必要がない。個人が入らないから保険会社も売らないということです。

逆に、売れているのは預金代替、すなわち、どちらかというと投資的な意味合いの強い商品が売れています。何で預金代替商品が売れるかというと、フランスは、バンカシュランスという言葉があるのです

図表３－15　アリアンツの営業損益事業別シェア

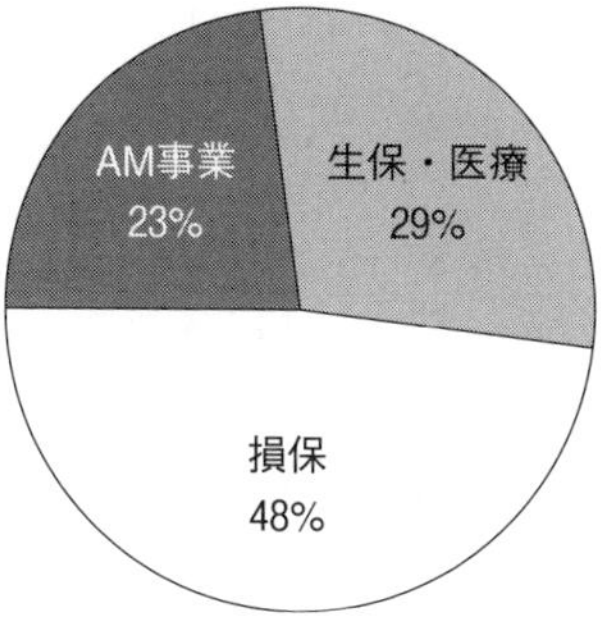

（出所）各社IR資料

図表3－16　アリアンツの一般勘定の資産配分（グループ連結ベース）

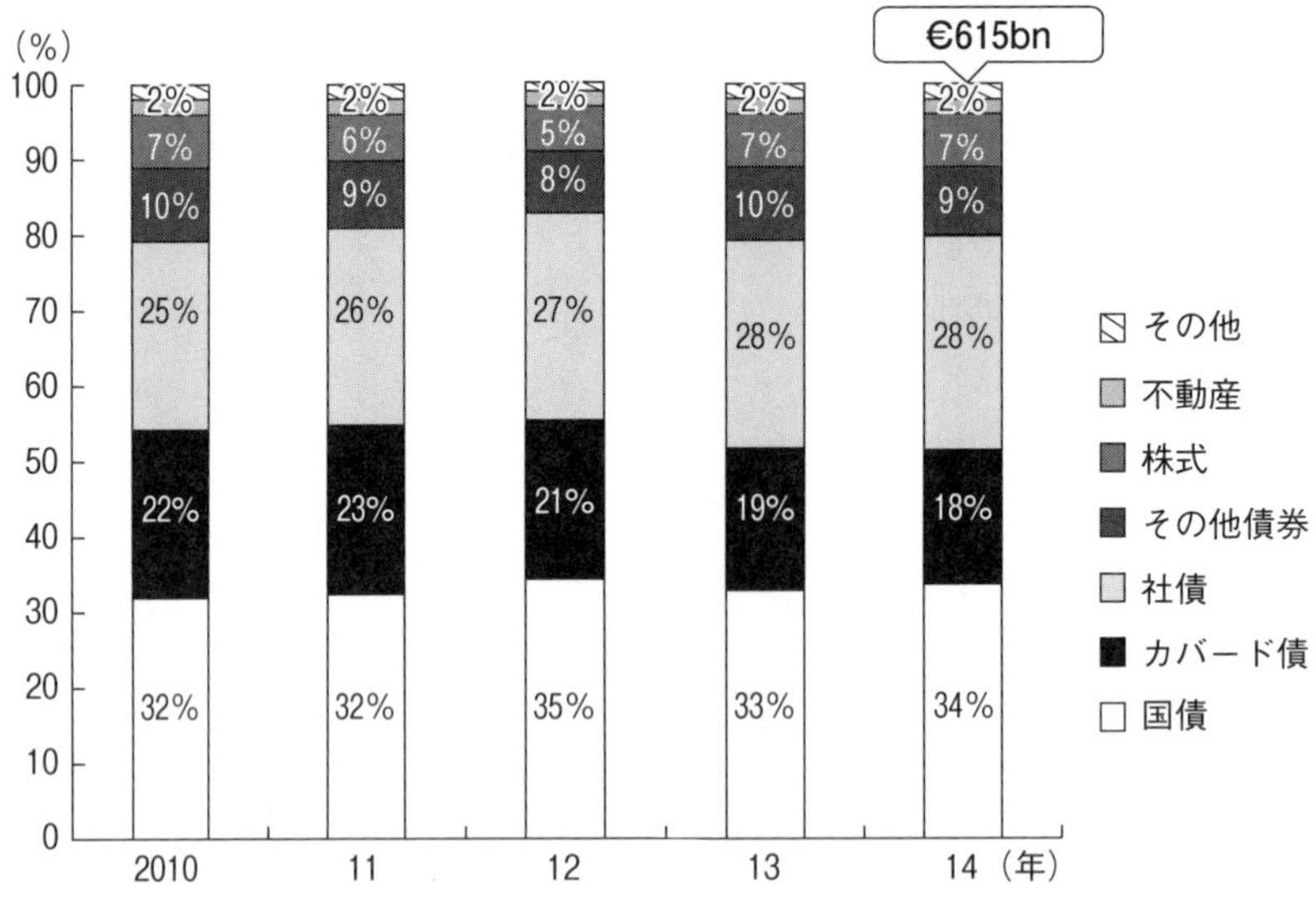

（出所）　各社IR資料

けれども、銀行が子会社として保険会社を保有しているケースが多い。そして保険をだれが売っているかというと、銀行の窓口で売っているのです。銀行にとって売りやすいものとして預金の代替の保険商品を用意する。それが売れるというのがフランスの構造になります。

代表的な会社は、フランスだとアクサという会社がありますけれども、こちらも生損保を両方兼業しているという状況です。資産運用の状況としては、図表3－18のとおり、国債と社債とその他債券をあわせると約8割が、いわゆる安全資産と呼ばれるような債券系での投資になっています。

こういった欧米の会社と日本――これは第一生命ということで記載していますが――、一般勘定の運用は何がどう違うのかというのをまとめたのが図表3－19になります。先ほどもALMという話を申し上げましたが、まずは前提となる保険契約はどういう特徴があるのかをお示ししています。第一生命でいうと、保険商品として多いのは終身保険。そういうものは、2行目の負債デュレーション、負債の平均残存期間と認識していただけれ

図表3－17　フランスの生命保険表品の状況

・元本保証型の預金代替商品が全体の約7割を占める。
・公的年金の所得代替率が高く、団体・個人年金商品は普及していない。
・医療保険について、公的保障によるカバーが厚く、民間医療保険のニーズは歯科や眼科等の一部治療に限定されておりシェアは僅少

■商　　品
[収入保険料（生保・医療）ベース、2013年]

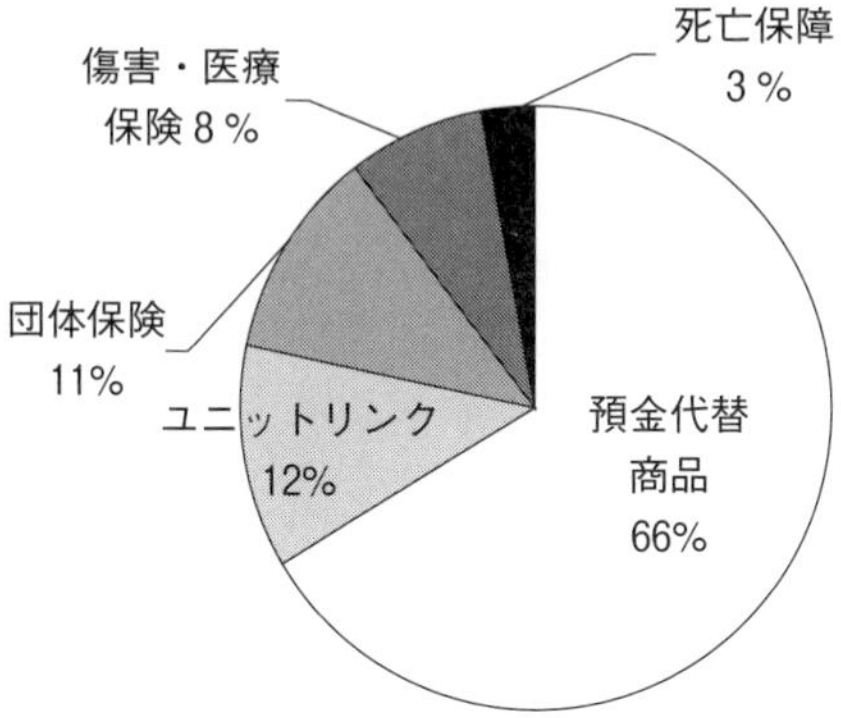

■商品別収入保険料シェア推移

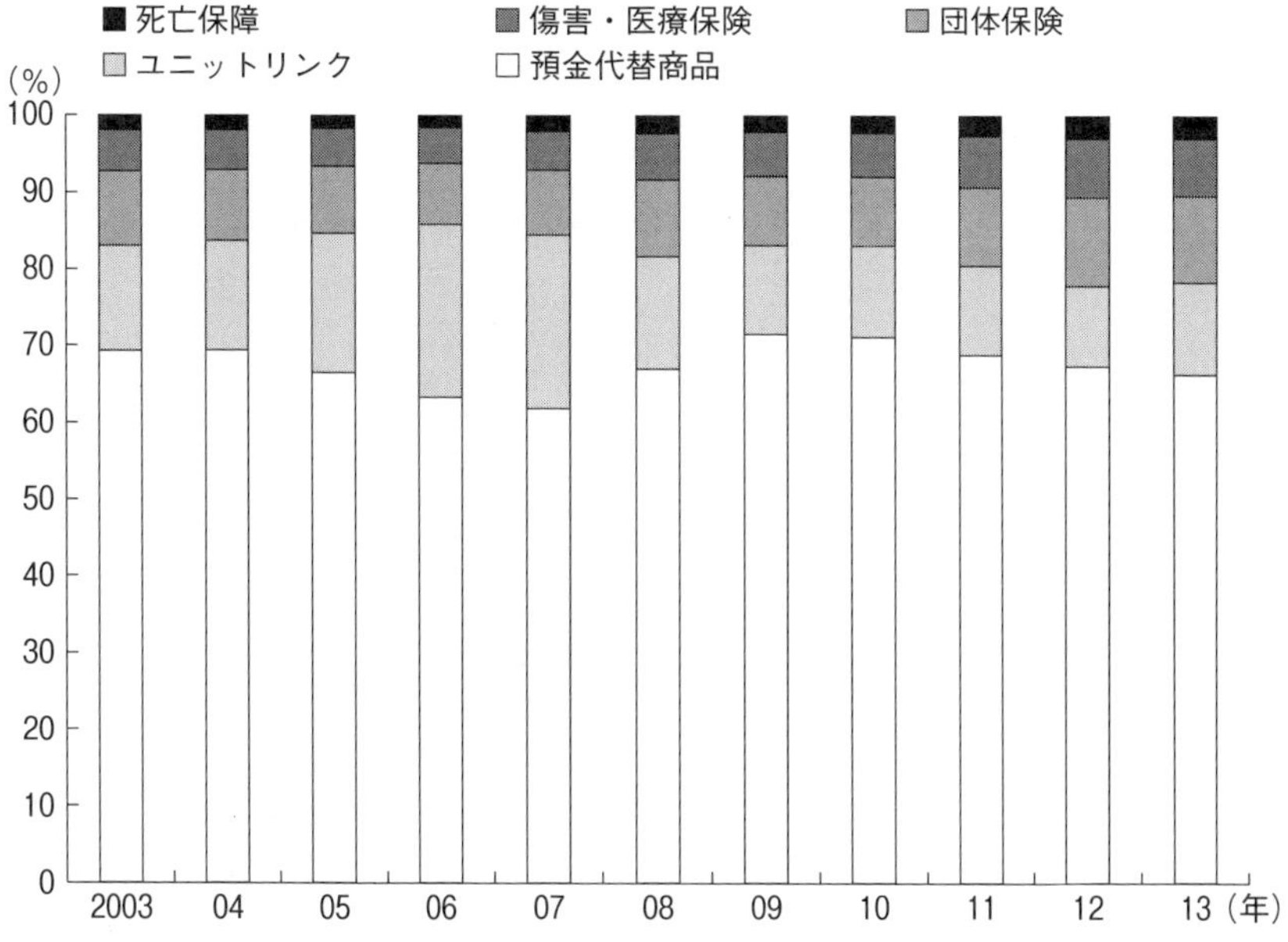

（出所）　Swiss Re Sigma “World insurance”, AXCO

図表3－18　アクサの一般勘定の資産配分（グループ連結ベース）

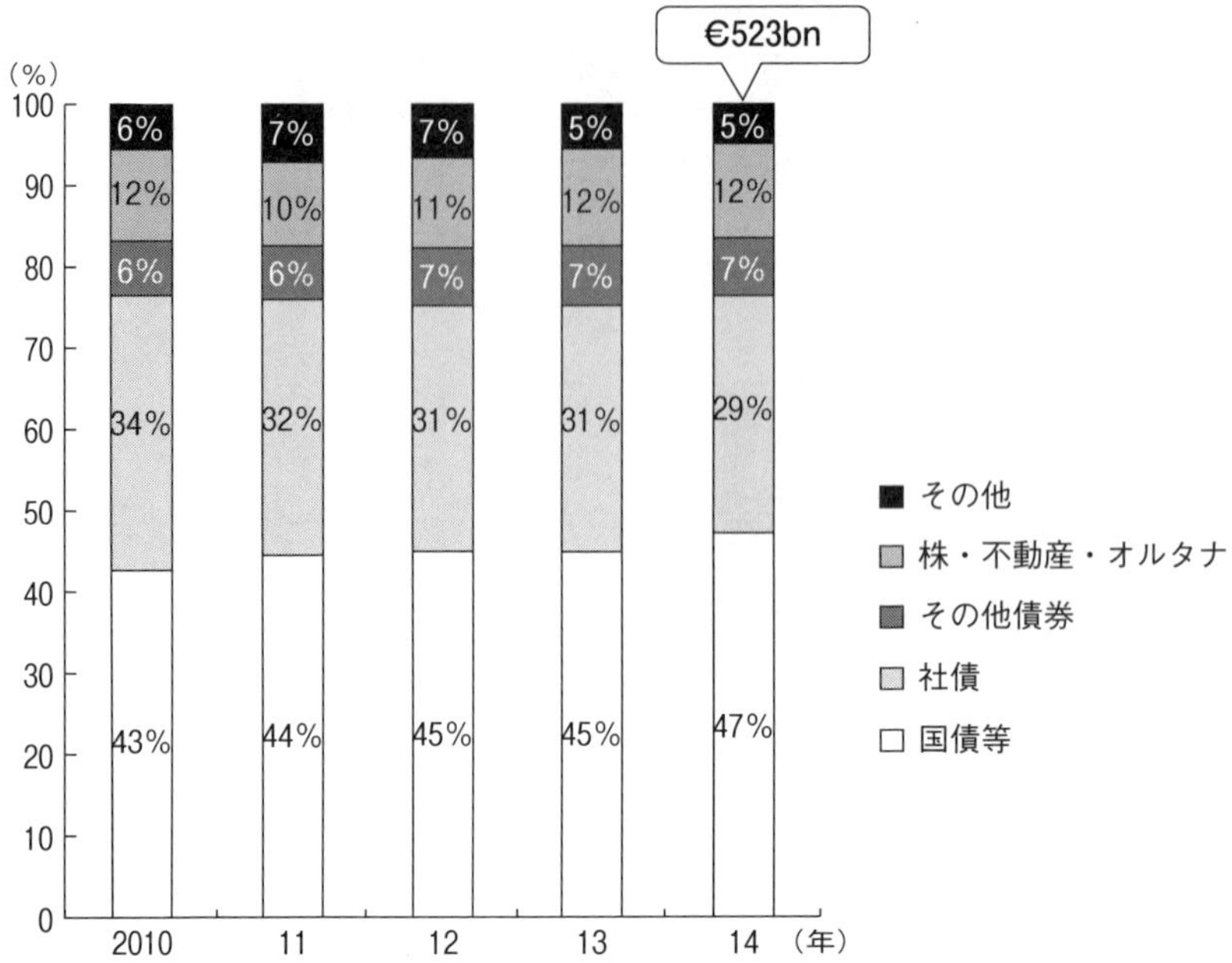

（出所）　各社IR資料

ばいいですが、平均で約18年あります。それに対してフランス、ドイツ、米国はまた保険の種類が違うのですけれども、このあたりで売っているものは養老だったり年金だったりして、平均残存期間は8年とか9年という年限になります。

先ほど負債のキャッシュフローというお話をしましたが、キャッシュフローの年限に違いがあるなかで、運用は何をしているかというと、資産サイドは、第一生命は約15年、ほかの会社は8年くらいということで、海外の三つの保険会社については資産と負債がだいたいあっている状態。第一生命は、この部分だけでいうとあっていない。資産で15年と書いていますけれども、満期まで10年を超えるような長期資産は、日本でいうとほとんど国債しかマーケットがなくて、18年という負債に対してぴったりあうような運用はなかなかむずかしい状況です。ただ、各社、先ほどご説明したとおり、債券、安

図表3－19　欧米生保との資産／負債構造比較

・各国の社会保障制度や国民性の違いにより、負債構造（保険商品構成）は国によって大きく異なる。
・資産属性も国によって異なるが、各生保とも債券を中心としたALM運用が資産運用のコア戦略である点は共通。なお、社債投資の割合の違いは、自国通貨建て社債市場の規模の差に起因

		第一生命（日本）	AXA（フランス）	Allianz（ドイツ）	MetLife（米国）
負債構造	保険商品の特性	長期（終身保険）	中長期（養老・年金保険等の貯蓄性商品）		中長期（年金・ユニバーサル保険等）
	負債デュレーション	約18年（個人保険・個人年金）	約8年（推計）（注2）	8.9年（生保事業グループ全体）	約9年（米国生保平均 推計）（注3）
	負債予定利率（海外各社は生保事業グループ全体）				
	新契約	0.8%（一時払終身保険）	0.4%	1.0%	約2～4%（既契約・米国生保平均：推計）（注3）
	既契約	2.5%（団体年金等含む）	2.1%	2.4%	
資産運用	資産デュレーション	約15年（個人保険・個人年金）	7.6年（生保事業グループ全体）	8.3年（生保事業グループ全体）	約8年（米国生保平均 推計）（注3）
	資産運用利回り	2.7%（基礎利益上の運用利回り）	3.7%（対運用資産インカム利回り）	3.9%（対運用資産インカム利回り）	4.9%（対運用資産インカム利回り）
	一般勘定資産構成（海外各社は生保事業グループ全体）				
	債券	65%	80%	70%	73%
	うち社債等（MBS／ABS等含む）	約14%（国内外合算）（注1）	約36%（推計）（注4）	約39%（推計）（注4）	約47%（推計）（注4）
	株式	11%（国内株）	4%	7%	2%
運用環境	社債市場規模（2015年9月末）	約20兆円	約200兆円		約600兆円
	（Barclays 社債インデックスベース）	（円建て社債）	（ユーロ建て社債）		（米ドル建て社債）
	A格スプレッド　2015年9月末値	27bp	123bp		134bp
	A格スプレッド　過去10年平均値	51bp	154bp		172bp
	10年国債　2015年9月末値	日本国債 0.4%	フランス国債 1.0%	ドイツ国債 0.6%	米国国債 2.0%
	10年国債　過去10年平均値	日本国債 1.1%	フランス国債 3.0%	ドイツ国債 2.6%	米国国債 3.1%

（注1）　国内公社債および外国公社債における社債等の合計値。なお、第一生命の外国公社債における社債等の構成比は約50%を占める。
（注2）　AXAの負債デュレーションは会社コメントより推計。
（注3）　MetLifeの負債デュレーション、負債予定利率、資産デュレーションはMoody'sレポートにおける米国生保平均値等を参照。
（注4）　海外各社の社債占率は、各社の資産区分に基づきIR資料より推計。
（出所）　2014年度各社IR資料、Moody'sレポート、Bloomberg等より、作成

全資産の占率がおおむね過半を超えている状態で、株でいうと、当社は1割強ですけれども、ほとんどもっていないという状況です。

こうしたなか、債券のなかでも社債のようなもの、クレジットリスクをとるようなものを各社は積極的にやっているのですが、この数字自体はそれぞれの国の社債規模にどうしても依存してしまう。日本だと社債規模はかなり小さいですので、なかなか社債の投資が進まないというのが足元の状況です。

これが欧州の生保と、代表例として第一生命を出しましたけれども、日本の生命保険会社の資産運用の概況になります。

5 生保における資産運用の高度化

以上をふまえたうえで、生命保険会社における資産運用高度化という本題に入るわけですが、ここから先は第一生命の取組みをお話ししようと思います。生命保険会社は、お預かりしている資産がいま350兆円あって、家計の金融資産が1700兆円あるとしたら、その2割を担っているわけですから、350兆円の資産運用をよりよくするということは、当然のことながら国民の厚生増大につながる。そういう意味で、生命保険会社の資産運用というのは、そもそも保険引受に並ぶ固有業務ですから、その固有業務でしっかりよりよくしていくということは当然意義深いものなので、これはしっかり取り組む必要があるのは間違いないと思います。

ただし、何が資産運用の高度化なのだということを考えると、これはなかなかむずかしい問題になってきます。それを考えるために、思考実験というか、たとえばトヨタとかの自動車会社は何をするところかといったら、自動車の製造と販売で、もちろん研究開発もしますけれども、大きく考えれば自動車の製造と販売の二つに分かれると思います。

自動車の製造における高度化というと、恐らく皆さん少しイメージがわくのではないかと思います。たとえば同じものをより安くつくるとか、早くつくる。あるいは製造している車のデザインを見直すだとか、エンジン性能を上げる、ブレーキ性能を上げる、そういったものは恐らくすべからく自動車製造の高度化ということになるのだと思います。

ここで、もう一歩踏み込んで、何でそれが高度化なのかということを考えてみると、その裏側には恐らく自動車会社にとっての課題があるのだと思います。自動車会社にとっての課題、たとえば競争相手と比べて価格競争力がないという課題があって、その課題の解決として、製造の高度化を図っているのだと思うんです。たとえば、お客さまからエンジン性能についてのクレームが出たり、ブレーキ性能のクレームが出る。その課題に対してブレーキ性能をよくしようと。これがまた製造の高度化につながるということなのだと思います。

以上をふまえ、では、生命保険会社にとっての固有業務である資産運用の高度化とは何なのかということを考えるためには、生命保険会社の資産運用におけるいまの課題は何なのか、これをしっかり認識するということが恐らく重要なのだと思います。

ここからは第一生命の話ということになりますが、生命保険会社の資産運用高度化を考えるうえで、まず生命保険会社の資産運用がいま抱える課題が何かということをお話しする必要があるかと思います。

第一生命は２０１５年で株式上場して5周年になったのですけれども、今年（２０１５年）を含めて3カ年で中期経営計画を立てていまして、ＥＶ成長率で8％を超える成長を目指しますとか、利益を3年後に２２００億円まで引き上げますとか、資本水準、ちょっとわかりづらいかもしれないのですが、健全性と理解いただければいいと思うんですけれども、財務の健全性を高めますという目標を掲げています。

ちなみに、ＥＶという言葉は、恐らくほとんどの方はご存じないと思うんですが、図表3－20をご覧いただければと思います。

とにかく大事なのは、第一生命の場合は上場会社になった。上場したなかで、資産運用するうえで考えるべき相手、ステークホルダーが保険契約者だけではなくて、株主にもしっかり応えるような取組みをしていかなければいけない。ここに書いてある経営目標を、われわれとしては、契約者にももちろんですけれども、株主に対してもコミットしているということなので、これに資産運用がどう貢献できるかを考えていかなければいけない。目標というの

図表3－20　エンベディッド・バリュー(EV)

- エンベディッド・バリュー（EV）は、生命保険会社の企業価値を表す指標
- EV＝修正純資産＋保有契約価値
- 保有契約価値は、生命保険会社がすでに獲得した契約から生まれる将来利益の見積額
- 生命保険会社のビジネスは、利益の実現に長い期間を要することを反映したもの

■保有契約価値とは

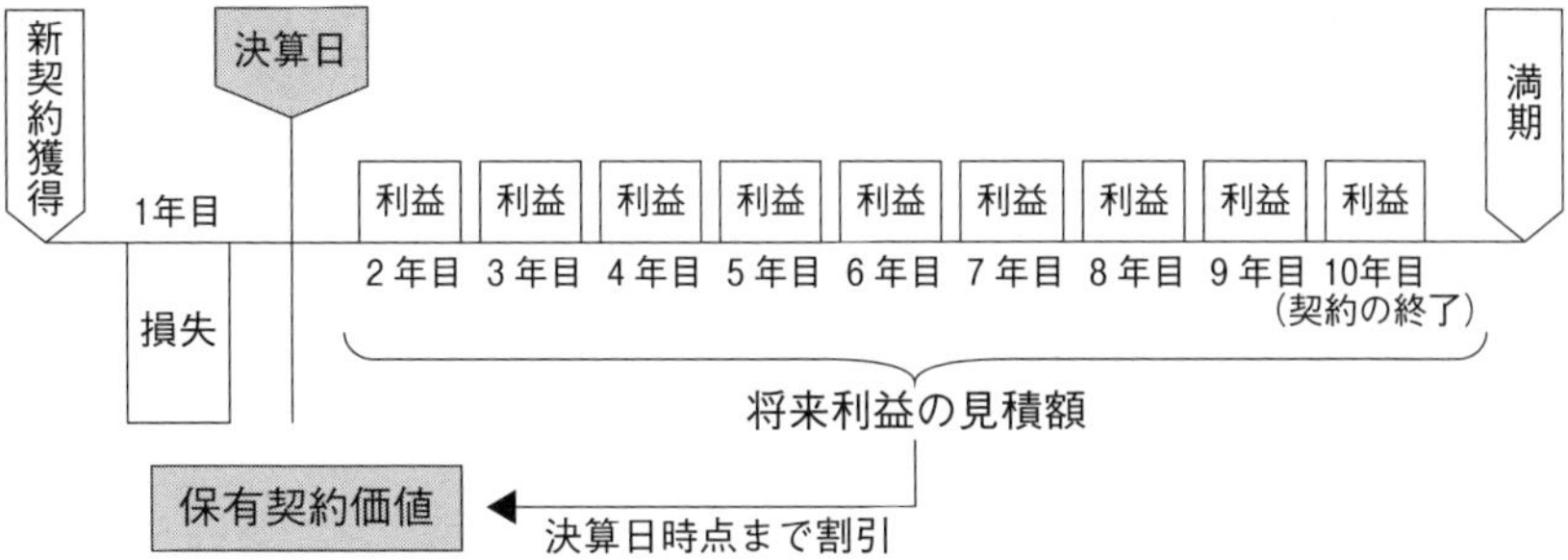

（注）上図は、平準払い10年定期保険を例に単純化したイメージ図。

- 利益が長期にわたって実現
  - ✓生命保険の契約の多くは、長期にわたる。
  - ✓契約の初期には、損失が発生する。

■（参考）事業会社の場合

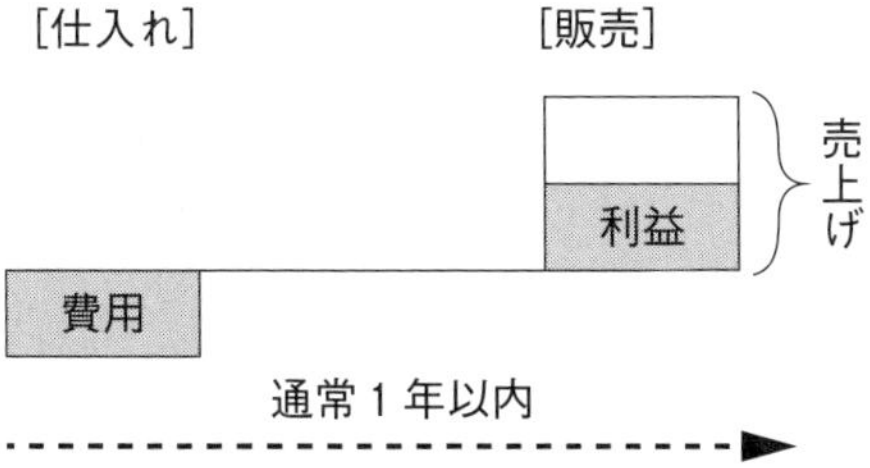

- 利益が短期で実現

（例）テレビを製造・販売するメーカー
部品の仕入れから販売に至るプロセスは、相対的に短い。

は、当然のことながら、ある程度高くなっていますので、現状維持のスタンスでは達成できません。ですので、利益だったり、健全性を高めるといったことが大きな課題になっているということです。

いまの話は会社の契約者や株主などステークホルダーに対してのコミットメントという意味での課題ですが、図表3－21は金融環境に関する課題です。下のチャートのいちばん下の線だけご覧いただくと、ご案内のとおり、日本の金利はすごく下がってきて、いま、10年金利は0・3％くらいという状況です。10年前の十分低金利といわれていた時でも1～2％くらいをふらふらしていて、当時でも世界的にみたら圧倒的に低金利といわれていた。それがさらに進んでいる。

低金利は生命保険会社にとってどういう影響があるかというと、新たに資産を買おうとすると、そこから得られる金利収入が下がっているということなので、収益性が当然下がることになります。それ以外に、この先を考えた場合には、金利がどこかのタイミングで上がっていく可能性がある。経済学部の方はおわかりになると思うんですけれども、金利が上がるということは、債券の価格が下がることを意味しています。すなわち、生命保険会社が保有している資産の価値が下がるということを意味する。

ですので、いまの低金利環境というのは課題が二つあって、いま、何か投資しようとしたときの収益性が下がってしまうという課題とともに、そのまま放置していると、将来金利が上がったときに、保有している資産の価値がさらに下がってしまうという二つの問題を抱えています。これも生命保険会社が抱える資産運用の金融面での課題ということになります。

その他もろもろあるのですけれども、そういうものをまとめたのが図表3－22になります。いままでご説明した内容以外でも課題というのは当然あって、たとえば下から3番目のようなものです。スチュワードシップ・コードとかコーポレートガバナンス・コードというのは別の講義で説明があったかと思うんですけれども、本件について当社は

図表3－21　将来志向の資産運用戦略立案の必要性

・平均予定利率は徐々に低下も、デフレ・低金利継続により逆鞘が常態化（～2012年度）
・現在は、デフレ克服から金利正常化へと向かう過渡期との認識
・将来のあるべき姿を意識した「金利上昇対応型バランス運用」により、収益追求とリスク対応を両立

デフレ下での運用「伝統的バランス型運用」

・市場金利＜予定利率という運用環境
・健全性維持を最優先（株式から債券へ）
・収益性維持のため、リスク性資産を限定的に組入れ

過渡期での運用「金利上昇対応型バランス運用」

・市場金利＜予定利率は継続
・金融政策の正常化による将来の金利上昇を強く意識
・リスク性資産の収益性は一定程度回復

↓　↓　↓

低金利下での収益維持のためのバランス運用と
金利上昇を見据えた損失回避（ヘッジ）の両立

正常化後の運用「確利資産によるALMの完成」

・市場金利が予定利率を超える水準まで上昇
・利鞘安定確保に向けた債券への資金配分
・付加収益獲得を目的とした機動的資金配分
（リスク性資産への資金配分を含む）

■平均予定利率、A利回りと市場金利

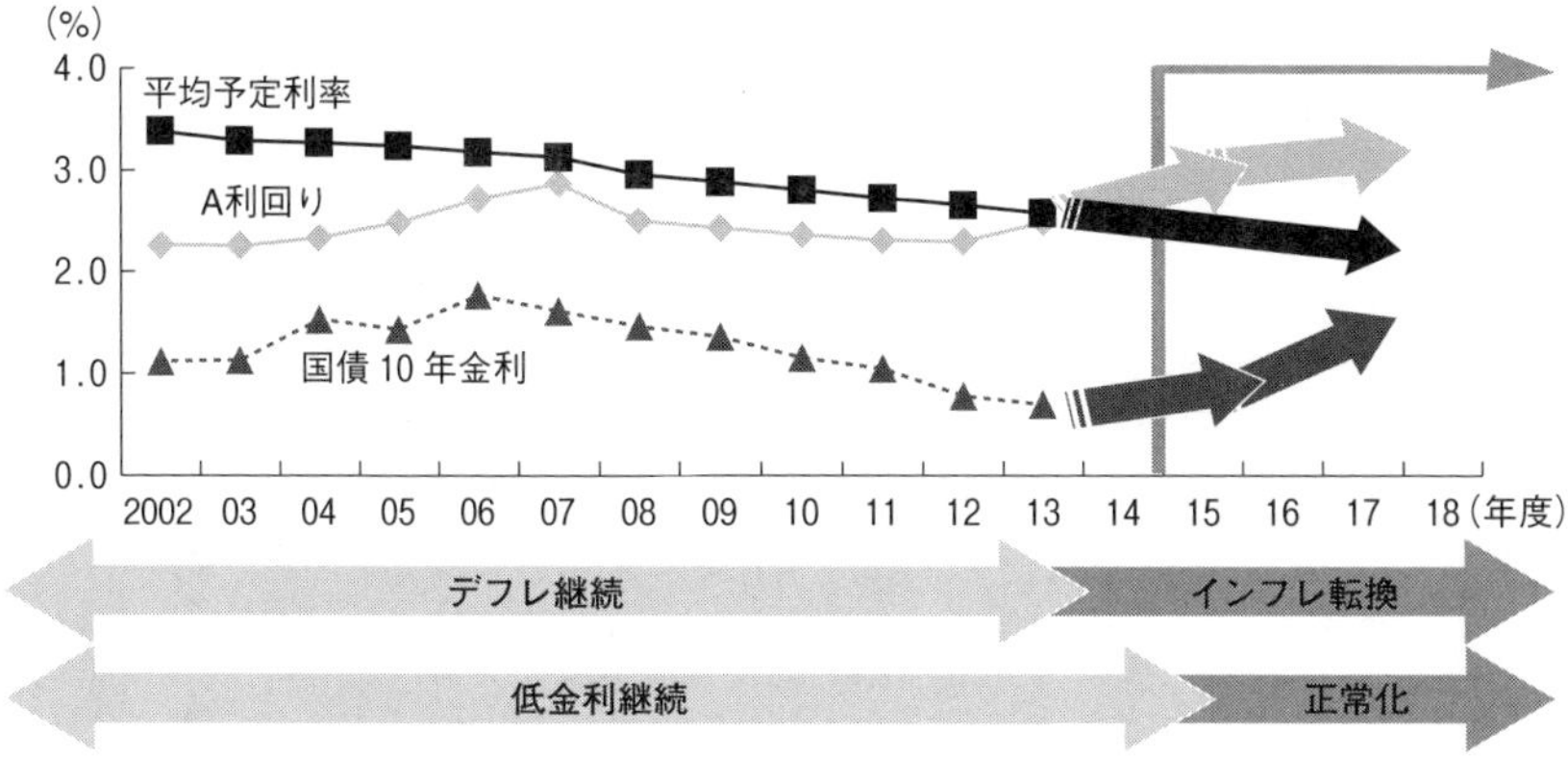

図表3－22　資産運用を取り巻く環境認識と足元の課題

［経営目標と環境認識］			［課題］
経営目標	企業価値	EV成長率（RoEV）	・8％を超える平均的成長
		連結修正純利益	・2017年度2,200億円
	資本水準		・2017年度までに170～200％ ・収益力強化と市場リスク削減の同時実現
市場環境	足元の低金利環境		・低金利下での収益力強化
	資産間の高い相関関係		・ポートフォリオの分散強化
	デフレ脱却に伴う将来の金利上昇リスク		・金利上昇リスクへの対応
会計・規制等	スチュワードシップ／コーポレートガバナンス・コード		・機関投資家機能の強化
	経済価値ベースの資本規制		・将来の資本規制強化を見据えた、経済価値ベースのリスクリターン向上に資する運用方針の高度化
	国際会計基準（IFRS）		・負債時価評価を見据えた、資産と負債のデュレーションギャップのさらなる縮小

かなり特殊な立ち位置にいまして、第一生命は機関投資家として株式を相応に保有していますので、機関投資家としてのスチュワードシップへの取組みもしっかりやりつつ、一方で、上場会社でもあるので、上場会社としてコーポレートガバナンス・コードへの対応もしっかり図っていく必要がある。その観点から、資産運用で何をすべきか、何をすることが機関投資家機能の発揮になるのかをしっかり課題として取り組んでいく必要があるということになります。

　こういったもろもろの課題があって、それへの取組みを図表3－23に書いています。それぞれの戦略のなかにも、さらに個別に右に書いてある戦術のようなものがいろいろあって、そういったものをトータルパッケージにすることで、全体としていま生命保険会社の資産運用が抱えている課題を解決していこうというのが当社のアプローチになります。

　まとめますと、生命保険会社の資産運用高度化とは何かということを一言で表すならば、生命保険会社が抱える課題を、将来志向で、この先どういう課題が出てきそ

図表3－23　資産運用高度化取組みの概要

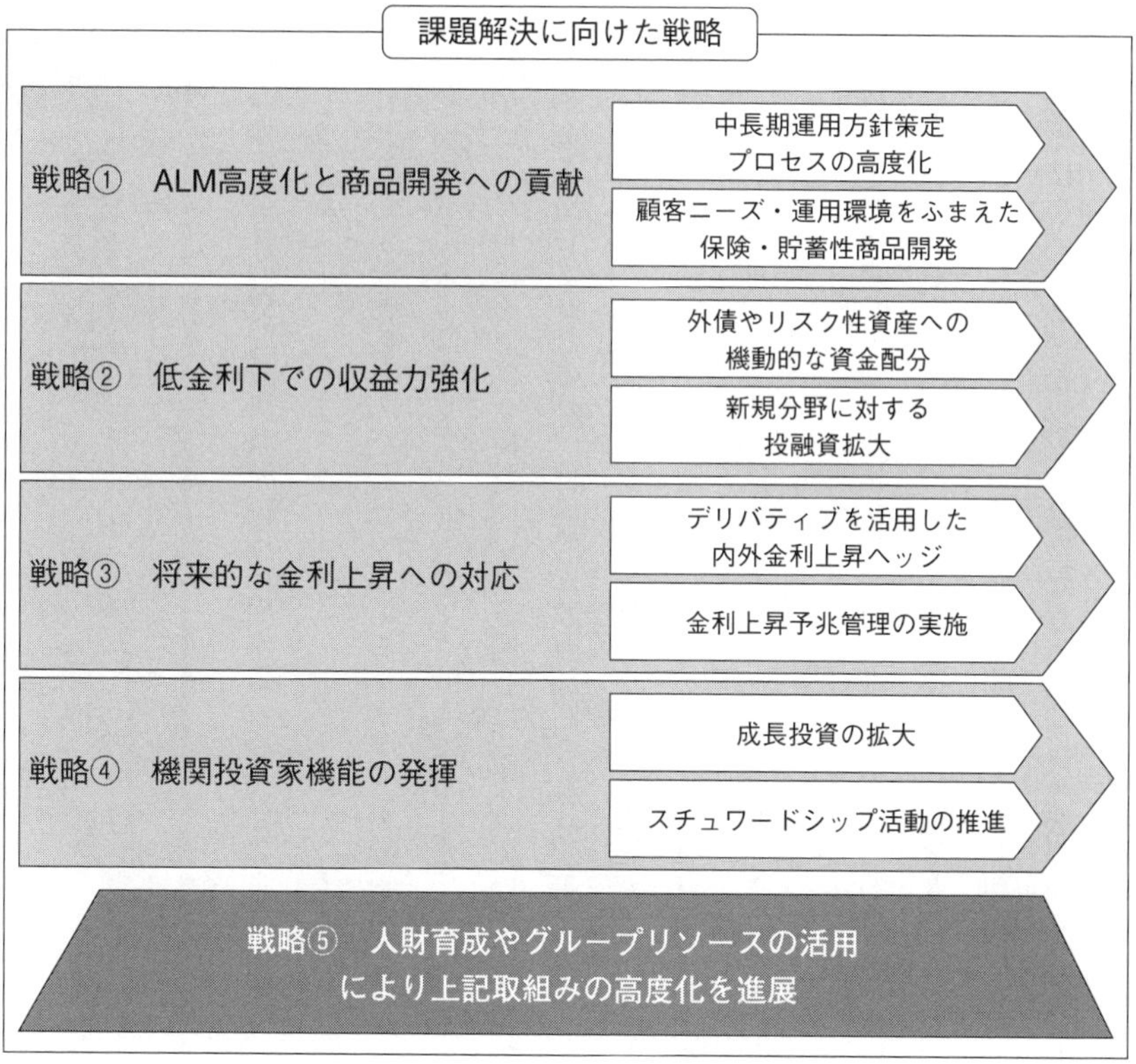
課題解決に向けた戦略
戦略①　ALM高度化と商品開発への貢献
中長期運用方針策定プロセスの高度化
顧客ニーズ・運用環境をふまえた保険・貯蓄性商品開発
戦略②　低金利下での収益力強化
外債やリスク性資産への機動的な資金配分
新規分野に対する投融資拡大
戦略③　将来的な金利上昇への対応
デリバティブを活用した内外金利上昇ヘッジ
金利上昇予兆管理の実施
戦略④　機関投資家機能の発揮
成長投資の拡大
スチュワードシップ活動の推進
戦略⑤　人財育成やグループリソースの活用により上記取組みの高度化を進展

うかということも含めて認識して、それに対してどういう対応を図っていくのかというアクションプラン全体、ここでいうパッケージ全体にしっかり取り組んでいくということが、生命保険会社の資産運用高度化なのではないかと考えています。ですので、資産運用の高度化というのは、ある意味、当たり前に未来永劫続いていく取組みになるのだろうと考えている次第でございます。

　時間になりましたので、私からの説明は以上とさせていただきます。

6 質疑応答

質問 生命保険会社の機関投資家という側面から、今後どのような分野に重点的に投資をしていきたいと考えているのでしょうか。

回答 われわれが比較的魅力的だと思っているマーケットの一つにインフラのマーケットがあります。ヨーロッパのさっき出てきたようなアリアンツとかアクサなどもすごく関心をもっているようですので、われわれだけではなくてグローバルにインフラ投資に対する関心は高まっています。背景としては、もともとインフラは公的なところがお金を出していたのが、世界的に政府部門の財政が苦しくなってきて、インフラをつくったり運営したり、そういったところに民間のお金を呼び込もうということがグローバルにいま起きている。日本はまだまだだが、世界的な潮流としてはかなり起きている。われわれは投資家、お金を出す側なので、世界中にあるインフラについて、これから開発するもの、いまあるものを含めて、お金を欲しているエリアが投資対象ということになります。

収益的な観点でいえば、インフラも物によるが、比較的景気変動に左右されなくて、安定的にインフラの利用料でお金が入ってくる。かつ、インフラは長期にわたるものなので、先ほど生保の資産運用で長期とか安定性というお話をしましたけれども、そういう意味でもかなり親和性があって、ここはかなりおもしろいマーケットになるのではないかと。ただ、残念ながら日本では、まだまだここはむずかしい状況にあるというのが現状です。

質問 保険料収入について、たとえば海外のアリアンツであったりアクサであったりは、地域別シェアで海外が占める割合が大きいと思うんですけれども、その点、第一生命さんであったり日本の会社はどのようになっているのでしょうか。

回答　全般的な傾向で申し上げれば、日本の生命保険会社よりもアリアンツやアクサなど欧米のいわゆるグローバル生保のほうが、事業分散・地域分散が進んでいると思います。事業分散については、最初にご説明したとおり国内ではもともと生損兼営が認められていなかったといった背景がありますし、地域分散については、会社形態の違いもその一因ではないかと思います。会社形態について補足すると、日本の生命保険会社は、43社中、かんぽ生命を除き上場している会社は第一生命を含め3社だけです。それ以外の多くの会社は、相互会社という形態をとっています。相互会社とは、基本的に保険契約者の方が実質株主であるという形態の会社です。一般論として申し上げれば、相互会社より株式会社のほうが海外事業への進出に対するインセンティブが高いのかもしれません。ちなみに、アリアンツやアクサは株式会社です。

第一生命のスタンスということで申し上げれば、国内生保事業、海外生保事業、資産運用・アセットマネジメント事業を三つの成長エンジンと位置づけ、事業分散・地域分散を進めているところです。海外生保事業については、海外の保険会社に対する買収・出資を通じて海外の利益成長を取り込むということをやっています。ただ、比率としては、アリアンツとかアクサに比べれば、地域分散の割合はまだ小さいというのが現状で、ここを拡大していくというのが第一生命グループ全体の大きなチャレンジの一つです。

第4章

公的・準公的資金の運用の高度化等についての議論

野村総合研究所上席研究員　堀江　貞之

（2015年10月14日）

皆さん、こんにちは。よろしくお願いいたします。私の立場は、本業は野村総合研究所という純民間企業の一研究員です。一方、パートタイムで過去2年ほど、政府のいろんな委員をさせていただいています。

活動の一つは公的年金の投資改革への関与です。アセットオーナーとわれわれは呼んでおり、後でアセットオーナーとアセットマネジャーと企業という三つの立場の違いも話をします。今日はアセットオーナーの話です。いちばんお金をもっている主体の改革会議が過去2年間もたれ、その会議のなかでさまざまな仕事をしてきたことが活動の一つです。

もう一つの活動は、今後この講義でも触れられる予定の、コーポレートガバナンス・コードとスチュワードシップ・コードという二つのコードの有識者会議です。今日は最初の活動の話です。

まず、2013年に内閣官房・厚生労働省が共同事務局になって行った有識者会議の内容をお話しさせていただきます。その後で実際にそれを受けてGPIFの改革をどうやったかという話をさせていただきます。

私はいま、GPIF（年金積立金管理運用独立行政法人、英語でGovernment Pension Investment Fundと呼ぶ）の運用委員長代理です。運用委員会という組織は、実際の株式売買等の投資を行っているわけではありません。毎日、相場をみて資産配分比率の変更などを行っているわけではないのです。実際の投資活動は投資委員会という別の組織が意思決定機関であり、GPIFの執行部が実際の投資活動業務を担当します。運用委員会は役割が異なり執行部の投資活動を監督する立場です。企業でいうと取締役会に相当するものが運用委員会です。私は運用委員長代理という立場で、実際にGPIFが何をやっているかを監視する立場にいます。改革提言をした後、実際にGPIFのなかに入り改革をやっている立場ですので、ディテールも含めて、今日お話をさせていただければと思います。

1 アセットオーナーとしてのGPIF

図表4－1は今回の政府の政策意図をまとめたものです。アセットオーナーだけでなく、アセットマネジャーと企業、全部をまとめて改革するのが政府の意図だと私は考えています。図表4－1のいちばん左がアセットオーナーと呼ばれているお金の出し手です。実際アセットオーナー自身が投資をする場合もありますが、投資に知見のない方も多く、実際の多くの資金の投資は資産運用会社に委託することが日本では多く行われています。海外では、インハウス運用と呼ぶ、実際に年金ファンドが自分で運用するケースが多くみられます。日本の場合、運用を委託するケースが多く、図の中央にアセットオーナーの委託を受けて実際にお金を運用しているアセットマネジャーが存在します。最後、いちばん右に企業の方が存在します。

今回のいちばん大きな改革の柱は、いちばん右の企業の長期の収益性を高めることです。新聞等を読んでいるとよく目にする表現ですが、「稼ぐ力を高める」という言葉が使われています。過去15年間以上にわたり、日本企業の収益性が非常に低いということは明確に実証研究等で示されています。株主の投資した額に対するリターン、これは株価ではなく、株主資本に対して利益がどのくらいあがっているかという、貸借対照表と損益計算書の数値で計算した額ですが、その数値がグローバル平均の半分以下にとどまっている。収益性が低いと労働者に対する給与をあまりあげられず、投資家にも配当等を支払うことができない。経済を活性化できない非常に大きな原因が企業の収益力の低さにあるのではないかという問題意識をもって、アセットオーナー、アセットマネジャー、企業という三つの関係者の行動様式を全部一度に変えるというのが今回の改革のねらいで、それは正しい政策だと考えています。

図表４－１　企業価値向上に向けたインベストメント・バリューチェーン構築の必要性

「金主」を動かす	運用会社を動かす	企業（主役）を動かす
①『責任ある投資家』意識の導入	② 運用会社の投資家責任向上	③ 資本生産性を厳しく意識した経営
・政策ポートフォリオの再設計 ✓フォワードルッキングな将来見通し ✓リスクの再定義　等 ・スチュワードシップ・コードへの署名＆実行 ✓自らの投資家責任の明確化 ✓運用会社のスチュワードシップ活動のモニタリングおよび評価 ・統治機関および執行機関のガバナンス強化 ✓監督と執行権限の分離による責任の明確化および専門性向上	・スチュワードシップ・コードへの署名＆実行 ✓長期にわたる投資哲学の明確化 ✓利益相反排除のプロセス確立 ✓投資戦略別Engagement方針の公表 ✓運用会社全体のEngagement（議決権行使を含む）方針の公表 ・報酬制度の長期インセンティブ付与 ✓長期リターン連動の報酬制度の採用	・コーポレートガバナンス・コードへの署名＆実行 ✓企業価値の明確な定義、価値向上への経営方針 ✓資本生産性向上は公開企業の目的の一つとして最重要 ✓資本生産性目標＆目標達成のプロセスの明確化 ✓経営陣幹部選任プロセスの明確化 ・株主の立場に立った取締役会機能の強化 ✓株主の意見を取締役会に反映できる機関設計（資質を備えた独立取締役の選任を含む） ✓株主総会・取締役会・経営会議の役割整理 ・非効率な持合い縮小を通じた資本効率改善 ✓持合い株式の方針開示 ✓持合い株式の議決権行使基準の策定

結果として投資家と企業の間の企業価値向上に関する対話が促進され、両者の共通理解が深まる

今日の話は、いちばん左のお金の出し手のアセットオーナーです。なぜ重要か。それは巨額の資金を保有しているからです。ＧＰＩＦは日本の企業に対して約32兆円を投資しています。日本の株式市場で最大の投資家です。32兆円もお金をもっていながら、現在の法律のもとでは、日本企業に対して収益が低いからといってなんら文句をいえる立場にありません。法律上、ＧＰＩＦは直接投資ができないからです。しかし、32兆円もの資金を保有している最大の投資家が低収益の企業に何もいわないということが、日本企業の経営規律を緩ませる大きな原因になっているのではないかと考えているわけです。

非常に大きな資金を預かる投資家として、投資先企業に稼いでもらい、その利益が上昇することで株価が上がり、そのリターンを国民の皆さまに還元することが役割です。ＧＰＩＦは国民のために投資をしています。投資先企業に利益をあげてもらわなければ実際に約束した給付を国民の皆さまにできないことになります。32兆円を投資している主体として、非常に重い責任を負っているという自覚がこれまで低かった。いちばん巨額の資金をもっているＧＰＩＦの投資のあり方を改めるべきではないかという発想のもとに、今回、有識者会議が立ち上げられたと考えています。そこで、この２０１３年に行われた有識者会議の内容を説明します。

図表４－２に「有識者会議」と書いてありますが、正式名称は非常に長く、「公的・準公的資金の運用・リスク管理等の高度化等に関する有識者会議」となっています。公的・準公的資金というのは非常に巨額で、約２００兆円です。２００兆円という数値は、２０１５年11月に上場予定のゆうちょ銀行の有価証券残高とほぼ同額の大きな金額です。そのお金の投資の仕方が効率的ではないとの問題意識のもとに、これに対してメスを入れることが今回の意図です。

この有識者会議は、２０１３年6月に発表された日本再興戦略に基づき、甘利経済再生担当大臣（当時）のもとに設置され、６回の会議を開催しました。

図表4－2　有識者会議の提言（2013年11月）のポイント

1　有識者会議とは何か ・正式名称「公的・準公的資金の運用・リスク管理等の高度化等に関する有識者会議」 ・位置づけ：「日本再興戦略」（2013年6月14日閣議決定）に基づき甘利経済再生担当大臣のもとに設置。2013年7月から11月まで6回の会議を開催、11月20日に最終報告書を提出 ・概要：コスト制約の緩和、資産配分変更、株式ベンチマーク変更、運用にかかわるガバナンス改革　等 ・目玉：GPIFにかかわる運営改革の工程表の作成（内閣による進捗モニタリングを実施） 2　今後の変化を見通すポイント（工程表の3つの時間軸：年内、年度内、3年以内） ①　工程表中、「すぐに実施すべき項目」を内閣／厚労省／GPIFがどの程度迅速に実行したか ②　年金財政検証（2014年度実施）の結果を受けた基本ポートフォリオ設定のなかでリスク許容度をどのように定義したか（1年をメドに取り組むべき課題） ③　厚労省がGPIF法の改正法案をどの程度迅速に提示するのか（目指すべき姿）

さまざまな観点からの提言が行われています。提言の報告書を今回見直しましたが、ほとんどの提言事項がすでに実現されていることに驚きました。唯一残っているのが、最後にお話しするガバナンス改革です。ガバナンス改革以外の提言についてはすでに実現ずみ、もしくは実現が予定されています。

どのようなことが提言されたのか。図表4－3に事例を示しています。対象となるファンドは約２００兆円。そのなかでも最大のファンドがＧＰＩＦです。当時の資産額は約１２０兆円、現在は約１４０兆円です。対象となるファンドは多くありますが、いちばん動かさなければいけないのはＧＰＩＦであるとの問題意識のもと、特にＧＰＩＦに焦点をあて提言内容を書いたということになります。

提言のなかでいちばん重要であるのが、運用目的、運用目標・方針です。基本的にはデフレ環境から脱しつつあるという事実認識に基づ

図表４－３　公的・準公的資金の運用等に関する有識者会議の提言の概要

■議論の対象となるファンド（約200兆円）：独立行政法人通則法で処理可能な範囲のファンド

1　GPIF・国共済・地共連・私学共済（４法人、約150兆円、厚生年金基金の移行で20兆円増加見込み）

2　独立行政法人（除くGPIF、100法人、金融資産は約50兆円）

■議論のポイント（2013年11月20日発表の最終報告書の概要）

1　運用目的、運用目標・方針

✓インフレ環境下に移行しつつある状況のなか、国内債券を中心とする現在のポートフォリオの見直しが必要、収益目標を適切に設定するとともにリスク許容度のあり方についても検討すべき

2　ポートフォリオ

✓運用対象の多様化、アクティブ比率、パッシブ運用のベンチマーク、ポートフォリオの機動的な見直し　等

3　ガバナンス

✓各運用機関と所管大臣の関係、合議制機関の必要性、専門人材の確保、GPIFのガバナンス体制　等

4　リスク管理

✓フォワードルッキングな（先行きを見据えた）リスク分析に基づくポートフォリオの構築、運用対象多様化に伴うリスク管理の実施、デフレ脱却を見据えた対応策、余裕金の運用におけるリスク管理

5　エクイティ資産に係るリターン最大化

✓投資先との緊密な対話や適切な議決権の行使、日本版スチュワードシップ・コードに係る検討をふまえた運用受託機関に対する当該方針にのっとった対応の要求、非財務的要素である「ESG（環境、社会等）」を考慮

6　GPIFにかかわる改革の工程表

✓すぐに取り組むべき課題、１年をメドに取り組むべき課題、目指すべき姿

き、インフレの環境のなかでの投資の仕方はこれまでと異なるべきという点をいちばん大きな眼目として掲げました。

これまではデフレ環境のもと、国債を中心に投資をしていました。１２０兆円から１３０兆円の資金の約７割を債券で運用していた。非常に保守的な運用ですが、デフレ環境では、これでよかったと思います。なぜなら、デフレ環境下では債券がいちばんリターンがよいからで、その

ポートフォリオで正しかったと思います。しかし、インフレ環境下では金利が上昇します。金利が上がると、債券の価格は下がります。インフレ環境下で債券というのは最悪の資産になります。したがって、インフレ環境下で、債券中心のポートフォリオをそのまま維持することは適切ではないのではないかという提言をしました。その後、2014年にGPIFが資産配分比率を大きく変えたというのが現在までのいちばん大きな変化になるかと思います。

いちばん苦労したのは、GPIFにかかわる改革の工程表をつくったことです。いちばん金額が大きく、GPIFに期間を区切って目標設定しておかないと、どこまで進んだかのチェックができないと考え、工程表をつくり、直ちに取り組むべき課題、真ん中にある財政検証の結果をふまえて取り組むべき課題（財政検証は2014年3月に実施）、残りは目指すべき姿の三つに期間を分けてそれぞれ目標を設定しました。2013年に終わらせるべき目標がいちばん左、真ん中の目標は2014年末までには終わらせるべきもの、目指すべき姿はおおむね3年以内と考えており、2016年いっぱいということになります。ですので、来年いっぱいくらいで目指すべき姿までもっていくというのが当初のもくろみというか、工程表のなかに書かれたことです。

このなかで、2013年および2014年に終わらせるべき課題は、いくつかの例外を除いて、ほぼすでに実現しています。当初、有識者会議で提言されたことがいろんなかたちですでに実現されており、GPIFがおおむねその提言内容を実行しているという感覚です。

ただ、一つ残っているテーマが、ガバナンス改革です。私はガバナンス改革に関して非常に強いこだわりがあります。なぜなら、年金ファンドのガバナンス構造がいちばんリターンに効くと考えているからです。個人的な思い入れではなく、海外の年金ファンドでさまざまな実証研究がされており、ガバナンスが整っているファンドのほうが、同じリスクをとったときにリターンが高いという結果が出ています。したがって、ガバナンスを整えることは非常に重要です。

皆さんは法学部の方が中心でガバナンスのことは非常によくご存じかと思いますが、図表4－4の左と右のガバナンス構造にどのような違いがあるのかを簡単に説明します。左のガバナンス構造はいまの日本企業がまだ多く採用しているガバナンス形態です。取締役会と執行役員の区別があいまいな、監督と執行の分離が進んでいないガバナンスです。右側のガバナンス構造は監督と執行を明確に分離するものです。

ガバナンス構造を考える際、監督と執行を分ける意味については、いろんな議論があります。たとえば、よく議論になるのは執行部門のいちばんの責任者である最高経営責任者、CEOと取締役会の議長を同一人物が行うのかという問題です。教科書的にいえば、職責を分離することが望ましいとされていますが、だれがその職責を担うかによって結論は異なるのではないでしょうか。CEOと議長の職責を明確に区分できる人物であれば同一人物であってもかまわないと思っています。しかし、監督と執行を機能として分けるという点に関していうと、明確に分けなければならない。

なぜお金の運用で監督と執行を分けなければいけないのでしょうか。現在のGPIFのガバナンス構造は図表4－4の左側です。左のガバナンス構造でいちばん大きな問題は何でしょうか。GPIFの場合、いま（講義時点）、理事長は三谷氏であり、厚生労働大臣がGPIFの理事長を選ぶ権限をもっています。政治家が直接、投資の最高執行責任者を選ぶ仕組みです。現在のように、監督と執行と分かれていないケースだと何が起こりうるでしょうか。たとえば、厚生労働大臣が、株価を上げたいため、株式の比率を上げるインセンティブをもった人物を理事長に選任し、その人物がその意図に沿った投資を行う可能性を排除できないことになります。現在の独立行政法人法のもとでは、理事長がすべての決定権限を保有するというたてつけです。つまり、現在の法律のもとでは、理事長がすべての決定権限をもっている。決定の責任を明確化するため、独立行政法人では理事長がすべての決定権限を有するかたちにな

■海外の先端的年金ファンドのガバナンス構造と同等

［パターン2］

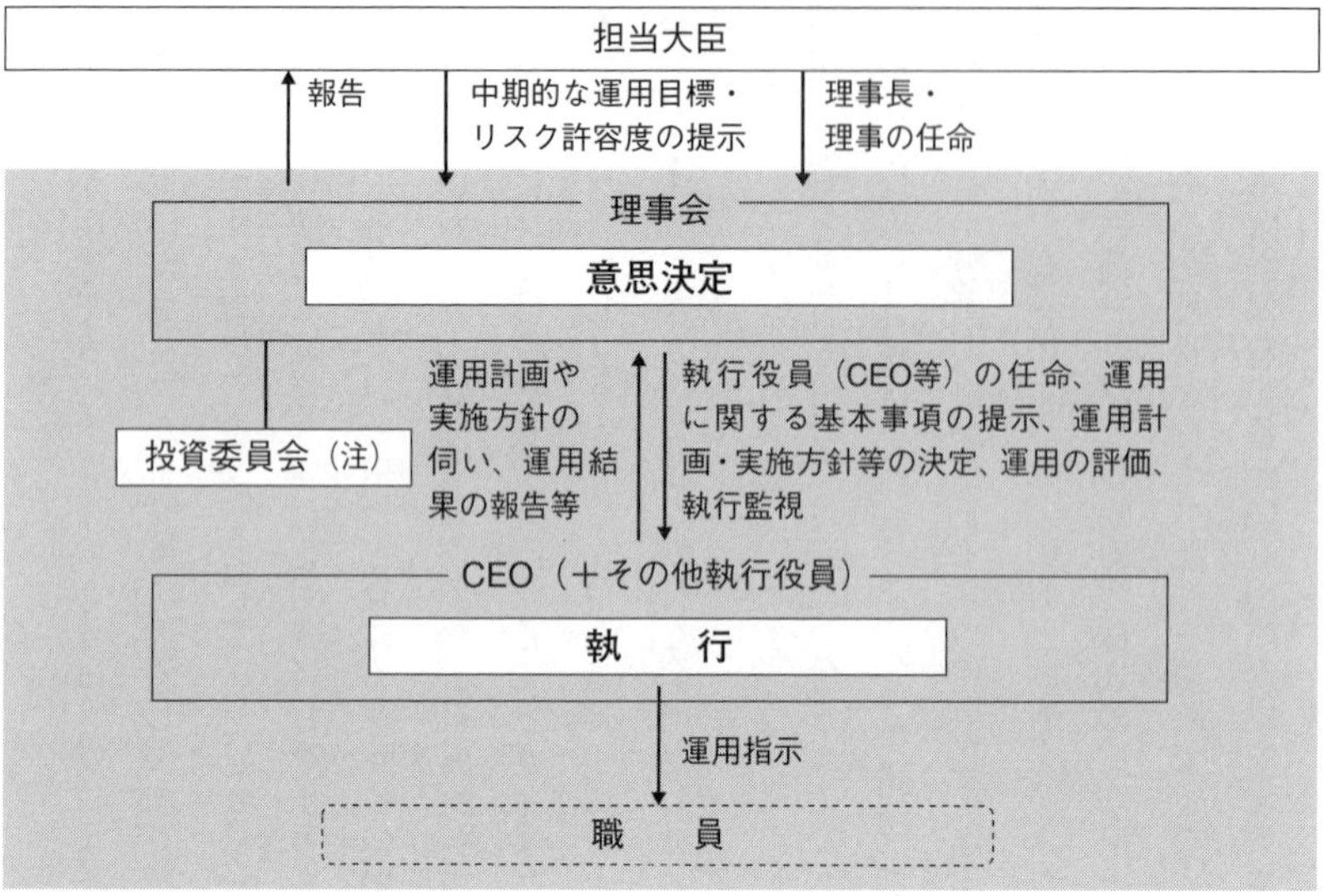

り具体的な運用計画・実施方針等については、一部の理事等で構成される投資委員会が
委員会等の設置についても検討。
告書」（2013年11月20日）

っているのです。いま述べたように、政治的な思惑をもって人事権が発動され、政治的な思惑を背景に株の比率を恣意的に短期的に上げることが、監督と執行が分離していない現在のガバナンス体制のもとでは起こりうるというのが私の意見です。昔、「PKO（Price Keeping Operation）」という言葉が使われました。公的資金を使って株価を維持するという意味合いですが、まさにGPIFがそういったPKOの道具に使われるリスクが、現在のガバナンス構造ではありうるのではないかと思います。現在の理事長と厚生労働大臣であれば、そのような事態は起こりえないと思いますが、どのような人物であってもこのようなことを防ぐことができなければなりません。人がかわったときに、そういったことが起こりうるガバナンス構造は変えなければ

図表4－4　GPIFの目指すべきガバナンスの仕組み

パターン２への変更にはGPIF法の改正を通じたガバナンス改革が必要

■現在のガバナンス構造を踏襲し理事会機能を強化

［パターン１］

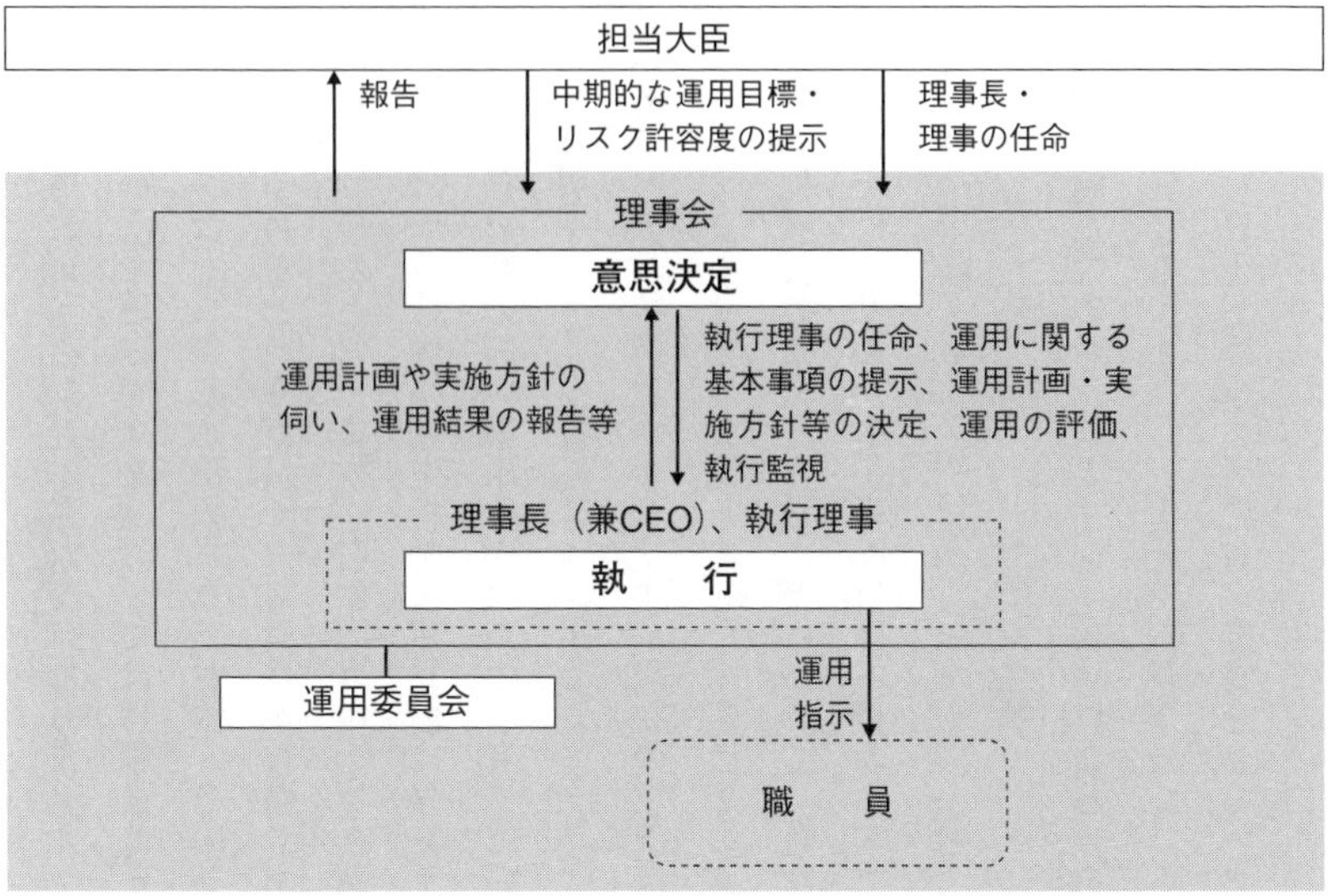

（注）　理事会本体は基本ポートフォリオ・運用対象等の基本的事項を審議・決定し、よ
審議・決定する仕組み。なお、投資委員会のほか、リスク管理委員会・ガバナンス

（出所）「公的・準公的資金の運用・リスク管理等の高度化等に関する有識者会議・報

ならないというのが私の意見です。

　なぜ監督と執行を分ければそういうことが起こりえないのか。図表4－4右のケースでは、厚生労働大臣が理事会のメンバーを選びます。これは企業でいう、取締役会の議長と取締役会のメンバーを選任することに相当します。ここで、理事会メンバーは監督権限をもっているだけで、実際の株式の細かな執行についての権限はもっていません。つまり厚生労働大臣の影響の及ぶ範囲が理事会のみに限定され遮断されます。実際に毎日売買執行を行う執行部メンバーを理事会が選ぶという2段階のたてつけになっているわけです。

　理事会はだれに対して責任を負って仕事をするのでしょうか。私はいま、運用委員ですが、理事会メンバーと同様の立場に立って仕事をしています。運用委員は、国民のために仕事を行っています。長期の年金給付を安定的に担保することが目的であり、株価を短期的に上げるといった政治的な思惑にいっさい左右されてはなりません。そういうことをすれば私は受託者責任違反に問われます。したがって、そういうことはできません。では理事会はどのようなメンバーを執行部に選任すべきでしょうか。目標となる期待リターンはあらかじめ決められており、その条件下でリスクをいちばん低くしてくれるメンバーを選任し、その方に執行を委ねるというガバナンス構造が右側です。左側のガバナンス構造では、政治の思惑で株式市場が左右される誘因になりうると考えます。右側のガバナンス構造の場合、理事会が国民のために受託者責任を果たす義務を法律で定めておけば、株価操縦を指図する立場に立ちえません。このように、政治を株式市場から遮断するいちばん大きな役割を、独立性の高い理事会が果たすと考えています。

独立した理事会を設置することを目指すべき姿として有識者会議では提言のなかに入れたわけです。いまの状況は、依然として左のガバナンス構造のままです。現在の状況は、厚生労働省のもとの年金部会に、ガバナンスのあり方を検討する作業班を２０１４年に設置しました。私はそのメンバーです。作業班では、理事会の設置については合意をみたものの、その構成員の資質や人数などについて一致をみず、現時点では２０１５年1月に1回会議を開催しただけでその後開かれていません。厚生労働省は、他の事案で忙しく、ガバナンスの改革まで時間をとることができない状況ではないかと危惧しています（２０１６年12月に図表４－４の右側のガバナンス構造に変更する法案が国会で成立しました）。

皆さんは卒業後、民間企業のサラリーマン、公務員などいろんな道に進まれると思います。実は、従業員の種類によって年金ファンドが異なります。ＧＰＩＦで投資をしているのは、私のように民間企業の従業員の年金資金だけです。最も規模が大きなＧＰＩＦは厚生労働省が監督をしています。公務員の年金の監督責任を負うのは別です。公的年金といわれているファンドは、大きく分けて四つあります。それぞれ四つ個別の運用主体があり、ＧＰＩＦはその一つです。国家公務員の年金の監督省庁は財務省であり、国家公務員共済組合連合会が年金投資を担当しています。3番目は地方公務員の方向けの年金で、これは総務省が監督権限をもっており、地方公務員共済組合連合会という運営組織がまた別個にあります。4番目は、日本私立学校振興・共済事業団という私立学校の先生方の年金が別途あり、これは文部科学省が監督しています。要は四つの公的年金ファンドの監督省庁それぞれが違うのです。

この四つの年金の給付条件がこれまで違いがあり、不公平との議論が起こり、2015年10月からこの四つの受給者の給付条件がすべて一本化されました。「公的年金の一元化」と呼ばれています。給付条件が一元化されたのですから、投資も一元化すればよいと私は思うのですが、所轄官庁の壁が高いということが理由かと思いますが、四つは今後も別々に投資をしていく予定です。

有識者会議において、図表4－5のようなかたちで、投資も一元化する案も提示しました。時期尚早ということで参考資料としてつけていただきましたが、本論の議論のなかには入りませんでした。給付条件が一元化されているので、本来的には、たとえば日本政府のもとに全部の資金を取りまとめて一本で投資をしてもよいはずです。しかし、四つの省庁がそれぞれの監督権限をもっているなか、いまのところ投資については一元化される予定はありません。

非常に簡単ですが、以上が有識者会議の提言の内容です。ここでは具体的な提言内容は説明しませんが、ここから話すＧＰＩＦの実際の活動のなかに有識者会議の提言内容が実現されていますので、この後のＧＰＩＦの活動の話を聞いていただければ、有識者会議の内容をだいたい理解していただけるのではないかと思います。

図表4－5　公的・準公的ファンドのガバナンス（中長期の課題）

1　財政政策と投資政策の分離

✓年金等の制度設計・掛金給付政策と投資政策は分離し、別の組織で決定

✓しかし、制度設計・掛金給付政策と投資政策は密接に関係するため、一部の構成員を重複させる。

2　給付掛金業務と投資業務の区分

✓給付掛金にかかわる業務および給付対応ファンド（Cash management）は、現在の組織を前提としても運営可能

✓決められた投資政策に基づく実際の投資（＋給付対応ファンド）は新たな組織で実行

3　投資ファンドの独立性の担保と専門性の確保

✓投資ファンドは監督権限を有する統治機関（理事会）のもとに、執行に専念する長期投資のファンドを新たに設定

✓投資ファンドは決められたリスク許容度のもとで、リターンを最大化するための独立性と専門性を担保

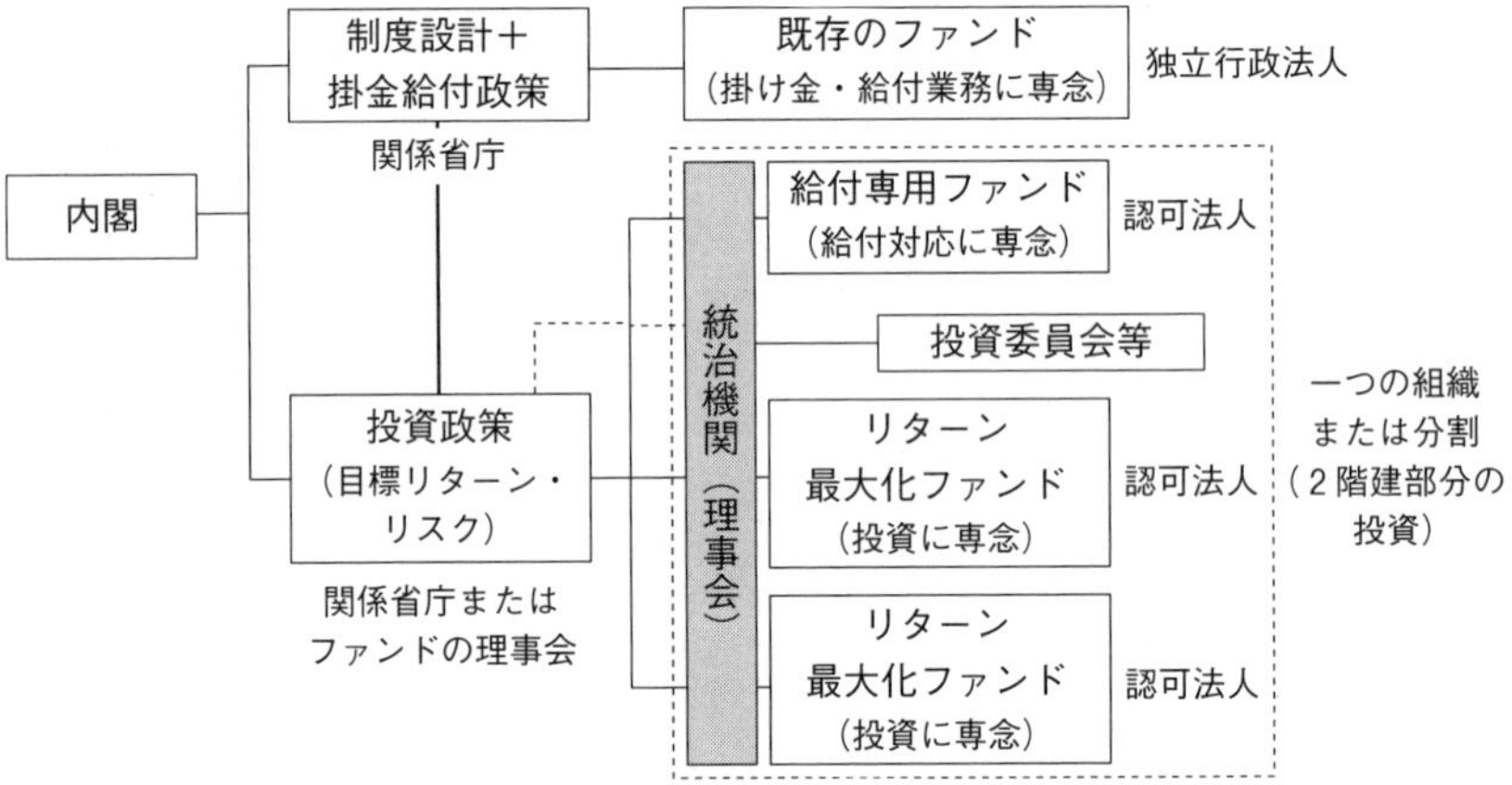

（出所）　第6回有識者会議・堀江提出資料（2013年10月15日）

2 GPIFの変遷

では次に、有識者会議の内容を受けて、GPIFがどういった変化をしたのかを説明させていただきます。

図表4-6は、そもそもGPIFとはどういう組織かを説明しています。ほかの三つの共済年金もGPIFとまったく同じですが、同じ年金財政制度のもとに運営されています。若い方は、自分が年をとったとき年金をもらえるかを心配されていると思います。ここでは、年金財政の前提条件が満たされれば、今後も年金給付がまかなわれることを簡単に説明します。

基本的には、現役世代が払う保険料で老後の年金給付をまかないます。賦課方式と呼んでおり、これが日本の公的年金の財政方式です。この賦課方式は多分40年前であれば通用したと思われます。日本も成長期で、年金給付を受け取るお年寄りがまだ少なく、若い方が多かったためです。いま、高齢者が増加し、若い人の支払う保険料で年金給付をすべてまかなうことはできません。

このような急速な高齢化に対して、賦課方式を適用しただけでは財政が維持できないため、GPIFを含め約180兆円ある年金積立金を取り崩して一部の給付をまかない、急速な高齢化をしのぐのが、現在の年金財政の考え方です。GPIFが投資リターンを高め積立額を増やせば増やすほど、年金の持続可能性を担保できるのです。したがって積立金を増やすことは非常に重要です。積立金の運用益で給付をすべてまかなうわけではありませんが、積立金をうまく投資して、積立額を増やすということは、年金制度を維持するためにきわめて重要なのです。GPIFはそういう役割をもって設立されました。厚生労働省の監督下に置かれており、給付の確実性を高めるため、年金財政

図表4－6　GPIFの概要

■GPIFの投資目的

・わが国の公的年金制度（厚生年金および国民年金）は、現役世代の保険料負担で高齢者世代を支えるという世代間扶養の考え方を基本として運営。このため、年金給付を行うために必要な資金をあらかじめすべて積み立てておくという考え方はとられていない。しかし、わが国では、少子高齢化が急速に進行、現役世代の保険料のみで年金給付をまかなうこととすると、保険料負担の急増または給付水準の急激な低下は避けられない。そこで、一定の積立金を保有し、その運用収入を活用する財政計画としている。

・GPIFは、厚生労働大臣から寄託された年金積立金の管理および運用を行うとともに、その収益を年金特別会計に納付するよう位置づけられており、厚生年金保険事業および国民年金事業の運営の安定に資することを役割としている。

・なお、年金積立金の運用実績は、法人が設立された平成18年度から平成26年度の9年間で実質的な運用利回り（名目運用利回り－名目賃金上昇率）が3.68％と財政再計算・財政検証上の前提を上回っており、年金財政にプラスの影響を与えている。

■GPIFの投資の基本方針

・GPIFの運用は、年金積立金が被保険者から徴収された保険料の一部であり、かつ、将来の年金給付の貴重な財源となるものであることに特に留意し、もっぱら被保険者の利益のために、長期的な観点から安全かつ効率的に行うことにより、将来にわたって年金事業の運営の安定に資することを目的とし、年金積立金の管理および運用の具体的方針を策定して行うこと

・また、「積立金の管理及び運用が長期的な観点から安全かつ効率的に行われるようにするための基本的な指針」が2015年10月1日から適用されたことをふまえ、その内容に従って年金積立金の管理および運用を行うこと

■運用目標

・年金積立金の運用は、財政の現況および見通しをふまえ、保険給付に必要な流動性を確保しつつ、長期的に積立金の実質的な運用利回り（積立金の運用利回りから名目賃金上昇率を差し引いたもの）1.7％を最低限のリスクで確保することを目標とし、この運用利回りを確保するよう、年金積立金の管理および運用における長期的な観点からの資産構成割合（以下「基本ポートフォリオ」という）を定め、これに基づき管理を行う。

・その際、市場の価格形成や民間の投資行動等をゆがめないよう配慮する。上記の事項は、年金事業の運営の安定のための主要な役割を果たすことから、重要度が高いものとする。

■運用手法

・運用手法は、運用委員会の審議を経るなど運用委員会による適切なモニタリングのもとで、適切にリスク管理を行う。キャッシュアウト対応等の場合を除き、原則としてパッシブ運用とアクティブ運用を併用。そのうえで、アクティブ運用に取り組むことにより超過収益の獲得を目指すものとする。ただし、アクティブ運用については、過去の運用実績も勘案し、超過収益が獲得できるとの期待を裏付ける十分な根拠を得ることを前提に行う。ベンチマークは、伝統的な時価総額型インデックスのみならず、運用収益向上の観点から検討するとともに、ベンチマークによりがたい非伝統的資産の評価は、資産の管理および運用に関し一般に認められている専門的な知見に基づき評価方法を明らかにする。
・収益確保のための運用手法の見直しおよび運用受託機関等の選定・管理の強化のための取組みを進める。また、運用受託機関等については、定期的に評価を行い、資金配分の見直し等の必要な措置をとる。外部運用機関の優れたノウハウ等を活用するとともに、運用コストの低減や運用に関する知識・経験等の蓄積の観点から、法令で認められる範囲でインハウス運用の活用も検討する。

（出所）　GPIF資料より、野村総合研究所が作成

で求められる要求利回りを、できる限り低いリスクで実現することが義務づけられている投資主体です。

公的年金の給付額はどのように決められているでしょうか。現役世代が退職後に受け取る年金予定額は、退職まではだいたい賃金上昇率に比例して増えていきます。来年から賃金が倍になったら給付予定額も倍になるということです。退職した後の実際の年金受取額は、毎年の物価上昇率に比例して増加します。就職から退職までの期間のほうが退職後の期間より通常は長いため、年金給付額は基本的に賃金上昇率に比例すると考えてよいと思われます。給付がほぼ賃金上昇率に比例して増加するので、ＧＰＩＦは賃金上昇率を上回るリターンをあげなければいけません。後で説明しますが、いまの目標利回りは、賃金上昇率プラス１・７％です。これがＧＰＩＦに課された目標利回りで、これをできるだけ少ないリスクで達成しなさいというのが厚生労働省からＧＰＩＦに与えられた目標です。

この目標はどの程度高い目標なのでしょうか。賃金上昇率は過去10年くらいマイナスでした。したがっ

て、名目目標利回りはあまり高くなかった。賃金上昇率がマイナス０・５％の場合、賃金上昇率プラス１・７％は絶対値で１・２％です。少し前まで長期金利の水準は１・２％以上でしたので、国債だけ購入していればその目標を達成できたわけです。現在の日本の国債の長期金利は、10年債で約０・３％です。またいまは賃金上昇率がプラスになっており、国債だけの投資では目標利回りを達成できません。つまり、賃金上昇率プラス１・７％を達成するのは現時点でそんなに簡単ではないということです。

ＧＰＩＦは目標リターンが決まっており、それは賃金上昇率プラス１・７％であるということ。それをできるだけ少ないリスクで達成することが、ＧＰＩＦに与えられた投資目標となります。

ＧＰＩＦに対する新しい目標利回りは２０１４年４月に発表されました。それが賃金上昇率プラス１・７％です。私は２０１４年４月からＧＰＩＦの運用委員に就任しており、その目標達成の責任を負っているわけです。５年に１回、長期にわたる資産配分比率の目標値（これを政策資産配分比率（ポリシー・アセット・ミックス）と呼びますが）を変えることになっています。５年に１度、皆さんが今後どのくらい生きられるかという平均余命等の年金給付や掛金額に影響を与える変数の推計を５年に１回やることになっています。これを年金財政検証といいます。払わなければいけない年金額、受け取ることができる保険料がどの程度かといった数値を、５年に１回、再推計しているのです。年金財政検証にあわせ、どのような投資目標が適切かを決め直しています。それが２０１４年でした。

私は２０１４年４月に就任、政策資産配分比率を決定する運用委員会のもとに設けられた検討作業班の座長になり、２０１４年10月に新たな資産配分比率を発表しました。その手順をお話しします。

図表４－７の下の表が２０１４年10月に発表した政策資産配分比率です。一目でわかるように、株式への配分比率を大きく上げました。それまでは日本株、外国株、それぞれ12％ずつでした。株の比率が全体で24％だったものを一挙に50％、倍以上に変えたわけです。この変更に対してさまざまな批判があります。たとえば、連合と民主党は共同

図表４－７　「GPIFの基本ポートフォリオの策定プロセス」新旧比率の比較

■図表４－８から図表４－14の手順に従い、2014年10月末に基本ポートフォリオを改定

	日本債券	日本株式	外国債券	外国株式	短期資産
旧目標	60%	12%	11%	12%	5%
旧許容範囲	±8%	±6%	±5%	±5%	－
新目標	35% （38%）	25% （23%）	15% （13%）	25% （22%）	（3%）← （2015年６月末）
新許容範囲	±10%	±9%	±4%	±8%	

（出所）　GPIF

でこの政策資産配分比率はリスクが高すぎるというキャンペーンを行っているようです。

　足元、２０１５年7月から9月のリターンはかなり大きなマイナスリターンとなった模様です。損をする可能性のある資産に大きな比率で投資をするのかというのが反対意見です。たとえばいまの株式比率50%を維持したまま、リーマンショックのようなことが起こるとどのくらい損をするでしょうか。簡単な試算によると、1年間で30兆円くらい損をすることになります。場合により、1年間で30兆円損をする可能性のあるポートフォリオにいまなっているわけです。そういう変更の背景にある考え方を説明します。

　配分比率を変更したいちばん大きな理由は、先ほどから述べているＧＰＩＦに与えられた投資目標にあります。基本的に、現役世代の掛け金で老後の方の年金を支払う賦課方式であり、年金積立金の一部を給付に回すことで年金財政を維持する考え方を採用しています。現在の基本的な年金財政の考え方は、5年ごとに、次の１００年間をみて、１００年後にいまもっている積立金の額が給付の1年分になるように、掛金額と給付額を調整するというものです。１００年間という長い期間をよく予測できるなと思われるかもしれませんが、現在の年金財政の考え方はそのようになっています。年金財政の検証方法は、

さまざまな想定を置き、いまの積立金の額が100年後の給付1年分の積立額になるようなかたちに維持をする。「100年間安心」というのは、そういう意味なのです。

しかし、年金財政の計算のうえでいろいろな前提条件を置いています。前提条件のなかには、現実的に考えて無理ではないかというものも含まれているという批判もあります。今回の年金財政検証や政策資産配分比率の決定ではそのような批判に応える意味で、さまざまな工夫をしています。一つは、期待リターンの推計方式です。足元の金利水準を重視した方式に改定しました。

図表4－8の下に全要素生産性（Total Factor Productivity：TFP）、国全体の生産性を表す指標であり、内閣府が将来の数値に関してさまざまな数値を置いています。GPIFはその前提条件を参考にしています。内閣府が試算したケースでは、全要素生産性（TFP）の2012年度の0・5％に対し、それが10年後に1・8％まで上昇、その後に低下するというのが一つのケースです。もう一つは、TFPが10年後に1％くらいまで上昇、その後、若干下がるというケースです。前者を楽観シナリオ、後者を悲観シナリオと呼ぶことができると思います。

前者の経済シナリオも五つのシナリオに分かれており、そのなかでは最も生産性の数値が低いものを選択しました（ケースE）。また後者のシナリオにも三つあったシナリオのうち、中間の数値を使いました（ケースG）。楽観シナリオと悲観シナリオで一つずつ採用したわけです。ケースEは、TFPが1・8％まで上昇、その後1％まで下がるシナリオ。ケースGは、10年後に1％に上がり、その後0・7％に下がるシナリオです。政府が立てた経済シナリオのなかでは相対的に低めのシナリオを二つ使って数値をつくったということです。

これ以外のまったく別の経済シナリオの立て方もあると思われますが、日本政府が作成したものとまったく違う想定を置くというのは考えにくく、先ほどの経済シナリオを二つ選択し、それをベースにポートフォリオの構築をしたことが今回のいちばん大きなポイントになります。

図表４－８　「GPIFの基本ポートフォリオの策定プロセス」財政検証

▩財政検証の概要

- わが国の公的年金制度（厚生年金および国民年金）は、現役世代の保険料負担で高齢者世代を支えるという世代間扶養の考え方を基本として運営
- 一方、少子高齢化が進むなかで、現役世代の保険料のみで年金給付をまかなうこととすると、その負担が大きくなりすぎることから、一定の積立金を保有しつつおおむね100年間で財政均衡を図る方式とし、財政均衡期間の終了時には給付費１年分程度の積立金を保有することとし、積立金を活用して後世代の給付に充てるという財政計画が立てられている。
- 年金財政については、政府は少なくとも５年ごとに、財政の現況および見通し（いわゆる「財政検証」）を作成し、その健全性を検証しなければならないこととされており、積立金の運用についても、基本ポートフォリオの策定にあたっては、この財政検証を勘案することとされている。
- 2014年６月３日に公表された財政検証では、内閣府「中長期の経済財政に関する試算」（2014年１月）を参考にしつつ、長期的な経済状況を見通すうえで重要となる全要素生産性（TFP）上昇率（技術進歩等）を軸として幅広い複数のケースが設定された。

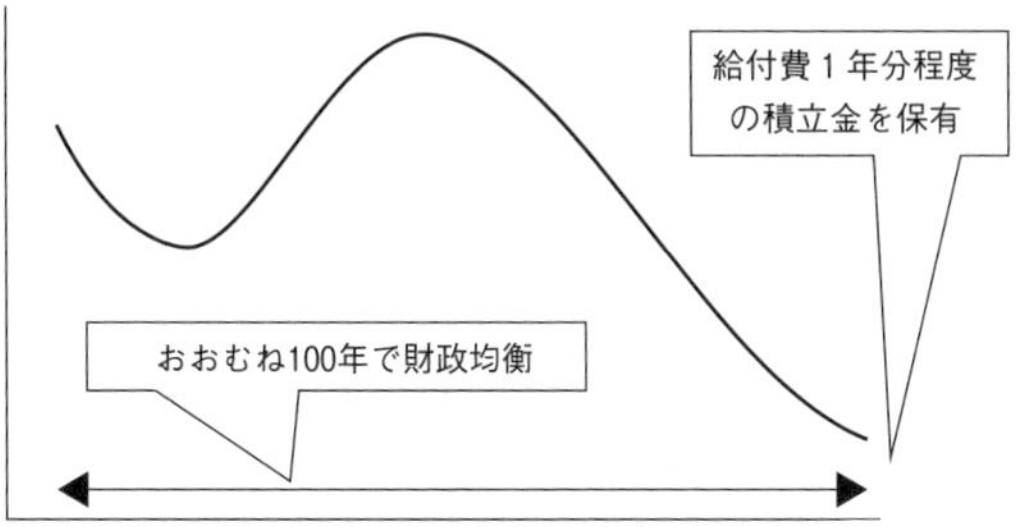

財政計画のイメージ

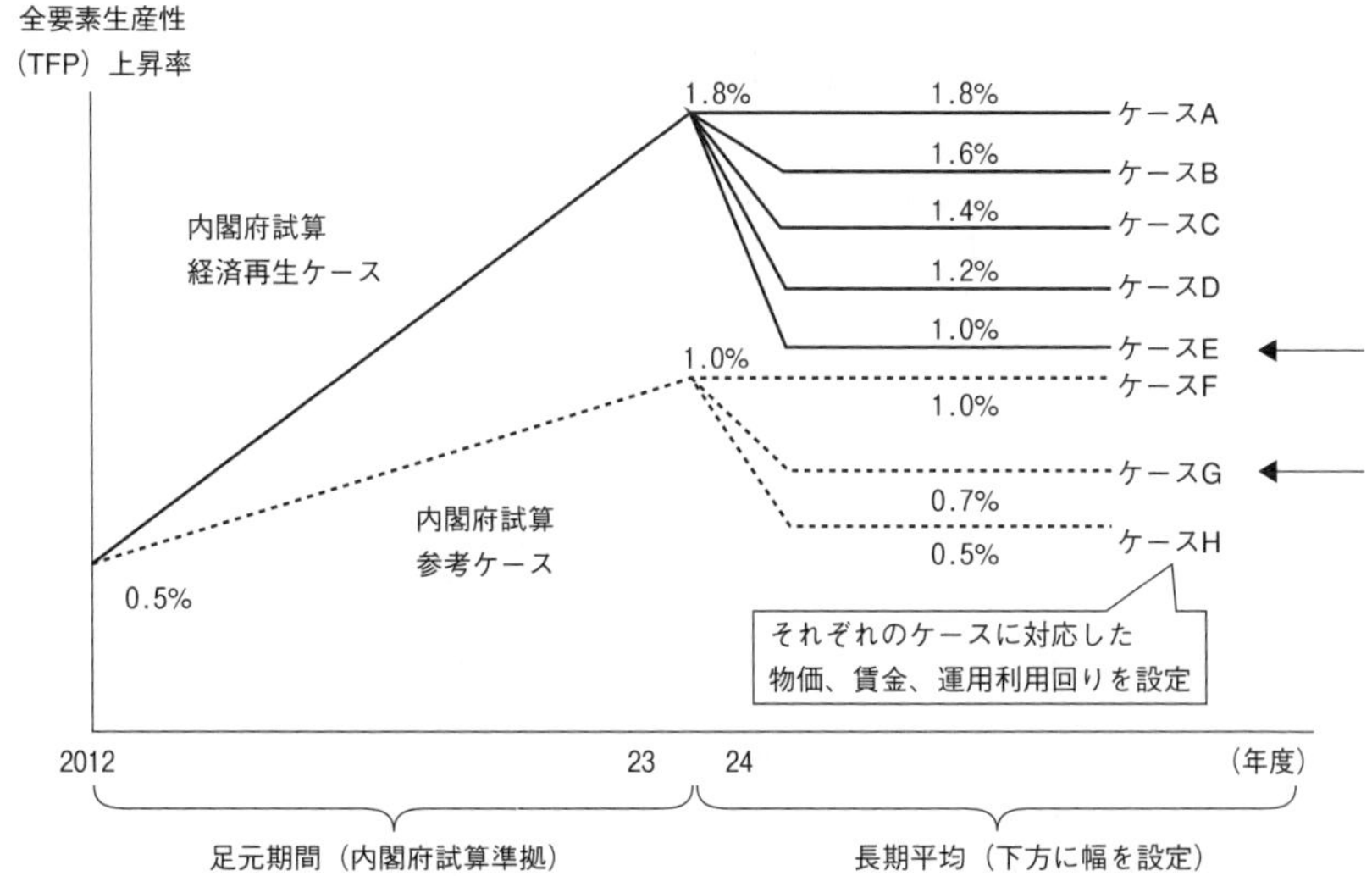

（出所）　GPIF資料より、野村総合研究所作成

実際何を変えたのか。図表4－9に、運用目標を記載しています。賃金上昇率プラス1・7％が運用目標で、実質リターンを賃金上昇率からの差と考えると、実質目標リターンは1・7％です。これが厚生労働大臣から指示された運用目標です。

先ほど説明したように、賃金上昇率プラス1・7％のリターンを債券だけで達成することはほぼ不可能です。いま、10年の長期金利が0・3％であり、国内債券を100％もって保有し続けると、今後10年間のリターンは0・3％程度にしかならないはずです。したがって定められた投資目標を達成しようとすると、債券以外のものに投資をしなければならずリスクが上がることになります。現在の金利水準と定められた運用目標の値から考えると、リスクのあるものに投資をしなければいけないことは小学生でもわかります。一方で、厚生労働大臣からは、下方リスクにも十分に注意するようにとの指示も受けています。年金投資は100％国債に投資すればよいという意見が一方で現実に存在するわけで、100％国債で投資をしたときのリスクと比較することが確認ポイントとして入っています。

国債と何を比較するのか。公的年金は賃金上昇率に従って給付を上げなければいけません。われわれが絶対にリターンとして下回ってはいけないのが賃金上昇率です。賃金上昇率を下回ると、国民に約束した賃金上昇率に従った給付を払えないからです。したがって、投資において賃金上昇率を下回ることがいちばん大きなリスクです。短期的に30兆円損をすることはもちろん大きなリスクですが、いちばん気にしなければいけないのは、今後5年間、10年間にわたって賃金上昇率を下回るリターンになることが最大のリスクであり、国民に対するいちばん大きな結果責任になるわけです。賃金上昇率を長期にわたって下回ってはいけない。これをリスクの基準と考え、すべて国債で投資をしたときに賃金上昇率を下回るリスクを計算し、その場合と比べ、賃金上昇率を下回る確率を低くすることが求められたわけです。

もう1点は、期待リターンの想定方法に関しての変更です。投資の際、いちばん重要なのは期待リターンの値で

図表４－９　「GPIFの基本ポートフォリオの策定プロセス」運用目標の変更

■運用目標（厚生労働大臣から指示された運用目標）

①　財政の現況および見通し（いわゆる「財政検証」）をふまえ、保険給付に必要な流動性を確保しつつ、必要となる実質的な運用利回り（運用利回りから名目賃金上昇率を差し引いたもの、以下「実質的な運用リターン」という）1.7％を最低限のリスクで確保すること

②　基本ポートフォリオは、資産運用に関し一般に認められている専門的な知見や内外の経済動向を考慮して、フォワードルッキングなリスク分析をふまえて長期的な観点から設定すること

③　名目賃金上昇率からの下振れリスクが全額国内債券運用の場合を超えないこと。株式等は想定よりも下振れ確率が大きい場合があることも十分に考慮すること。予定された積立金額を下回る可能性の大きさを適切に評価するとともに、リスクシナリオ等による検証について、より踏み込んだ複数のシナリオで実施するなどいっそうの充実を行うこと

■実際の変更点

①　長期的な観点から策定する点に変更なし。ただし、長期均衡状態のみを前提とするのではなく、フォワードルッキングなリスク分析をふまえ、財政検証と整合性をとって、足元から向こう10年間の金利上昇シナリオを想定

②　基本ポートフォリオ策定の際のリスクのとらえ方については、全額国内債券運用の場合に積立金の実質的な価値を維持することができなくなる確率を基準とした。具体的には、賃金上昇率からの下振れリスクが全額国内債券運用の場合の下振れリスクを超えないかを確認。さらに、賃金上昇率を下回った場合の平均的な不足額も考慮

③　財政検証でいずれの経済シナリオでも必要な運用利回りが確保できるため、運用目標の元となったケースＥに相当する「経済中位ケース」と、現在の市場に織り込まれた将来の金利水準を前提とする「市場基準ケース」（財政検証のケースＧに相当）の二つのケースを想定

（出所）　GPIF資料より、野村総合研究所作成

す。将来どのくらいのリターンになるかを予想して、リターンの高いものに投資をするのは当たり前のことです。しかし、将来の期待リターンの予測はむずかしい。しかし、短期ではむずかしくとも、長期でみると――長期といっても残念ながら5年、10年といった単位ではなく50年とか100年単位でみると――、われわれは資本主義世界に生きており、資本主義の世界である限り、債券よりも株式のリターンが低く

なるはずがありません。なぜなら、長期にわたって、債券のリターンが株式よりも高いのであれば、だれもリスクをとって株式に投資をしなくなり企業の資金調達がむずかしくなり資本主義社会とは呼べないものになるでしょう。つまり50年とか１００年の単位でみると、株式のほうが債券よりも利回りは高くなるはずです。必ずとはいいませんけれども、かなり高い確率でそうならなければ資本主義世界とは呼べないでしょう。

このように50年、１００年単位でみると株式のリターンは高いと考えられますが、残念ながら、10年、20年の単位でみると株式のリターンが債券よりも高いとは限りません。それは日本株の過去データが証明しています。１９９０年からいままでの25年間のリターンは、配当を含めても非常に低く債券を下回っています。

つまり20年というかなり長い期間でも債券より株式のリターンが下回ることは時に起こりうるのです。今回、ＧＰＩＦによる期待リターンの推計方法にはこれまでとは違う点があります。株の期待リターンの推計方法は変わっていません。基本的には、どの国の年金ファンドも、株式の期待リターンは、短期金利に対して過去30～40年くらいの長いスパンの平均スプレッドをプラスして計算するケースが非常に多くなっています。短期金利もしくはインフレ率に対して、だいたいプラス４～５％程度です。これを株式の期待リスクプレミアムと呼んでいます。株式のリスクプレミアムの平均値は、インフレプラス４～６％くらいの範囲です。

ＧＰＩＦの今回の株式のリスクプレミアムは賃金上昇率に対して約３％と推計しました。今回、これまでとは異なる大きなポイントは債券の期待リターンの推計方法です。債券の期待リターンの推計に関して有識者会議の提言は、「フォワードルッキングで」となっています。フォワードルッキングとはどういう意味か。これは前をみて予測しろという意味で、債券の場合は前をみて予測することはそれほどむずかしくありません。なぜなら、債券の場合、10年国債の現在の利回りが０・３％ですが、10年間保有し続ければ国が破綻しない限り、０・３％の名目利回りがほぼ保証されるからです。債券の場合、保有期間を指定すれば当初の利回りから将来の利回りをある程度予測できるということになります。今回の債券の期待リターンの予測はフォワードルッキングでやるという意味は、足元の０・３％という利回りを前提として、今後10～25年の金利想定も加味して債券の期待リターンを算出するということです。

そうすると、現在の金利０・３％に対して今後10年間で先ほど予想した全要素生産性の上昇を加味すると生産性上昇に伴い金利も上がるという想定が置けます。足元の０・３％という金利水準はあまり上昇する気配はありませんが、10年単位でみると、水準が２％なり３％になるという想定を置いて債券の期待リターンを推計したというのが今回のポイントです。６年前の推計方法を私はよく存じあげていません。いずれにしても、今回の債券のリターン推計は、このような想定を置いてやったということです。

もう一つ重要な点は、何年くらい先まで見通して投資をするのかということです。さっき１００年といいましたが、１００年単位での予測は困難です。今回は、次の図表４－10にありますように、25年を投資の想定期間としました。25年を投資期間としたのには理由があります。経済見通しおよび人口推計に基づくと、今後25年間の年金資産の額はそれほど減少しません。これから最初の10年間は団塊の世代の退職がまだ継続し、少し年金資産額が減少しますが、その後、10～25年後くらいは積立金が徐々に上がる想定になっています。基本的には、今後25年間はそれほど年金積立金が減らず、その後は一方向に減るというのが年金財政検証で示されたことになります。

このような年金積立金の額の推移をみてどの期間でリスクがとれるでしょうか。積立金がどんどん減るなかではあまりリスクをとることはできません。なぜなら、給付額が掛け金額を超えて積立金がどんどん減っているなかでリーマンショックのようなことが起こり、いったん積立金が大きく減少してしまうと、その後で残高を回復させるのはものすごくむずかしいことだからです。しかし、掛け金額が給付額を超えてもう１回資金が流入する場合はどうでしょうか。その場合、いったんリターンがマイナスになって積立金が減少しても、その後でリターンが回復すれば入ってきた掛け金もその高いリターンによってさらに増加するため、積立金の額を回復させるチャンスがあるのです。掛け

図表4－10 「GPIFの基本ポートフォリオの策定プロセス」想定期間と流動性確保

■想定期間

① 財政検証によれば、経済シナリオによって異なるものの、傾向的には、積立金の水準は、しばらく低下した後、いったん上昇に転じ、おおむね25年後に最も高くなった後、継続的に低下していく。

② このため、想定運用期間については、継続的に積立金を取り崩していく局面では流動性の確保に重点を置く必要があるなど運用の条件が異なることから、積立金の水準が最も高くなり、継続的に低下が始まる前までの25年間とする。

■流動性の確保

① 今後10年程度は積立金を取り崩すこと（キャッシュアウト）が想定されている。この今後10年程度のキャッシュアウト局面において、確実にキャッシュアウト資金を確保することは、年金受給者の安心のためにきわめて重要

② このため、今回の基本ポートフォリオの見直しにあわせ、当面、財政検証で想定されている第三期中期計画期間（2015年度から2019年度）のキャッシュアウト見込額（経済中位ケースで約20兆円）について、GPIFが自家運用している財投債およびキャッシュアウト等対応ファンドの満期償還金・利金によりおおむねまかなえるよう、キャッシュアウト等対応ファンドを積み増す。

■財政検証による予定積立金額の推移（イメージ）

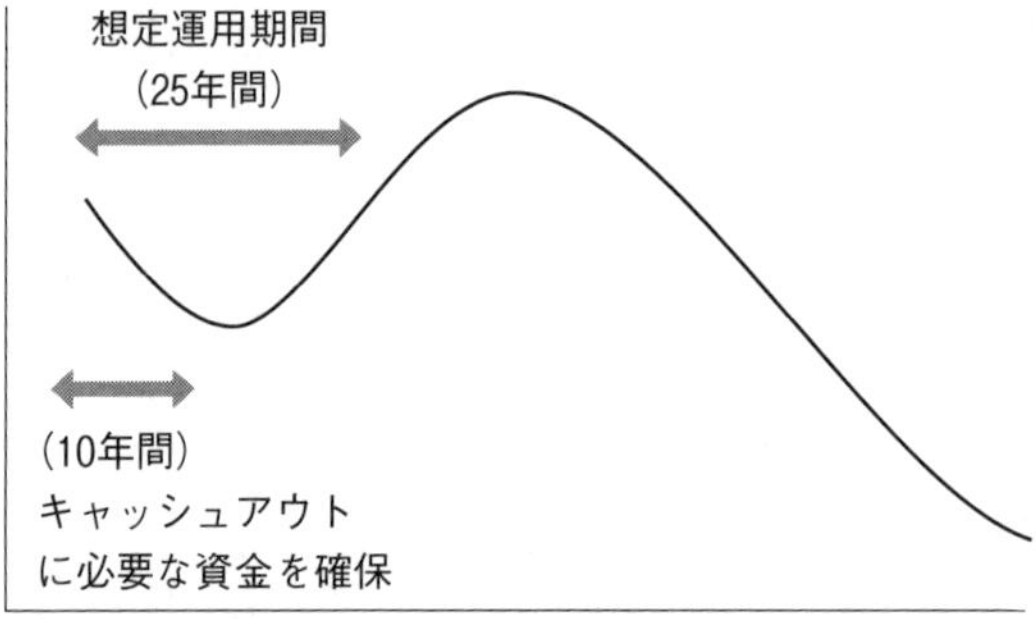

（出所） GPIF資料より、野村総合研究所作成

金額と給付額の差によって積立金が減少する局面なのか上昇する局面なのか、その点が投資に大きな影響を与えるのです。今後の25年間とその後の25年間の違いのいちばん大きなポイントはその点で、25年後以降は、積立金が減少する一方なので、投資においてあまりリスクをとることができないのです。なぜなら、積立金が減少している局面でリスクをとってマイナスのリターンになると、積立金が予想よりも早く枯渇するという最悪のケースが起こるからです。

したがって、われわれが本当にある程度リスクをとった投資ができるのはこれから25年間なのです。プラスの株式リターンを享受して、皆さんが65歳になった時、約束した年金給付を行うためには、われわれはこれから25年間投資で頑張らなければいけないのです。投資で約束したリターンをあげ積立金を予定どおり増やしていくため、今後25年間を投資期間と置いてポートフォリオをつくったのです。

実際の数字は図表4－11に示しています。想定した経済シナリオは、経済中位ケースと市場標準ケースの二つです。経済中位ケースは図表4－8のケースE、市場標準ケースはケースGを指します。一つの楽観的なシナリオだけで資産配分比率を決定したわけではなく、二つの経済シナリオを置き、それぞれのシナリオのもとでポートフォリオが最適になっているかを確認しています。

表のなかの債券の実質リターン（名目リターンから賃金上昇率を差し引いた数値）は、いま述べたように直近の金利水準を前提に計算しており、マイナスの数値になっています。二つの経済シナリオとも、金利水準が上昇するという前提を置いていますので、今後25年間の実質的なリターンはマイナスになるわけです。

債券の今後の期待リターンが実質ベースでマイナスという前提で、賃金上昇率を差し引いた実質ベースの目標リターンが1・7％ですので、債券比率を下げ、株式比率を上げたわけです。私が資産配分比率検討作業班座長として、厚生労働省から示された条件をもとに、いま述べた手順で粛々と分析を行ったのがこの結果です。政治から圧力を受けたことはいっさいありません。試算された政策資産配分比率の妥当性はさまざまな観点からチェックしていま

図表4－11 「GPIFの基本ポートフォリオの策定プロセス」リターンの設定

■二つの経済シナリオを前提にした期待リターンの試算

① 将来の実質長期金利は、「経済中位ケース」で、2.7%、「市場基準ケース」で1.9%の2ケースを想定（なお、将来の物価上昇率は「経済中位ケース」で1.2%、「市場基準ケース」で0.9%）

② 国内債券のリターンは、これまでは長期均衡状態を想定していたため長期金利と同じとしていたが、今回は、フォワードルッキングなリスク分析をふまえ、財政検証における足元からの長期金利推移シナリオに基づき計算された想定投資期間の平均収益率を使用した。

③ 国内株式、外国債券、外国株式のリターンは、いずれも短期金利にリスクプレミアムを加えたものを使用。基礎となる実質短期金利は、「経済中位ケース」では財政検証との整合性を考慮し、過去の短期金利を基準として推計したもの、「市場基準ケース」では実質長期金利から長短スプレッドを差し引いたものを使用

期待リターン（実質）	日本債券	日本株式	外国債券	外国株式	短期資産	
経済中位ケース	－0.2%	3.2%	0.9%	3.6%	－1.7%	
市場標準ケース	－0.1%	3.1%	1.4%	4.1%	－1.1%	
期待リターン（名目リターン：実質的なリターン＋名目賃金上昇率）						賃金上昇率
経済中位ケース	2.6%	6.0%	3.7%	6.4%	2.8%	2.8%
市場標準ケース	2.0%	5.2%	3.5%	6.2%	1.0%	2.1%

（出所） GPIF資料より、野村総合研究所作成

す。図表4－12にチェック結果を掲載しています。表の右から3番目に下方確率があります。下方確率とはどういう意味か。賃金上昇率を下回る確率です。新しい資産配分比率、つまり株式比率を50%にあげたポートフォリオのリターンが、今後25年間、賃金上昇率を下回る確率がどのくらいあるのかを計算したのがこの数字です（図表4－13参照）。その下に「全額国内債券ポートフォリオの場合」という欄があります。「全額国内債券のポートフォリオ」で投資をしたときの下方確率よりもその値を小さくする必要があり比較のため数値を表示しています。われわれがいちばん重視しているのは、長期にわたって賃金上昇率を下回る確率を低くすることで、その値を債券100%で投資したときよりも下げることが

図表４－12 「GPIFの基本ポートフォリオの策定プロセス」必要な積立金確保

■基本ポートフォリオの選定方法

✓必要な積立金を確保しつつ、下振れリスクを最小化する観点から、運用目標（名目賃金上昇率＋1.7%）を満たし、かつ、最もリスクの小さいポートフォリオを選定

① ４資産のリターン、リスク等に基づき、多数のポートフォリオ（５％刻み）について、リターン、リスク（標準偏差）、名目賃金上昇率を下回る確率（以下「下方確率」という）、名目賃金上昇率を下回るときの平均不足率（以下「条件付平均不足率」という）などを推計。制約条件は「外国株式≧外国債券」だけとし、従来の「国内株式≧外国株式」は撤廃

② 推計結果に基づき検討を行い、「経済中位ケース」および「市場基準ケース」いずれにおいても、運用目標（名目賃金上昇率＋1.7%）を満たしつつ、その一方で、下方確率が全額国内債券運用の場合を下回り、かつ、条件付平均不足率が最も小さいポートフォリオを選定。なお、このポートフォリオについては、±２％の範囲で１％刻みのポートフォリオについても同様の推計を行い、当初のポートフォリオが最も効率的であることを確認した。

	実質リターン	名目リターン	標準偏差	下方確率	条件付平均不足率１	条件付平均不足率２
経済中位ケース	1.77%	4.57%	12.8%	44.4%	9.45%	11.2%
市場標準ケース	1.98%	4.08%	12.8%	43.8%	9.38%	11.2%

［参考］ 全額国内債券ポートフォリオの場合の属性

経済中位ケース	−0.20%	2.60%	4.7%	51.7%	3.86%	3.52%
市場標準ケース	−0.10%	2.00%	4.7%	50.0%	3.83%	3.48%

（出所） GPIF資料より、野村総合研究所作成

求められています。これは国民の皆さまに給付条件として賃金上昇率と連動した給付を約束しているからです。年金積立金が短期的に非常に大きな損失を被ることはできるだけ避けなければなりませんが、本来的には短期の損失はわれわれが重視すべきリスクではないのです。賃金上昇率を長期的に下回ることがいちばん大きなリスクです。

もう一つは条件付平均不足額です。二つの数値を掲載しており、正規分布を使った場合の数値と、過去のデータを使った場合の数値です。ファンドのリターンが賃金上昇率を下回った際、平均してどのくらい損をするのかを計算すべきとされてお

図表4－13　下方確率と条件付平均不足額

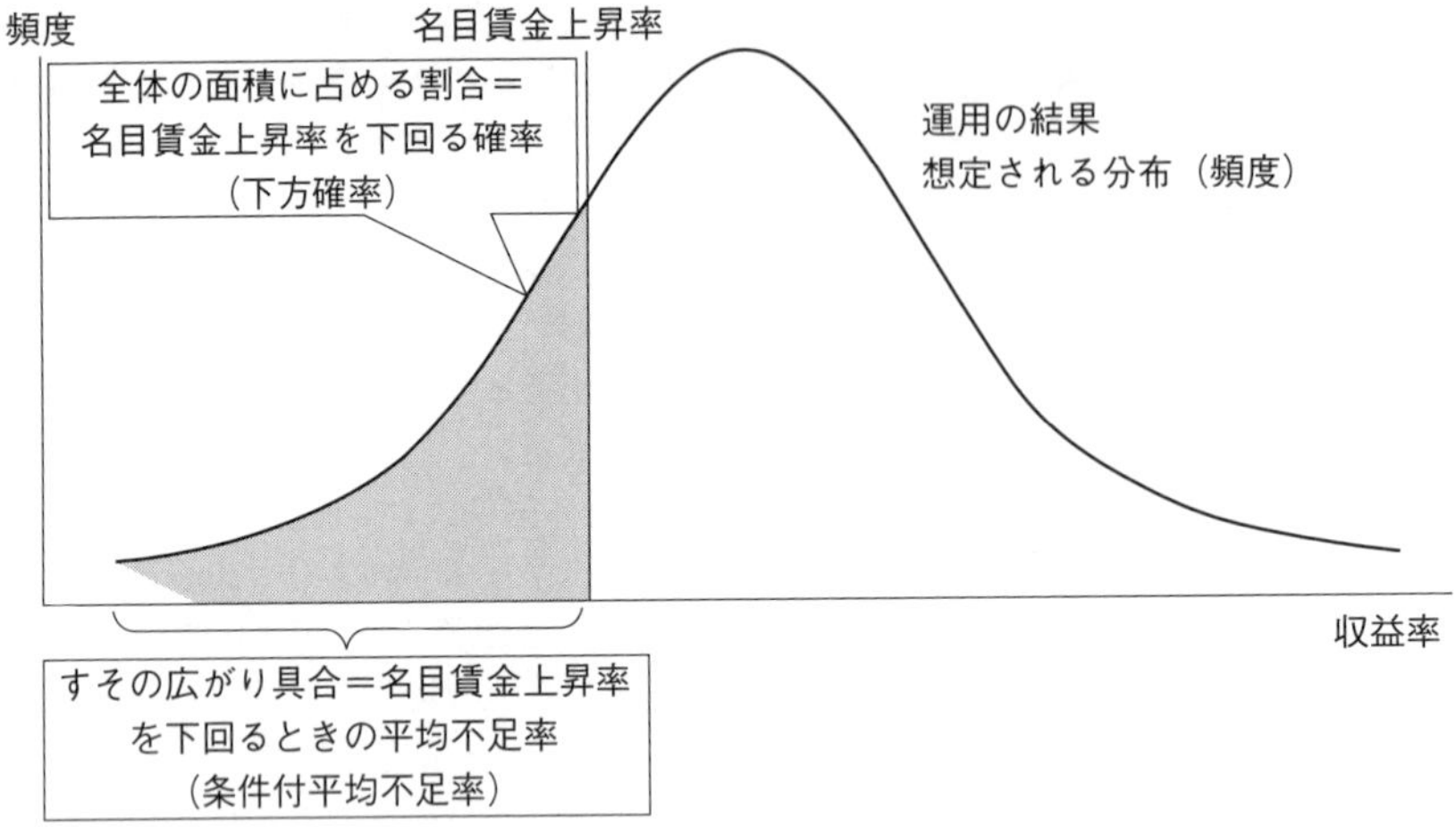

（出所）　GPIF

り計算したものです。賃金上昇率を下回ったケースだけを取り出して考えてみると、株式比率が高い今回のポートフォリオでは、平均して10ポイントくらい賃金上昇率よりもリターンが下回ることがあります。これは国債よりも非常に高い割合になっています。

これらの数値の意味をまとめると以下のようになります。平均値ベースでは、全額債券で投資したときよりも賃金上昇率を下回る確率は低くなっています。ただし、賃金上昇率を下回るケースだけを取り上げた場合、平均的な損失額は、全額国債で投資したときよりも大きな額になります。したがって、非常に悪いケースが起こったときは、債券中心のポートフォリオに比べて不足額が大きくなる。これは注意点だと思います。

資産配分比率を決める際、われわれが非常に重視したのは図表4－14の積立金予想額の推移です。今後25年間の推移予想額ですが、新しいポートフォリオの場合、今後25年間で積立金がどのような推移になるかをみたのが太い線です。これを二つのシナリオごとに確認しています。二つの経済シナリオではマクロ経済環境が異なるため積立金の額は異なります。この図のなかで細い点線が全額債券で投資をしたときの積立金の予想額に

図表４－14 「GPIFの基本ポートフォリオの策定プロセス」積立金の推移予想

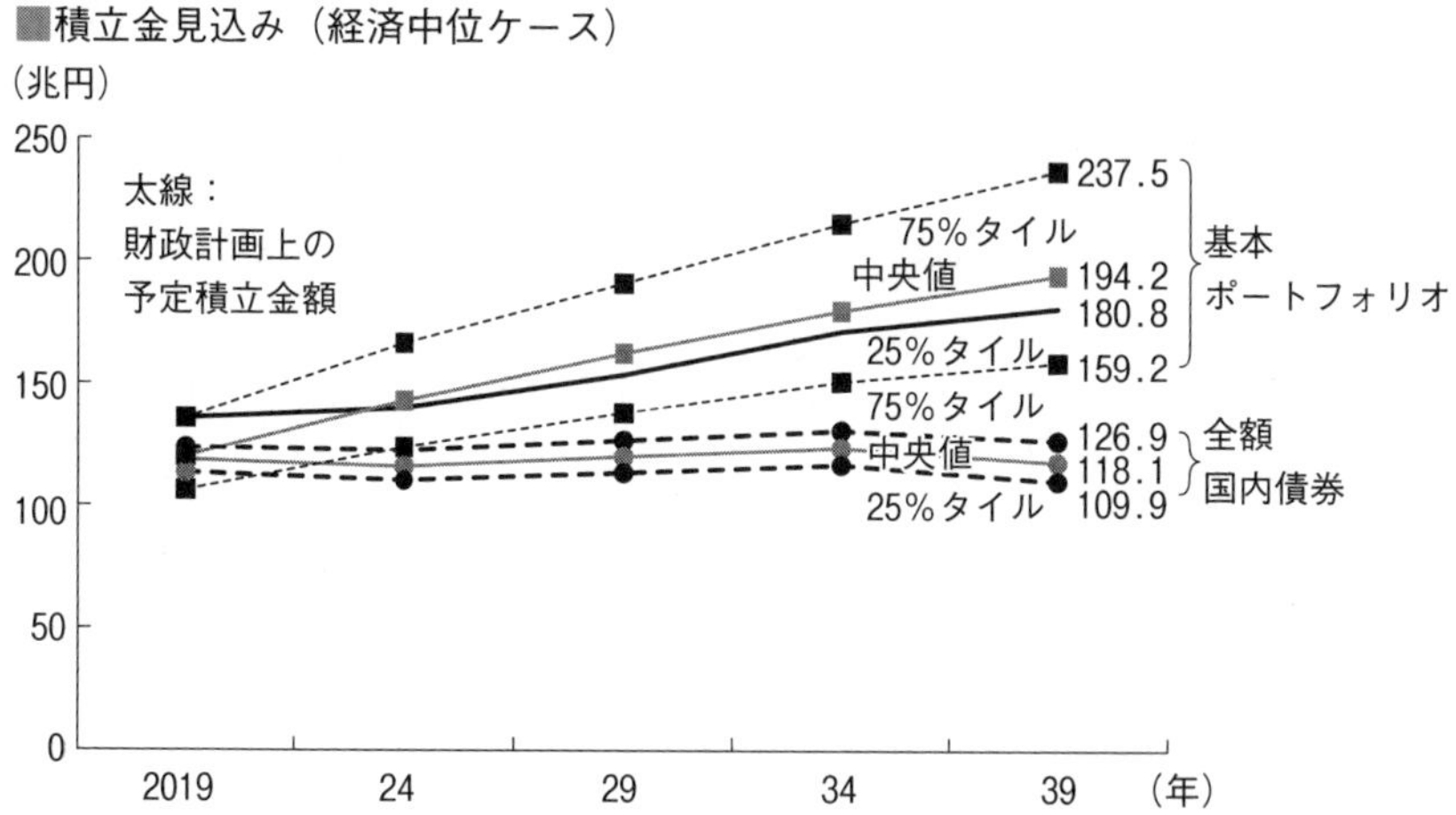

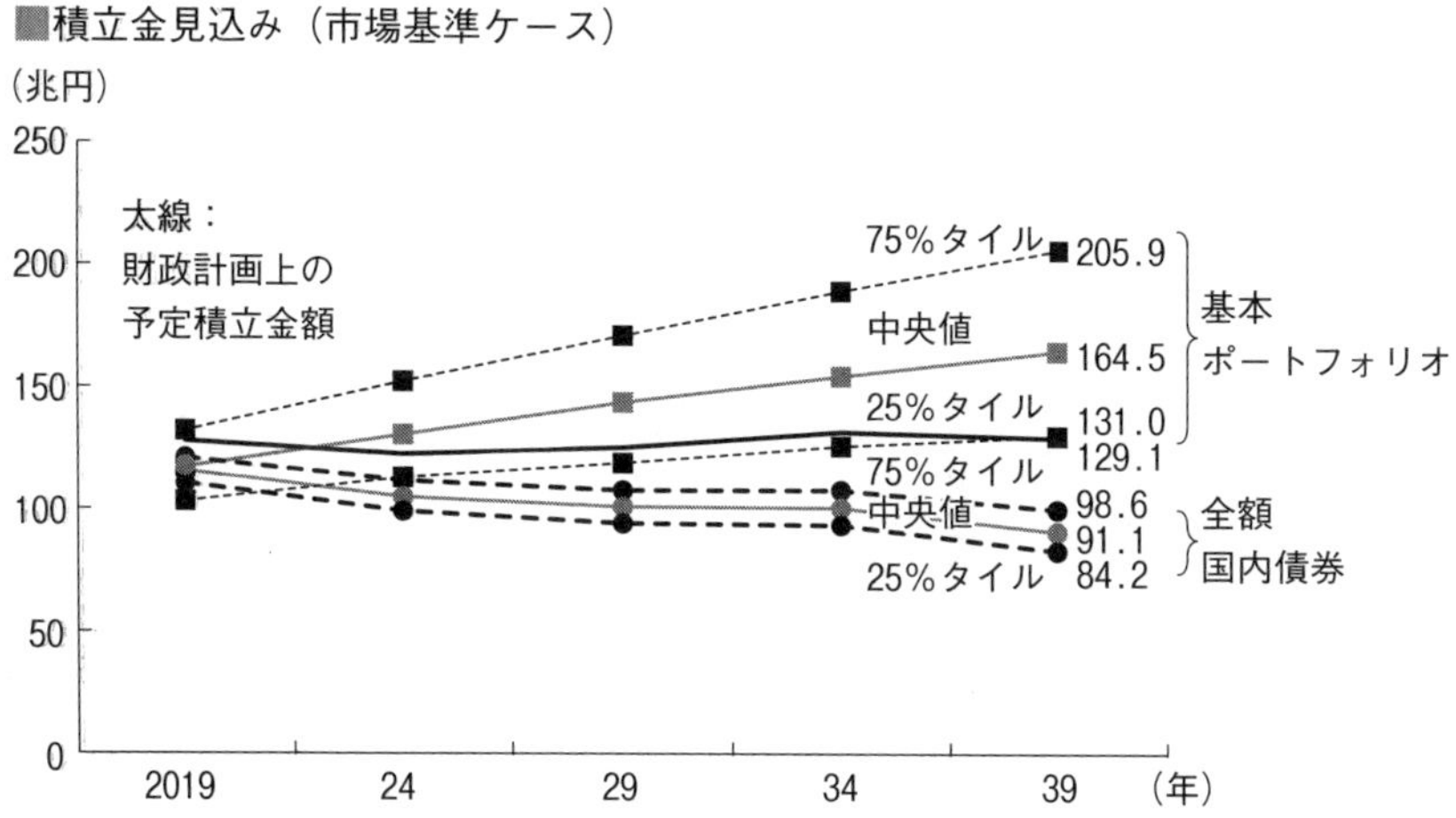

（出所） GPIF

なります。この図では、平均値と25パーセンタイル値、75パーセンタイル値を示しています。この図表からわかるとおり、どちらの経済シナリオでも、今後25年間では、今回のポートフォリオで投資した場合、90％以上の確率で全額債券運用の場合よりも積立金の額が増えることを確認できます。このようなモンテカルロシミュレーションを実施し積立金の予想額を確認したうえで、最終的なポートフォリオを決めたということになります。

この図表をわれわれは国民におみせしています。株式比率を上昇させてリスクをとり過ぎではないかといわれますが、その言い分が間違いであることがわかります。われわれは国民の皆さまに対して賃金上昇率に見合った給付を支払うことを約束しています。約束したとおり給付を払うためには、賃金上昇率を上回るリターンをあげなければいけない。これがわれわれのいちばん大きな責任であって、短期的に大きな損失を被ることは覚悟のうえです。10年、20年単位といった長い期間にわたって賃金上昇率を下回るというのがわれわれのいちばん大きなリスクであって、それを避けるためにいまいったポートフォリオにしたのです。

もう1点、有識者会議の提言は、投資の高度化を進めることでした。投資の高度化はいまいろんなかたちで進んでいます（図表4－15）。

一つは、オルタナティブ投資の開始です。140兆円も投資をしているなかで長期投資家としてとるべきリスクがあります。その一つが流動性リスクです。われわれは十分な額の債券を保有しており、年金給付は、債券のクーポンと償還金を充てることで確保できます。したがって年金給付を気にすることなく、長い間換金しなくてもよい、なおかつ、株式や債券と違う特性の投資対象に投資をすることが、リスクを下げるとともにリターンを向上できるという理解のもと、オルタナティブ投資を2014年から始めています。

オルタナティブ投資枠は全体の5％までと決めました。5％といっても7兆円を超える巨額です。短期間で簡単に投資できる金額ではありません。オルタナティブは、たとえば空港や港湾のインフラ、それ以外の不動産、上場株式

図表４－15 「GPIFの現在の運営状況」投資プロセスの高度化

■運用手法の多様化の試み

・分散投資によるリスクの低減や運用の効率化を進めるため、オルタナティブ資産での投資を開始（インフラの共同投資が最初）。運用体制の整備に伴い管理・運用されるオルタナティブ資産（インフラストラクチャー、プライベートエクイティ、不動産その他運用委員会の議を経て決定するもの）については、リスク・リターン特性に応じて、国内債券、国内株式、外国債券、外国株式に区分し、資産全体の５％を上限として投資

・今後、国内外株式の運用をまとめて委託するなど、資産横断的な運用も行っていくことを検討。この場合、基本ポートフォリオ上は、それぞれの資産に区分して管理

・これまで、外国株式の収益率の算出や運用状況を評価する際に用いていたベンチマークは、先進国の上場株式市場を対象とした「MSCI KOKUSAI」だったが、新興国の上場株式市場も含めた「MSCI ACWI（除く日本）」に変更

■基本ポートフォリオの機動的な管理

・基本ポートフォリオの乖離許容幅のなかで市場環境の適切な見通しをふまえ、機動的な運用を実施

・基本ポートフォリオのリスク管理は、乖離許容幅に加え、ポートフォリオ全体のリスク量などにより複線的に実行

・基本ポートフォリオの変更に伴い、実際の資産構成割合が新しい基本ポートフォリオの乖離許容幅を超過することがありうるが、市場に与える影響等を考慮し、移行中は乖離許容幅からの超過を容認

■内部ガバナンス体制の強化

・運用委員会は、GPIFの内部統制の強化の一環として、運用委員会のもとに「ガバナンス会議」を設置し、GPIFの「投資原則」および「行動規範」の策定およびその遵守状況の監視を行うこととした。また、今回の基本ポートフォリオの見直しにあわせて、運用委員会から理事長に対し、内部統制・リスク管理体制・専門人材の強化について建議

（出所） GPIF資料より、野村総合研究所作成

ではないプライベート株式といった流動性の低いものが中心です。流動性が低いがゆえに、すぐ換金できるものに比べると利回りが高いものに投資をして、できるだけ国民のためのお金を増やしたいという意図をもって、オルタナティブ投資を始めました。

もう一つのポイントは、図表4－15のガバナンス体制の強化です。いまはまだ本格的なガバナンス改革は進んでいませんが、現在の体制のもとでできるだけ改革を進めていこう、できることをやっていこうという意図をもって、運用委員会のもとにガバナンス会議をつくりました。私が議長です。ガバナンス会議では行動規範や投資原則を作成しました。投資原則は特に重要でGPIFがどのような原理原則に基づいて投資をしているのかを示しています。これはホームページに出ていますので、ぜひみていただきたい。国民にわかりやすいかたちで、お預かりした国民のお金をどういうかたちで投資しているのか、なぜこういうポートフォリオになっているのかをできるだけわかりやすく書いたものです。それが投資原則です。いまのたてつけのなかでできることであり、内部のガバナンス体制の強化策の一環です。

もう一つ、図表4－16に日本株の議論をしており、これも大きく投資内容を変更しました。この点は、日本の株式のポートフォリオマネジャーに非常に大きな衝撃を与えた変更でした。

大きな変更点は三つです。2014年3月に行いました。一つは、ベンチマークの追加です。ニュースで日経平均というのをよく耳にすると思いますが、プロの機関投資家の間では、TOPIXという東証の一部上場企業全社を対象にした時価総額ベースの指数を投資の基準にしています。これをベンチマークと呼びます。今回、TOPIXだけでなく、二つの主なベンチマークを追加しました。JPX日経400とMSCI Japanです。

JPX日経400はなじみのないものだと思います。TOPIXと、時価総額指数であることは同じですが、ROE（Return On Equity）、資本生産性を測定する非常に重要な指標だとわれわれは思っていますが、このROEを

図表4－16　GPIFの日本株式投資の変化事例

・過去の「パッシブ（TOPIX）」と「伝統的アクティブ（例：アルファ　2％/TE 4％）」の2元的株式投資は姿を消した。
・今回の入替えで、伝統的なアクティブ運用がすべて姿を消し、①多様なベンチマークを目標とするパッシブ、②ファクター特化型（スマートベータ）、③エンハンストインデックス、④特徴のあるアクティブ（長期厳選投資、バリューアップファンド等）に分かれた。
・特徴あるアクティブは投資可能額に限りがあり、従来のアクティブ運用に比べ、金額は減少（1年後に追加）

■日本株投資（約32兆円）の例

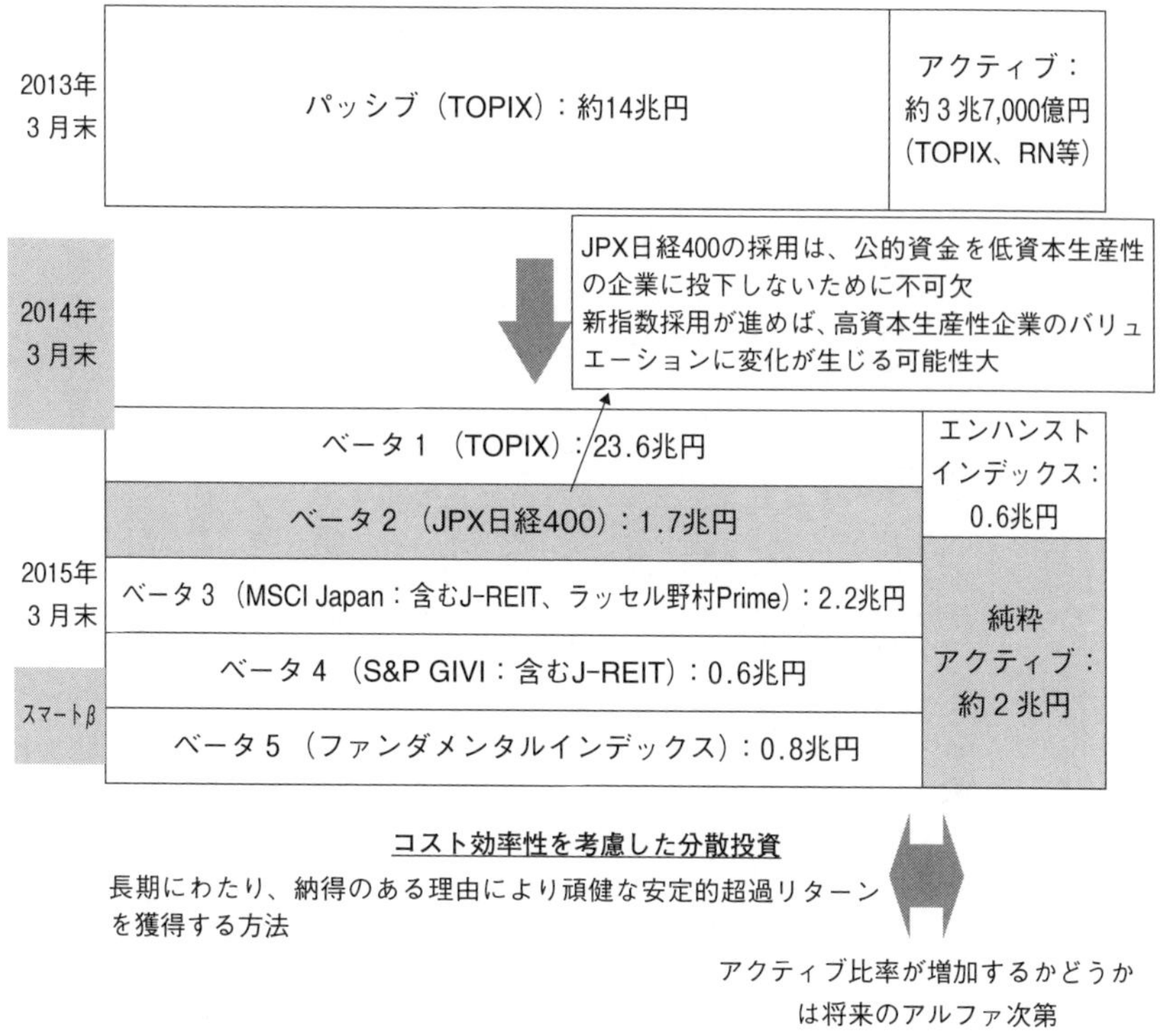

（出所）　GPIF業務概況書、運用会社へのヒアリングより、野村総合研究所作成

構成銘柄を選ぶ指標に入れています。このベンチマークを追加したことには大きな意味があります。

ＧＰＩＦのように30兆円以上の巨額の資金の投資では、全部をアクティブ運用で行うことはほぼ不可能です。たとえば、30兆円を1銘柄に集中投資するようなアクティブ運用はできません。時価総額が30兆円もある企業は日本では1社も存在しないからです。基本的には、巨額な資金を投資しようと思ったら、ベンチマークの時価総額比率どおりに投資割合を決定するのが常套手段です。これをパッシブ運用と呼んでいます。時価総額の割合どおりに投資をしていると、資本生産性が低くあまり利益があがっていない成績の悪い企業にも時価総額の比率どおりに投資をしなければいけないわけです。私はそれがよくないと考えています。

30兆円ものお金を、何の考えもなく、長期間にわたり資本コストを下回っている利益率しかあげていない企業、企業価値破壊企業であり、投資家からみると上場する資格がない企業に投資をすればどうでしょうか。経営者の人はそのような経営をしていても投資をされるので、経営規律が緩むことになります。本来はそういった企業は退場すべきにもかかわらずです。日本では、持合い等の課題があり企業価値を長期間にわたって破壊しているような企業も投資家から賛成票をもらい上場廃止にはなかなかなりません。海外ではそのような企業は、市場からのプレッシャーを受けて、他の企業に買収されたり、不採算事業を切り離すといった事業再編が実施されます。海外の株式市場では考えられないことが日本の株式市場では起こっているわけです。この30兆円のお金を活用し、たとえばＴＯＰＩＸからベンチマークをＪＰＸ日経４００に変えれば、資本生産性、ＲＯＥの低い企業は構成銘柄に入っていないため、売却することができます。パッシブ運用ですが、ＴＯＰＩＸからベンチマークを変更することにより資本生産性の低い企業を売却することができるわけです。

これは経営者にとってはよい意味で脅威になることだと私は考えており、経営規律を働かせるきっかけになると思います。パッシブ投資ですが、ベンチマークを変えることで経営規律を高めてもらう効果をもたせることができるのです。資本生産性を一つの指標にしたベンチマークを追加したことが、運用改革手段になるということです。しかし金額はまだ少額です。１・７兆円ですから、全体の投資額と比較すると小さな数字です。本当は20兆円、30兆円といった額の投資が望ましいと思われますが、株式市場の流動性に限りがあり徐々に変更しなければならず時間がかかります。以上をまとめると、パッシブだが、経営者に対していい意味での経営規律を高めることができるのではないかと考え、ベンチマークを変える行動を一部始めたというのが図表４‐16のポイントになります。

以上、有識者会議での提言内容の９割方はすでに解決、宿題は終わったと考えています。現在の最高投資責任者はリターン向上に貪欲で、賃金上昇率プラス１・７％の目標リターンを最小のリスクで達成するというマンデートを守りつつ、いま着々といろいろな施策が進んでいると考えています。

繰り返しになりますが、最後に残ったのが、図表４‐17のガバナンス改革です。いまは左のガバナンス構造になっています。この状態になる前は理事長と総務担当理事という、理事が２人しかいない状況でしたがいまは一人増やして三人になりました。総務担当理事、投資担当理事、理事長、この三人が理事ですがガバナンス構造が大きく変わったわけではありません。理事長から運用委員会にいろんな権限移譲をしていますが、やはりちゃんとしたかたちのガバナンス改革が必要ではないかと思います。

ガバナンス改革のポイントは、右にある独立的な理事会を作成し、政治的な圧力をＧＰＩＦがすべて排除できるたてつけにすることが眼目です。

（注）この案に近い法案が２０１６年３月に閣議決定され、２０１６年９月から始まる臨時国会で審議され12月14日に成立しました。

このあたりで私の話は終わらせていただき、残りの時間で何なりと自由に質問をお受けしたいと思います。ご清聴ありがとうございました。

■海外の先端的年金ファンドのガバナンス構造と同等
[パターン2]

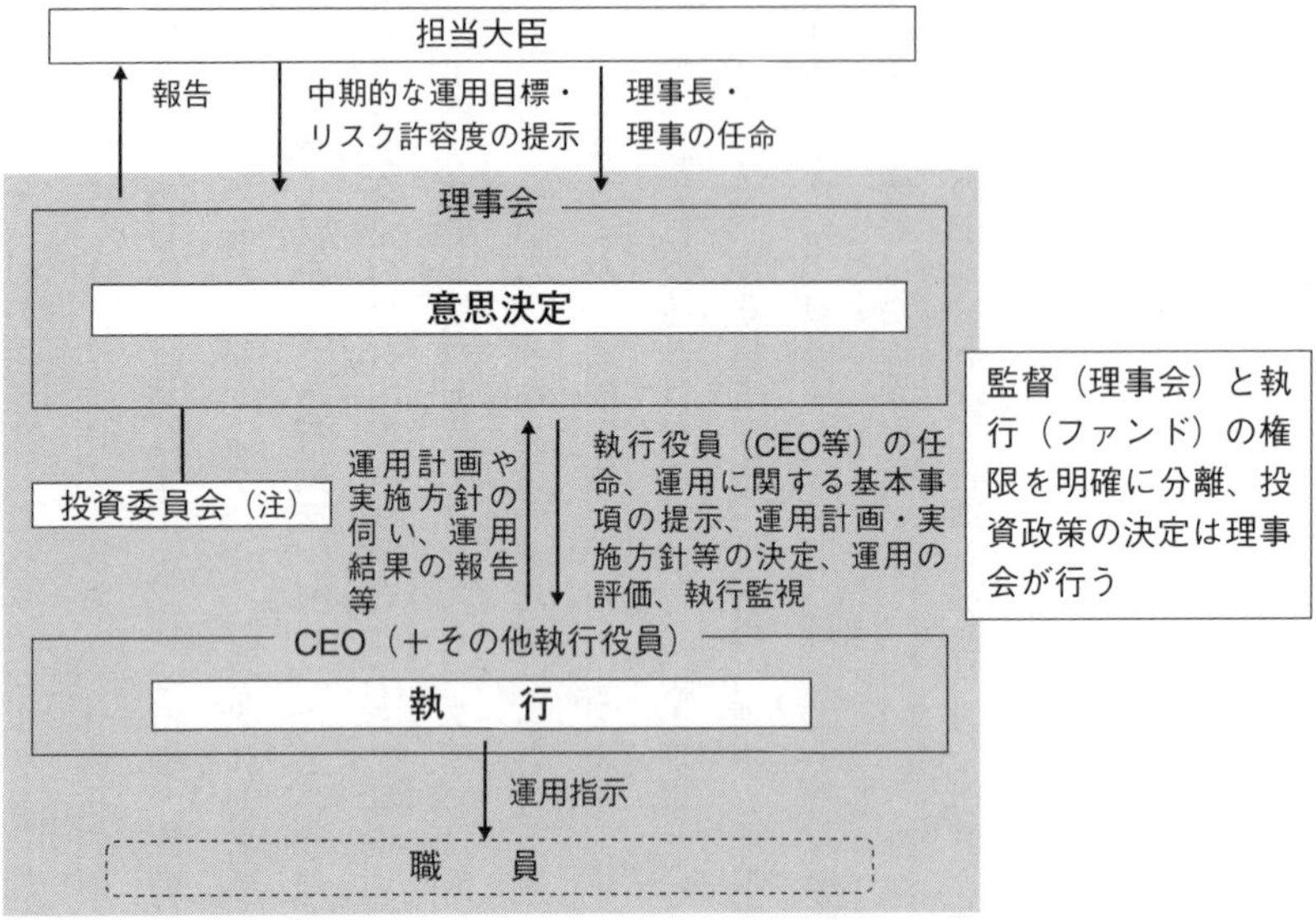

り具体的な運用計画・実施方針等については、一部の理事等で構成される投資委員会が
委員会等の設置についても検討。
告書」（2013年11月20日）より、野村総合研究所作成

図表４－17　GPIFの目指すべきガバナンスの方向性

■現在のガバナンス構造を踏襲し理事会機能を強化

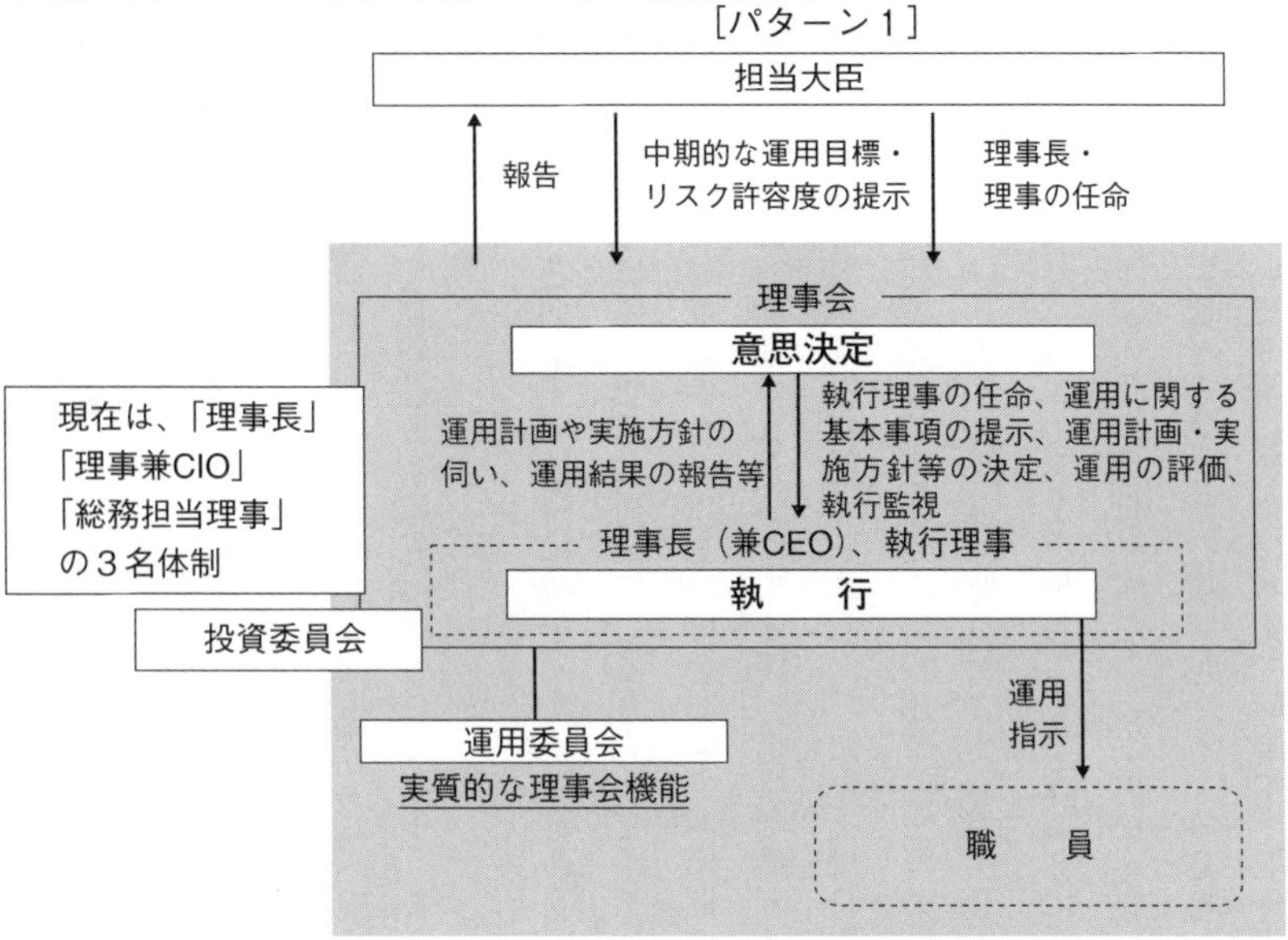

（注）　理事会本体は基本ポートフォリオ・運用対象等の基本的事項を審議・決定し、よ
　　審議・決定する仕組み。なお、投資委員会のほか、リスク管理委員会・ガバナンス
（出所）「公的・準公的資金の運用・リスク管理等の高度化等に関する有識者会議・報

3 質疑応答

質問　今回ガバナンス改革をすることが重要だというお話でしたが、ガバナンス改革のなかで、行動規範や投資原則の公開で透明性の確保が図られていくと思います。それによって他の投資家がＧＰＩＦの投資戦略を知ることで、投資において他の投資家に先んじられてしまうようなデメリットがあると思うんですけれども、その点をどう思われますか。

回答　ありがとうございます。投資は競争です。投資の手のうちをどのくらい明かすかということに関していうと、いまの執行部は非常に慎重に考えていると思います。情報の出し方は、たとえば資産配分比率も、現在の情報開示は出し過ぎではないかと私は思っています。四半期に1回出す必要があるのか。なぜかというと、投資の配分比率の上下の許容範囲は大きいんですが、市場関係者は皆この比率をみています。投資行動を悟られない意図も込めて、今回許容乖離幅を広くしました。たとえば日本株式の配分比率を25%±２%だとします。そうすると、23%になった時点で乖離許容幅から外に出てしまうので、もとの比率に戻すのではないかと投資行動の先を読まれるわけです。ＧＰＩＦの投資行動の前に投資されてしまうと、ＧＰＩＦが高い価格で購入したり低い価格で売却することになり、国民のお金を損してしまうことになります。私はそれが嫌です。乖離許容幅を非常に大きくしておけば、上下限の比率に抵触することが少なくなります。ほぼ常に乖離許容幅の内側にいることになり、上下どちらの投資行動をとるのか投資参加者からみるとわかりづらいことになります。そういう意味からいうと、情報の出し方はいま非常に慎重に考えています。配分比率の出し方も含めて、いまのところ余計なディスクローズを少なくするというのが私の個人的な意見です。

マネジャーストラクチャーも同じです。今回スマートベータという投資戦略を採用しました。これもＧＰＩＦが採用したから投資戦略に組み込まれる銘柄の値段が上がったとかいわれます。投資戦略に組み込まれる銘柄は周知の事実です。ＧＰＩＦが投資戦略の割合を公開することにより、この銘柄は買われるのではないかといった思惑による売買を誘発する可能性があります。銘柄を買う前に価格が上昇し、結局、われわれが損をするということにもなりかねません。したがっておっしゃるとおり、どのくらいの情報を公開するのがいいのかという点は重要です。私はすべて国民目線で考えたいと思っています。つまりＧＰＩＦのリターンが損なわれるような情報開示はしたくないということです。しかし、投資原則は投資の基本的な考え方、当たり前のことが書いてあります。たとえば、株式のほうが債券よりも長期でみるとリターンが高いと考えているとかいったことです。そういったことはグローバルな年金ファンドはすべて公開しています。そこについての情報を出すことによって手のうちを見抜かれるということはないのではないかと思っています。質問の意図は非常によくわかり、われわれが預かっているのは国民のお金であり、それをなるべく毀損したくありません。投資の手のうちはその範囲でディスクローズを考えながら、これからやっていくべきと考えています。

質問　ガバナンスのお話ですが、執行と監督を分けるということですが、分けるということは会社とかではやられることかなと思っていて、それが具体的にどのように機能するかということについてお聞きしたいと思います。

回答　年金ファンドの場合の監督と執行を分けるというのは非常に単純です。監督といっても全部の権限を年金ファンドの執行部に対して与えるわけではありません。２０１４年に決めたような政策アセットミックス、そういった根幹になる意思決定は理事会で行います。リスク許容度の大きさも理事会で決定し、その決められたリスク許容度のなかでベストを尽くすのが年金ファンドの仕事になります。監督と執行の分離というと、執行部が全部決めて、それを理事会がチェックするだけと思われるかもしれませんけれども、年金ファンドの場合の監督と執行は意味合いがちょっと違います。５年間程度変更しない政策資産配分の比率の決定は、監督権限のなかに入っているのが普通です。

私は運用委員の一人として政策資産配分比率の案をＧＰＩＦに提案しましたが、このような意思決定は監督権限のなかに今後も含まれると思っています。一方、どの運用マネジャーを選定するとか、定められた許容範囲のなかでいまどのくらいのポジションにするとかいったようなことは、執行部にすべてお任せする。われわれは相場をみているわけではありません。そのような投資判断は毎日相場をみている執行部の方にお任せするというのが、年金ファンドにおける監督と執行の典型的な例です。私は、どういうマネジャーを採用するかといったようなことについてはいっさい関知しません。私はマネジャーのことをよく知っており、そのような権限があればこっちを採用しろとか、どうしても細かいことに口を出したくなります。それは普通の企業でもよく起こることで、監督権限をもつ人は詳細な執行事項に口を出してはいけません。だいたいの政策だけを決め、細かなことは執行部に任せる、そのような役割分担をしている年金ファンドのほうがパフォーマンスがいいという実証研究も出ています。したがってそういった意味での監督と執行の分離だと理解していただければ結構かと思います。

第5章

証券会社からみた貯蓄から投資への流れと投資信託

みずほ証券常務執行役員　幸田　博人

（2015年11月4日）

みずほ証券の幸田です。どうぞよろしくお願いいたします。「証券会社からみた貯蓄から投資への流れと投資信託について」と題してご説明をさせていただきますが、まず、①「証券会社からみた国内個人金融資産の動き」で、国内個人金融資産に係るマクロ的なことをベースにしながら、証券会社として何を意識して、どういうことを指標としてみているのかというあたりをお話しさせていただいて（203・213・217ページ）、その後、②「証券会社とビジネスモデルの変化」で、貯蓄から投資への流れのなかで、証券会社のビジネスモデルに変化があるのか、米国の証券会社のビジネスモデルや、フィデューシャリー・デューティーということもふまえて、証券会社として何をやろうとしているのかをお話ししようと思っています（220ページ）。その後、③「投資信託について」で、一部ラップ口座の話も入っていますが、概論的な話をさせていただき、投資信託が伸びてきている状況と、どのあたりに課題があるのかについてお話ししたいと思います（228ページ）。

補論として三つばかりご用意させていただいています（238ページ）。一つ目は、英国の当局監督のあり方がかなり変わってきているので、その背景と、証券業界としてどういう認識をもって、特にリテールビジネスとのかかわり合いをみないといけないのかをお話しして、それから二つ目はＮＩＳＡ（少額投資非課税制度）について触れさせていただいて、そのうえで三つ目として金融リテラシーの重要性についてどう認識し、どう考えるのかをお話をしようと思います。

1 証券会社からみた国内個人金融資産の動き
――マクロのデータ

図表5－1の上のグラフは過去約35年間の日本の個人金融資産（家計）の残高推移です。1980年代、1990年代、2000年以降、それぞれの金融資産の規模の増加をみていただくと、1980年代は10年間で約2・7倍、1990年代は1・4倍、2000年代は、主にリーマンショック等もありましたので、あまり伸びていないということになります。足元はご承知のとおり非常に伸びてきていますので、少し様相が変わってきていますが、基本的には、世界各国のなかで、日本の個人金融資産の伸びはかなり鈍化してきています。絶対金額として約1700兆円ありますが、海外各国との格差がだいぶ詰まってきていますので、この個人金融資産をいかに有効に活用していくのかが非常に大事だという認識をもっています。

ご承知のとおり、このうち約半分が現預金になっていて、残高構造は大きく変わっていないので、証券会社の立場からみると、貯蓄から投資に必ずしも向かってきていません。政府も2000年以降の小泉改革から、政策的な側面を含めて、かなり貯蓄から投資に振り向けようとしてきているわけですが、必ずしも流れが定着していないというのが、リーマンショックもありましたけれども、2010年くらいまでの状況です。一方で、アベノミクスのなかで、貯蓄から投資に向かい始める動きがそれなりに出ていますので、この動きが加速化して定着するかどうかが、日本経済にとっても日本の資本市場にとっても非常に重要です。

図表5－1の下にある個人金融資産のマネーフローの資金過不足のグラフをみてください。2000年代前半では、投資信託のマネーフローの入りがかなりある一方、株式と債券はマイナスになっています。日経平均もかなり上

図表5－1　国内個人金融資産の動き（中長期のトレンド）

■個人の金融資産（家計）の残高推移

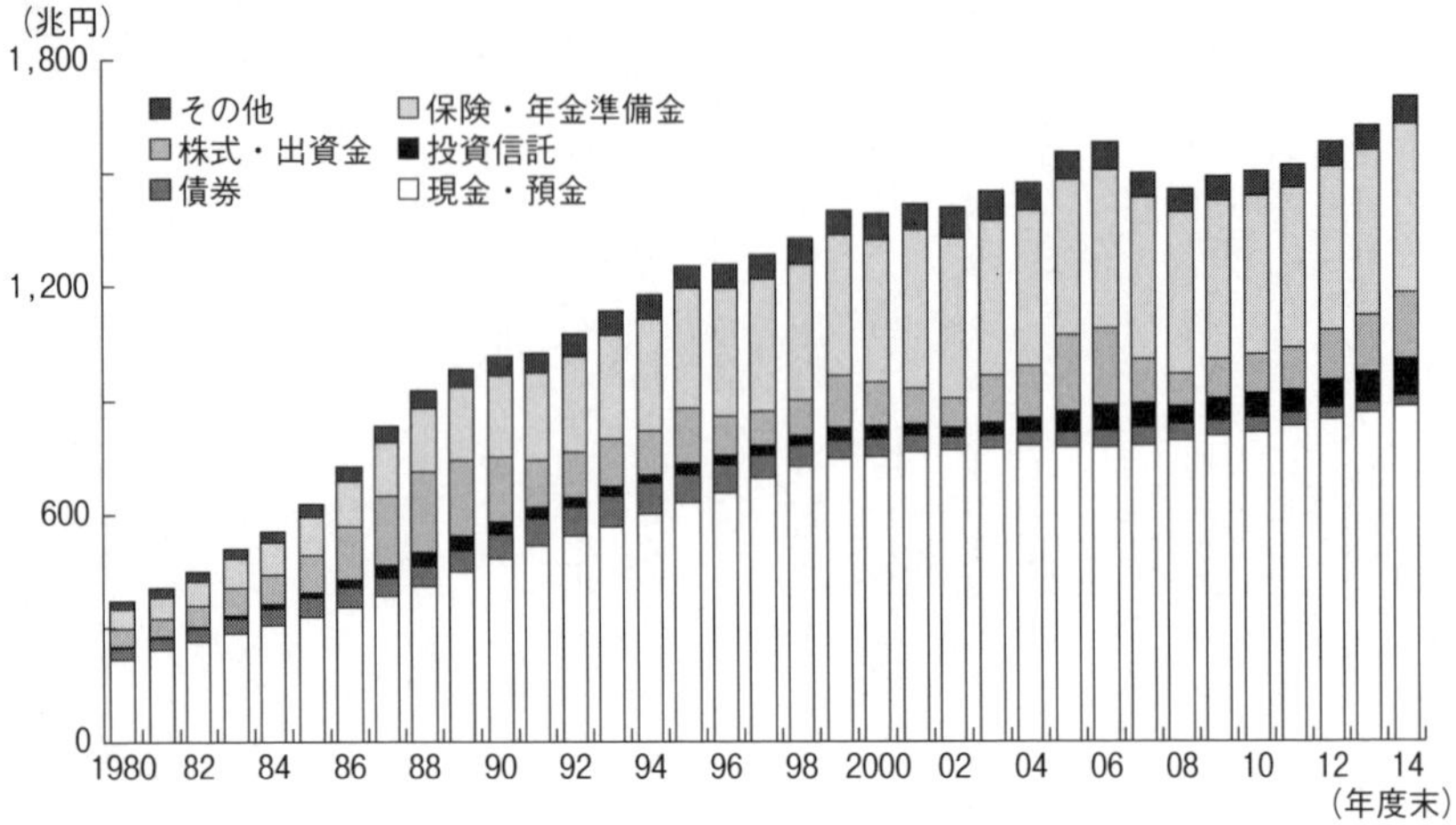

■個人の金融資産（家計）の資金過不足（フロー）推移

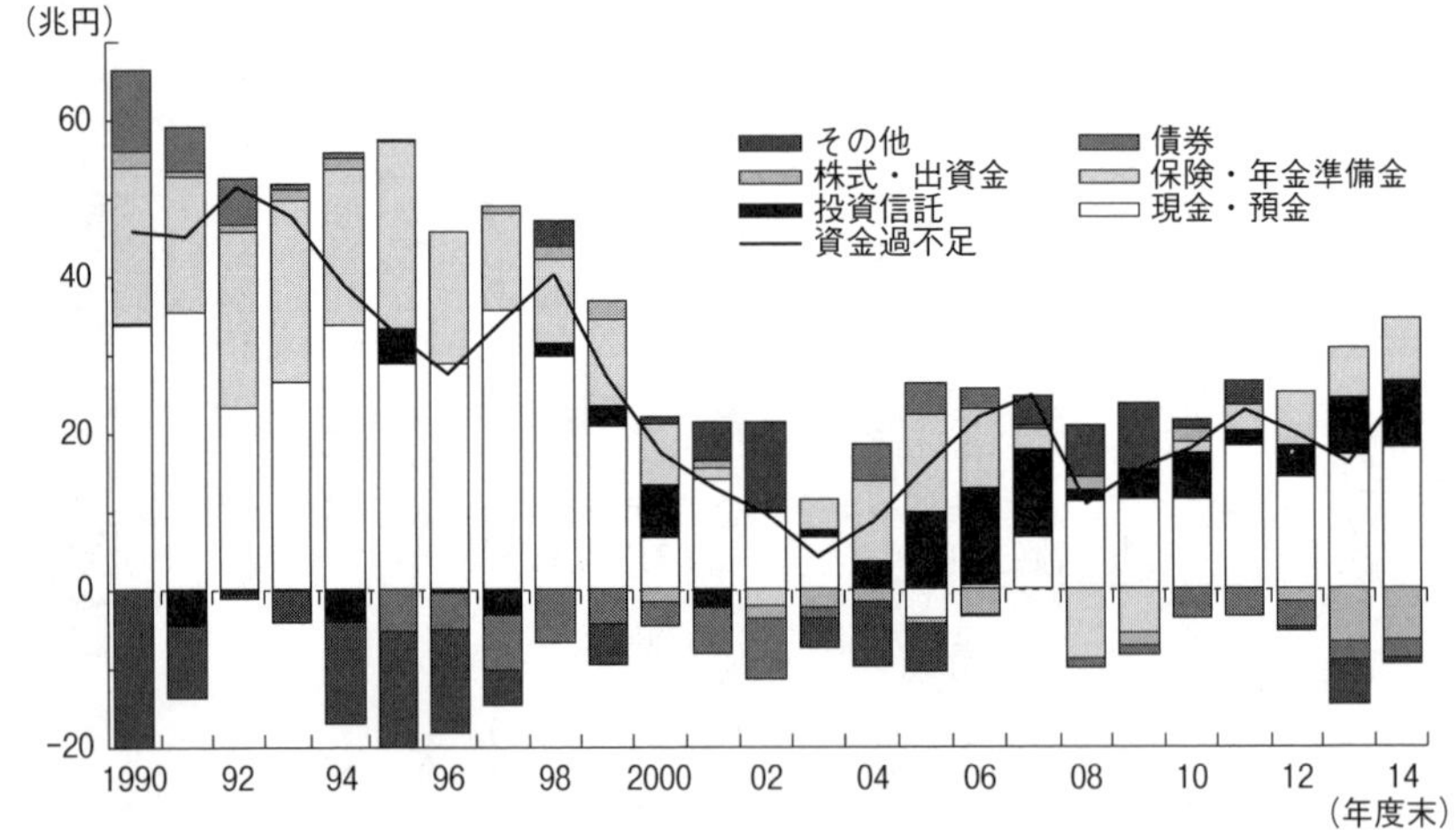

（出所）　日銀資金循環

昇してきていますが、個人の金融資産という観点でみると、必ずしも株式、債券への流入が進んでいません。日本の株式市場は、いま、フローでいうと7割弱くらいが外国人投資家になるなど、かなり外国人投資家のウェイトが高くなっていて、日本の個人の資産からの流入はあまり増えていないということです。

投資信託にはさまざまな商品があって、海外の資産を含めたアセット・アロケーションをした投資信託が相当増えているなかで、販売上、特に海外投信のウェイトが高くなっています。このため、投資信託の販売が増えても、日本の企業の株式や債券に対する資金の流入が低迷しているということは、日本経済や日本の資本市場との関係では、必ずしも資金フローの循環上プラスに働いていない面があるという理解もしていただくといいのかなと思います。

日本の個人金融資産の構成では現預金のウェイトが全体の半分以上を占めており、図表5－2の上のグラフにあるとおり、米国あるいは欧州と比べてかなりウェイトが高くなっています。株とか投資信託とか債券といった、リスクマネーに対する投資のウェイトが少ないのが、日本の経済の資金循環や日本の資本市場の投資家層の薄さ（脆弱性）につながっていて必ずしもプラスに働いていないということです。

もちろん、リーマンショックの時に、日本のこういう個人金融資産の構造が、逆にいえば、日本の経済や金融に与えるダメージが小さかったという側面で議論される場面もそれなりにあるわけですが、一方で、リスクマネーにお金が回りにくいという意味においては、日本の経済の発展や日本の資本市場の構造に対して制約要因になってきたのではないかと思います。そういう意味では、時間がかかると思いますけれども、ストックベースで欧州くらいのところまで、個人の金融資産の構造が変わっていくと、大きなインパクトを与えるのではないかという認識をしています。

図表5－2の下のグラフは、各国個人金融資産の推移を指数化したものです。1990年から2014年くらいまでの期間でとると、明らかに日本の個人金融資産の伸びが低いのがみていただけると思います。「失われた20年」ということもありますけれども、これだけ個人金融資産の伸びが低いと、おのずと米国、ドイツとの経済格差が出てく

図表5－2　国内個人金融資産の動き（海外との比較）

■各国個人金融資産の構成

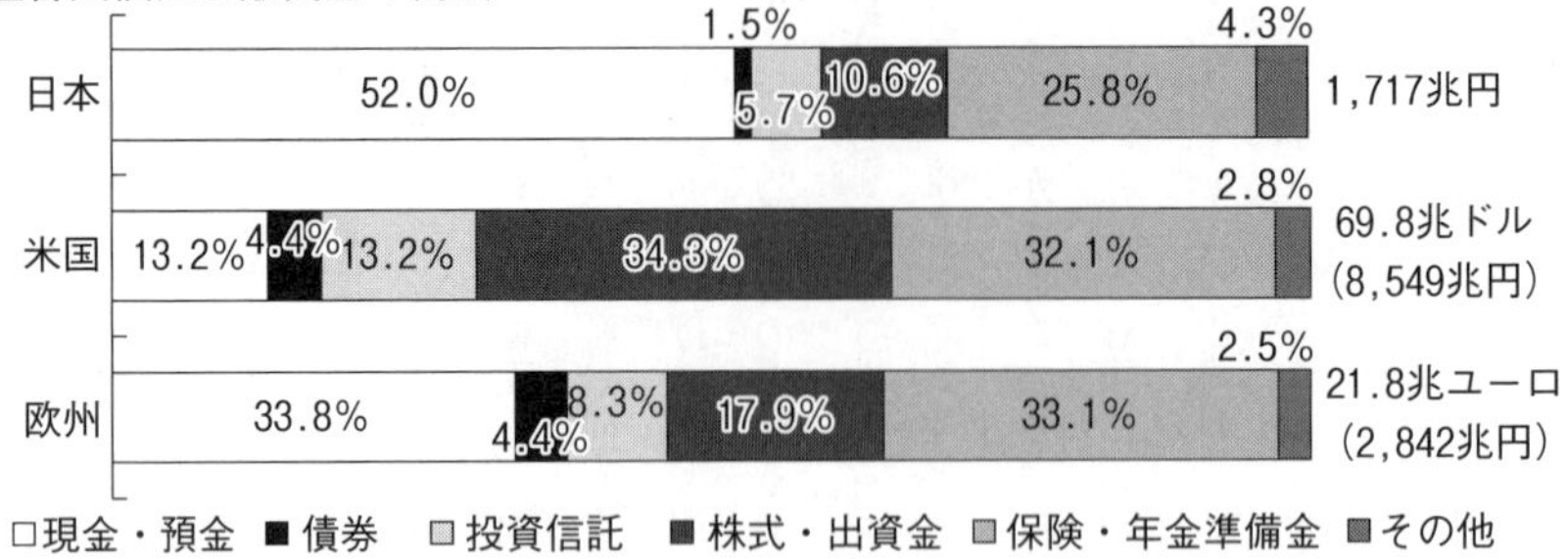

（注1）　日本、米国は2015年6月末、欧州（ユーロエリア）は2015年3月末。

（注2）　為替レートは米国は2015年6月末、ユーロは2015年3月末のレートで換算。

（出所）　日本銀行資金循環統計

■各国個人金融資産の推移（指数化）

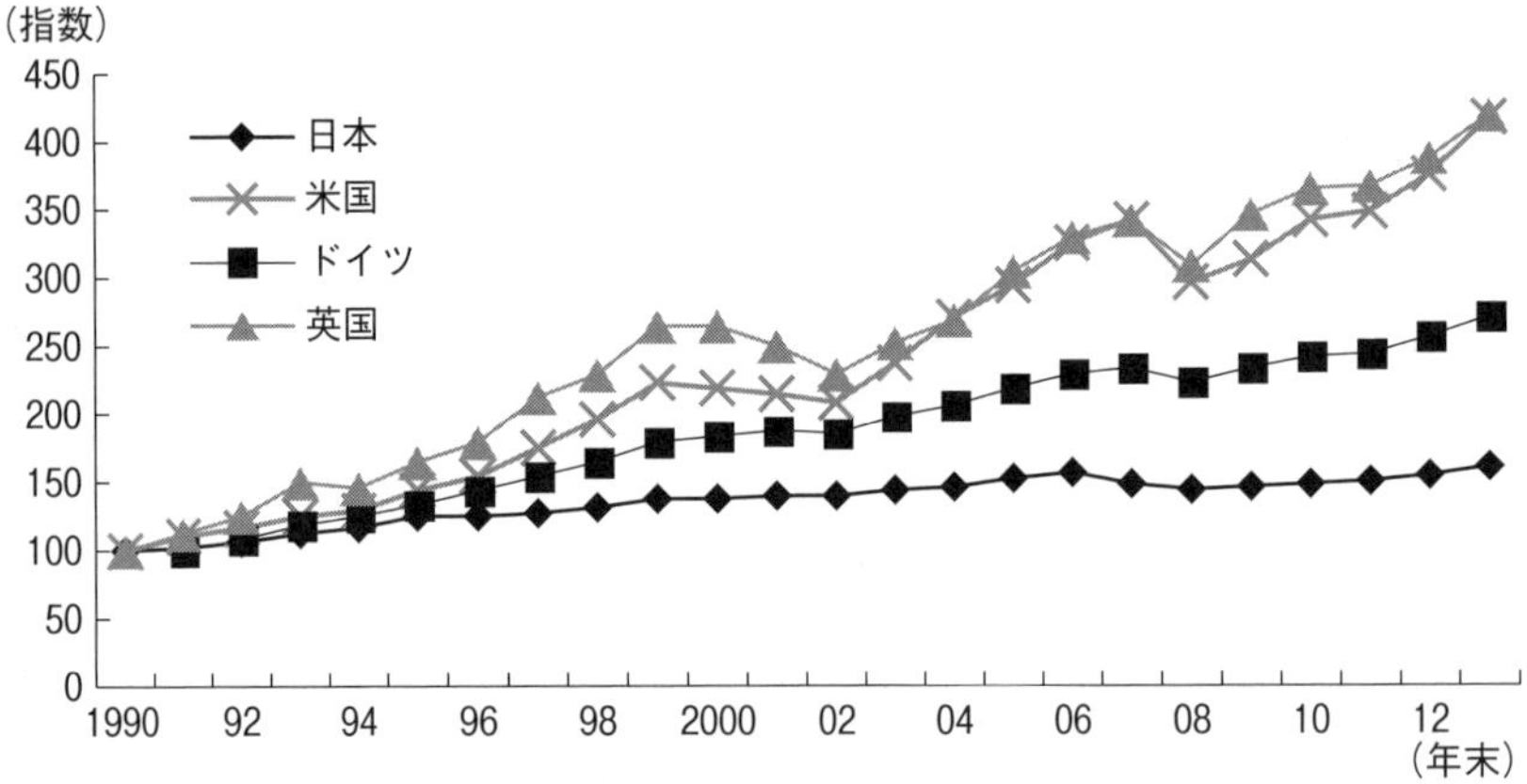

（注）　現地通貨ベースで指数化。

（出所）　日本：日本銀行、米国：FRB、ドイツ、英国：ECB

るということもありますし、金融資産の伸びが低いなかで、日本は金融資産の構成が変わっていないことと相まって、日本経済全体や日本の資本市場構造に与えている影響は大きいということです。

証券会社のビジネスとの関係でいえば、ストックに占める株とか投資信託とか債券が増えてくるとビジネスの広がりが出てくるということはあるわけです。資本市場における仲介者としての証券会社は、個人からの資金フローをダイレクトに担う部分が相当ありますので、金融資産の伸びが低いのは、GDPの成長率が伸びていないことで株式市場が低迷していることにも当然リンクしてくるわけですけれども、投資に向かう資金のフローが広がっていないことが日本経済に対するダメージも与えていると認識をしています。

図表5－3で、1世帯当りの家計貯蓄残高（左側）、年齢別の収入・消費支出（右側）をみていただければと思いますが、当然、60歳以上の方がある程度の貯蓄残高をもっていて、60代の方と70歳以上の貯蓄現在高は1世帯当り約2500万円になっています。住宅ローンの返済が40代から50代くらいまで続きますので、そういう意味では、貯蓄が急激に増えるのは、もちろん退職をするタイミングということもありますが、住宅ローン完済後の世代の貯蓄が多くなります。

1世帯当り2500万円くらいの貯蓄をもっているということなので、証券会社の顧客層の大宗が60歳以上の方です。これは銀行の顧客層と明らかに違うわけです。大学を卒業すると、あるいは大学に入ると銀行預金口座を自分でもつと思いますが、たとえばみずほフィナンシャルグループで申し上げれば、みずほ銀行とみずほ証券では10倍以上口座数が違うわけです。もちろん、銀行と証券会社の機能が違いますから、一概に比較できるわけではないのですが、証券会社に口座をもたれる方は60代以上の方が中心になっているのも、口座数に開きがある一因です。

そういう意味では、リタイア層や高齢者の方とどういうかたちで取引をするかとか、あるいはどういう内容で投資の話をしていくのかは大事な話です。また、現在は高齢化率が高くなっているなかで、相続財産も増えてきているわ

■1世帯当りの年齢別・収入と消費支出 （月平均/円）

	二人以上の勤労者世帯				高齢無職世帯	
	～29歳	30～39	40～49	50～59	夫婦	単身
実収入	385,974	485,909	565,697	590,727	207,347	112,207
勤め先収入	360,417（93％）	456,665（94％）	541,422（96％）	570,617（97％）	2,950（1％）	0 －
社会保障給付	13,448（3％）	18,698（4％）	12,274（2％）	8,465（1％）	190,800（92％）	103,767（92％）
その他	12,109	10,546	12,001	11,645	13,597	8,440
消費支出	247,177	272,884	328,118	354,119	239,485	143,263
食料	46,493（19％）	61,198（22％）	74,750（23％）	76,165（22％）	60,869（25％）	33,493（23％）
住居・光熱費	53,138（21％）	45,164（17％）	40,997（12％）	44,665（13％）	37,200（16％）	27,250（19％）
生活用品	19,784（8％）	23,234（9％）	24,985（8％）	26,374（7％）	16,728（7％）	9,994（7％）
保健医療	8,749（4％）	9,197（3％）	10,367（3％）	12,068（3％）	14,635（6％）	7,606（5％）
交通・通信	55,150（17％）	48,473（18％）	56,077（15％）	57,348（17％）	26,825（11％）	13,412（8％）
教養娯楽	17,142（8％）	28,744（10％）	34,137（11％）	30,406（9％）	25,968（11％）	16,257（11％）
交際費	12,270（5％）	12,105（4％）	14,509（4％）	22,199（6％）	28,749（12％）	20,453（14％）
その他	34,451（14％）	44,769（16％）	72,296（22％）	84,894（24％）	28,511（12％）	15,221（11％）

（注1） 高齢単身無職世帯とは、60歳以上の単身無職世帯。
（注2） 高齢夫婦無職世帯とは、夫65歳以上、妻60歳以上の夫婦のみの無職世帯。
（注3） 高齢夫婦無職世帯の勤め先収入には、世帯主の配偶者の収入が含まれる。
（出所） 総務省 家計調査（2014年）

図表５－３　国内個人金融資産の動き（年齢階級別）

■１世帯当りの年齢・種類別貯蓄現在高

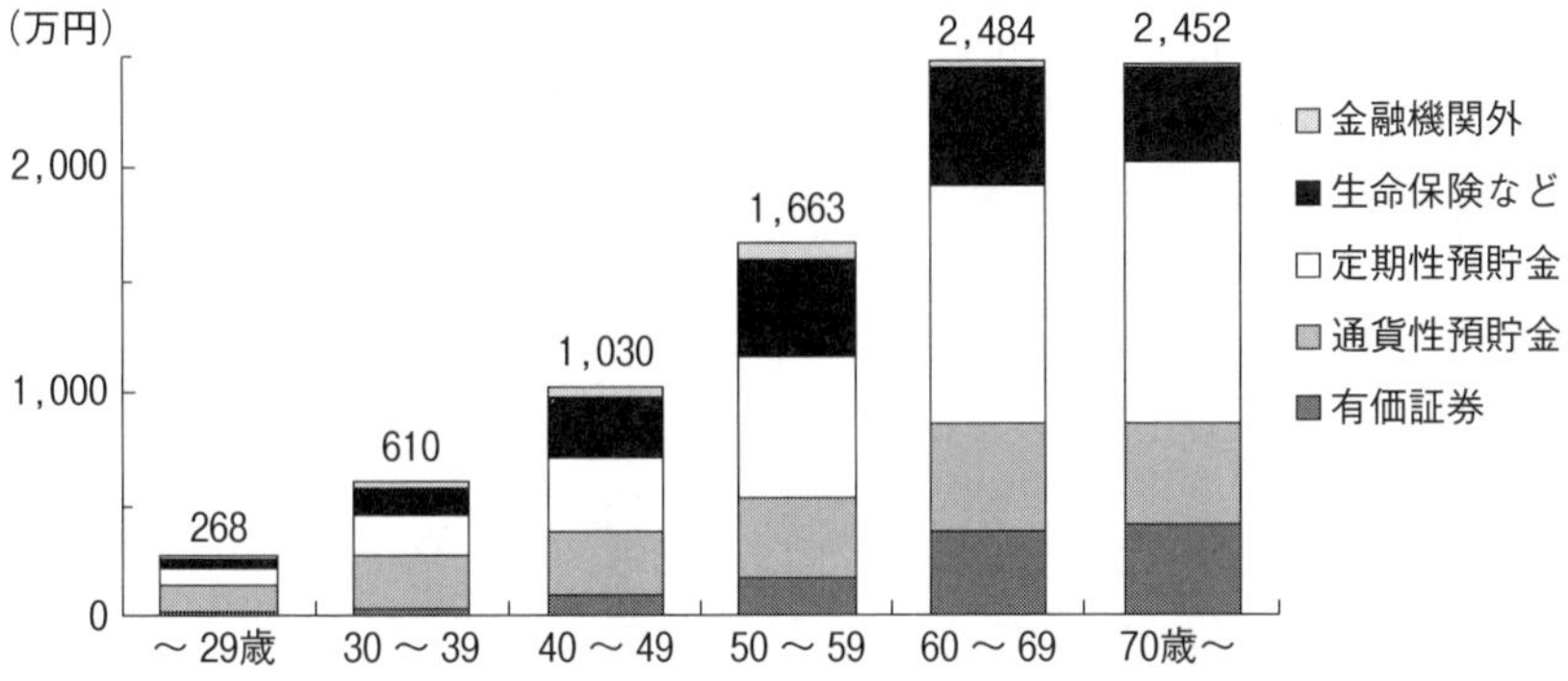

■世帯主が60歳以上の属性分布

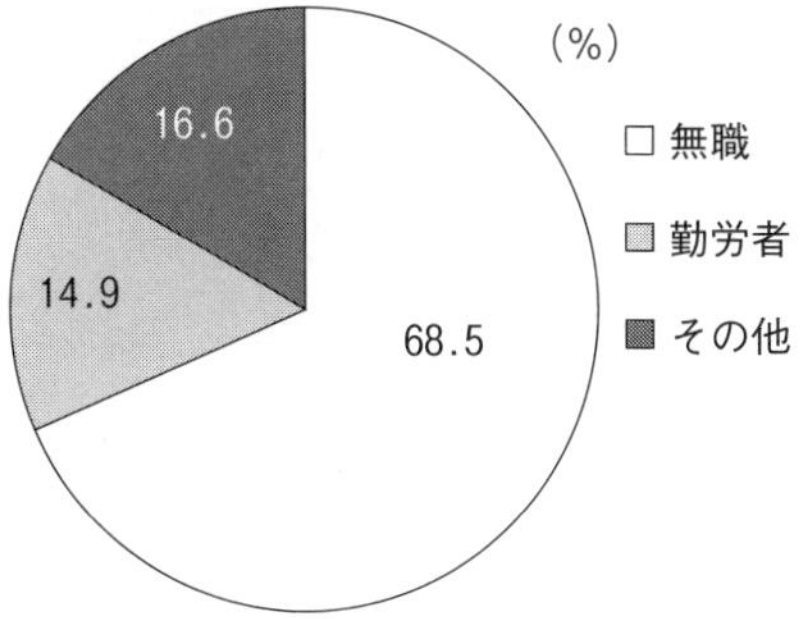

（出所）　総務省 家計調査（2014年）

けで、相続の場合は、40代から50代の方に財産の移転が行われてくることになるわけです。この財産の移転は、当然昔もあったわけですが、最近、高齢化率が進んでいる流れのなかで、次世代への財産の移転が一つの大きなテーマになってきています。

図表5－3の右側の表の収入と消費も、みていただくとわかるように、40代、50代の実収入が月間ベースで60万円くらいで、消費支出が30万円くらいですので、キャッシュフロー上は、実収入から消費支出を引けば、プラスですが、この外側で、消費支出ではないけれども、ローンの返済があります。いろいろな調査をみていると、50代前半から半ば過ぎくらいに住宅ローン等の返済が終わって、そこから急速に貯蓄が多くなってくるという構造にあります。一方で、高齢者世帯は、収入と消費が大体見合うということです。ただ、最近は消費のほうが少し多くなる世帯が増えているので、実際には貯蓄を取り崩していくということで、日本の場合、高齢化率が急速に高まっているなかで貯蓄率が下がってきているという構図になっています。

高齢化率がここまで高まってくると、当然ながら、将来的には貯蓄の取崩しが増えて金融資産全体が減少してくる可能性が高いのではないかとか、あるいは、親世代から子世代、次世代に資産移転がどういうかたちで進むのかということ等が個人金融資産の構造に影響を与えますので、今後はかなり変わってくるのではないかと思います。いまのところ個人金融資産の伸びが確保されていて、2000兆円くらいが視野に入るだろうということですが、一方で、この高齢化率との関係で、どこまで続くかについては結構懐疑的な見方も強いので、そういう意味では、個人金融資産が、ある程度の運用利回りが確保できる状態のなかで増えていくということも不可欠ではないかと思います。

もう一つ、いま説明していたこととの関係でいうと、図表5－4の上のグラフに家計貯蓄率の国際比較をつけてあります。この国際比較ができるベースは、国民経済計算ベースで比較できるので、そのデータでとっていますけれども、ドイツの家計貯蓄率が10％前後ということでずっと維持できています。日本は、昔は非常に高かったわけですけ

図表5－4　国内個人金融資産の動き（貯蓄率）

■家計貯蓄率の国際比較

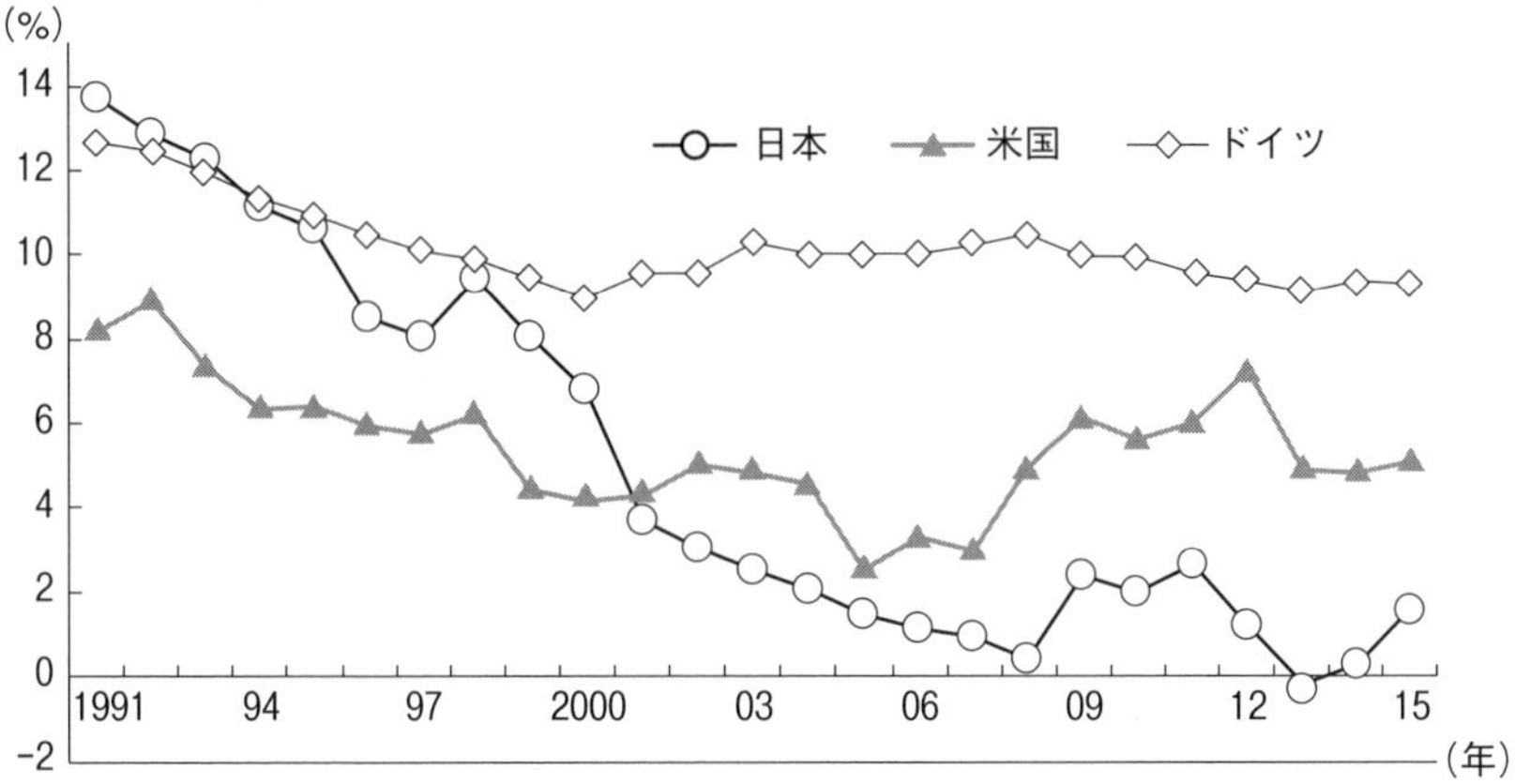

（出所）　OECD

■貯蓄率の年齢階級別推移

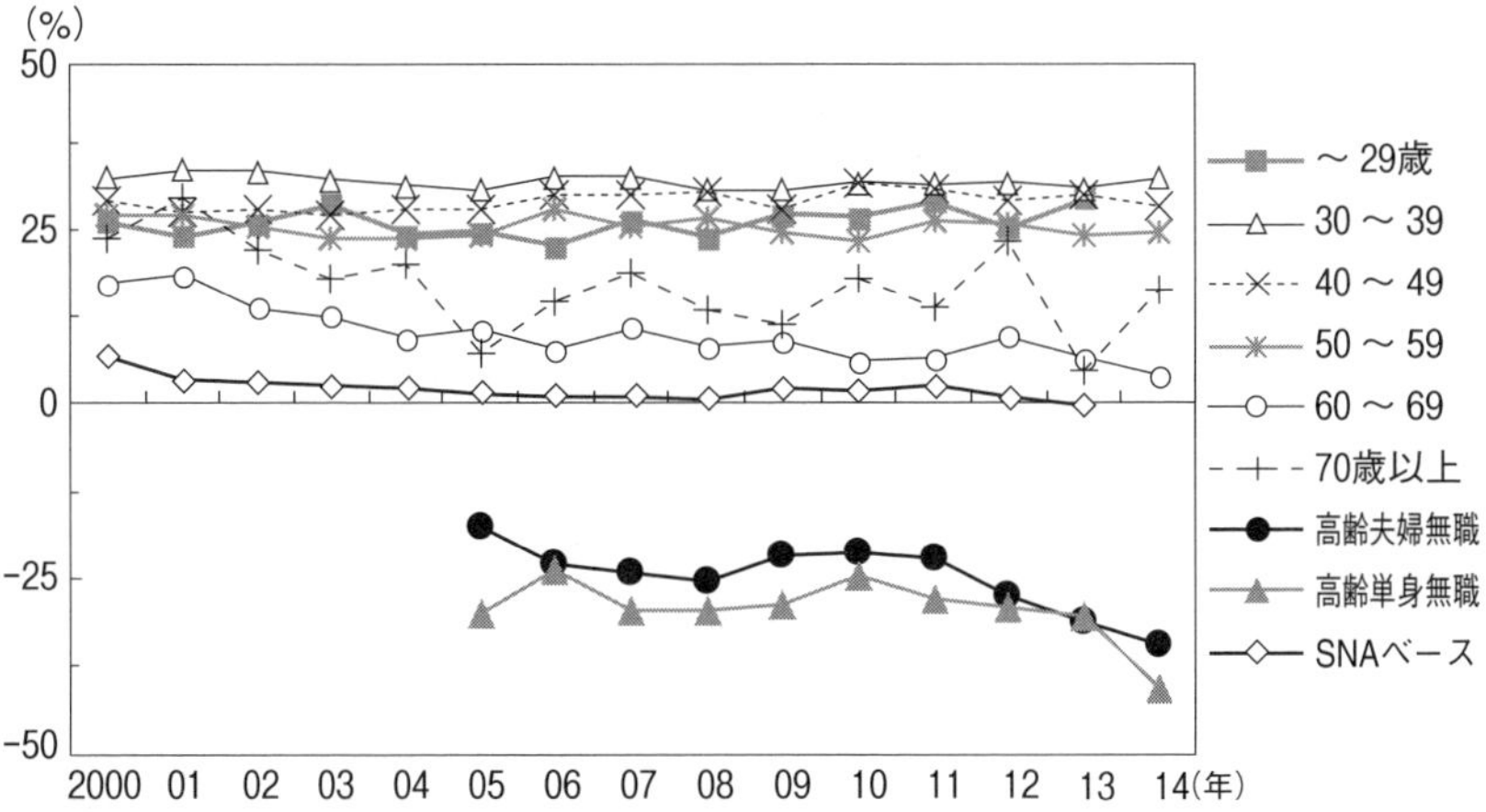

（出所）　総務省 家計調査、国民経済計算

れども、急速に下がってきて、2000年代に入ってゼロから2%くらいのところで推移しています。これ自体は、基本的には、高齢化率が高まるなかで、当然貯蓄を取り崩していく行動が大きいので、この人口構成の変化の影響がいちばん大きいです。いわゆる労働分配率の関係の影響は必ずしも大きくなくて、基本的には人口構成の変化が家計貯蓄率の国民経済ベースに大きな影響を与えている状況にあります。

また、図表5－4の下のグラフの年齢階級別をみていただくと、これまでは、ゼロより下にあるのが高齢夫婦無職、高齢単身無職、ゼロより上が実際の勤労世帯ということです。少子高齢化なので今後は、上の貯蓄率が多い人たちが少なくなってきて、下の取り崩している層がどんどん増えている構図になってくると思われます。

高齢者の貯蓄取崩しの規模が今後大きくなるので、資産運用のパフォーマンスがある程度あがらないと、当然先ほど申し上げた1700兆円という国内の個人金融資産が伸びない、あるいは減ってくることになります。

われわれ証券会社としても、マクロのこういったデータを常にみながら、高齢化が進むなかで、実際に貯蓄残高がどういう動きになっていくのか、一方で、高齢化層がもっている資産が次世代にどう移転されていくのか、あるいは金融機関として移転していくためのサポートをしないといけないと認識しているということです。

2 証券会社からみた国内個人金融資産の動き
——販売チャネルの広がりとビッグバン

国内個人金融資産の動きに大きな影響を与えていることとして、販売チャネルの広がりがあります。ここ20年間くらいをみると、いくつかポイントがあるのですが、一つは、金融ビッグバンに伴って株式委託手数料の完全自由化が1999年10月にスタートしています。この株式委託手数料の完全自由化によって何が起きたかというと、家庭へのインターネットの本格的な普及もあり、個人の株式取引において、インターネットの取引が爆発的に増えたということです。このタイミング以降、ネット証券が相当出てきて、いま、大手5社に集約化されていますけれども、個人の株式取引の8割から9割がインターネットを通じて行われています。既存の証券会社にとっては、2000年頃までは、株式の委託手数料が収入のかなりの部分を占めていたわけですが、委託手数料自由化のなかで、必ずしも株の委託手数料の仕事がメインの仕事でなくなったという一つのきっかけになっています。この結果、インターネット証券を除くと、いわゆる大手は、株の取引はもちろん行いますが、投資信託の販売であったり、外債を販売したり、国内債を販売するとか、あるいはIPOの引受けをして販売をするとか、そういう募集物といわれている仕事にかなりシフトしたということが起きています。

2000年以降、証券会社のリテールとか国内の個人金融資産向けの取引のかなりの部分が株の取引以外に変わっていくなかで、店頭であるいは電話でこの株はどうなりそうかとか、マーケットがどうなりそうかとか尋ねられても、3~4年目の営業員くらいまでは投資信託と外債の販売が中心になっていて、株の話については十分にはできなくなっているということが起きていた面もあって、2012年12月からのアベノミクスで株式市場がグーっと上がっていった時に、株の取引もいろいろな取引の仕方があるものですから、教育しないといけないということも出てきたりと、それくらい委託手数料の完全自由化の影響が大きかったわけです。

もう一つのポイントとしては、資産運用という観点でいうと、銀行の投信窓販、あるいは郵便局の投信販売、それから金融商品仲介もそうですが、いわゆる販売チャネルを多層化していこうという動きが規制緩和とともにかなり進んできました。

これは金融の制度として、米国では1920年代後半からグラス・スティーガル法のもとで、銀行と証券の分離政策がとられていたわけですが、それを日本も戦後、米国の指導のもとに導入しました。これは、たとえば、典型的なケースとして、非常に危なくなった企業が社債を発行し、その時に、個人に社債を販売して、その社債を販売して入ってきたお金で銀行がこの企業から返済をさせ、その後企業が倒産するという事例の場合、銀行は企業からの貸金を回収できたけれども、社債を購入した人は損失を被ります。こうした事象もふまえて、銀行と証券との間の垣根（業務範囲規制等）ができ、日本も戦後それを導入しました。

また、日本の戦後復興のなかで、銀行については、長期信用銀行、信託銀行、あるいは商業銀行、地方銀行と、それぞれ専門的な金融機関をつくることによって、戦略的に資金が必要な企業等に長期の資金や短期の資金を割り当てて、日本の高度経済成長を金融面から担保しようということを、1950年代から1970年代に政策的にやってきたわけです。これが、1985年のプラザ合意以降、日本経済の大きな構造変化のなかで、政策的に金融のある種の総合サービス化とか、あるいはさまざまなサービスをどういうふうに顧客に提供するかという観点も含めて、相互乗り入れとか、あるいは金融グループとしてワンストップショッピングができるようにしようと、1992年に金融制度改革法ができて、1993年に施行されました。スタートは、銀行が証券会社とか信託銀行を子会社としてもてます、証券会社が銀行の子会社をもてます、という相互乗入れの形態を、子会社方式をとることで利益相反を抑えながら、金融業としての一体的な運営とか顧客向けの総合サービスができるようにしましょう、ということで始まったわけですが、やや漸進的というか、段階的な相互参入でした。その後、１９９８年の金融ビッグバンで金融制度改革が本格的に行われて、同時に、資産運用面でも多様なチャネルでいろいろな商品が購入できるようにしましょうということも始めて、それなりに定着してきています。

こうした流れのなかで、チャネルは多様化しましたが、投資信託の販売は、いま、株式投資信託で残高は１００兆円前後ですが、この規模は、多様な施策との関係でいえば、想定よりもまだまだ小さいわけです。なぜ伸びが低いのかということについては、担い手サイドの問題もありますし、実際の投資家サイドとしての個人、これは後ほど申し上げますが、金融リテラシー的な観点の問題もあります。こういうことを含めて、貯蓄から投資への流れが十分進んでいないのが一つの大きな論点です。このチャネル多様化の施策自体は、投資家保護を行いながら、できる範囲の拡大は相当できてきていると思いますが、これだけのことを行いながらも貯蓄から投資に必ずしも向かっていないということは、もう一つの課題ではないかという認識をもっています。

制度の関係でもう少しだけ申し上げると、金融ビッグバンの時に、「フリー」と「フェア」と「グローバル」という、三つの旗印で制度改革を始めたわけですが、当時の目的として、「１２００兆円の個人貯蓄の効率的な運用」ということも入っています。金融ビッグバンの段階では、どちらかというと、為替を自由な取引にしましょうとか、あるいは先ほど申し上げた業界の垣根を取り払った担い手の話であるとか、手数料を自由化するということで、「フリー」が一つの大きな目的だったわけです。

一方で、「グローバル」という観点では、会計制度の国際標準化がここで掲げられたわけですが、これは株式市場に海外の投資家が入ってくる一つのきっかけになっているわけです。たとえば、ＰＥＲという指標がありますが、これが世界的な基準にだいたいあってくるといったことも会計基準の標準化のなかで比較可能となってきたので、このビッグバンで行ったことが、いまの日本の資本市場の枠組みのベーシックな部分をつくっているということになると思います。

他方、1996年に公表した、2001年までに東京市場がニューヨーク、ロンドン並みの国際金融市場として復権するということについては、たとえば東京株式市場の時価総額の世界でのウェイトは、1990年代は20％強、ピークは30％近くありましたけれども、現在7～8％ですので、世界の金融市場のなかで東京市場が国際化していくことの道筋がある程度つけられていたけれども、復権にはなっていないということが現在の状況です。個人金融資産は1200兆円が1700兆円まできていますので、これがどのように効率的に活用されるのか、先ほど申し上げたストックの比率も含めてまだまだ十分ではないので、こういうところは考えていかなければいけないだろうと思います。

さらに、制度の枠組みや仕組みとしては、その後の金商法の制定も含めて、かなり整ってきたのは間違いないと思います。ただ、整ってきているなかで市場の担い手の機能の高度化であるとか、あるいは投資家層の広がりや厚みであるとか、こういうある種のベーシックな構造についてもう少し対応が必要な面があると思います。

そういう意味では、制度やルールの整備が進んでいる面がある一方で、たとえば、担い手がプリンシプルベースで物事を考えなければいけないということが、まだ十分できていないので、かなりソフト面の話も含めて動いていかないと、この日本の資本市場の構造は大きく変わらないのではないかという感じがしています。

3 証券会社からみた国内個人金融資産の動き――相続、取引チャネル（ITリテラシー）

国内個人金融資産の動きの話の最後に、次世代、あるいは相続について少し申し上げます。いま、年間の死亡者が120万人レベルですが、2035年にかけて170万人に増えてきます。一方、いまの相続税の課税対象はだいたい4％という水準ですが、高齢者の相続対象者になりそうな層が課税強化のなかで広がっています。いずれにしても、相続の資産の規模が年間40兆～50兆円程度になるだろうということです。

もちろん、相続税が国庫に納められて、それを国としてどう使うかという財政の問題もありますが、なるべく多くの財産が次世代、子や孫に移転され、移転された財産の活用が、いかにスムーズにできるかも非常に重要な論点だと思います。

いま、国の政策のなかで、たとえば教育贈与信託ということで、教育資金については、高齢者の方が孫に贈与してお金を移転していくことができるようになっていて、それが広がっていますけれども、移転された分だけ、子の世代の負担が楽になるので、たとえば貯蓄が増えていくという効果も期待できるわけです。

また、相続財産が今後増えていくなかで、商品的に申し上げれば、いまいったような信託を活用したものもあれば、あるいは保険を使っていくこともありますし、そういう意味では、対象の人数が増えていくことによって金融機関がいろいろなサービスをしていくとか、手当をしていく機会は広がっていきます。日本の国民経済にとって、相続税の課税強化の流れのなかで、次世代にいかにスムーズに移転し、移転された財産の活用が多面的に行われるかということに意味があるのではないかと思います。

今後ますます相続に絡んだ税制との関係が深い贈与関連商品、たとえば、教育贈与信託の対象の拡大なども意義がありますが、こういう制度の仕組みと、実際に移転を受ける側がどれだけ活用できるのかも重要なことになってくるので、証券会社としては、お客さまのニーズをよく見極めながら、総合的な金融サービスをどう提供していくか等の営業上の対応もいろいろ行っていくことになります。

もう一つは、いわゆるＩＴリテラシーといったほうがいいかもしれませんが、ＩＴと取引チャネルの動向です。国内個人金融資産の動きとの関係で、証券会社として常にみておかなければいけないことだと思います。まず、図表5－5左側の上の円グラフですけれども、ネット取引が24％になっています。これは株式委託取引の売買代金全体に占めるネット取引です。取引全体に占める個人の割合が3割くらいですので、個人投資家におけるネット取引の占めるウェイトが8割近い水準と非常に高くなっているわけですが、具体的にみていただくと、高齢者でもネットのウェイトが高くなっています。

一方、投資信託についてみると、個人が電話で取引をする場合もあると思いますけれども、いわゆる店頭とか対面で行われている部分が多いです。ここも、別の調査では、恐らくここ5年くらいでかなり変わってくるのではないかということです。60代より上の方は、ＩＴリテラシーという意味では必ずしも十分高いわけではないのですが、いまの50代の方々となると、かなりＩＴリテラシーが高くなるので、今後、パソコンとかスマホを使った取引が相当定着してくると思います。そういう意味では、図表5－5はいまの時点のデータですが、投資信託も含めて相当変わってくる可能性があるということで、金融機関側からみると、それを前提にしたチャネルの組立てを行っていかなければいけないステージに入ってきているということです。

ここまで、証券会社として意識しているいろんな要素をマクロの話を中心にご説明させていただきました。

図表5－5　取引チャネル

■売買代金に占めるネット取引

①　株式（委託。含む信用）　　②　投信（公募株式投信除くETF、REIT）

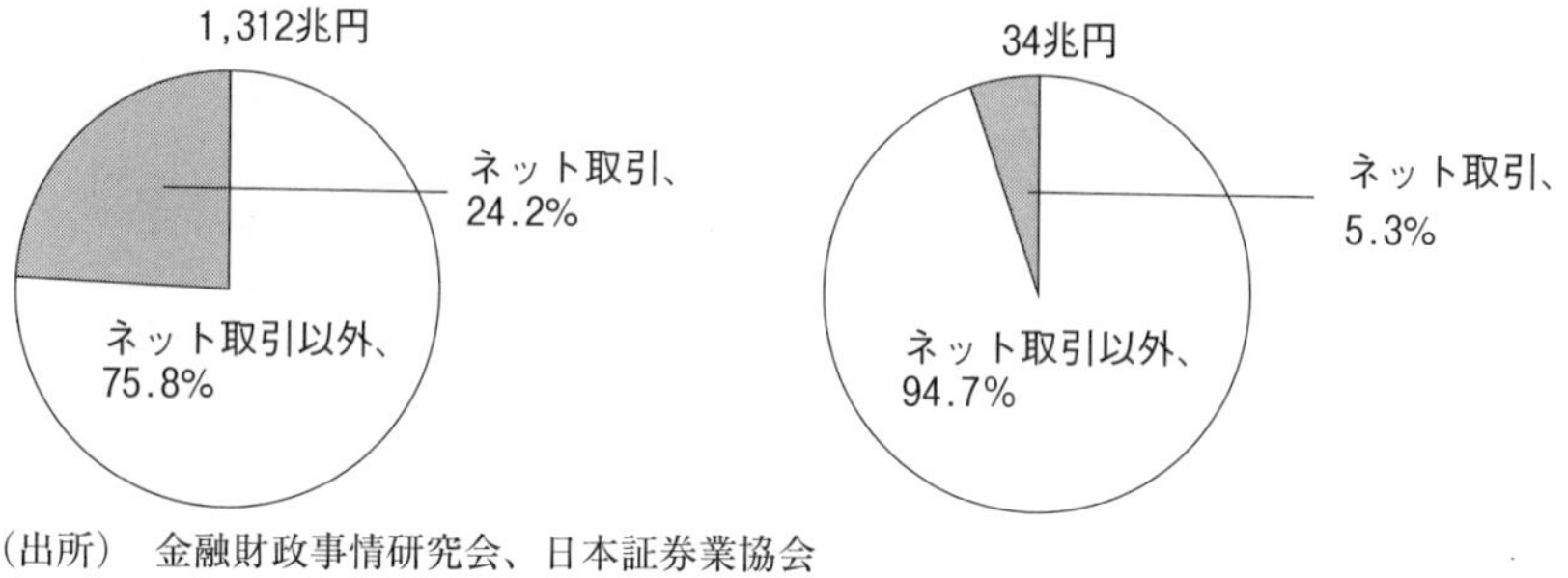

（出所）　金融財政事情研究会、日本証券業協会

■年代別金融商品の注文方法、購入場所

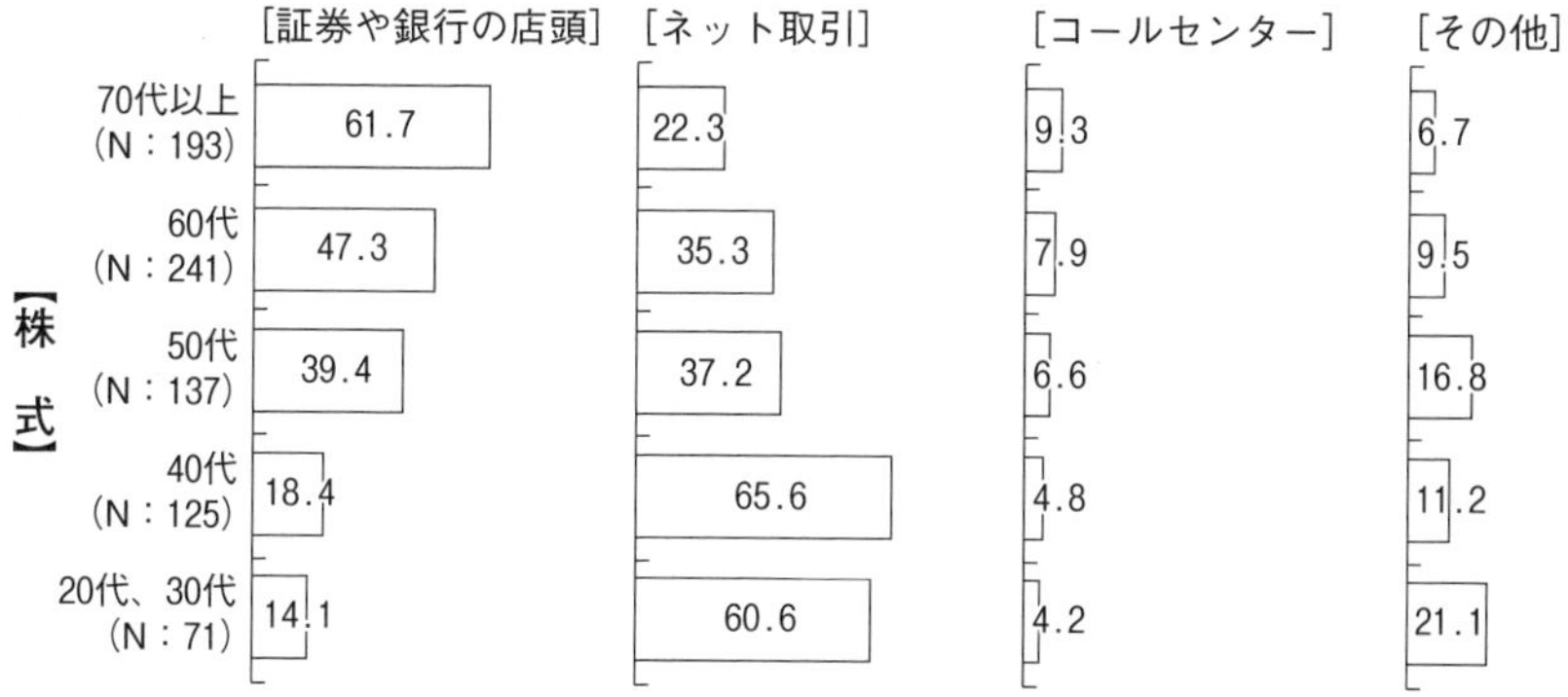

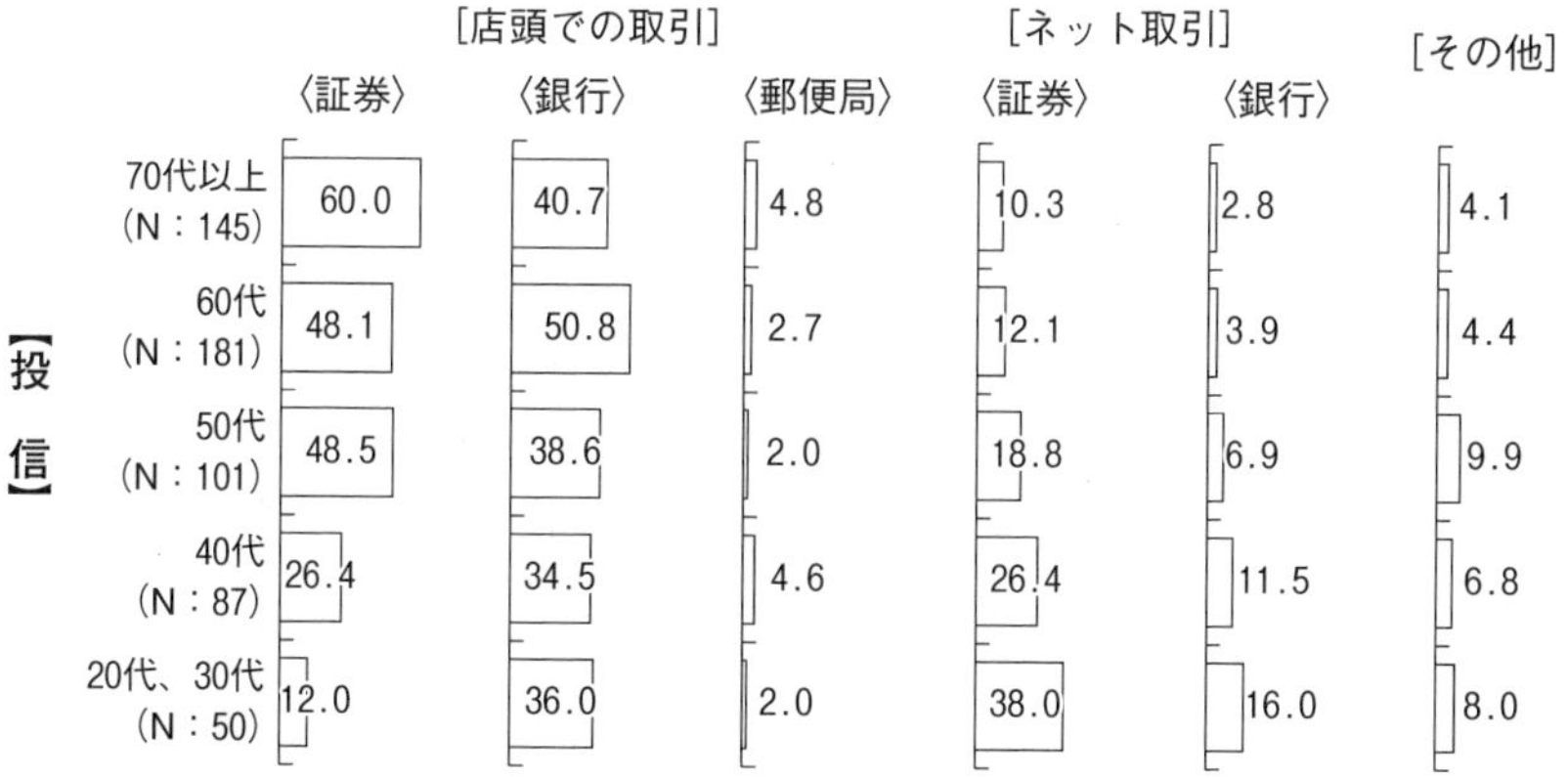

（出所）　日本証券業協会

4 証券会社とビジネスモデルの変化

次に、ビジネスモデルの話をさせていただきます。一つのポイントは、先ほど申し上げたとおり、まずライフサイクルにあわせたアプローチをしなければいけませんということです（図表5－6）。証券会社は、インターネットの証券会社を除くと、9割方シニア層のところで仕事をしているわけです。ネットの証券会社は30代、40代の人がかなり多いので、必ずしもシニア層には強くありません。ただ、ITリテラシーが高まってきているので、株の取引についていうと、インターネットの証券会社もかなり押さえ始めています。

一方で、証券会社からみた場合には、シニア層をベースに取引をしながらも、次世代とか次々世代にもなるべく早めに口座開設や取引をしていただきたいということがあるわけです。そうでないと、たとえば相続になったときにスムーズに手続が始まらないとか、相続財産をすぐ別のかたちで消費に使うということになってしまうので、世代間移転のリンケージを考え始めたのがここ2～3年の重要な動きになっています。

そういう意味で、資産形成期、資産運用・形成期、資産承継期、このライフサイクルにあわせて、証券会社としてどういうふうにアプローチできるかというのが一つのポイントになります。

ただ、証券会社が次々世代の方にアプローチするためには工夫が必要で、たとえば先ほどの教育資金贈与の対象者であることをきっかけにするとか、あるいは2016年から始まるジュニアＮＩＳＡみたいな仕組みとして用意されたもので長期投資をしましょうと提案するとか、毎月、株や投資信託で積み立てましょうと提案するということで、次々世代とか次世代へのアプローチをすることを考えていく必要があるわけです。

図表5－6　営業スタイル・顧客アプローチの変化

ライフサイクルにあわせたアプローチ／対面・ネットチャネルの融合

顧客属性に応じたアプローチ

（主に非対面）　　　　　　　　　　　　（主に対面）

次々世代（孫＝相続人／受贈者）	次世代（子＝相続人／受贈者）	シニア（親＝被相続人／贈与者）
資産形成期（運用）	資産運用・形成期（運用）	資産承継期（運用／贈与・遺言）
・教育資金贈与の対象者 ・長期的な資産運用ニーズ	・退職・相続等のイベント発生 ・年代別金融資産は50代・60代で増加 ・対面/ネットの両チャネルを使い分け	・資産取崩しによる生活資金ニーズ ・運用から承継へ、金融ニーズが変化 ・75歳以上では資産の確実な承継がテーマ

	プロダクト・営業スタイル	チャネル・顧客セグメント
従前	・株式投信などへ広がり（株式委託手数料依存から脱却）	・対面中心。情報提供も限定的 ・ネット取引の浸透（00年以降）により、一部顧客はネット取引に
	↓ ［コンサルティングによる資産積上げ］	↓ ［マルチチャネル（対面証券）、ネット証券］
現在	・商品ラインナップの拡充と顧客ニーズ ――株式投信、ETF/REIT、債券、ラップ、外国株、保険 ・富裕層を中心としたコンサルティング営業 ・ストック収入重視 ・コンプライアンス対応	・対面顧客へのネット機能・サービス拡充 ――情報提供、顧客情報／事務手続 ・資産形成層への対応 ――コールセンターの機能（非対面）など ・ITの活用による新たな取組み

（出所）　みずほ証券調べ

こうしたことをふまえると、シニア層とは、取引の金額の規模が圧倒的に違うわけです。先ほど申し上げたように、20代、30代、40代と60代、70代で貯蓄の残高がかなり違うわけです。そういう意味で、資産運用とか投資の取引をしようとしたときも、規模の金額が全然違うので、コストが合わないということなどがありますので、ＩＴリテラシーが高まっている人たちに対しては、ネットやＩＴをベースにしていろんなかたちで多様で多面的なサービスの提供をしていくことになります。たとえば、ITを通じて情報が提供できるようになると、後は対面の話のなかで補完していく等、直接会って確認したいところを補完していくというやり方がとれれば、うまく回っていくわけです。

そのため、いままではシニアの世代中心に行っている資産運用が、ファミリーとか世代を超えたものとして取扱いを始めることになるわけです。また、営業員とお客さまとの話がもっと広がりをもって、いろいろなサービス提供ができないといけないことになります。このようにステージが変わり始めているということを、先ほどのマクロの話との関係でみていただいたとおりです。

もう一つは、図表5－6の下側に整理していますが営業スタイルとして、いままでは2000年代前半から、投資信託とか国内債や外債など、いろいろな商品の販売で、証券会社としてはコストをカバーすることをベースに運営していたわけです。

これが、ストック収入重視ということで、いまコンプライアンス対応を含めて変わってきているわけですが、ライフサイクルの話もあれば、米国でいっているゴールベースみたいな話のなかで、長期運用をしてアドバイスを定期的に求めたい、そのアドバイス料は、預けているストックに応じてフィーを払いますよと、お客さまが思ってくだされば、たとえばストックの1％のフィーをいただいて総合的なサービスをするというように、営業の考え方が違ってくるわけです。

それになじむ商品が投資信託とラップです。いま、ラップが急速に伸びているのは、高齢化の進展という時代の流れのなかでお客さまに資産運用という概念が広がってきたことに加え、証券会社としてストック収入重視に動いている面があります。米国とはまだまだ違う面もありますが、これを変えていくためにも、チャネルをどういうふうに整備していくのかなどトータルで考える必要があると思います。

図表5－7　証券会社とビジネスモデルの変化の方向感

[個別商品販売型営業]		[資産管理型営業]
トランザクションベース	典型的な営業アプローチ	ゴールベース
タクティカルな投資機会の追求	投資スタイル	アロケーション重視の中長期投資
短期パフォーマンスで勝負	運用パフォーマンスについての考え方	ゴール実現に向けた中長期パフォーマンス
プランニングは必須ではない	プランニングとの親和性	きわめて高いプランニングとの継続的な親和性
コミッション型が基本	手数料	固定フィー型が基本

（出所）　みずほ証券調べ

図表5－7のなかで重要なのは、コミッションだけでは、先ほど申し上げたように会社としての運営はむずかしいので、固定フィーであれば、ゴール実現に向けた話とか、あるいはお客さまが資産運用のなかでどういうことを行いたいのか、たとえば、海外旅行をしたいから、それまでにこれをこのくらい増やしたいとか、次世代の関係でこのくらい残しておきたいとか、個別の事情をふまえてのアドバイスになります。ただ単に商品だけを提供しましょうというのではなくて、大きく変えていく必要があるのではないかということで動き出しています。

図表5－8のいちばん下に「資産管理型営業のプロセス（米国の例）」を書いていますけれども、ポイントは、人生のゴールを実現するために、リスク・プロファイルとアセット・アロケーションを考えましょうということです。たとえばラップとか投資信託のような商品はこういう考え方とフィット感が出てくるので、それが資産管理型という話とリンクしている面があります。

米国は、金融アドバイザーとしての証券会社の認知度が高いことに加えて、個人としてどういうサービスを受けたいのか、これが金融リテラシーとかかわってくるわけですけれども、こ

図表5－8　米国での「対面型」ビジネスモデル変化

・ビジネスモデルは、1990年代以降、「個別商品販売型（トランザクション型）営業」から「資産管理型（アドバイザリー型）営業」へと大きくシフト

――背景としては、①金融アドバイザーとしての証券会社の認知度が高いこと、②人口動態の変化が「固定フィーを払ってもアドバイザリー・サービスを受けたい」個人ニーズを後押ししていること、等があげられる。

――社会保障・医療・納税等への対応が基本的に個人の「自助努力」に委ねられているため、定年退職後の生活資金確保など、人生設計全般に係るアドバイスを受けたいニーズが高まっているとの基本認識あり

・「資産管理型営業」とは

①　フィナンシャルアドバイザー（以下「FA」という。個人向け営業担当者の米国での呼称）が顧客との突っ込んだ対話（プロファイリング）を行い、顧客が中長期的に実現させたい「（人生の）ゴール」を特定

②　当該「ゴール」を実現するために適した「リスク・プロファイル（投資方針）」と「アセット・アロケーション」を決定

③　当該「リスク・プロファイル」と「アセット・アロケーション」に沿った具体的な投資商品を選択・実行

④　FAが「ゴール」達成への進捗状況を定期的にレビューというプロセスを通じて、FAが「ゴール」の実現まで顧客とともに「伴走する」営業スタイル

・「資産管理型営業」の重要なポイントの一つは、顧客にとっての最重要事項が「個別商品から短期的に投資利益をあげること」から、「中長期的な『ゴール』の実現」へとシフトすること

――このため、「資産管理型営業」では、個別取引の執行には手数料（コミッション）を徴収せず、預り資産の残高に対して一定比率の固定フィーをチャージ

――顧客にとっては、個別商品の短期的なパフォーマンスよりも、あくまで「ゴール」の実現が重要なため、固定フィーは合理的

――FAとしては、①短期的な相場・時価変動（下落）に対して説明が容易、②「資産管理型営業」の各プロセスにおいて、カスタマイズしたサービスを提供することにより「付加価値」が発生し、フィーの引下げ競争を回避可能、というメリットあり

■「資産管理型営業」のプロセス（米国の例）

① プロファイリングとゴールの特定 ➡ ② シミュレーション（ストレステスト）｜ポートフォリオ分析｜投資戦略提案 ➡ ③ 具体的投資商品の提案と投資実行 ➡ ④ 「ゴール」実現に向けた定期レビュー

（出所）　みずほ証券調べ

ういうものがベースとしてあるということです。

図表５－９は米国の大手証券会社の例ですが、フィー型資産の比率がいま4割程度まで増えてきて、コミッション型資産が実は減ってきているという大きな構造変化になっています。いま、日本は、多分この少し手前くらいの位置にいるのではないかと思います。

では、何がキーワードかというと、顧客との信頼関係、あるいはフィデューシャリー・デューティー、こういうものが必要な職業であるということが米国では定着しているわけで、たとえば、金融商品の提供にあたって、金融機関としてオープン・アーキテクチャーというものをベースとして取り入れていくことも必要になってくるということです。

金融行政においては、２０１５年の金融行政方針をみると、商品開発、販売、運用、資産管理のインベストメント・チェーンのなかで、それぞれフィデューシャリー・デューティーを求めていくということ、たとえば証券会社に対しては、手数料とか系列関係にとらわれることなく、顧客のニーズで提供されていますかということが求められています。

また、２０１５年のモニタリングレポートでは、安全性の高さを重視する顧客が多い一方、実際の売れ筋商品はリスクの比較的高い商品が主流、販売会社のなかには、分散投資を推奨すべく、コンサルティング営業に注力し、バランス型商品が売れ筋にあがる先もある、という例示があります。コンサルティング営業とかゴールベースとかいうことを考えたときに、人生でどういうことをやっていきたい、ということと資産運用、金融資産をどう考えるかをトータルに考えていくなかで、おのずとアセット・アロケーションであったり、それに対するアドバイスが提供されていく、こういう世界の入り口にいま立っているということではないかと思います。

冒頭申し上げた、高齢者が増えてきているとか、ＩＴリテラシーが高まってきているとか、いろんな関係のなか

図表５－９　米国の主要証券会社の預り資産、手数料収入に占めるウェイト

■個人部門の預り資産とフィー型契約資産の推移

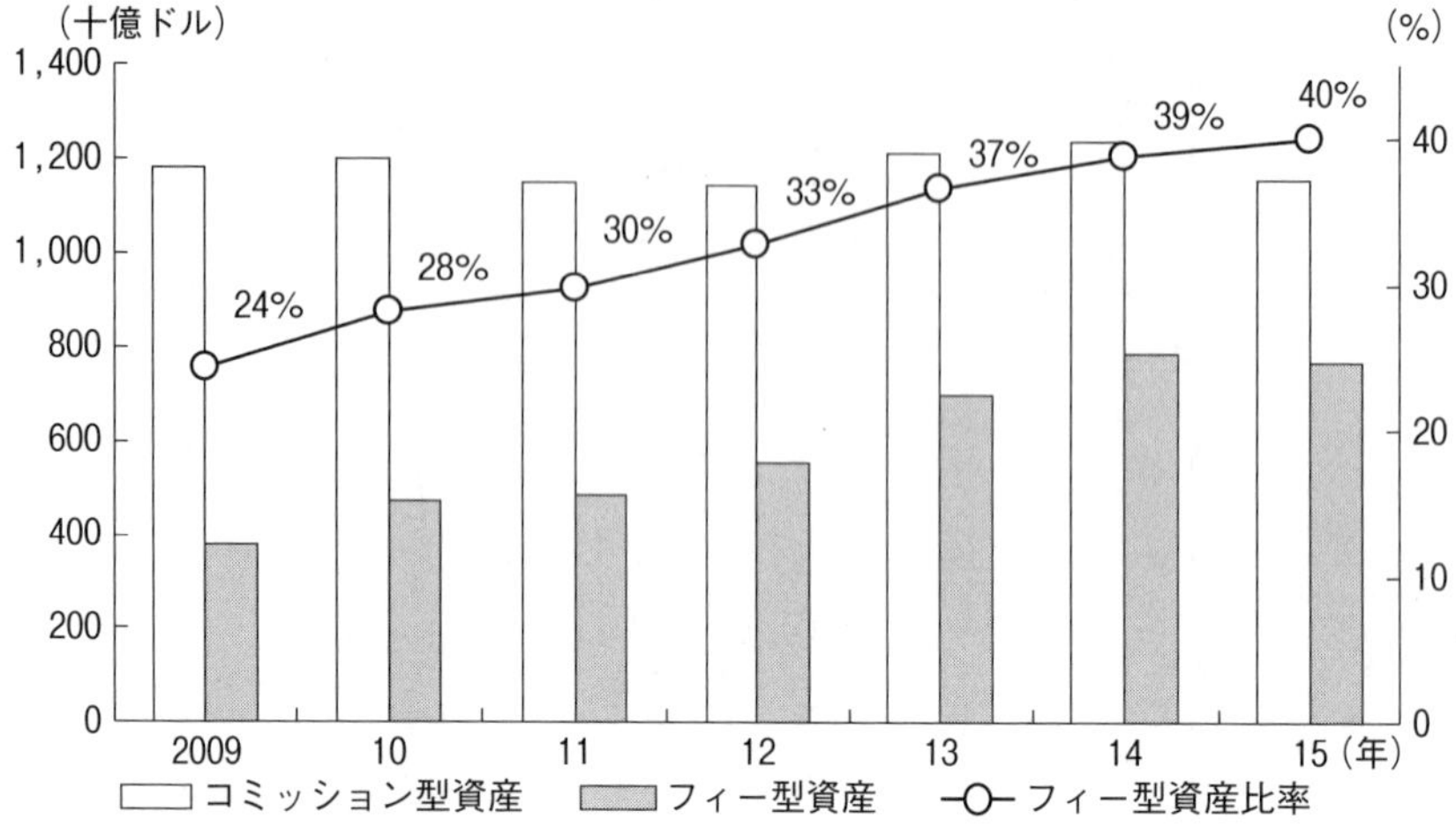

（注）　2015年は２Ｑの数値。

■コミッション型とフィー型手数料の寄与度推移

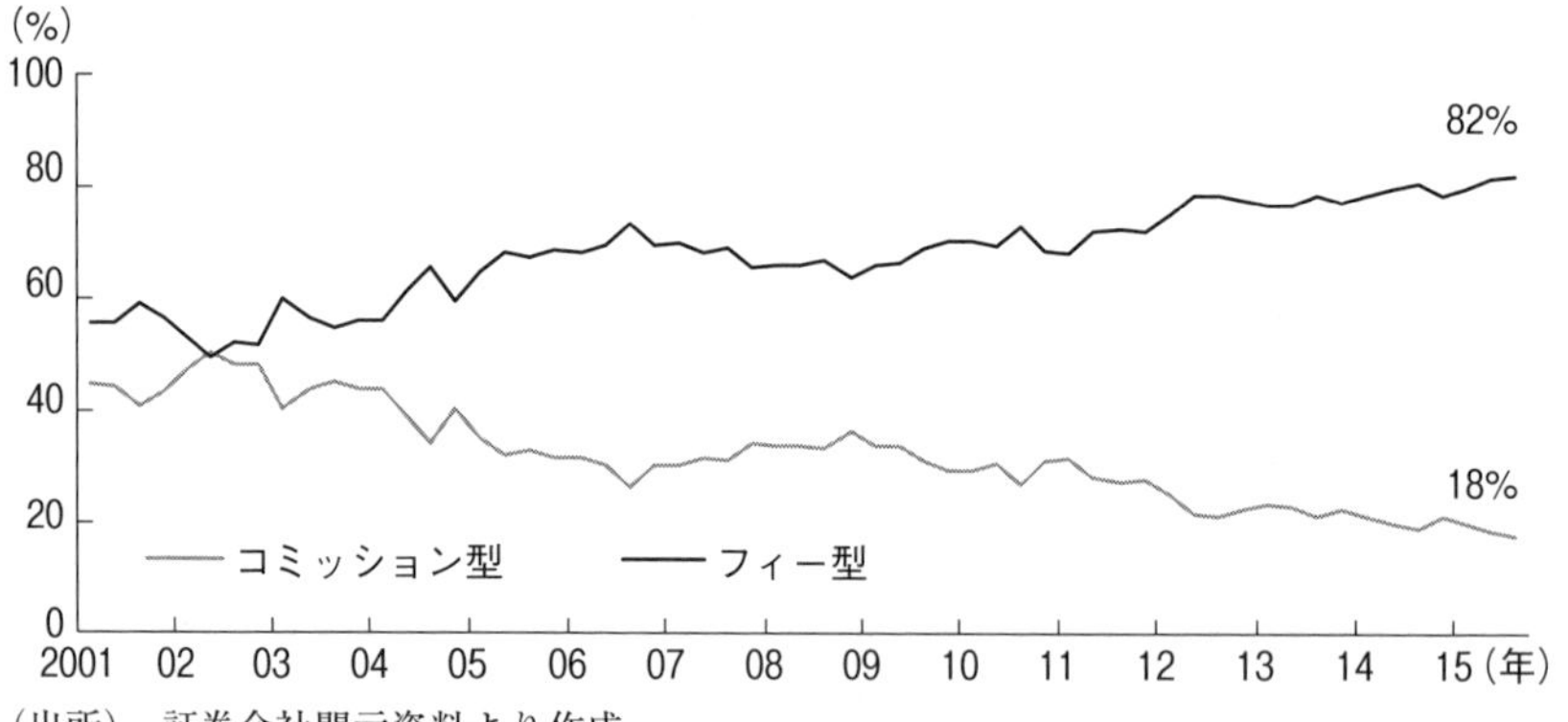

（出所）　証券会社開示資料より作成

で、金融としてのサービスの提供の仕方が明らかに変わってきているステージにいま入っていると思います。

そういうなかで、金融機関として、資産運用会社も、投資信託委託会社も、信託銀行もそうですが、販売会社も含めて、フィデューシャリー・デューティーに基づき考えていかないといけないということです。たとえば、ここでは投資信託の一つの仕組みをお示ししていますが、信託業法にある受託者責任とか、販売会社は金商法をベースにしたものとしてフィデューシャリー・デューティーをどうとらえるかということもありますし、投資信託委託については、投資信託法等も含めてありますので、ステージが変わりつつあるなかで、ルールだけでなく、もう少しベースとしてのプリンシプルをしっかりと考えていかないといけないということだろうと思います。

5 投資信託について

投資信託とは何かというのは、図表5－10、図表5－11のとおりですが、契約型が150兆円程度であって、そのなかに主として有価証券に投資をするものがあって、それが公募と私募に分かれています。私募というのは、特に機関投資家を中心に、運用をオーダーメイドで行いたいところに投資信託という器を使って商品をつくる仕組みとして行われているのが一般的で、公募のほうは、幅広く売っていくための仕組みで、かなり増えてきています。

図表5－12のいちばん上のグラフは、日本の投資信託と米国の投資信託の残高にこれだけ格差ができたということです。個人金融資産の内訳で明らかですが、やはり貯蓄から投資への流れができていないというのがあります。

それから、図表5－12のいちばん下のグラフの年代別保有層をみると、日本の保有者比率がどの世代も総体的に低いというのは、米国で普及している、401（k）やIRA（Individual Retirement Accounts：個人退職勘定）などのいろいろな仕組みが十分でないという構造上の問題に加えて、貯蓄から投資への流れがまだ十分でないことを示しています。

ラップ口座の残高は、証券会社の顧客層がフィー型とか預り資産型に変わってきているなか、2014年6月に1・8兆円くらいであったのが2015年6月に4・8兆円、件数では、18万件が37万件ということで、1年間で2・5倍くらいになっています。

そういう意味ではだいぶ変わってきていますけれども、米国でラップとほぼ同様のSMAという商品は、1600万件、残高4兆ドル近くの規模にまで投資家のすそ野が広がっています。先ほどの大手証券会社の例でみていただいたように、フィー型のウェイトがすごく高くなって、変わってきているということがあります。

証券会社の立場からすると、これくらいフィー型資産が増えてくると、たとえば1％台のフィーをベースに、この資産にフィーを掛けた収入が継続的にあるので、お客さまからフィーとして受け取っているものの対価としてサービスを定期的に提供していくスタイルになります。毎月のコストをカバーするために手数料とかコミッションを上げていくというフローを中心とした営業スタイルから、お客さまとの長期的な関係をベースに、いろんなコンサルティングをしていきましょうというスタイルに変わるわけです。そのためのツールがラップやＳＭＡであったり、投資信託であるということです。

担い手は、図表５－13でみていただくとわかるように、銀行が入ってきて急激に伸びたわけですけれども、証券会社のシェアは比率的には6割弱になっているわけです。銀行と証券の違いみたいなものがありますので、すそ野が広がって、一定程度落ちついているという状況ではないかと思います。

投資信託の商品の広がりということでいうと、ＥＴＦ（Exchange Traded Fund：上場投資信託）という、流動性も含めてわかりやすい、米国を中心に広がってきたものが日本でも少しずつ広がっているとか、あるいはＲＥＩＴ（Real Estate Investment Trust：不動産投資信託）みたいなものを組み込んだ商品が相当広がってきていて、投資信託の後押しをしていることも事実で、そこを生かしていくということも大事だと思います。

一方で、毎月分配型の投資信託の純資産残高が２０００年代後半くらいから随分増えてきて、いまもそれなりのウェイトがあります。毎月分配型は、一定金額（たとえば1万円当り２００円）を毎月分配しますというもので、もちろん運用の成績をふまえながら分配するということです。高齢の方からみると、毎月お小遣い的に収入が入ってくることが、非常にわかりやすくて、それが収入の支えの一つになっている面もあります。

一方で、毎月分配型は、分配金を出していくので、基準価格から食いつぶしていくようにみえてしまうところがあ

図表5－10　投資信託とは①

投資信託とは①

投資信託とは、①投資家から集めたお金を一つの大きな資金としてまとめ、②運用の専門家が株式や債券などに投資・運用する商品で、③その運用成果が投資家それぞれの投資額に応じて分配される仕組みの金融商品

① 運用の器（ビークル：Vehicle）としての信託の仕組みを活用

・信託銀行が受託者として、ファンドを保管・管理し、証券会社や銀行などが投資家に販売

② 投資運用業として登録した運用の専門家（投信会社）が、実際の運用を指図

③ 投資家は、保有する受益証券に応じた分配・償還を受ける。

■投資信託（契約型投資信託（委託者指図型））の仕組み

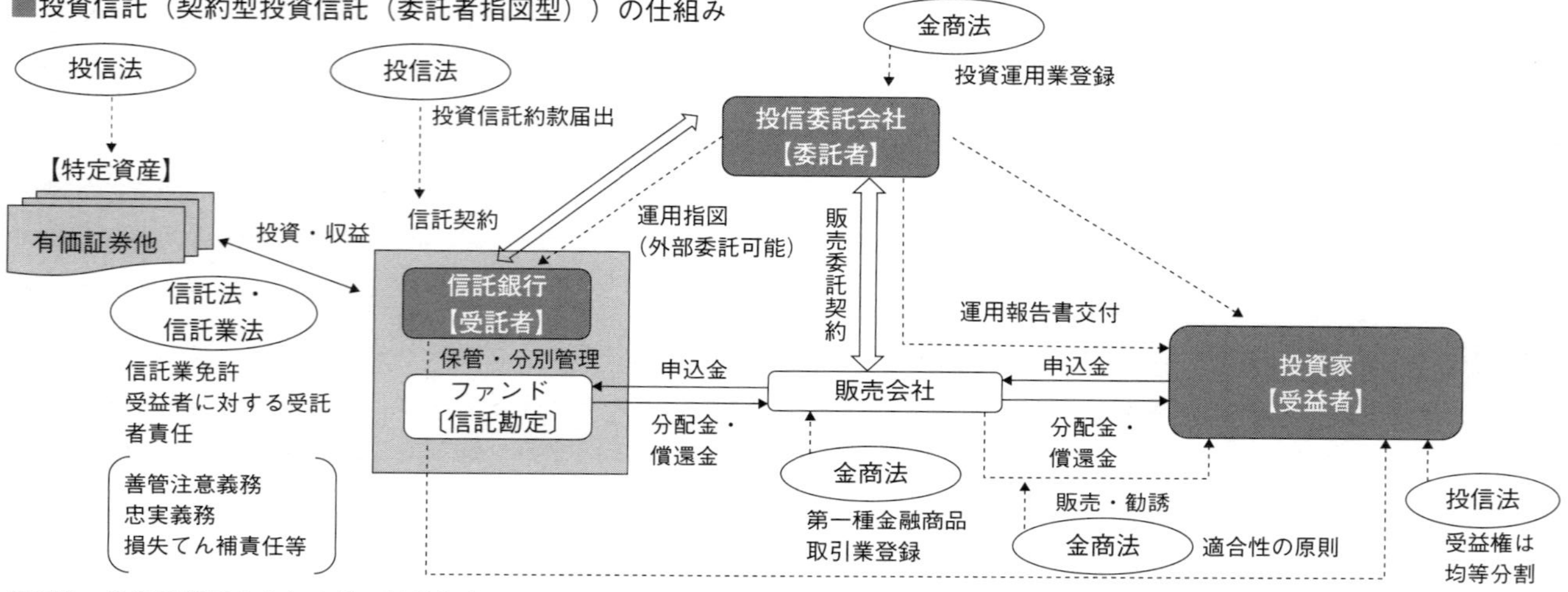

（出所）投資信託協会よりみずほ証券作成

図表5－11　投資信託とは②

投資信託とは②

・投信法（投資信託及び投資法人に関する法律）において、契約型といわれる「投資信託」と、会社型といわれる「投資法人」に分かれる。
・「投資信託」は、投信法上、「委託者指図型投資信託」（投信法2条1項）および「委託者非指図型投資信託」（投信法2条2項）と定義される（投信法2条3項）。
――「委託者指図型投資信託」は、さらに、運用対象を「主として有価証券」とするもの（「証券投資信託」（投信法2条4項））と、「主として有価証券以外」の二つの仕組みがある（「委託者非指図型投資信託」はかつて存在したが、現在はない）。
・「投資法人」は、資産を主として特定資産に対する投資として運用することを目的として、この法律に基づき設立された社団と定義される（投信法2条12項）。

■国内投資信託の分類（2015年9月末。REITは8月末）

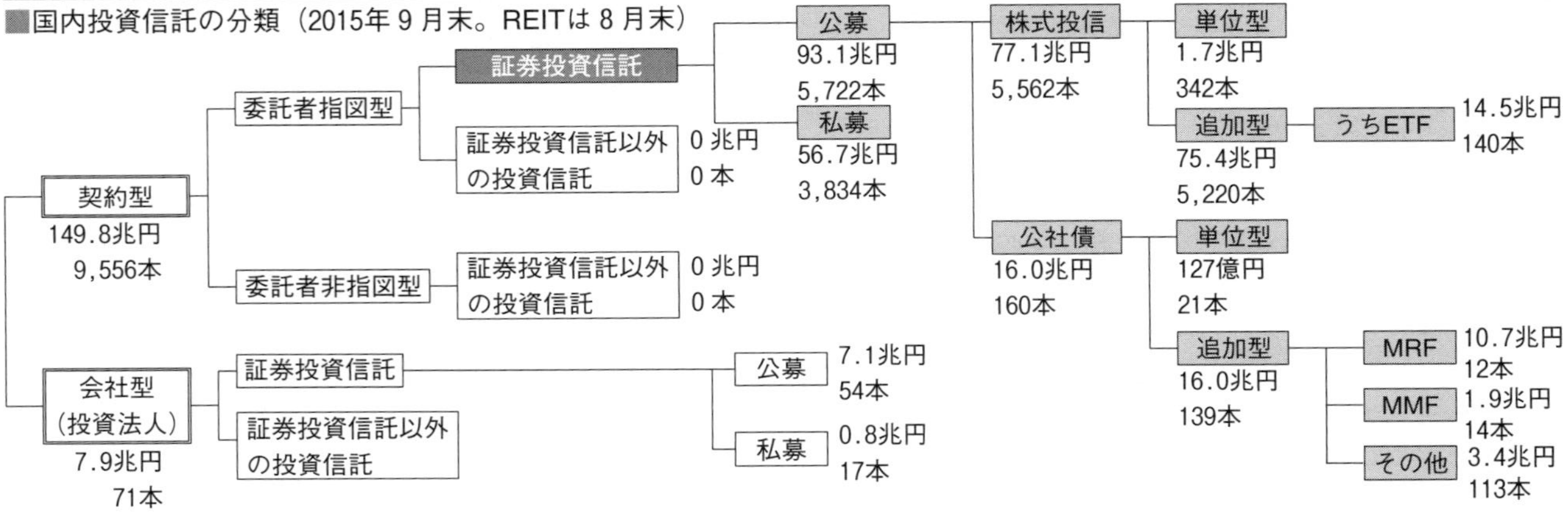

（注）　これら以外に、外国籍投信5.7兆円、980本（2015年9月末）。
（出所）　投資信託協会よりみずほ証券作成

図表5－12　投資信託に関する海外（米国）との比較

■日米投資信託残高推移

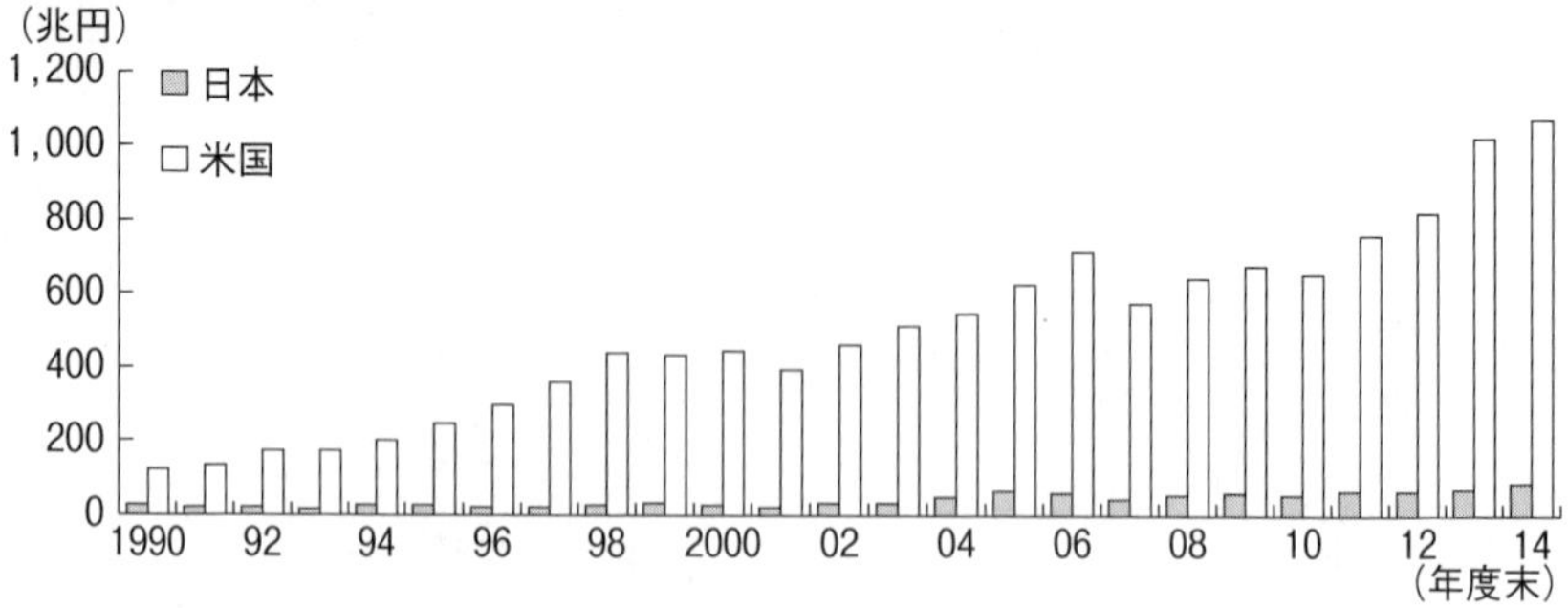

（注）　米国残高は2015/３TTMレートで算出。
（出所）　日本銀行資金循環統計、FRB

■日本の投資信託の年代別保有者比率（2014年7月）

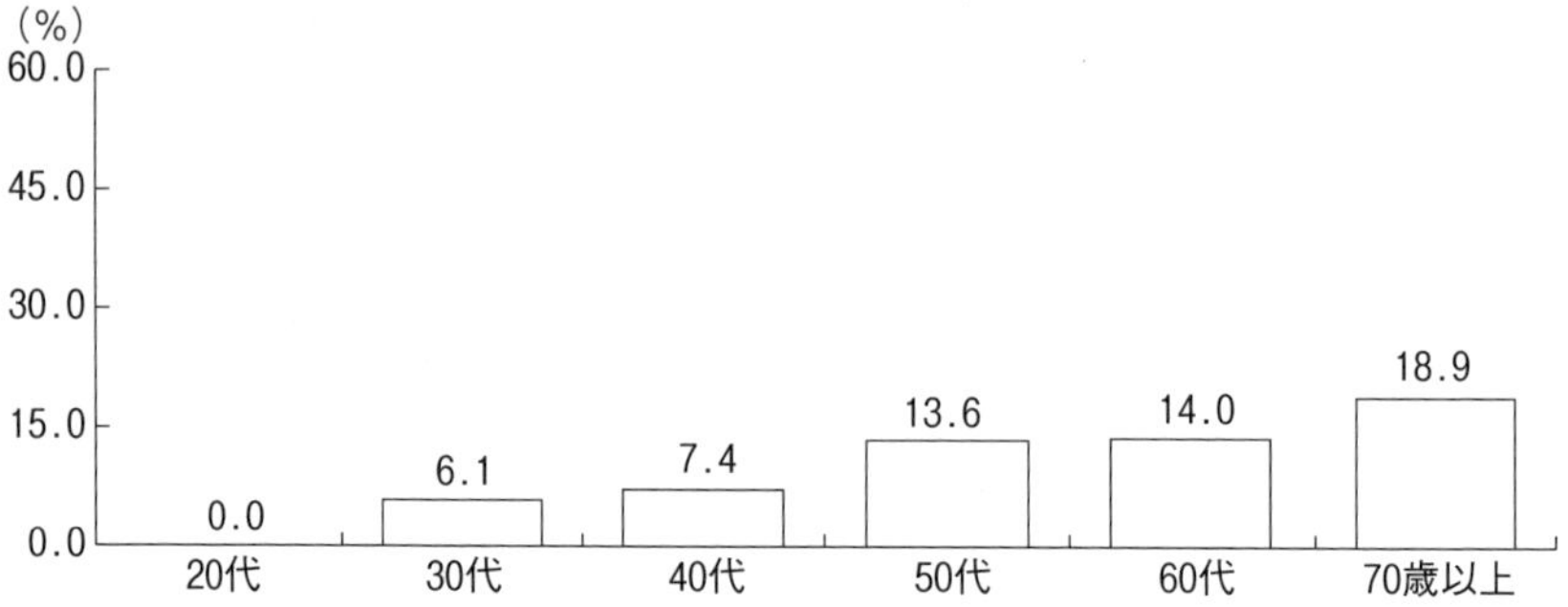

（出所）　投資信託協会

■米国の投資信託の年代別保有者比率（2014年11月）

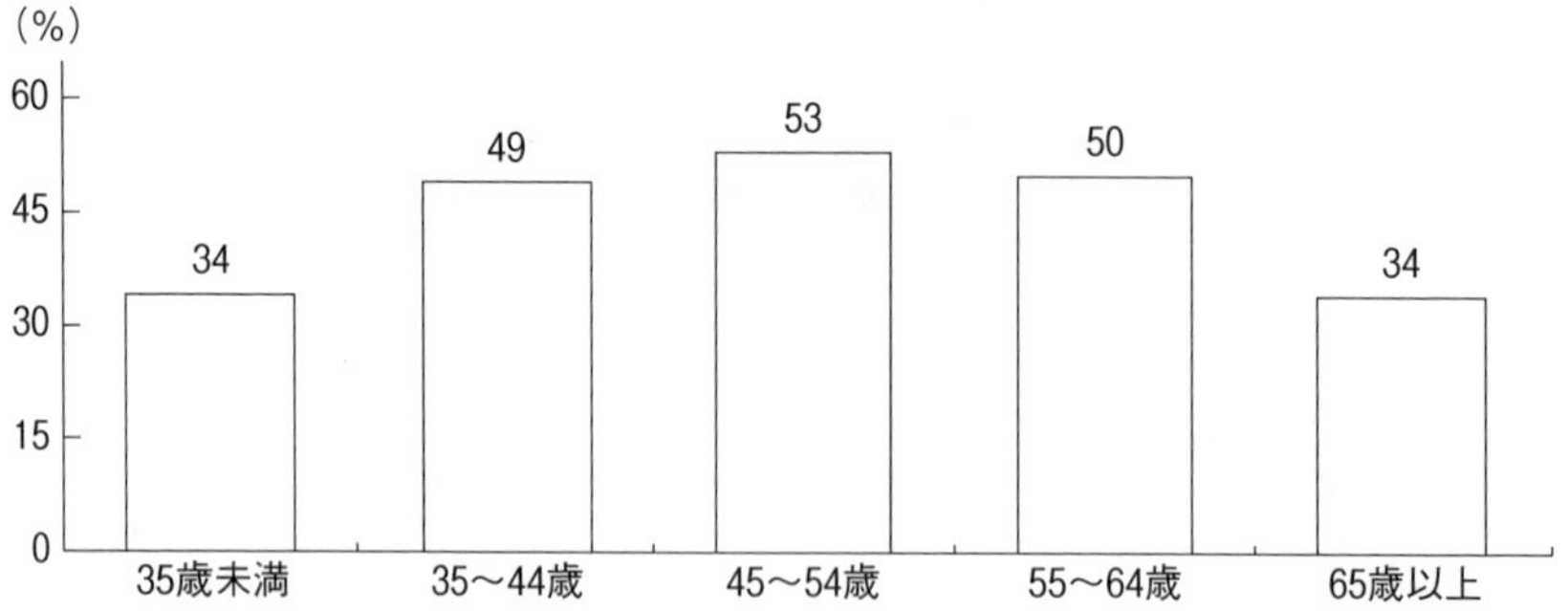

（出所）　Investment Company Institute

図表5－13　公募株式投資信託の販売態別残高推移

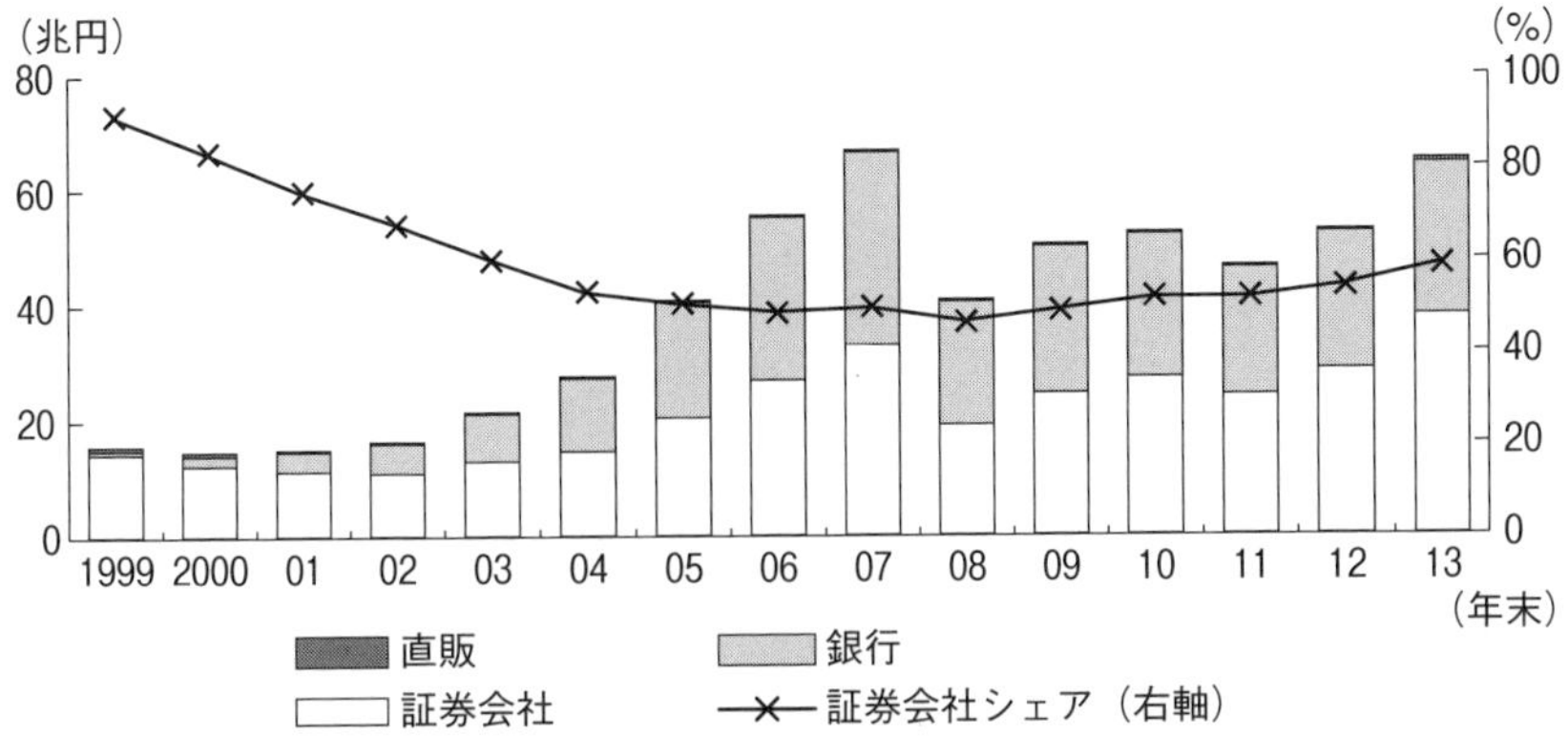

（出所）　投資信託協会

ります。そうすると、実際のパフォーマンスとの関係で、どれだけメリットがあったのかがわかりにくくなってしまうので、分配金をわかりやすく表示していくとか、トータルリターン通知制度でリターン全体がわかるようにするとか、こういうことが投資信託のコンプライアンス的側面において説明上必要な項目として、対応していくことが求められます。

投資信託の場合は、それなりに複雑な設計の商品もありますので、個人の投資家にいかにわかりやすく、きちんと伝えられるかということが求められています。それぞれの担い手が――これは投資信託会社もそうですし、販売証券会社もそうですが――、投資全体のパフォーマンスがどうなっているかとか、手数料をどのくらいとっているのかがわかるようにしていくというのは、広い意味でのプリンシプルベースとか、フィデューシャリー・デューティー的な側面もふまえながら行っていく必要があります。逆にいうと、ルールに基づき行う部分と、それぞれがルールをふまえてさらにわかりやすく示していく部分とが両輪にならないと、どこまでいっても貯蓄から投資への流れが進まないということになるのではないかと思います。

図表5－14は2013年までの投資信託の設定・残高のランキングです。2000年のITバブルの頃は、「日本株戦略ファンド」のよ

うな商品が増えたわけですが、いまはかなり多様な商品が出ています。その結果、たくさんあり過ぎて、わかりにくくなっているということもあるので、投資信託の商品の種類とか投資対象について、いかにわかりやすく提示していくのかが求められていると思います。

図表5－14　公募投信に関するランキング

■2000年度　公募投信設定額ランキング

（億円）

	ファンド名称	運用会社	設定額	解約額	資金流入額	純資産総額
1	第12回　公社債投資信託	野村	2,931	481	2,450	7,255
2	第11回　公社債投資信託	野村	2,733	294	2,439	6,148
3	第6回　公社債投資信託	野村	2,690	516	2,174	6,743
4	ノムラ日本株戦略ファンド	野村	2,620	2,050	570	7,573
5	日興エボリューション	日興	2,601	165	2,436	1,744
6	第7回　公社債投資信託	野村	2,599	414	2,185	6,201
7	J・エクイティ	国際	2,087	609	1,478	897
8	第1回　公社債投資信託	野村	1,982	247	1,735	4,961
9	第4回　公社債投資信託	野村	1,980	289	1,691	4,204
10	ブランドエクイティ	新光	1,945	710	1,235	912
11	フィデリティ・ジャパン・オープン	フィデリティ	1,890	1,377	513	3,552
12	デジタル情報通信革命	大和	1,748	1,118	630	1,928
13	第10回　公社債投資信託	野村	1,694	209	1,485	4,031
14	第5回　公社債投資信託	野村	1,687	326	1,361	4,281
15	第9回　公社債投資信託	野村	1,673	189	1,484	3,589

■2000年度　公募投信残高ランキング

（億円）

	ファンド名称	運用会社	純資産総額	設定額	解約額	資金流入額
1	ノムラ日本株戦略ファンド	野村	7,573	2,620	2,050	570
2	第12回　公社債投資信託	野村	7,255	2,931	481	2,450
3	第6回　公社債投資信託	野村	6,743	2,690	516	2,174
4	第7回　公社債投資信託	野村	6,201	2,599	414	2,185
5	第11回　公社債投資信託	野村	6,148	2,733	294	2,439
6	第1回　公社債投資信託	野村	4,961	1,982	247	1,735
7	第5回　公社債投資信託	野村	4,281	1,687	326	1,361
8	第4回　公社債投資信託	野村	4,204	1,980	289	1,691
9	第10回　公社債投資信託	野村	4,031	1,694	209	1,485
10	日興ジャパンオープン	日興	3,741	1,143	892	251
11	第8回　公社債投資信託	野村	3,668	1,571	203	1,368
12	第2回　公社債投資信託	野村	3,640	764	267	497
13	第9回　公社債投資信託	野村	3,589	1,673	189	1,484
14	フィデリティ・ジャパン・オープン	フィデリティ	3,552	1,890	1,377	513
15	第3回　公社債投資信託	野村	2,800	664	175	489

（出所）QUICK、網かけは公募株式投信

■2007年度　公募投信設定額ランキング

（億円）

	ファンド名称	運用会社	設定額	解約額	資金流入額	純資産総額
1	日経225連動型上場投資信託	野村	13,073	11,390	1,684	7,556
2	グローバル・ソブリンオープン　毎月	国際	10,141	6,652	3,489	53,973
3	上場インデックスファンド225	日興	9,464	8,910	554	3,506
4	マイストーリー分配型（年6回）Bコース	野村	8,525	1,455	7,071	17,770
5	ダイワ上場投信—日経225	大和	7,997	5,581	2,416	3,795
6	ダイワ世界債券ファンド　毎月	大和	6,638	208	6,430	6,149
7	ピクテグローバルインカム株式F　毎月	ピクテ	4,262	3,632	631	19,702
8	野村世界高金利通貨投信	野村	4,190	72	4,118	3,649
9	グローバル好配当株オープン	大和住銀	3,679	1,064	2,615	5,297
10	野村新世界高金利通貨投信	野村	3,620	27	3,593	3,436
11	TOPIX連動型上場投資信託	野村	3,229	2,805	424	6,679
12	上場インデックスファンドTOPIX	日興	3,034	2,681	354	5,046
13	ダイワ上場投信—トピックス	大和	2,774	1,551	1,223	4,197
14	野村グローバル・コントラリアン・FB	野村	2,154	546	1,608	1,122
15	グローバル3資産ファンド	三井住友	2,104	255	1,849	3,072

■2007年度　公募投信残高ランキング

（億円）

	ファンド名称	運用会社	純資産総額	設定額	解約額	資金流入額
1	グローバル・ソブリンオープン　毎月	国際	53,973	10,141	6,652	3,489
2	ピクテグローバルインカム株式F　毎月	ピクテ	19,702	4,262	3,632	631
3	マイストーリー分配型（年6回）Bコース	野村	17,770	8,525	1,455	7,071
4	ダイワ・グローバル債券ファンド　毎月	大和	14,995	1,756	1,772	−16
5	財産3分法F（不動産·債券·株式）　毎月	日興	10,580	1,969	1,344	625
6	DIAM高格付インカムオープン　毎月	DIAM	8,493	2,026	1,217	809
7	日経225連動型上場投資信託	野村	7,556	13,073	11,390	1,684
8	TOPIX連動型上場投資信託	野村	6,679	3,229	2,805	424
9	三菱UFJ外国債券オープン　毎月	三菱UFJ	6,206	931	675	256
10	ダイワ世界債券ファンド　毎月	大和	6,149	6,638	208	6,430
11	グローバル好配当株オープン	大和住銀	5,297	3,679	1,064	2,615
12	りそな・世界資産分散ファンド	大和	5,098	1,319	718	601
13	上場インデックスファンドTOPIX	日興	5,046	3,034	2,681	354
14	ハイグレード·オセアニア·ボンドOP　毎月	大和	4,888	1,768	615	1,153
15	日興スリートップ（隔月分配型）	日興	4,431	1,880	463	1,418

（出所）　QUICK、網かけは公募株式投信（除くETF）

■2013年度　公募投信設定額ランキング

（億円）

	ファンド名称	運用会社	設定額	解約額	資金流入額	純資産総額
1	フィデリティ・USハイ・イールドF	フィデリティ	9,494	3,383	6,112	11,890
2	新光US-REITオープン	新光	7,855	2,917	4,938	11,284
3	日経225連動型上場投資信託	野村	7,147	3,866	3,282	18,825
4	ダイワ上場投信―日経225	大和	6,647	5,330	1,317	8,062
5	ダイワ上場投信―トピックス	大和	6,393	4,232	2,161	7,415
6	ハイパーブル·ベア３(日本ハイパーブル３)	野村	6,290	6,164	125	660
7	ドイチェ高配当インフラ関連（米ドル）　毎月	野村	5,849	70	5,779	5,779
8	ダイワ高格付カナダドル債OP　毎月	大和	5,393	907	4,486	5,518
9	ハイパーブル·ベア３（マネーＰ３）	野村	5,375	5,410	−35	94
10	MAXIS日経225上場投信	三菱UFJ	4,390	2,906	1,485	4,406
11	ピクテグローバルインカム株式F　毎月	ピクテ	4,382	3,599	783	8,621
12	ラサール・グローバルREIT　毎月	日興	4,252	2,214	2,038	8,298
13	TOPIX連動型上場投資信託	野村	4,173	1,779	2,394	15,645
14	上場インデックスファンド225	日興	3,880	2,524	1,356	8,831
15	フィデリティ・USリート・ファンドB	フィデリティ	3,361	3,822	−461	7,259

■2013年度　公募投信残高ランキング

（億円）

	ファンド名称	運用会社	純資産総額	設定額	解約額	資金流入額
1	日経225連動型上場投資信託	野村	18,825	7,147	3,866	3,282
2	TOPIX連動型上場投資信託	野村	15,645	4,173	1,779	2,394
3	グローバル・ソブリンオープン　毎月	国際	11,934	432	3,726	−3,294
4	フィデリティ・USハイ・イールドF	フィデリティ	11,890	9,494	3,383	6,112
5	新光US-REITオープン	新光	11,284	7,855	2,917	4,938
6	上場インデックスファンド225	日興	8,831	3,880	2,524	1,356
7	ピクテグローバルインカム株式F　毎月	ピクテ	8,621	4,382	3,599	783
8	ラサール・グローバルREIT　毎月	日興	8,298	4,252	2,214	2,038
9	ダイワ上場投信―日経225	大和	8,062	6,647	5,330	1,317
10	ダイワ上場投信―トピックス	大和	7,415	6,393	4,232	2,161
11	フィデリティ・USリート・ファンドB	フィデリティ	7,259	3,361	3,822	−461
12	上場インデックスファンドTOPIX	日興	6,929	2,720	1,734	986
13	短期豪ドル債オープン　毎月	大和住銀	6,534	666	2,529	−1,863
14	ダイワ米国リート・ファンド　毎月	大和	5,876	1,504	1,294	210
15	ドイチェ高配当インフラ関連（米ドル）　毎月	野村	5,779	5,849	70	5,779

（出所）　QUICK、網かけは公募株式投信（除くETF）

6 補論

補論として3点ご紹介をしたいと思います。まず、英国の当局監督に係る変化です。リーマンショックの後のいろいろな金融の問題もふまえて、いまの英国規制当局は、PRA（Prudential Regulatory Authority）という監督を中心に行うところと、行為規制を行うFCA（Financial Conduct Authority）の二つに分かれています。後ほど少しFCAの話をします。

英国は特にプリンシプルベースが強かったのですが、いまは、ジャッジメンタルベース的ということで、監督をベースにした世界にかなり変わってきています。金融危機の影響が非常に大きかったので、金融当局に対する英国の世論がかなり厳しいということもあって、このあたりは大きく構造が変わってきています。

もともとは、UKFSA（UK Financial Services Authority）という金融機関を監督するところがあり、ここがPRAとFCAに分かれて、それがイングランド銀行（BOE）の傘下に入ったというのがいちばんの特徴です。全体をみられるように、金融規制システムを一体的に行うということです。マクロプルーデンスとミクロプルーデンスの両面がありますが、基本的には、マクロとして全体を束ねるのは、ベースのイングランド銀行でやっていくということになっているわけです。

PRAのスタンスは、監督を主にして、安全性と健全性の確保を目的とする規制をかなりきめ細かく、事が起きたときのある種のエンフォースメント的なことも含めて厳しく行っていくというものです。

一方で、FCAは、いわゆる行為規制をみていこうということで、消費者保護的な観点を含めてみています。ホールセールもみるのですが、主にリテール（個人）に対するいろいろな保護の観点を強化してみていこうということです。

ＦＣＡのところで、今日お話をしたかったのは、いわゆるコンダクトリスクという概念がありまして、顧客保護、市場の健全性、有効な競争に悪影響を及ぼす行為が行われるリスクをみていこうということです。具体的には、利益相反がないかどうかをこの監督当局がチェックしますよとか、あるいは個人向けの商品も含めて、その商品性がどうなのかとか、テクノロジーの進化と消費者、監督当局に与える負のインパクトがあるのかないのかをみていこうということです。

この行為規制の前提として、２０１０年に元ＵＫＦＳＡ最高経営責任者が講演した時の内容をご紹介しますと、金融監督当局の目指すべきゴールとして「健全性監督等を通じて適切な企業文化を醸成」という話が出ているのです。そして、企業文化にフォーカスを当てて、適切でない企業文化の排除に注力すべきだということをいっているのです。カルチャーの重要性を当局の金融監督が金融規制的な概念も含めて認識して、具体的にアクションを起こしているということです。

ＦＣＡは、基本的にはカルチャーをきちんと点検しますということをいっています。たとえば、金融機関の経営者に対しては、金融機関としての倫理観を社内に定着させるためにどのようなことをやっていますか、従業員のトレーニングをどういう計画に基づいてどう進めていますか、研修プログラムとして何を用意してどうやっていますか、それらを含めてカルチャーをどうやってつくりますか、というようなことをいっています。また、例として出てくるのは、トレーダーが儲け過ぎている状態が起きたときに、その儲けが適切な水準なのかをどうやってみますか、あるいは金融機関としての社会的な使命をふまえたうえで、どう考えますか、会社としてどういうふうに教育、浸透させていますか、こういう議論が結構出ているわけです。

そういう意味でいうと、先にご紹介したスピーチでも指摘されていますけれども、問われているのは金融機関とそこで働く人々の資質そのもので、金融機関が自らを公益に貢献する存在として明確に認識することが重視されています。英国の場合は、少しそこが強くなり過ぎているところもなくはないですが、状況が変わってきているということです。

２０１５年のＦＣＡのビジネスプランの概観図をみていただくと、たとえばPoor cultureがリスクですよということをいっているわけです。それから、先ほどご説明したテクノロジーがどういう影響を与えますか、とか、新規の顧客と既存の顧客で、そこに差別があるのかないのかについても示してあります。

実際の施策のなかには、Individual accountabilityという項目があって、たとえばChanging cultureと出ているわけです。リーマンショックの問題がいかに大きかったかということもありますけれども、これが英国の一つの流れではあるわけです。そういうことも認識しながらわれわれとしても、それぞれの担い手がフィデューシャリー・デューティーをどういうふうに位置づけて、どう対応していくか、法律論的な整理とは別に、もう少しプリンシプルのベースとして考えていかないといけないということがありますので、ご参考までにこういう観点をご紹介させていただきました。

二つ目の補論はＮＩＳＡです。長期投資をするための一つの仕掛けとしては非常にいい制度がスタートしました。中身はいろいろ変えていかなければいけないところもありますけれども、英国も途中でいろいろ改善して大きく残高を伸ばしていますし、日本も、そういう意味ではジュニアＮＩＳＡが来年から始まるとか、１００万円が１２０万円になるとか、いろいろな制度改革のなかで、入り口として投資を始める人もいれば、長期投資として活用する人もいるということではないかと思います。

ただ、実際には、これはわれわれの課題でもあるのですけれども、いま、証券会社でＮＩＳＡの口座を開設している方の稼働率が全体をならすと多分5割くらいで、２０１５年に投資をしている人が、そのうち二人に一人という状態なので、口座をおもちの方に活用していただくことが非常に大事だということではないかと思います。

三つ目の補論として、金融リテラシーについて解説したいと思います。金融リテラシーを高めていこうということで、金融経済教育も含めていわれていますけれども、ここで一つだけ承知をしていただきたいのは、いわゆるリーマンショックをきっかけとして、金融リテラシーの問題がG20、あるいはＯＥＣＤベースで非常に重要な問題だと認識されたということです。

金融リテラシーが低いと、リーマンショックみたいな大きなクラッシュが起きたときに、社会全体や金融市場、家計にもたらす潜在的なコストが相応にあるといったことをＯＥＣＤが２０１２年にG20とあわせて評価をしていまして、結局、金融取引が複雑化したり金融技術が急速に発展するなかで、規制だけでは限界があるということです。日本でも、金融リテラシーの必要性が再認識されて、金融庁で金融経済教育研究会を設置するとか、金融リテラシー・マップを公表して、最低限身につけるべき金融リテラシーを年齢別に示しています。当然ながら、米国と比べた場合、日本の金融リテラシーは、特に投資のエリアについてはまだまだ不十分ということが事実であります。

そういう意味では、先ほど申し上げたような日本の社会構造の変化をふまえて、金融業界とか担い手側が、短期的な視点ではなくて、ある程度コンサルテーションなどをベースにサービス等を提供することとあわせて、金融リテラシーの課題も一体的に考えていかないと、本当の意味での貯蓄から投資への流れは出てこないということではないかと思っています。

この金融リテラシー、あるいは金融経済教育は、貯蓄から投資への議論をするときには非常に重要な議論ではないかと思います。一朝一夕に成果が出る話ではないので、地道に努力していくことが重要ではあるのですけれども、金融リテラシーを身につけやすくするためには、ＩＴの活用等も含めて考えていく必要があると思います。

7 まとめ

最後に、本日の論点を整理しますと、証券会社としてのビジネスモデルの問題として、コンサルティングをベースにしながら、フィデューシャリー・デューティー、ゴールベース・アプローチ、商品の面でのさらなる多様化などが必要だろうと思います。それから、個人投資家は、金融リテラシー、あるいはＩＴによる情報収集や活用も大事だと思います。資産運用会社は、フィデューシャリー・デューティーの担い手としての対応ということもありますけれども、業界としての商品性の向上もあると思います。商品性の向上に関しては、もうかなりたくさんの商品が用意されていますので、むずかしい商品をつくりすぎないことも必要でしょうし、そういう意味では、コンプレクシティからもう少しシンプルにどうやっていくのかという課題も相当あるのかなと思います。ただ、それは資産運用会社だけでできる話ではなくて、販売会社とか、当然投資家サイドとある程度歩調をあわせていかないといけないだろうと思います。

本日は、マクロとしての貯蓄から投資への流れの位置づけ、証券会社としてのビジネスモデルの変革、投資信託の重要性を中心に、概論的なことを中心にお話しさせていただきました。どうもありがとうございました。

8 質疑応答

質問　英国では、当局が、金融機関監督において、適切でない企業文化の排除に力を入れようと変化しているとのお話がありましたが、金融機関の側からみて、どのようなことが求められるとお考えですか。

回答　いろいろなケースがあると思いますけれども、たとえば、利益相反みたいなことが十分意識されているのか、情報を適切に取得して、それをベースに営業活動をしているのか、お客さまに提供したサービスの対価の水準が適当かどうか、といったことの判断を適切に行う、ということがあります。ロンドンでもディーラーとかトレーダーに関して随分いろいろなケースがありましたけれども、要するにルールとか規制があるからということではなくて、金融機関の責務として、プリンシプルとか、あるいはカルチャーで適切な判断を考えられるような体制になっているのかどうかが問われているということだと思います。

質問　投資信託について、商品の数が多過ぎるという議論が出ているという話がありました。複雑でむずかしい商品であっても一定程度需要はあると思うのですが、商品の数が多いと逆に投資が阻害されるという理由はあるのでしょうか。

回答　商品の数が多いこと自体は悪いことでは必ずしもなく、必要なことだと思います。ただし、商品の数が多過ぎると、たとえば証券会社のホームページにアクセスしても、たくさんありすぎてわからないとか、どういう運用になっているかを一つひとつみようとすると、たとえば日本株の投資信託だけでも山のようにあって見きれない、ということはあります。これに対して、ＥＴＦが増えるなど、金融機関側も総合的にわかりやすいものを志向するようになってきています。商品の数が問題というよりは、細分化され過ぎているとか、複雑なものが増えて金融リテラシーがついていけないといった面から、ある程度はシンプルなものが広がっていったほうが、投資家のすそ野が広がるのではないかと思います。

第6章

日本版スチュワードシップ・コード

金融庁総務企画局参事官　油布　志行

（2015年10月21日）

金融庁の油布と申します。今日はむしろアカデミックな話は避けて、行政官として、実際ポリシーメイキングの過程でわれわれがどういうふうに苦労したかみたいな話もちょっと織り込んで、お話を申し上げたいと思います。

まず、非常につまらない話ですけれども、日本版スチュワードシップ・コードは、なぜ「日本版」とついているかということです。これは、本家本元は実は英国です。英国が世界で初めてスチュワードシップ・コードというものを制定して、その後、続いたのが南アフリカです。意外に思われるかもしれませんが、南アフリカは、もちろんアフリカのなかではいちばん資本市場が発達していて、しかも、過去にアパルトヘイトみたいな問題があって、そのイメージを払拭するという意味合いも多分あるのだと思いますが、たとえば環境をはじめとするＥＳＧ投資とか、そういった先進的な取組みに対して割と前向きな国です。それから、昔英国の植民地だったということもあって、いろんな意味で英国の影響も受けているので、南アフリカがそれに続いたのだと思います。3番目が日本でした。4番目がマレーシアです。マレーシアも意外に思われるかもしれませんけれども、ここは、たとえばＥＳＧとかは非常に前向きなところがあります。森林伐採の問題があったりして、マレーシアにとっては、特に環境、Ｅの問題は人ごとではないということも恐らくあるのだろうと思います。

ただ、私は、この翌年に同じ担当課の課長としてコーポレートガバナンス・コードの策定作業をやったのですけれども、コーポレートガバナンス・コードは「日本版」コーポレートガバナンス・コードにはしていません。なぜかというと、これはおおよそどこの国にもあるからで、たとえば日本の会社法は、日本版会社法とはだれもいわないわけです。そういった観点から、コーポレートガバナンス・コードは「日本版」という言葉をつけずに、単にコーポレートガバナンス・コードとしています。

1 日本版スチュワードシップ・コードのねらい

スチュワードシップ・コードのねらいですけれども、図表6－1はいろんなところで使っているポンチ絵です。左側に機関投資家さんがいまして、機関投資家がスチュワードシップ・コードの規律づけの直接の対象です。機関投資家の背後には、最終的に資金を出している方が必ずいらっしゃる。背後まで下りていくと、投資信託を買うような個人投資家もいれば、年金の受給者、加入者もいらっしゃる。そういう意味で、彼らに対して機関投資家は一定の責務を負っているといえるでしょう。場合によっては間接的なかたちであれ、実際にそのお金をお預りして投資をしている以上、一定の責務があるはずです。これがスチュワードシップ・コードの考え方です。右側には上場企業がありま す。もちろん、投資先の上場企業という意味です。ここで機関投資家さんとお互いに対話をしていただいて、上場企業の生産性、企業価値を中長期的に高めていく。そのためのやりとりを、「目的をもった対話」「エンゲージメント」と呼んでいます。この対話がうまくいけば上場企業の中長期的な業績も上がるので、中長期の投資のリターンも増える。投資リターンが増えてくれば、さらにそれを原資にして追加の投資もできるということで、一つの好循環をねらってこのコードは策定されています。

図表6－1では、「短期主義」と「エージェンシーコスト」の二つにバツ印をつけています。右側からご説明しますと、これはプリンシパル・エージェンシー問題というもので、この図では、基本的に上場企業側のことを念頭に置いて記載してありますが、実は、これは機関投資家の側にも当てはまると思います。エージェンシー（代理人）であるということで、必ずしもプリンシパル（本人）が望むような活動をしない場合がある。上場企業の経営者、特に自

図表6－1　［日本版］スチュワードシップ・コード

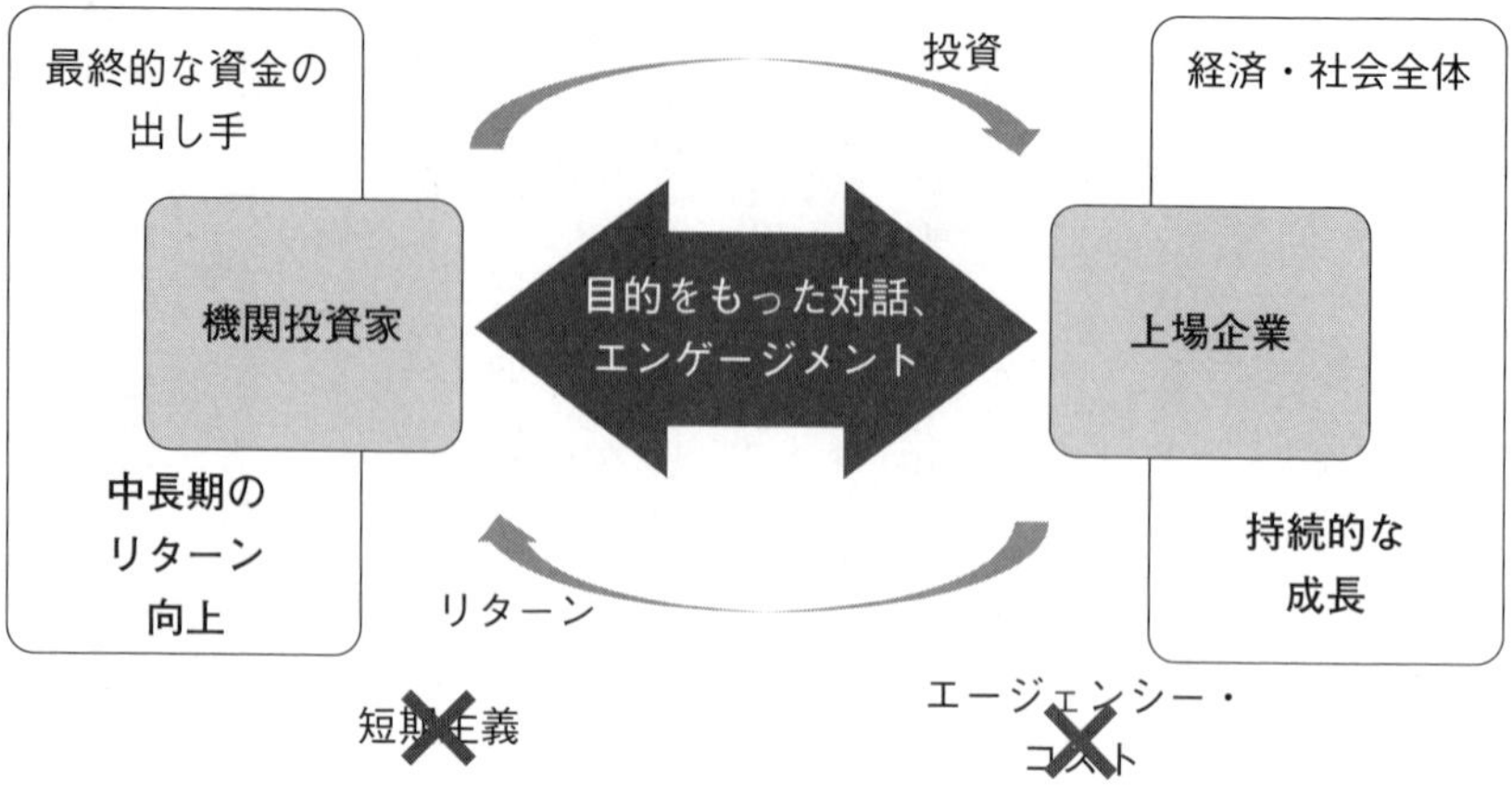

らは大株主でないような経営者と株主の間で、こういう点が問題になります。このコードは、エンゲージメントの促進を通じてそういう問題の解決に寄与するのだ、という意味でバツがつけてあります。

それから、短期主義にもバツをつけてあります。スチュワードシップ・コード、特に日本版コードのねらいの一つは、できればということですが、中長期投資を応援したいということにあります。いま、投資の短期主義化、ショートターミズムというのですけれども、世界各国でショートターミズムが広がりをみせており、「このままでいいのだろうか」というようないろんな問題意識が欧米でも提起されています。

ただ、一律に、あるいは一概に短期の投資が駄目だとはいえない。基本的に市場のなかでは、短期の投資家も長期の投資家も区別をしないというのが建前なのです。ただ、そのなかで、短期主義、つまり投資のほうの短期主義が蔓延してしまうと、上場企業のほうも、たとえばごく短期の収益や、見かけ上の収益の獲得に走ったり、不必要なリスクをとって過度に決算期末に向けてドーンと収益をかさ上げするような行動をとったりする。あるいは、本来中長期的に時間をかけて、成果が利益のかたちでみえるようになるまでには随分と待たなければならないようなR&D、研究開発投資がやりにくくなるということで、経済全体をみたときに、投資の短期主義、ショートターミズムは、恐らく経済全体にとってあまりプラスになっていないだろうという議論がされています。

それに対する一つの答えが、中長期投資の重要性を説き、中長期投資を行う投資家にベストプラクティスを提示したスチュワードシップ・コードです。機関投資家さんにできればもうちょっと中長期の視点をもっていただきたい。中長期の視点をもって実際にエンゲージメントをやっているような機関投資家を応援したいという効果をねらっています。

脱線しますけれども、短期主義の問題というのはいろんな解決方法があって、最近有名になったのは、フランスの法律でフロランジュ法というのができました。これは長期の投資家、2年以上株式をもっている株主の議決権を2倍にするという法律です。これは基本的にはグローバルなマーケット関係者から評判が悪いです。あの国は日本と違って政府がいっぱい株をもっています。株主としてのグリップを利かせて、雇用の問題があるので、たとえばフランス国内に工場を維持させたい。そういった政府の思惑が透けてみえるので、投資家は基本的にはあまり評価をしていないようです。

それから、議決権を2倍にするというやり方は、相対的にみると同じ株主である短期の株主の権利を犠牲にして長期の株主の権利を増やすというアプローチなので、そういう意味で王道ではないのだろうと思います。

これにかわるアプローチがあるとすれば、たとえば税制優遇措置みたいなものでしょうか。たとえば、米国の個人のキャピタルゲインの課税は、長期間もって売却した場合のほうが税率が低いのです。短期で売買して得た利益には高い税率でキャピタルゲインの所得税がかかる仕組みになっています。

日本はそのままそのやり方をとってはいませんので、何年もって売却しようが、3日、あるいは1時間で売却しようが、個人のキャピタルゲインの税率は20％です。そのかわりに、一つの解決策として入れたのが、ＮＩＳＡです。

ＮＩＳＡには、もちろん個人の貯蓄から投資へという動きを後押しするという大きな目的があるわけですけれども、つけ加えると、もう一つ、個人の長期投資を促進したいという思いが入っています。あれは年間１００万円まで、２０１６年１月からは年間１２０万円までの非課税措置ですけれども、１回買った株は、売却したらそこで税制優遇は終わりなのです。持ち続けている間は配当が入ってくるでしょうが、その配当には税金がかかりません。だけど、売ってしまったらそこで終わりです。「売却代金で他の株式・投信を買えば同じようなものじゃないか」と思うでしょうが、ＮＩＳＡ制度では、いったんＮＩＳＡで買い付けた株式・投信を手放して他の株式・投信に乗り換えようとする場合には、新たに購入する金額の分、非課税枠（年間１２０万円）を費消してしまう仕組みになっています。他の条件が同じであれば、非課税の期限である5年まで、目いっぱいその銘柄を持ち続けるというのが税制面ではいちばん得です。その意味で、ＮＩＳＡも長期的な保有を促すための措置なのです。

そして、さらに別のアプローチが、多分スチュワードシップ・コードだと思います。もちろんほかにも長期投資を促すやり方はいろいろあると思いますけれども、最近話題にのぼることが多いのは、この議決権、税制、スチュワードシップ・コードの3種類のようです。

2 日本版スチュワードシップ・コードの制定の経緯

スチュワードシップ・コード制定の経緯ですけれども、政権交代が起こって、安倍政権の最初の年のたくさんの仕事の一つとして産業競争力会議の設立がありました。ここでの議論を経て、閣議決定されたのが、「日本版スチュワードシップ・コードについて検討して、年内に取りまとめなさい」という指示です（図表6－2）。

この辺をみていただきますと、「企業の中長期的な成長を促すなど」と書いてありますね。ここにも政策のねらいが書かれていると思います。

余談になりますけれども、私は2004年から2008年まで、国際機関のOECDで国際公務員をやっていまして、その時、実はコーポレートガバナンスの担当だったのです。企業統治に関しては、IMFでも世銀でもなく、OECDがスタンダードセッターになっています。4年間コーポレートガバナンスの仕事をして、収穫だったことが二つあって、一つは、今日お話しする「コード」というアプローチです。これが、企業統治の分野では、世界でごく当たり前に使われているということを実体験として知りました。

日本のガバナンスの議論がずっと進まなかったのは、あれをハード・ロー、つまり法律だけで解決しようとしてきたからだと思うのです。法律というのは、適用対象を絞ること自体はもちろん可能です。たとえば、資本金いくら以上の企業とかいうふうに、ある程度適用対象を絞ることはできますが、基本的には、対象になった人には一律に義務をかけます。たとえば、資本金10億円以上の会社に対してこういう義務をかける。何をしてはいけないとか、何をすべきであるというふうな法律上の一律の義務を課しますから、それぞれの対象、たとえば会社であれば会社のそれぞ

図表6－2　スチュワードシップ・コード：経緯等
（産業競争力会議、日本再興戦略）

第4回産業競争力会議

平成25年3月15日

○　民間議員提出資料（坂根主査取りまとめ）「産業の新陳代謝の促進」

Ⅰ．業界再編・事業再構築の促進
国内での過当競争を回避し、スピード感を持って市場の変化への対応を要求されるグローバル競争へ対応する為、業界再編や事業の再構築を促進する仕組みづくりと民間の積極的運用の好循環が必要。

政／官

④　英国のスチュワードシップ・コードの日本版導入

日本再興戦略（抄）

平成25年6月14日　閣議決定

第Ⅰ．総論
「成長への道筋」に沿った主要施策例
・　機関投資家が、対話を通じて企業の中長期的な成長を促すなど、受託者責任を果たすための原則（日本版スチュワードシップコード）について検討し、取りまとめる。

【年内に取りまとめ】

れの固有の事情は捨象しなければいけないわけです。そうすると、一律にかける義務は、ある程度水準が低いものになってしまう。つまりミニマムスタンダードになる。当然だと思います。

それから、それぞれの会社にもそれぞれ事情があるのですが、その辺の事情の違いはそんたくできないわけです。対象になれば、一律にこれはやらなければいけないし、これはやってはいけないというふうにかけるのが法律のスタイルで、日本の企業統治もそれでずっとやってきたのです。

最大の焦点は、なぜだか知

りませんが、昔から社外取締役の義務づけなのです。社外取締役は、ご案内のように、日本は非常に少ない状況が続いてきました。これを何とかしなければいけないということで、とられたアプローチは、会社法を改正して社外取締役を義務づけるべきかどうかという議論を延々とやってきました。

あるいは日本は監査役会設置会社という、外国の方からするとちょっとなじみのない形態をとっていて、これはひょっとしたらうまくないのではないかという議論があって、やっぱり会社法の枠組みのなかで、委員会等設置会社とか、そういう組織の議論をずっとしてきて、これをずっとハード・ローの世界でやってきたからうまくいかない。

ハード・ローは一律の義務づけなので、経済界だってまずは反対しますよね。この前、会社法が改正された時に、社外取締役の法的な義務づけに反対したのは経団連だったのですが、反対の根拠のいちばん大きいところは、「社外取締役はたしかに意義があると思うけれども、法律で一律に義務づけるのはおかしい」という反論でした。世界の国のガバナンス関係の規律は、ハード・ローと、いわゆるコードを中心とするソフト・ローの組合せでできているので、強行法規の会社法だけ、あるいは金融商品取引法だけで解決しているような国はきわめて少ないようです。きわめて少ない例外というのは日本と、実は米国もややそういうところがあります。これは後で時間があればご説明します。

そういうことで、いまちょっと脱線して申しわけなかったですが、成長戦略の一環としてスチュワードシップ・コードをつくるという話が出てきたわけです。

スチュワードシップ・コードができて、経済界には、一言でいうと、「機関投資家は株主総会で反対票を入れよ」という趣旨のものではないかという警戒感を随分もたれました。それは基本的に間違いです。現実は逆になっています。内外機関投資家のわが国での議決権行使結果のデータをみると、まず国内機関投資家が会社側提案に対して、スチュワードシップ・コードができる前の2013年6月の総会時は8・9％の反対でしたけれども、できた後の

2015年6月の総会では、ちなみにコーポレートガバナンス・コードもできましたが、7・2%になっています。それから、海外機関投資家の平均的な反対率が10・2%だったものが、9・4%になっています。

実はわれわれは、こういう姿を実現したかったのです。株主総会で反対票を入れること自体は自由ですし、入れなければいけないときもあると思うんですけれども、決して反対票自体を増やしたかったわけではなくて、むしろ機関投資家は普段の、平時の対話で株主としての意向を伝える。会社側は、それに反対であれば、もちろん反対の主張をしていただくけれども、極力共通の理解を探っていただく。共通の理解が得られなくて、どうしても最後までいくときには、もちろん反対票を入れることはあると思いますが、世の中の大抵の問題とはいわないけれども、そこそこの問題は、株主総会の激突までいかなくても、途中で改善が図られることも多いはずです。

対話、対話といいますが、対話で何が変わるのだという話です。図表6－3は2009年のデータなので、ちょっと古いのですが、商事法務が上場企業側にアンケートをとって、「株主総会の前に株主と個別に話し合う機会がありましたか」ということを上場企業側にお尋ねしています。その結果、「いや、そういう機会はありませんでしたね」というのが80%。残りの20%はどういう対話をしたかというと、これは複数回答なので重複していますけれども、「電話によった」というのが13・6%あるのです。つまり、「そういえば電話がかかってきましたね」というパターンだと思うんです。実際に機関投資家や株主を訪問したとか、先方から訪問を受けたというのは、4・8%と5・2%だから、足して10%にしかならないですね。これだと株主側が何を考えているのか、何をしてもらいたいのか、たとえば売上げを伸ばしてもらいたいと思っているのか、利益率を高めてほしいと思っているのか、いまの時点で臨時配当を出してほしいと思っているのか、自社株買いなのか、そういった意向は伝わらないと思います。

基本的に日本の上場企業は、株主さんのことは大事には思っているのですね。だけど、日本企業の対応を一言でいうと、「敬して遠ざける」。こわいので敬するのだけど、遠ざける。社外の人、アウトサイダーだから、できるだけ会

図表６－３　日本企業と機関投資家との対話の現状

■総会前に株主と個別に話し合う機会の有無（重複回答）

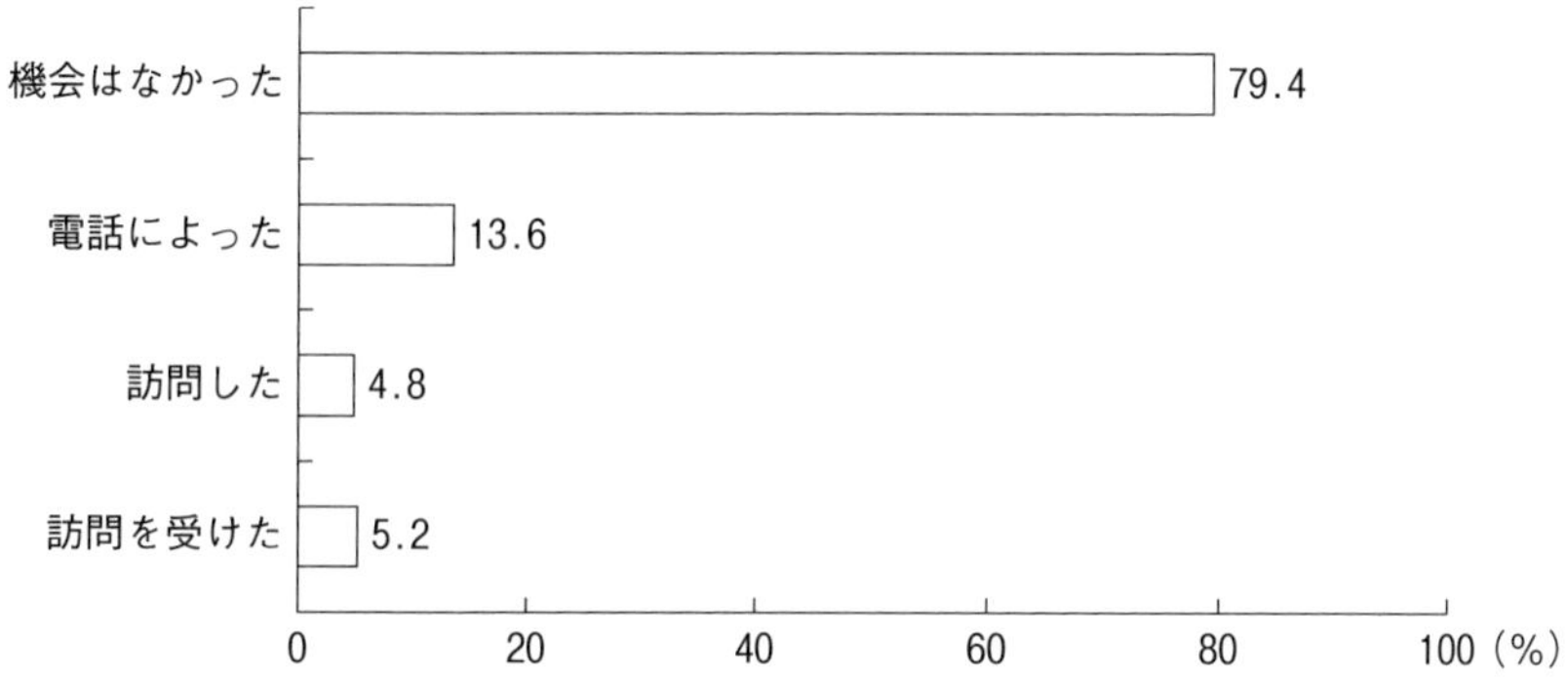

（注）　東京、大阪、名古屋等全国５証券取引所に上場されている国内会社（新興市場・外国企業を除く）2,512社を対象にアンケート調査を実施。1,897社が回答（回答率75.5%）。単位は%。

（出所）「株主総会白書2009年版」商事法務No.1883より作成

社にかかわり合いをもってほしくない。そういう発想が恐らくあるのでしょう。だから、基本的には、総会の前なんていうややこしい時期に株主さんに会ったりすることは、できればやりたくないというのが日本企業の本音だったのだろうと思います。これはデータをもっていないですけれども、多分この数字は、いま、同じアンケートをとったら劇的に変わっているはずです。

さて、いわゆる成長戦略の閣議決定でスチュワードシップ・コードをつくりなさいという指示が２０１３年の６月にありまして、８月に有識者検討会をつくりました。座長は東大の神作先生にお願いしました。

この有識者検討会でずっと議論を重ねて、合計６回やったのですけれども、途中で素案を取りまとめてパブリックコメントを実施しました。この時に、これは大変だったのですけれども、英語版も作成して、英語でもパブリックコメントを実施しました。基本的に海外の投資家は日本のガバナンスに非常に大きな問題を感じています。彼らも日本の企業のガバナンスについてはいいたいことがいっぱいあるだろうからということで、あえて英語版でもパブリックコメントを実施しました。案の定、英語でもたくさん、しかも質の高いパブリックコメントが随分寄せられまして、２０１４年2月にコードを最終確定しました。

後で説明しますが、「うちはこのスチュワードシップ・コードを受け入れます」という機関投資家さんは、われわれ金融庁に連絡をいただいて、リストにして名前を公表することにしています。初回のリストを公表したのが２０１４年6月で、以降3カ月ごとにこのリストを更新しているのです。

この後またご説明しますが、2回目のリストを公表した時に、これはどうしてもいっておかなければいかんということが出てきて、金融庁からメッセージを公表しています。

それから、２０１５年の夏から――実際に始まったのは10月からかな――両コードのフォローアップ会議を稼働させて、うまく回っているかどうか検証する会議の場を立ち上げています。

また、スチュワードシップ・コードの策定を指示した、同じ２０１３年の日本再興戦略には、公的・準公的資金の運用のあり方を見直すという記載が盛り込まれました。その時に、実はスチュワードシップ・コードのことも視野に入れて、図表６－４のような表現を入れてもらっています。つまり、公的・準公的資金についていろいろ見直しをしますが、その時には、株式への長期投資におけるリターン向上のための方策等に係る横断的な課題について、有識者会議――これはスチュワードシップ・コードとは別の有識者会議ですけれども――で検討を進めて、提言を得ますと書き込んでもらっています。図表６－５は実際に公的・準公的資金のところで出てきた有識者会議の提言ですが、スチュワードシップ・コードについてやりますということが婉曲に書いてあります。

これは一言で何をいっているかというと、ＧＰＩＦは、スチュワードシップ・コードができたら、それを受け入れますということを示唆しているわけです。ここを読んだだけでそう読み取れる人はあまりいないと思いますけれども、マーケット関係者であれば何となくそこはわかる。ＧＰＩＦというのは日本最大の株主です。総資産がいま

図表6－4　GPIF等の公的・準公的資金についての見直し（日本再興戦略）

日本再興戦略（抄）

平成25年6月14日　閣議決定

第Ⅰ．総論

「成長への道筋」に沿った主要施策例

・　公的・準公的資金について、各資金の規模・性格を踏まえ、運用（分散投資の促進等）、リスク管理体制等のガバナンス、株式への長期投資におけるリターン向上のための方策等に係る横断的な課題について、有識者会議において検討を進め、提言を得る。

【本年秋までに結論】

第Ⅱ．3つのアクションプラン

一．日本産業再興プラン

5．立地競争力の更なる強化

○公的・準公的資金の運用等の在り方

・　公的・準公的資金について、各資金の規模や性格を踏まえ、運用（分散投資の促進等）、リスク管理体制等のガバナンス、株式への長期投資におけるリターン向上のための方策等に係る横断的な課題について、有識者会議において検討を進め、本年秋までに提言を得る。

140兆円くらいで、ポートフォリオを変えて国内株式の割合を増やしてきていますが、平均すると日本の上場企業の3％、4％くらいはGPIFが実は株式をもっています。名義は信託銀行とかなので、直接出てきませんけれども、持分から計算すると大体それくらいになるはずです。ですから、GPIFがこのコードを受け入れるということは、上場企業側にとっては非常に重たいことであるし、もっというと、GPIFから資産運用を受託する機関投資家、アセット・マネジャーといいますけれども、ファンドさんとか投信の委託会社であるとか、そういったところは、自分のところもスチュワードシップ・コードをやらなければという気持ちになるということです。

機関投資家は2種類あるのです。基本的には、年金のようなアセット・オーナーさん、年金加入者とかからお金を集めて預かってい

図表6－5　「公的・準公的資金の運用・リスク管理等の高度化等に関する有識者会議」の結論：「日本版スチュワードシップ・コード」関連部分

同有識者会議の報告書（平成25年11月20日公表）【一部抜粋】

Ⅳ　エクイティ資産に係るリターン最大化

各資金が株式などのエクイティ資産に投資を行う場合には、長期投資を前提としてリターンの向上を目指す必要があり、その目的の範囲内においては、公的・準公的な立場を有しているとしても、受託者として、運用受託機関を通じた投資先との緊密な対話や適切な議決権の行使などが求められる。このため、各資金において、金融庁で行われている日本版スチュワードシップ・コードに係る検討の結果等を踏まえた方針の策定・公表を行い、運用受託機関に対して当該方針にのっとった対応を求めるべきであるが、その一方で、各運用機関本体による過度な経営への関与や、一律の方針設定に基づく形式的な議決権行使が行われないよう、留意が必要である。そうした観点から、必要に応じて、投資先企業との良好な関係に基づく対話により持続的な企業価値の向上を目指す運用受託機関への委託など（注）も考えられる。なお、財務的な要素に加えて、非財務的要素である「ESG（環境、社会、ガバナンス）」を考慮すべきとの意見もあり、各資金において個別に検討すべきものと考えられる。

（注）　我が国において、企業の経営実態を的確に把握し、適切なガバナンスの下で運営される議決権行使助言会社を利用可能な環境が整った際には、その活用も考えられる。

るのだけれども、自分自身で投資判断とかはあまりやらないで、アセット・マネジャーさんに資金の運用を委託する人たちです。国家公務員共済組合なんかもそうですけれども、こういう人たちをアセット・オーナーといいます。

そのアセット・オーナーから資金の委託を受けて実際に運用する人、ファンドであったり、投信委託会社であったりしますけれども、これはアセット・マネジャーといいます。実際に企業とエンゲージメントをやって、わざわざ企業さんを訪問して意見交換するのは、アセット・オーナーではなくてアセット・マネジャーのほうが多いのです。スチュワードシップ・コードができて、だれの仕事が増えるかというと、アセット・マネジャーの仕事が増えるわけです。

そういうアセット・マネジャーさんにスチュワードシップ・コードを受け入れてもらうためには、一つは、もちろん趣旨とかねらい、メリットを説明して賛同してもらうというのは非常に大きいのですけれども、直接的な仕組みとしては、アセット・マネジャーに資金を預けるアセット・オーナーさん、つまりクライアントがスチュワードシップ・コードを受け入れる、これがいちばん効くわけです。わかりやすくいうと、年金基金がスチュワードシップ・コードを受け入れます、うちが資金を委ねる先、アセット・マネジャーさんも、当然スチュワードシップ・コードを受け入れてくれるところを優先的に選びますと。こういうかたちで推進力が回っていくかたちになっています。

日本の場合は、最大の年金基金であるＧＰＩＦのほかにも、たとえば国家公務員共済組合とか、地方公務員共済組合とか、教職員の組合とか、そういう公務員系の年金を運用しているアセット・オーナーがスチュワードシップ・コードを受け入れました。そのことが恐らくアセット・マネジャーのスチュワードシップ・コード受け入れにすごく寄与しただろうと思っています。そういうことがある程度想定できていたので、図表６‐４のように日本再興戦略にこういうくだりを入れてもらって、ＧＰＩＦの有識者会議でも検討していただいたということです。

これは日本独自の考え方ではなくて、たとえば英国などでも同じ考え方がとられています。彼らの言い方でいうと、スチュワードシップ・コードのドライバー、つまり推進力は、アセット・マネジャーではなくてアセット・オーナーにある。つまり、年金さんにあるといいます。英国の年金は、総じてこういうスチュワードシップ活動とかガバナンス活動にはもともと熱心です。日本の場合には、公的年金系をドライバーとして用いるというアプローチをとりました。

ただ、推進力という意味では、ＧＰＩＦとか、ほかの公的年金系が受入れをやっていますので、実は規模の面ではもう十分なのですが、民間の企業年金さんは数がたくさんありますし、こういったところがスチュワードシップ・コードを受け入れて、そのことによってアセット・マネジャーさんがより一生懸命スチュワードシップ活動をやる。これが本来望ましい姿で、それはスチュワードシップ・コードのすそ野の拡大にもつながるので、規模・金額の面ではもう十分足りているのですけれども、できればわれわれは民間の企業年金にもスチュワードシップ・コードを受け入れてもらいたいと思っています。

3 日本版スチュワードシップ・コード——前文

ここからスチュワードシップ・コードの中身に多少触れながら説明をしたいと思います。最初に「スチュワードシップ責任」という記載がありまして、お手本にした英国コードは、機関投資家の責任について、直接的な委託・受託関係を基礎とする受託者責任、つまりフィデューシャリー・デューティーではなくて、より広く、資金の根源的な提供者に対する責任も含む概念として、あえてスチュワードシップ責任という表現を使ったと聞いています。

フィデューシャリー・デューティーという言葉を使うと、直接的にお金を預かった対象、わかりやすくいうと、どこかのヘッジファンドがどこかの年金さんからお金を預かったとすると、年金さんに対してはスチュワードシップ責任はあるかもしれないけれども、年金さんの向こう側にいる最終的な年金受給者は関係がないみたいな話になってしまう。もっというと、直接的な受託関係がある、なしという非常に狭いとらえ方をすると、必ず反論が出てきます。うちはそういう資金を受託している関係にありませんみたいなかたちで、うちには関係ないのでしょうという話に必ずなるので、あえてスチュワードシップ責任という言葉を使ったのだと思います。

このスチュワードシップという言葉ですけれども、非常に耳慣れない言葉です。米国人に聞くと、米国でもあまりスチュワードシップという言葉を使わないそうです。基本的には英国英語です。スチュワードとは何かというと、資産、財産、あるいは事務の管理人のことです。執事さんとかをよくスチュワードといいます。ですから、資産を預かって運用している機関投資家はスチュワードで、では、ご主人、マスターはだれかというと、資金の最終的な提供者、ultimate providers of capitalです。こっちがマスターになる。スチュワードシップ責任というのはそういう責任だと理解していただくとわかりやすいと思います。

もともとスチュワードシップという言葉は、英国の中世の荘園地主と荘園管理人の間で発生した概念だそうです。荘園の本来の持ち主は貴族でしょうけれども、だいたい都会とかに住んでいるわけです。不在地主です。地元に残って荘園の管理をしているのは管理者で、それがスチュワードだったのです。ですから、スチュワードさんは、ロンドンとかエジンバラにいる本来の地主さんに、どういうふうに預かっている荘園を管理しているかを報告する責務があるだろうということで、スチュワードシップ責任という言葉が生まれたそうです。

米国人は、こういうスチュワードシップ活動みたいなやり方自体にやや懐疑的なところはあります。彼らは、一つはスチュワードシップ責任とかスチュワードシップ・コードというソフト・ローで規律するやり方にあまりなじみがない。日本人と一緒で、やるのだったらSECのレギュレーションとかでやるべきではないかと思っているし、究極的には、これは最近だいぶ変わってきたと私は思いますが、米国的な考え方を誤解をおそれずに簡単にいうと、どこかで株主と会社は対立構造にあるのだという考え方が強く根づいています。ですから、途中でエンゲージメントをするみたいな話も、どうもぴんとこない人も少なからずいるようです。これはどちらかというと欧州的なアプローチなのかもしれません。ただ、もちろん米国にもエンゲージメントを積極的にやっている団体、たとえば公的年金を運用しているカルパースとか、たくさんありますけれども、一般の人に聞くと、株主と企業のなれ合いではないか、みたいな受止め方をする人もいないわけではないです。

日本でもスチュワードシップ・コードという言葉をそのまま使いました。ほかの言葉に置き換えたほうがいいのではないかという議論も随分あったのですけれども、置き換えるとすると、やっぱり受託者責任になってしまって、受託者責任というのは、これはこれで日本でも一定の歴史のある概念なので、ぴったりあわない。ほかの言葉をあてたりつくったりするよりも、むしろスチュワードシップ・コードそのままでいこうということにしました。

ただし、日本語の表題と副題をつけています。「日本版スチュワードシップ・コード」だけだと何のことやらさっぱりわからんだろうということで、「『責任ある機関投資家』の諸原則」というふうに1行目にまず表題を入れて、それでも足りないと思ったので副題を入れています。「～投資と対話を通じて企業の持続的成長を促すために～」という副題をつけて、ここまで読んでもらえば何となくわかってもらえるのではないかということで、タイトルが随分長くなりました。

それでもまだ、スチュワードシップ責任はわかりにくいというので、冒頭にスチュワードシップ責任とはそもそも何なのかということを、無理を承知でできるだけ簡潔にまとめました。読みますけれども、「本コードにおいて、『スチュワードシップ責任』とは、機関投資家が、投資先企業やその事業環境等に関する深い理解に基づく建設的な『目的をもった対話』などを通じて、当該企業の企業価値の向上や持続的成長を促すことにより、『顧客・受益者』の中長期的な投資リターンの拡大を図る責任を意味する」。これ以上短くは書けないのですけれども、精いっぱい短くして、こんな感じだろうと思います。

策定経緯は先ほどご説明したとおりですけれども、もともと英国のコードでも、最終的な目的は会社の長期的成功なんだみたいなことがちょっと書いてあります。日本版コードでは、ここにもっと力を入れて、繰り返し繰り返し記載をしていますけれども、基本的な考え方は英国と同じです。

それから、機関投資家の範囲。このコードは機関投資家に対する規律なのですけれども、機関投資家はだれですかということをあえて書いていないのです。法律なんかだとおよそ考えられないやり方だと思います。ソフト・ローだからこそこういうことができるわけですけれども、だれが機関投資家か、みたいな定義づけを始めてしまうと、そこでまず政策的なエネルギーというか、リソースが割かれる。私は機関投資家ではありませんみたいなことをいう業態が出てきて、そこと調整するのが大変だというのもあるのです。

これは実利上の問題でありますけれども、根本的な問題意識としては、機関投資家の外縁なんて、あえてはっきりさせる必要がどこにあるのだということです。投資家さんでも、私は機関投資家で、このスチュワードシップ・コードの考え方に賛成するので、受入れ表明をやりたいという人が出てくるときに、外縁なんか邪魔なものになってしまうのです。自分が機関投資家だと思えば、そういう人の受入れは受け入れていいというか、排除する必要はないので、そういう理由からもあえて外縁は置いていません。その逆に、世間から機関投資家だと思われている主体が、私は機関投資家ではないのでスチュワードシップ・コードとは関係がありません、と主張したら、その理由や真偽などは、クライアント等から問いただされることになるでしょう。ちなみに英国のコードも、同じ理由かどうかわかりませんが、機関投資家という定義を置いていません。

ここで問題になるのは、信託銀行ではなくて一般の銀行さんです。銀行さんも、いわゆる持合い株みたいなかたちで上場企業の株式をもっています。コーポレートガバナンス・コードのほうで、そうした持合い株式、政策保有株式の解消については問題提起をしていますが、スチュワードシップ・コードのなかでは、銀行も機関投資家ですとはいっていません。そこはむしろ押しつけないほうがいいだろうと思っています。基本的に銀行の最大のビジネスはローンの提供です。その長期的な取引を維持するために株式をもっているのです。ですから、銀行の本業からみると、ちょっともっている株式が毀損するのと、巨大に貸し付けているローンが毀損するのとどっちがこわいか。ローンが毀損するほうがこわいはずですね。ここには実は典型的な利益相反関係があります。巨額のローンを提供している銀行が、スチュワードシップ責任という名のもとで、株主としての立場を使って投資先企業兼融資先企業にいろいろ働きかけをするということは利益相反を招く可能性もあります。ですから、基本的には、銀行さんには関係ない世界ですねというニュアンスを醸し出しています。ただ、銀行さんがもしそのあたりのところのファイアウォールとかをしっかりしたうえで、スチュワードシップ・コードを受け入れますといえば、それはそれで排除するべきものではないと考えています。ただ、実例はいまのところ多分ないと思います。

ここで、エンゲージメント活動とか対話はそもそも何でそんなに大事なのか、どうしてこれが最終的な資金の出し手に対する責務なのかということをもう一度申し上げます。基本的に運用で大事なのは売り買いのタイミングですよね。底値で買って高いところで売るというアプローチが資産運用の基本だと思いますけれども、売り買いだけではない部分も本来あるはずです。

もっといえば、年金基金を中心に、実はある会社の株を売ろうと思っても、あまり売ることができないタイプの機関投資家もいます。たとえば、TOPIX連動型のパッシブ運用をしている機関投資家。TOPIXというのは、いま1800くらいあるすべての上場企業の銘柄を時価総額に応じて組み入れただけの非常に機械的なものですが、そういう運用スタイルをしていると、仮にこういう銘柄はよくないと思って、そこの株を売りたいと思っても、基本的に売れない。売ってしまうとTOPIXと連動しなくなってしまう。インデックス運用、ベンチマーク型運用にならなくなるので、売りたくてもあまり売れないというタイプの運用の機関投資家もいます。

では、そういう人たちは何ができるのかというと、売ることができない以上、相手方企業に働きかけて収益性をあげてもらう、株主に対する中長期的な投資のリターンをあげてもらうように働きかける、これしかやりようがないわけです。そういう意味で、売り買いのタイミングだけではなくて、エンゲージメントや働きかけというのは実は非常に大きな意味合いをもっています。

ただ、これが直接的に投資リターンにどれだけ影響を及ぼすのかというのは、学術論文はいくつかあるみたいですけれども、関係ないというのもあれば、関係あるというのもあります。要はこの世界は、株主のエンゲージメント以外に、ほかの条件、たとえばマクロの経済環境とか産業のトレンドとか、いろんなことがあって、エンゲージメントをやったからその会社の業績が上がったのだとか、株価が上がってリターンが増えたのだという統計は多分とりにくい分野だと思います。自然科学ではないので、社会科学の一種の限界なのかもしれません。ただ、カルパースという米国の大手の——これはカリフォルニア州の公務員の年金を運用している非常にアクティブな年金基金ですけれども、そこは自前で毎年レポートを発表していて、それによれば、エンゲージメント活動は直接的なリターンに非常に大きく結びつくというデータも発表しています。

機関投資家の範囲の話に戻りますが、後は議決権行使助言会社というのがありまして、これが株主総会での議決権のときには大きな影響力をもっています。スチュワードシップ・コードは機関投資家さんを直接の規律の対象とすることによって、上場協企業のガバナンス環境を改善しようというものですが、現に機関投資家の投資行動に大きな影響力をもっているのが議決権行使助言会社と呼ばれるものです。世界に大手が2種類あって、ＩＳＳという会社とグラスルイスという会社ですが、基本的にここは、たとえばトヨタの取締役選任議案について反対すべきか賛成すべきか、そういうアドバイスを機関投資家に有償で行っています。彼らにスチュワードシップ・コードを無視されてしまうと効果が半減してしまうので、スチュワードシップ・コードは、実は議決権行使助言会社にも適用すると明示しています。実際サインアップしてくれるかどうか、ちょっと心配なところはあったのですが、結果的に大手議決権行使助言会社は二つともスチュワードシップ・コードの受入れを行っています。

次に、プリンシプルベース・アプローチという手法についてお話しします。実は、今日私が説明したいことの半分くらいはここなのです。これは日本人には非常になじみが薄いやり方です。スチュワードシップ・コードの冊子の中身をちらちらとみていただくと、たとえば、指針の2－1というのがあります。ここの書出しのところをみていただきますと、「機関投資家は顧客・受益者の利益を第一として行動すべきである」と書いています。多分皆さん直感的に、こんな抽象的で一般的な記載をして何の意味があるのかと思ったのではないかと思います。私は、ＯＥＣＤに出向して初めて各国のコーポレートガバナンス・コードをみた時、やっぱり同じような印象をもちました。これはわれわれが法律による義務づけに毒されているというといけないと思うんですけれども、それしか知らないからなのです。こういうごく当たり前の規律を書いて、ごく当たり前のことを確認するというのは、日本人はあまりやりたがらないです。やった場合はだいたい無視されます。当たり前のことなので。

だけど、無視させない仕組みが、実はコードといわれるコーポレートガバナンス・コード、スチュワードシップ・コードにはセットされています。コンプライ・オア・エクスプレインであったり、リスト化して名前を公表するということです。単なる参照文書ではないのですけれども、無視する自由はある。だけど、無視するからにはそれなりに勇気がいる。何でおたくはスチュワードシップ・コードを受け入れていないのですかといわれる。そういうふうな規律のかかり方をします。

こういうごく当たり前のこと、たとえば、「顧客・受益者の利益を第一として行動すべきである」というのを具体的な法律・政令等に書き下すと、恐らくものすごく分厚い、何十条も、あるいは場合によっては何百条にもなるような規律の仕方になると思います。また、そういったやり方は、どれだけ細かく書き込んでも、必ず潜脱行為とか脱法行為ができるのですね。その穴をふさごうと思って、また法律を改正すると、余計わけがわからなくなるという一つの悪循環もあります。

ただ、法律は、実はそのやり方でしか対応できないというか、そうでなければいけないところがあるのです。なぜかというと、法律は強行法規なので、だれが何をすべきなのか、だれが何をしてはいけないのかを、事後的に争いにならないように明確に書いておかなければいけない。違反すると極端な場合には手が後ろに回る、刑事罰がかかることもありますし、そうでなくても、たとえば行政処分のようなかたちで監督官庁から不利益処分が出ることがある。いわば罪刑法定主義の関係から、だれが何をしなければいけないと具体的に細かく書くしかないのです。

だけど、ソフト・ローはそんなことをやる必要はないので、スチュワードシップ・コードについていえば、これを無視したり、あるいは受け入れるといっていて実際にはそのとおり行動しなくても、パブリックセクターは何もしません。公的なサンクションは課しません。そういう意味で自由に書くことができる。ある意味で罪刑法定主義のくびきを逃れることができるので、「顧客・受益者の利益を第一として行動すべきである」と、ごく簡単に1行で片づけています。

でも、これを本当にやるというのは相当大変なことです。多分、そのやり方は、機関投資家のそれぞれの規模とか運用スタイルがいろいろあって、千差万別のアプローチとか重点の置き方があるはずです。ソフト・ローの場合によいことは、そういう自分にあったやり方ができるということです。法律だと冒頭申し上げたように一律義務づけ、銀行法なら銀行は全部これをやりなさいということになりますが、ソフト・ローの場合には、自分にあったやり方で対応できるかわりに、ただし、本当に顧客・受益者の利益を第一として行動しているかどうかというのが唯一のイシューになります。この機関投資家はスチュワードシップ・コードにのっとって行動しているだろうかという評価をするときには、その会社、機関投資家にあったやり方でいいのですけれども、本当に適切なアクションをとっているかということが多分評価されると思います。

図表6－6にプリンシプルベース・アプローチのやり方を文章で書いています。本コードは、機関投資家がとるべき行動について詳細に規定するルールベース・アプローチ、典型的には、これは法律とか政令、省令・内閣府令ですが、そういうアプローチではなくて、機関投資家が各々の置かれた状況に応じて、自らの責任を実質において適切に果たすことができるよう、プリンシプルベース・アプローチ（原則主義）を採用しています、と書いてあります。

プリンシプルベース・アプローチは、わが国ではなじみの薄い面がありますけれども、その意義は、一見、抽象的で、こんなものは無視してもいいのではないかと思われるような大づかみな原則について、あえてそれを記載して、関係者がその趣旨とか精神を確認する、互いに共有する、という点にある。そのうえで、コードにこう書かれている

図表6－6　プリンシプルベース・アプローチ

○「ルールベース」の規律が一般的な日本においては、一見当たり前のような内容が多い「プリンシプルベース・アプローチ」は軽視されがちではないかとの懸念がある。
こうした点にかんがみ、「日本版コード」では、「プリンシプルベース・アプローチ」の意義を、コードの前文に記載

「本コードは、機関投資家が取るべき行動について詳細に規定する「ルールベース・アプローチ」（細則主義）ではなく、機関投資家が各々の置かれた状況に応じて、自らのスチュワードシップ責任をその実質において適切に果たすことができるよう、いわゆる「プリンシプルベース・アプローチ」（原則主義）を採用している。
「プリンシプルベース・アプローチ」は、我が国では、いまだ馴染みの薄い面があると考えられるが、その意義は、一見、抽象的で大掴みな原則（プリンシプル）について、関係者がその趣旨・精神を確認し、互いに共有した上で、各自、自らの活動が、形式的な文言・記載ではなく、その趣旨・精神に照らして真に適切か否かを判断することにある。機関投資家が本コードを踏まえて行動するに当たっては、こうした「プリンシプルベース・アプローチ」の意義を十分に踏まえることが望まれる。

からみたいな形式的な対応ではなくて、その趣旨・精神に照らして適切かどうかを判断していただきたい、機関投資家がこのコードをふまえて行動するのであれば、そうした意義を十分にふまえてやってください、ということも書かれています。

スチュワードシップ・コードができた時に山ほど聞かれたのは、コーポレートガバナンス・コードができた時もそうだったのですけれども、機関投資家さんとか、あるいは上場企業の方から、ここに書いてある「等」は何ですかとか、たとえば企業グループという言葉を使っていますけれども、どこまでが企業グループですかとか、そういうタイプのご質問でした。それは、上場企業や機関投資家の組織内のコンプライアンス担当者は、常に法律にのっとって仕事をされているからで、要はコンプラ的な発想から抜け切れていないのです。われわれは、あえてどちらのコードに

も、定義らしい定義はまったく置いていません。言葉の解釈は、それぞれの規律の対象者、規律を果たさなければいけない機関投資家であったり、コーポレートガバナンス・コードだったら上場企業さんが、自分の責任に照らして解釈してくださいといっています。

次に、コンプライ・オア・エクスプレイン・アプローチについてお話しします。これはコーポレートガバナンス・コードで有名になりましたので、多少ご存じの人もいるかもしれません。実は、特にスチュワードシップ・コードのほうは、完全に無視して沈黙を守ることも自由です。だれがみても明らかな機関投資家にも、このコードをまったく無視する自由があります。無視したからといって監督官庁は何もいいません。そのかわり、恐らくクライアントとかアセット・オーナーとか、そういったところからの評価は多分受けると思うので、実質上はやっぱり受入れのほうに相当プレッシャーがかかっただろうと思いますが、基本的にはまったく自由です。

その自由であることのうえに、さらに柔軟性を与えているのがコンプライ・オア・エクスプレイン・アプローチです。たとえばスチュワードシップ・コードは、原則が七つあって、その下に指針があります。それらをそのまますべてやる必要はないということなんです。ただし、やらない場合には、なぜそこをそのとおりやらないのかというのを説明してくださいというアプローチをとっていまして、これをコンプライ・オア・エクスプレインといいます。

基本的には、法律はこういうやり方をあまりとりません。基本は一律義務づけです。例外として、目新しいところでは、この間の会社法で、社外取締役をただの一人も置かない会社は、株主総会で社外取締役を置くことが相当でない理由を説明せよという義務がかかりました。これはコンプライ・オア・エクスプレインのやり方を取り入れているのですけれども、そういうものは非常に珍しいと思います。法律は基本的に義務づけで、やるかやらないか、やらない場合には捕まってしまうことがあるというのがハード・ローの体系なのです。

ですから、しつこいですけれども、一律の義務づけではなくて、自分にあわないところは遠慮なく別のやり方をしてくださいというやり方にしてあるわけです。ただ、日本の機関投資家は、だいたいは大手企業が多いと思うんですけれども、やっぱりこういうやり方にはなじんでいないのです。何か規律があると、それを全部そのとおりにやらなければいけないと思ってしまう。ところが、実はいまわれわれは、うわべだけでコンプライするよりも、やらない理由を正々堂々と述べてエクスプレインしたほうが、むしろ評価されますよということをいっています。基本的に監督当局は規律をちゃんと守れというスタンスばかりなので、非常に珍しい行政手法だと思います。

それから、無視するのは自由ですけれども、受入れをした機関投資家は、金融庁のホームページで名前を公表しています。２０１５年10月時点で１９７の機関投資家が受入表明をやっています。外国の機関投資家も相当数入っています。数のうえではほぼ十分。国内の大手機関投資家はすべてといっていいほど受入れをしています。こういうリスト公表のかたちでスチュワードシップ・コードの受入れを考えさせるというアプローチも非常に成功したのだろうと思っています。

4 日本版スチュワードシップ・コード――七つの原則

図表6－7がスチュワードシップ・コードの中身です。みていただくと、実に当たり前のことしか書いていないのです。たとえば、スチュワードシップ責任を果たすための方針をつくって、これを公表してくださいとか、利益相反はしっかり管理して、それを公表してくださいとか、当たり前のことがごく普通に書いてあります。

ただ、細かいところをみていくと、実はそれなりの工夫もしてあるんです。図表6－8をみていただきたいと思います。日本版スチュワードシップ・コードの策定作業は、ある意味ですごく楽なところがあって、英国にお手本があるのです。英国のコードをお手本にしながら、それを日本の政策意図にあうように手直ししていくというアプローチでした。ただ、そのなかでも英国のコードをそのまま受け入れていないところ、日本にあわないと思って一部分排除したところがあります。

図表6－8を順番にみていくと、左側が日本版コードで、右側が英国コードです。たとえば原則1は、右も左も原則1と入っていて、「基本方針の策定と公表」というのがあって、これは要は英国コードの考え方をそのまま取り入れたということです。原則2も、原則3もそうです。

原則4をみていただきますと、英国コードのほうには「投資先企業に対する働きかけのエスカレーション」、相手がいうことを聞いてくれない場合の関与の強め方についての記載があります。日本企業の実情とか、日本の対話の現状もふまえて、ここは一部修正をしました。日本のコードでは、エスカレーションという単語を使わずに、、建設的な対話を通じた認識の共有と問題の改善を図りなさいと書いています。関与を強めていくというのは、最終的には総

図表6－7　「日本版スチュワードシップ・コード」の7つの原則

機関投資家は、

1．スチュワードシップ責任を果たすための明確な方針を策定し、これを公表すべき。
2．スチュワードシップ責任を果たす上で管理すべき利益相反について、明確な方針を策定し、これを公表すべき。
3．投資先企業の持続的成長に向けてスチュワードシップ責任を適切に果たすため、当該企業の状況を的確に把握すべき。
4．投資先企業との建設的な「目的を持った対話」を通じて、投資先企業と認識の共有を図るとともに、問題の改善に努めるべき。
5．議決権の行使と行使結果の公表について明確な方針を持つとともに、議決権行使の方針については、単に形式的な判断基準にとどまるのではなく、投資先企業の持続的成長に資するものとなるよう工夫すべき。
6．議決権の行使も含め、スチュワードシップ責任をどのように果たしているのかについて、原則として、顧客・受益者に対して定期的に報告を行うべき。
7．投資先企業の持続的成長に資するよう、投資先企業やその事業環境等に関する深い理解に基づき、当該企業との対話やスチュワードシップ活動に伴う判断を適切に行うための実力を備えるべき。

会で議決権を行使して反対票を入れる、集団で語らい合って反対票を入れるみたいなことに行き着くのです。それ自体はまったく排除されるものではないし、やっていけないことはまったくないのですが、スチュワードシップ・コードというかたちで政策的にいまの日本でそれを奨励すべきかというと、多分そうではないだろうということで、ここはエスカレーションについての記載は外しています。

また、英国コードのいちばん下をみていただくと、原則5「他の投資家と共働しての要求等」というのがあります。これも先ほどと同じで、もちろん日本の機関投資家だって、ほかの投資家と共働してアクションをとっていただくことはまったくかまいません。その場合に、たとえば大量保有報告書の関係とか、法律上の制約は出てきますけれども、そういう行動をとること自体はまったく排除されないし、必要があればやったほうがいいと

図表6－8　「日本版スチュワードシップ・コード」と「英国スチュワードシップ・コード」の対比

日本版スチュワードシップ・コード		英国スチュワードシップ・コード	
原則1	「基本方針の策定と公表」		原則1
原則2	「利益相反の適切な管理」		原則2
原則3	「投資先企業の状況の的確な把握」（注1）		原則3
原則4	「建設的な対話を通じた認識の共有と問題の改善」	「投資先企業に対する働きかけのエスカレーション」	原則4
原則5	「議決権行使方針の公表と行使結果の公表」（注1）		原則6
原則6	「顧客・受益者に対する報告」		原則7
原則7	「投資先企業に関する深い理解に基づく対話と判断」（注1）（日本独自原則）	—	
—（注2）		「他の投資家と共働しての要求等」	原則5

（注1）「日本版コード」は、原則3、5、7において、「企業の持続的成長」を促すことが重要である旨を強調。
（注2）日本版では、原則7の指針の一部として、投資先企業との対話等をより適切なものにする一助として、「他の投資家との意見交換」を行うことについて記載。

思いますが、ただ、あえて日本のコードで、ほかの投資家と語らい合って要求を突きつけるみたいなやり方を政策的に奨励する必要もないだろうということで、原則5は排除しています。

かわりに入ったのが日本版の原則7です。これは英国コードにはない原則です。機関投資家さんは、投資先企業に関する深い理解に基づいて対話と判断をしてください。これは実際にコードそのものをみてもらったほうがおもしろいと思うんですけれども、図表6－9をご覧いただきたいと思います。原則7は、深い理解に基づいて、適切な判断を行うための「実力を備えるべきである」という表現です。これは法律では絶対使わない言葉ですよね。

具体的なところで、指針の7－1をみていただきますと、機関投資家さんは、対話を建設的なものとし、有益なものにしていくという観点から、当該企業との対話やスチュワードシップ活動に伴う判断を適切に行うための実力を備え

図表6－9　「日本版スチュワードシップ・コード」原則7

> 原則7　機関投資家は、投資先企業の持続的成長に資するよう、投資先企業やその事業環境等に関する深い理解に基づき、当該企業との対話やスチュワードシップ活動に伴う判断を適切に行うための実力を備えるべきである。
>
> 指針
>
> 7－1.　機関投資家は、投資先企業との対話を建設的なものとし、かつ、当該企業の持続的成長に資する有益なものとしていく観点から、投資先企業やその事業環境等に関する深い理解に基づき、当該企業との対話やスチュワードシップ活動に伴う判断を適切に行うための実力を備えていることが重要である。
>
> 7－2.　このため、機関投資家は、こうした対話や判断を適切に行うために必要な体制の整備を行うべきである。
>
> 7－3.　こうした対話や判断を適切に行うための一助として、必要に応じ、機関投資家が、他の投資家との意見交換を行うことやそのための場を設けることも有益であると考えられる。また、機関投資家は、過去に行った投資先企業との対話やスチュワードシップ活動に伴う判断の幾つかについて、これらが適切であったか否かを適宜の時期に省みることにより、スチュワードシップ責任を果たすための方針や議決権行使の方針の改善につなげるなど、将来のスチュワードシップ活動がより適切なものとなるよう努めるべきである。

ていることが重要である、その下の7－2をみていただきますと、そのために必要な体制の整備を行うべきであると書いています。

日本の機関投資家さんは、もちろん一部の例外はあるのですけれども、基本的には投資先企業と対話なんかやったことがなかったのです。もちろん議決権行使の判断はやっていますし、そこはそれなりにやってきたのですけれども、平時の対話というのは、どちらかというと、企業側の決算発表を聞いたり、投資家説明会に行ったり、後は企業のインベスターズ・リレーション担当のところに行って、来期の四半期決算、業績見通しはどうですかみたいなやりとりをするくらいしかやったことがなくて、中長期的な観点から会社の問題点を一緒に知恵を働かせて悩むとか、そういったことはやったことがなかった。そういう意味で、まず機関投資家側も投資先企業をしっかり研究したうえで行ってください、その企業の業種についてもしっかり勉強したうえで、できれば有益な対話になるように実力を備えて、体制を整えてやってくださいということを書いています。

これは後で聞いたのですけれども、スチュワードシップ・コードの受入れは197ということで、私どもが最初に想定したよりも多いのです。100はいくだろうと思っていましたけれども、こんなに簡単に197になるとは思わなかった。その理由の一つは原則7にあるそうです。原則7で機関投資家はこういうふうな実力を身につけなさいとか、体制を整備しなさいと書いているので、スチュワードシップ・コードを受け入れないで無視していると、その機関投資家さんは体制整備ができていないのではないかと思われる。そういう実力がないのではないかと思われる。それがこわいのでスチュワードシップ・コード受入れを検討したという話もちらっと聞いたことがあります。これはまったく想定していない効果でした。

このほかの細かい中身についてはは割愛させていただきますが、1カ所だけ、議決権行使助言会社に関連して、原則5を紹介しましょう。図表6－10のいちばん下、モデルにした英国の指針は、英指針③と書いてあって、上をみていただくと、議決権行使の助言サービスを利用する場合には、その旨を開示しなさい、利用しているといいなさいと。また、その利用範囲とか議決権行使サービス業者さんの名前を明らかにしなさい、どの程度準拠しているのかを開示しなさいと書いています。それに加えて、議決権行使助言会社を利用する場合でも、その推奨に機械的に依拠するのではなく、投資先企業との対話の内容などをふまえ、自らの責任と判断で議決権行使を判断すべきだと書いています。

議決権行使助言会社の助言だって、必ずしも適切なものかどうか、保障はありません。議決権行使助言会社のサービスを使っていますから、専門家のおっしゃるとおりに投票していますから、というふうに流れて思考停止してしま

図表6－10 「英国スチュワードシップ・コード」原則6

■「英国スチュワードシップ・コード」の概要

<table>
<tr><td colspan="2">原則6　機関投資家は、議決権の行使と行使結果公表について、明確な方針をもつべきである。</td></tr>
<tr><td rowspan="4">指針</td><td>①　すべての保有株式について議決権を行使するよう努めるべき。自動的に取締役会に賛同すべきでない。
積極的な対話で満足のいく結果が得られない場合には、議案に対し棄権または反対票を投じるべき</td></tr>
<tr><td>②　議決権行使記録を公に公開すべき</td></tr>
<tr><td>③　議決権行使の助言サービスを利用する場合には、その旨を開示すべき。また、その利用範囲・業者名の明示、当該業者の推奨にどの程度準拠し、依存・活用しているのか、を開示すべき</td></tr>
<tr><td>④　貸株とその返済についてのアプローチを開示すべき</td></tr>
</table>

⇩

■「日本版スチュワードシップ・コード」の原則

原則5　機関投資家は、議決権の行使と行使結果の公表について明確な方針を持つとともに、議決権行使の方針については、単に形式的な判断基準にとどまるのではなく、投資先企業の持続的成長に資するものとなるよう工夫すべきである。

○基本的に「英国コード」の枠組みを活用しつつも、以下の点を修正

✓［英原則6本文］:「日本版コード」では、議決権行使の「方針」は、「明確なものであること」に加え、「単に形式的な基準を定めるのではなく、投資先企業の持続的成長に資する『方針』となるよう工夫すべき」旨を記載

✓［英指針②］: 議決権行使結果の公表については、「英国コード」でも個別の開示までは求めていない。
第2回会合におけるヒアリング等では、
・英国でも、投資先企業の個社別に開示を行っているのは一部にとどまるとの報告
⇒「日本版コード」では「議案の主な種類ごとに整理・集計して公表すべき」旨を記載

✓［英指針③］:「日本版コード」においては、「議決権行使助言会社を利用する場合でも、その推奨に機械的に依拠するのではなく、投資先企業との対話の内容等を踏まえ、自らの責任と判断で行うべき」旨を明記

うと、せっかくのコードをつくった意味合いがまったく失われてしまうので、あえて、英国コードも日本のコードも、議決権行使助言会社を使うのは別にかまわないのだけれども、機械的に、賛成せよといっているから賛成したということではなくて、自分で考えて投票してくださいということを記載しているのです。

5 プリンシプルベースとコンプライ・オア・エクスプレインに関する補足

最後に図表6－11をみていただくと、これはアバウトな図ですけれども、これを使って私はプリンシプルベースとかコンプライ・オア・エクスプレインを説明しています。日本の企業の担当者の方とか、あるいは機関投資家が慣れ親しんでいるのは、法律を頂点とするルールベース・アプローチです。さっき申し上げたように、これはバインディングな性格のものです。そのとおりやらないと罰則がかかったり、行政処分がかかる。これは画一的な対応を求めているし、規制される側も、画一的な対応をすることが多いのです。

たとえば、何かの法律を国会で改正して新しい義務を課す。そのときに行政当局がよくやることは、業界団体にお願いして、どうやったらすべての業者がその義務を果たせるのか、ひな型になるようなお手本をつくってもらうのです。たとえば何かを公表せよということであれば、その公表のモデル例とか指針みたいなものをつくってもらうのです。それによって、その業界に所属する各企業さんは、ひな型を参考にしながら、ほぼそこに書かれているとおりの整理にのっとって何がしかの内容を公表するという横並びアプローチをとります。これは、ある意味で法律を対象となる人たちにもれなく義務を果たしていただくための知恵なのですけれども、ひな型をつくるということはどうしても画一的対応になります。差別化が図れない。もともと、先ほどからいっているように、法律は一律に義務づける最低限のミニマム・リクワイアメントです。対象となる人に最低限これはやらなければいかんぞというのがミニマム・リクワイアメントで、それをやらないから罰則がかかるわけです。

ソフト・ローの世界というのは、こうした世界とはまったく違う次元の話をしています。プリンシプルベース・ア

図表６－11　コードの実施

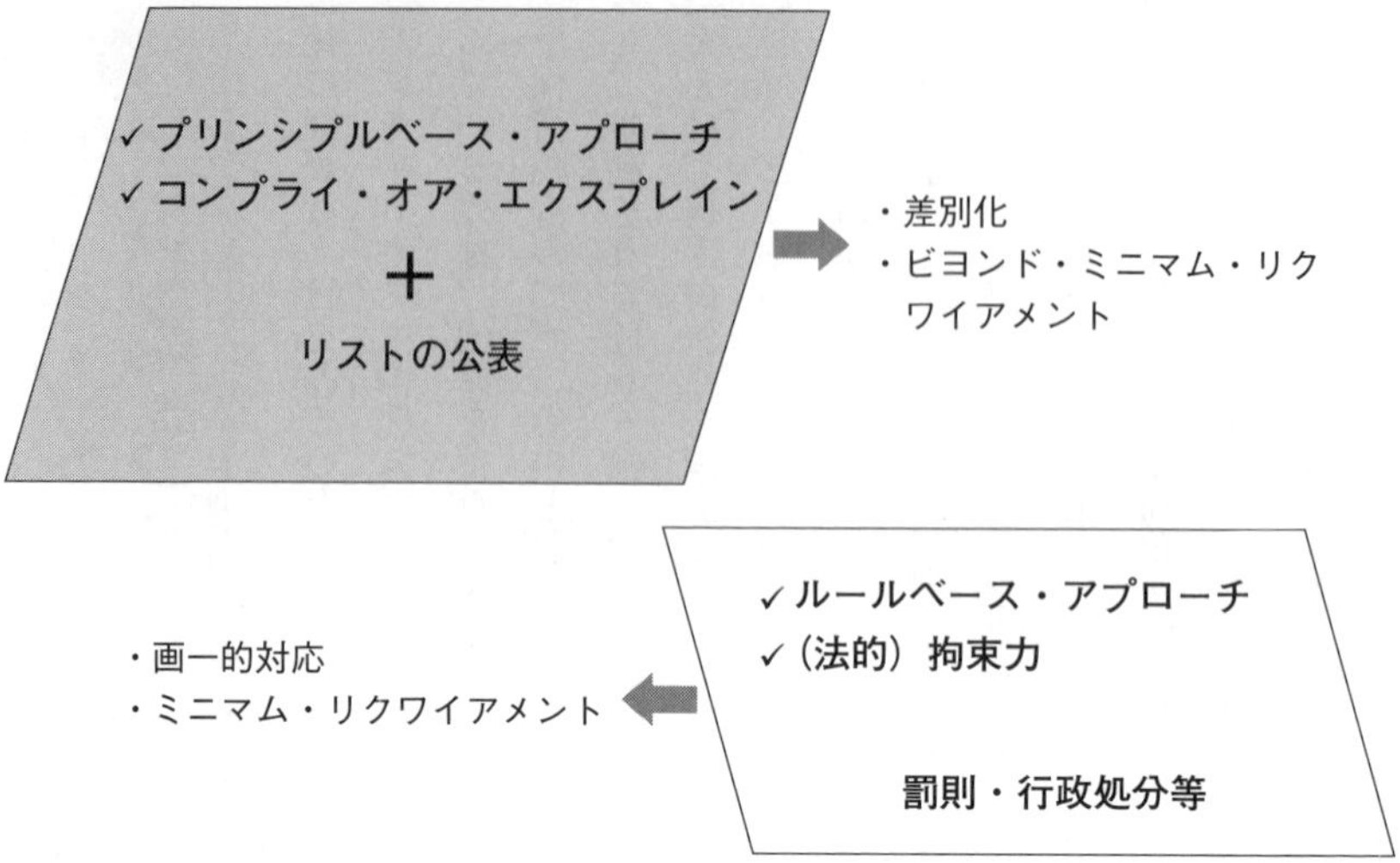

プローチはルールベース・アプローチと対極にあり、規律の細かい表現よりも趣旨や精神を大事にしてくださいということです。ただし、本当にそのとおりにやろうとすると相当大変です。やり方はいろいろあるので、それぞれの機関投資家に委ねるというやり方をとっています。

それから、コンプライ・オア・エクスプレインということで、一律適用ではありません。自分にあわないと思うところがあったら遠慮なくそこは除外して、うちはやりません、やらない理由はこれこれこうですと説明してください、と。また、コードを受け入れるかどうかも任意です。ただ、これだけで放っておくと単なる参考文書になってしまってだれも気にかけませんから、リストの公表ということで実質上のプレッシャーをかけているわけです。もう一つ、アセット・マネジャーさんについていえば、公的資金を中心とするアセット・オーナーがスチュワードシップ・コードを受け入れるということで、間接的にプレッシャーをかける。

こういうやり方をとって無視されないようにしているわけですけれども、そこから出てくる対応は、ぜひとも差別化を図ってほしい。日本企業は本当に横並びです。役所もそうですが。

だいたいは他社さんはどうしていますかという情報を一生懸命集めて、他社には遅れをとらないように、同じようにやろうとします。これは法律が適用される場合の対応に慣れ切っているせいも多分あるのだと思うんです。

ですから、今回、あえてわれわれが業界団体にお願いしたのは、法律をつくるときと真逆のことをお願いしました。たとえば投資信託協会とか信託協会とか生命保険協会にお願いしたのは、間違っても、このスチュワードシップ・コードのコンプライ・オア・エクスプレインや、遵守の仕方について、ひな型とかフォーマットを業界でつくらないでくださいと。たとえば、生命保険協会がそれをつくったら、多分、生保各社はみんなそのとおりやって、それで終わりです。そうすると、それ以上伸びません。

コードのアプローチというのは、あえてひな型とかをつくらないことで各社自身に考えてもらうというやり方なんです。自分にあったやり方でいいのですけれども、うちはこのやり方でやろう。すると、ライバル会社は、うちはこういう部門が強いから、こういうやり方でやっていこうということで差別化をして、競争をします。競争することによって、たとえばスチュワードシップ活動への取組みが素晴らしいという評判が立てば預り資産が増える。そうすると、置いていかれたほうは、もっと自分なりにあったやり方でレピュテーションを上げようとする。そういったやり方で全体の底上げを図っていこうと思っています。

それが図表6－11にあるビヨンド・ミニマム・リクワイアメントです。みんな同じやり方で、一斉に最低限度で横並び、それでおしまいではなくて、差別化を促して競争を促すことによって全体の底上げを図っていく。こういうコードをつくって、実際これがどういうふうに運営されていくかはこれからなのですけれども、そのときに最大の推進力は、実は差別化、各社の創意工夫です。基本的に法律は、こういうものを引き出すのはなかなかむずかしいです。

例を一つだけ申し上げると、たとえば政策保有株式とか持合い株式の解消というのは、日本のガバナンスにとって大きな課題になっています。特に銀行の持合い株はいろいろと問題も多いので、金融庁もそこは割と問題提起をうるさくやっていて、銀行は本来、取引先企業の株をもたないほうがいいというメッセージを強く打ち出してきています。

2000年代に最初にやったのは、銀行は自己資本のTier1を超えて株式をもってはいけないという法律をつくりました。これは義務づけなので、各社の持合い株式はTier1のところまでぐっと減ります。減って、基本的にそこでペースが止まってしまったのです。徐々に少しずつ解消はしてきているのだけれども、各社ミニマム・リクワイアメントのところまで達したら、それ以上の解消努力をいったん緩めてしまったのです。

他方で、今回コーポレートガバナンス・コードができました。これは上場会社が適用対象なので、上場銀行もコーポレートガバナンス・コードには対応しなければいけません。そのなかでは、差別化を図るようなアプローチで持合い株式解消への対応を求めています。そうすると、何が起こったか。まずコーポレートガバナンス・コードは、基本方針を各社が考えて発表することになっています。これは実名でいったほうがわかりやすいと思うので、6月1日からコーポレートガバナンス・コードは適用になったのですけれども、6月1日早々にみずほが、政策保有株式は原則保有しませんという方針を明らかにしました。原則というのがみそで、いきなりゼロにはできないに決まっているのですけれども、姿勢の問題として、わが銀行はできるだけもちたくないのですというメッセージを明らかにしました。もう一つ、三井住友がすぐそれに続いて、同じようにコーポレートガバナンス基本方針のなかで、わが社も原則的には政策保有株式はもちませんということを明らかにしました。

残る一つ、どうするかなと思ってみていたら、三菱UFJがコーポレートガバナンス基本方針を発表しまして、そこにはどう書いてあったかというと、原則もちませんということだけではなくて、もつ・もたないの評価基準をつくりますと。一定の基準を設けて、この基準に当てはまらないところは、取引先ではあるのだけれども、持合い株式の売却について交渉させていただきますというふうな一歩踏み込んだアプローチをとりました。これが7月31日です。

その後、さらに何が起こったかというと、9月でしたか、最初に発表したみずほが、三菱ＵＦＪのやり方をみて、わが社も評価基準をつくりますと。そして、その評価基準の中身が実は三菱ＵＦＪとちょっと違うのです。自分にいちばんあったやり方で評価基準をつくっていて、似ているのですけれども、微妙に違います。うちの銀行は、このやり方で保有を継続するかどうか判断しますと。基準に当てはまらないところは、持合いの解消について交渉させていただきますということを発表しました。これが差別化によるビヨンド・ミニマム・リクワイアメントのやり方です。

いま、わかりやすいので実例で申し上げましたけれども、こういうふうにうまく回り出すかどうか、長い目でみないとわからないところはありますが、出だしはまあまあ好調かなと思っています。日本には非常になじみの薄いアプローチだったのですけれども、一部ではうまく回り出している兆しもあるので、今後も全体的な状況をよく注視しながら、必要があればコード自体の改定もやっていきたいと思っています。

6 質疑応答

質問　実際に受入れを表明した企業が、コードに適合した体制を維持し続けているかをチェックするようなシステムはあるのでしょうか。

回答　大変いい質問だと思います。コーポレートガバナンス・コードについては、実はかなりはっきりとした規律が働く仕組みができあがっています。どの上場企業にも株主さんがいるので、コーポレートガバナンス・コードに沿って本当にその企業がそうやっているかというのは、まさに株主からチェックが入るんですね。スチュワードシップ・コードは、そこは少し弱いところがあります。機関投資家が本当にそれをやっているかどうかというのを評価する主体は、株主ほどは普遍的に存在しない。

ただし、そのなかで大事なのは、やっぱりアセット・オーナーなのですね。少なくともアセット・オーナーである機関投資家は、運用委託先のアセット・マネジャーが本当にちゃんとやっているかどうか、体制が整っているかどうかをチェックできる立場にあるので、そういう意味でも、実はアセット・オーナーのスチュワードシップ・コードの受入れというのは非常に大事なのです。アセット・オーナーが推進力、ドライバーであるというのは、実はそういう意味もあります。理想的にはアセット・オーナーがアセット・マネジャーの取組みを評価する。ちゃんとやらないところには資金を受託させないみたいな選別活動が進んでいくことによって、体制整備とか実施のプレッシャーがかかる。これが一つの形態になっています。

他方で、スチュワードシップ・コードの対象は機関投資家ですよね。これは、年金さんとかを除けば、実は大半は金融庁の所管、監督対象の業者さんたちです。信託銀行も生命保険も投信委託もそうです。その時に、かなり思い切ったことだったと思いますが、私たちはパブリックコメントへの回答を使って機関投資家にメッセージを伝えました。もちろん、金融庁の監督対象である機関投資家には、たとえば検査にも行きます。日常的に報告を求めたり、監督指導することもあるけれども、たとえばスチュワードシップ・コードを受け入れたかどうか、あるいはスチュワードシップを受け入れたとして、それをどういうふうに実施しているかというのは、金融検査・監督ではチェックしませんという方針を明らかにしました。これをやってしまうと、途端に法律と同様のアプローチになって、業者さんも横の連携をとって、どこまでやればいいのか、どこまでやれば金融検査で文句をいわれないのかという、ミニマム・リクワイアメントを満たすための対応になってしまって、上のほうの差別化の努力が出ないと思ったので、あえて金融検査監督の対象にはしないということを明らかにしています。

質問　企業と機関投資家との間の株主総会の外での対話が増えていくというお話がありましたが、個人の投資家が置き去りになるのではないですか。

回答　実は、コーポレートガバナンス・コードは「株主」と対話せよと書いています。そこは議論があったのですけれども、まさにそういう観点もあったので、機関投資家という言葉を使っていないのです。株主は、少なくとも法律上は、たとえば議決権を一つしかもたない個人株主であれ、大株主であれ、ある一定の規律においては平等であるべきなので、機関投資家だけと対話しろとはコーポレートガバナンス・コードには書いていません。

それが一つの答えなのですが、もう一つ、個人投資家が不利益を被るのではないかという問題について、私はむしろ逆だと思っていて、この問題は、どちらかというと、受益権と共益権でいえば、共益権的な活動なんですね。個人投資家は何もしなくて座っていれば、機関投資家が自分のコストで企業に働きかけてエンゲージメント活動をやってくれる。そのことによって企業側は、たとえば、ある気づきを与えられることもあれば、しっかりと検討されていない未熟なプロジェクトを引っ込めることもあるし、あるいは最近の日本の経済の状況のもとでいえば、これまでちょっとリスク回避的だったのを、もうちょっと設備投資なり何なりで前向きにリスクをとろうと変わる可能性があると思っています。どちらかというと、個人株主は、総じて全体像でみたときには、むしろ得るもの、メリットのほうが大きいのだろうと私は思います。

質問　実際に現場に携わった人の感覚として、こういうプリンシプルベース・アプローチが日本に今後根づいていくと思いますか。

回答　少なくとも金融行政については、プリンシプルベース・アプローチ、あるいはハード・ローとソフト・ローを組み合わせるようなやり方、ハード・ローはもちろん必要ですけれども、それを補完する意味合いでのソフト・ローはもっと活用されてしかるべきだと思います。

ただ、コードというかたち、コンプライ・オア・エクスプレインにしたり、リストの公表をしたり、こういうことをやたらめったら安易なかたちでやられるのはあまりよくないだろうと思います。

質問　スチュワードシップ・コードというのは、投資家と企業の間で、投資家のほうに企業との対話を促すということだと思うんですが、企業のほうも株主と対話をするということにあまり慣れていないようなイメージがあります。企業の側に対話をうまく受け入れさせる施策はあるのでしょうか。

回答　これがまさにコーポレートガバナンス・コードなのです。原則が5本立っていまして、5番目の原則は株主との対話です。この原則では、株主からの対話の申込みがあった場合には、できるだけシニアレベルの人が、ただし合理的な範囲でですが、対話に応じてくださいと。そのために責任者をあらかじめ指名しておいてくださいと。たとえば、専務取締役のだれだれさんが株主との対話の責任者であると明らかにしておくであるとか、そういうふうなことをコーポレートガバナンス・コードに書いています。これに沿って日本の上場企業は対応が進んでいくと思いますので、以前に比べると機関投資家と対話する機会はすごく増えるだろうと思います。

第7章

法概念としてのフィデューシャリー・デューティー

西村あさひ法律事務所パートナー弁護士
東京大学大学院法学政治学研究科客員教授　小野　傑

（2015年11月18日）

それでは、フィデューシャリー・デューティーについて講義をしたいと思います。フィデューシャリー・デューティーはいままでいろいろ授業のなかで話が出てきましたが、元来法律用語でもあることから、ここでいったん、法的観点から整理をしたいと思います。

フィデューシャリー・デューティーが「資産運用の高度化」に関連して注目されたのは、2015年度に入ってからの金融庁の動きで、7月公表の金融モニタリングレポートでは、「資産運用等に携わる金融機関がその役割・責任(フィデューシャリー・デューティー)を十全に果たしているかとの観点から、ガバナンス、商品開発、人材育成等について検証」したと述べ、さらに9月の金融行政指針では、「目指す姿・重点施策」として「投資信託・貯蓄性保険商品等の商品開発、販売、運用、資産管理それぞれに携わる金融機関等」における「フィデューシャリー・デューティーの浸透・実践」と掲げ、①顧客利益、②顧客本位、③商品のリスク特性透明性向上、④各種手数料の透明性向上、⑤利益相反行為の排除、⑥情報の非対称性排除を例として述べています。資産運用会社のなかにはすでにフィデューシャリー・デューティー宣言を公表するところも登場しています。2015年8月にいち早くフィデューシャリー・デューティー宣言をしたある運用会社は、①お客さま本位の運用、②お客さまのニーズを的確にとらえた商品開発、③合理的手数料の設定、④最大限真心でのお客さまサービス、⑤経営の透明性確保、等々を公表しています。金融庁が述べるフィデューシャリー・デューティーとは何か、各金融機関等によるフィデューシャリー・デューティー宣言は対応しているのか、そもそもフィデューシャリー・デューティーとは何か、なぜこのタイミングなのか等、気になるところです。

本日の授業ではフィデューシャリー・デューティーの実体法上の意味について少し時間を割いて説明することとし、金融規制上の動きとしてのフィデューシャリー・デューティーとの関係について考えてみたいと思います。

1 フィデューシャリー・デューティーの和訳
——忠実義務、受託者責任、信認義務?

私は弁護士となって40年近く経ちますが、弁護士にまだなりたての頃、ジョイントベンチャーのパートナーである米国の企業から同じジョイントベンチャーのパートナーである日本の企業に対して、フィデューシャリー・デューティー違反があると主張された事案を扱ったことがあります。新米の弁護士としてフィデューシャリー・デューティーとはいったいどんな義務なのか、日本法で対応する概念は何か、はたして何と訳すのがふさわしいだろうかと考え迷った記憶があります。当時としては「忠実義務」と訳した記憶がありますが、いまでは忠実義務はフィデューシャリー・デューティーの重要な一部をなすがイコールではないとされ、一般には「受託者責任」と訳され呼ばれております。フィデューシャリー・デューティーを受託者責任というのは意訳にすぎるみたいなところもありますが、ではなぜいま、フィデューシャリー・デューティーを受託者責任と呼び変えているのか気になるところです。また、最近では「信認義務」という呼び方も頻繁に用いられます。受託者責任が信託を前提としたイメージであることから言い換えられたのではと思いますが、信認という言葉から具体的な義務の内容をイメージするのはむずかしいところがあります。本日も「フィデューシャリー・デューティー」という表現を用いますが、日本語訳であるはずの受託者責任や信認義務と法律上の違いはあるのか、皆さんと一緒に考えていきたいと思います。

2 フィデューシャリー・デューティーに対応する民法上の概念

先ほどの事例ではジョイントベンチャーのパートナーはフィデューシャリー・デューティーを負うという主張でしたが、ジョイントベンチャーは日本法では民法上の組合ですから、民法上の組合員の義務として、日本法上、それをフィデューシャリー・デューティーと呼ぶか否かにかかわらず、実体法上、民法の条文、契約の文言とは別の、なんらかの義務を観念できるか、またそうすべき状況は存在するかという議論に結びついていきます。なおこの状況に限らず、英米法ではいろいろな場面で実体法としてのフィデューシャリー・デューティーが登場します。

ところでフィデューシャリー・デューティーというのは元来実体法上の概念ですが、実体法の議論であるといっても、日本の民法のなかにフィデューシャリー・デューティー、民法的な和訳としての信認義務が出てくるわけではありません。フィデューシャリー・デューティーの中核をなす忠実義務については、会社法には取締役の忠実義務が規定されておりますし、金融商品取引法のなかにも誠実義務と呼んだりしているものもありますけれども、民法に忠実義務は登場しません。この点、忠実義務を民法に入れるかどうかということで債権法改正のための法制審部会で審議され、実際、2011年4月の『民法（債権関係）の改正に関する中間的な論点整理』のなかで、忠実義務は「受任者は、委任者との利害が対立する状況で受任者自身の利益を図ってはならない義務」（150頁）とされ、善管注意義務とは異なる固有の意味のある義務として導入すべきか、それとも委任の趣旨や善管注意義務の解釈に委ねるのか論じられましたが、2013年2月の『民法（債権関係）の改正に関する中間試案』ではすでに論点からは落とされてしまっています。

3 英米法におけるフィデューシャリー・デューティー
——樋口範雄教授

となると、これはもともと英米法由来の概念なので、英米法上どう扱われているかということが問題になります。

英米法を専攻している東大の樋口教授は、金融危機よりもずっと以前の１９９９年に、今日の状況を先取りして、『フィデュシャリー「信認」の時代　信託と契約』（有斐閣、１９９９年）という本を出版しています。このなかで、「フィデュシャリーというのは、わが国では、まだほとんど知られていない概念である。それを信認関係とか受認者とか訳してみても、やはり同様に、ピンとこないといわれるだろう。……今後あるいは今ですら、わが国で生起するさまざまな問題を考えるのに、契約という法的な道具だけでは不十分だと思う。あの契約好きのアメリカの法律家やビジネスマンも、フィデュシャリーが何たるかは知っているのである。わが国においても、何でも契約で説明することはやめて、もう１つ別の法的道具をもっていた方がよいのではないかと考えるようになった」（２５３頁）といっております。日本の実体法には欠けているものの、今後必要なツールとして検討に値する概念ではないかという指摘です。

4 世界金融危機とフィデューシャリー・デューティー
――ケイ・レビュー

ところで先の世界金融危機を契機にフィデューシャリー・デューティーをより重視すべきではないかとする動きとして、2012年7月に公表された英国のジョン・ケイ教授によるケイ・レビューと呼ばれる報告書があります。金融危機をふまえて資本市場を特に運用という観点からどう改善すべきか議論しており、このケイ・レビューは日本におけるスチュワードシップ・コード導入の議論に大きな影響を与えていますが、今日のフィデューシャリー・デューティーの議論にも少なからず影響を与えているものと思います。そのなかでケイ教授は、インベストメント・チェーンにおいてフィデューシャリー・デューティーというものをもっと順守すべきではないかといっています。図表7－1は、ケイ・レビューの要約を経済産業省が当時早速取り上げた資料のなかのフィデューシャリー・デューティーに関連する記述を中心に資料から抜粋したもので、フィデューシャリー・デューティーは「受託者責任」と訳されており、受託者責任基準と訳されたFiduciary Standardとして、①顧客利益第一、②利益相反行為の禁止、③適正な手数料水準とその開示を掲げ、その順守を求めています。

図表7－1　英国ケイ・レビューの要約（経済産業省「持続的成長への競争力とインセンティブ～企業と投資家の望ましい関係構築～」プロジェクト第1回資料から抜粋）

(イ)　ケイレビューの概要

6．信頼の構築

➢ 株式のインベストメントチェーンの参加者すべては、受託責任の原則に応じて、投資あるいは運用されている資金の拠出者に対する敬意と、資金を投資あるいは運用している者に対する信頼を基に行動するべきである。

7．インベストメントチェーンの強化

➢ 資産運用者には、投資先企業とエンゲージメントを持つための、より大きなインセンティブが与えられるべきである。アクティブ運用の資産運用者のポートフォリオは、典型的には、より集中した銘柄構成となっており、相互に、またベンチマークインデックスとも、大きく異なっている。そのような運用を妨げるような規制は、軽減もしくは取り除かれるべきである。

➢ 資産運用者には協調行動を行う機会と、規制によって萎縮することなく共同で行動を起こす自由がもっと与えられるべきである

➢ パッシブ運用者は、彼らが基準としているインデックスのパフォーマンスを向上させる特別な責任を自覚するべきである。

9．受託者の責任

株式のインベストメントチェーンのすべての参加者は、クライアント及び顧客との関係において受託者責任基準を順守すべきである。

受託者責任基準によりクライアントの利益が第一とされ、利益相反が回避される。また、サービスの直接・間接コストが妥当な水準となり、かつ開示される。この基準は、代理人に対し、一般に広く認められている「礼儀正しい行動」の基準から逸脱することを求めるべきではないし、許すべきでもない。契約の規定によって、この基準が無効とされるのを見過ごしてはならない。

(ウ)　ケイレビュー提言

1．「スチュワードシップコード（The Stewardship Code）」は、コーポレートガバナンスの問題にも焦点を当てた、受託者責任のより拡張的な形態を取り入れるよう作成されるべきである。

2．企業の取締役、資産運用者、及び資産保有者は、受託者責任と長期志向の意思決定を奨励するグッドプラクティスステートメントを採用するべきで

ある。規制当局と業界団体は、既存の基準、ガイダンス、及び行動規準を、本レビューのグッドプラクティスステートメントに整合するよう、対策を施すべきである。

8. 資産運用者は、実際の取引コストまたは予想取引コスト、ファンドに課せられる成功報酬など、すべてのコストを完全に開示すべきである。
9. 受託者及び運用助言者の側における理解不足と誤解に対応するため、「法律委員会（The Law Commission）」に対し、投資に適用される受託者責任の法的概念の見直しを行うよう依頼すべきである。

5 英米法の議論――タマール・フランケル教授によるフィデューシャリー関係成立のための要素

タマール・フランケルという、米国のボストン大学ロースクールで高齢ではありますが活発な研究活動を続けておられる女性の教授の方がおりまして、この方が“Fiduciary Law”という、法律の本ですけれども、研究を長く重ねたということもあって、フィデューシャリーについて考えてきたことをつらつらと語る本が2010年に発刊され、2014年には日本語訳が出版されています（タマール・フランケル著、三菱UFJ信託銀行Fiduciary Law研究会訳『フィデューシャリー「託される人」の法理論』。以下指摘する頁はこの翻訳書の頁）。2008年9月がいわゆるリーマンショックですから、金融危機をふまえてフランケル教授はここでフィデューシャリー・デューティーについてもう一度振り返って考えるべきではないかということで、恐らくこのタイミングで発刊されたのではないかと思います。

フランケル教授は、フィデューシャリーの成立のための要素を示します。その箇所を引用しますと、「以下の定義は、信認関係（とそれに伴う信認義務）を成立させる要素を列挙したものである。……第1に、受認者は主にサービスを提供する（商品の提供と対照される）。受認者の提供するサービスは、通常は社会的に望ましいもので、専門性を必要とすることが多い。医療、法律サービス、教育、資産運用、会社の経営、宗教的奉仕のようなものである。第2に、これらのサービスを効率的に実行するために、受認者に対し財産または権限が託される必要がある。第3に、託す人は、託すことによって、受認者が信頼に値しないかもしれないというリスクを負う。受認者が、託された財産を使い込んだり、託された権限を濫用したりするかもしれないし、あるいは約束したサービスを十分に実行しないことがある。第4に、次のような可能性がある。⑴託す人が、信認関係に伴うリスクに対して自衛できない。⑵市場が、託す人をそうしたリスクから守れない。(3)受認者が自らのことを信頼に値すると示すのにかかる費用が、信認関係からもたらされる利益よりも大きい」（6～7頁）と述べます。

またフィデューシャリー・デューティーの法概念としてのあいまいさの指摘に対して、フランケル教授は「信認法について明確で包括的な指針にたどりつくなどというほぼ不可能なことをしようとは考えていない……信認法は、他のすべてとはいわなくとも多くの法と同様に、不明確ながらも問題点を示している。そして信認法は、到達できそうになくとも、いくつかのゴールを指し示すと共に、それを達成するための道筋に向けられているのである」（105頁）と述べます。フランケル教授にあっても、フィデューシャリーの関係から生じるフィデューシャリー・デューティーとは明確な内容をもつ概念ではないことを自認しており、にもかかわらず、このフィデューシャリー・デューティーという概念は問題認識のため必要な概念であるということをいっています。

6 フィデューシャリー関係発生の根拠
——契約説と非契約説と道具立てとしての有用性

フィデューシャリー・デューティーを生じさせるフィデューシャリー・デューティー関係が成立する根拠について、フランケル教授は、多くの場合は契約関係から生じるのはそのとおりであろうが、それ以外の関係でも成立するといっています。どういう立場の関係がフィデューシャリー・デューティーをもたらすかというと、弁護士とか医師のほか、フランケル教授は、資金運用者、それから証券会社、仲介者、ブローカー・ディーラーも対象として取り上げ、前述の四つの要素、すなわち専門性、信頼等々の関係が資金運用者、状況によっては仲介者、ブローカー・ディーラーに認められる場合は、フィデューシャリー関係となると述べています。

ところで、フィデューシャリー・デューティーというものを契約から離れて認めることについて、日本において根強い反対があります。契約、法律のほかに何が法的にありうるのか、こんな議論となるわけです。また、日本では裁判所が後見的機能を果たしているとか、裁判所が契約の明文にないことも契約で読み取るとか、契約解釈において信義則が十分機能している、それから、日本では黙示の合意が幅広く認められている、そういう面も根拠としています。医者と患者さんとか、弁護士と依頼者とか、専門家との間では明示的に何かをいわなくてもそこに黙示の合意がある、そのためにも単なる同意ではなくインフォームド・コンセントであることが必要なのだ、等の議論です。日本法においては、契約というものを非常に幅広く解釈して、信義則とか黙示の合意ということでほぼフィデューシャリー・デューティーというものをカバーしているのではないかという議論です。

これに対して非契約説からは、わかりやすい例として契約締結上の過失の契約前の関係は信認関係ということでとらえることはできるのではないか、それは契約が終了した後の関係においても同様ではないか、当事者の関係において道徳とか倫理とかを考慮するのがフィデューシャリー・デューティーであって、フィデューシャリー・デューティーというものが観念されれば、そういう道徳、倫理的な要素が契約に書かれていなくても主張できるのではないか等々、さまざまな状況を示して反論がされています。

契約にフィデューシャリー・デューティーはありませんとか、そういう義務を負いませんと、あいまいなものについて明確に排除したいということで、書かれるかもしれません。契約説なら可能なのかといえば恐らくそうではなく、一方、非契約説の立場においても、合意で排除できないのかというと、単純な同意では不十分である、そこではきちんと説明をする、情報提供をする、相手が納得するとか、そういう一連のプロセスを踏むことによって、フィデューシャリー・デューティーを軽減する、またはフィデューシャリー・デューティーの範囲を縮減することが可能である、こんなふうな議論となるわけです。いずれにしても、いままで日本法において裁判例とかいろいろな例において、信義則とか権利濫用とか不法行為を幅広くとったりとか、また契約締結上の過失とか、新しい考え方をもってきて当事者の関係を律するときに、先ほどの樋口教授の議論ではありませんが、道具立てとしてフィデューシャリー・デューティーという概念を取り入れると、よりわかりやすいのではないかという考え方はそれなりに説得力があるように感じます。民法に明文の規定はないものの、日本法のもとでは、契約説に立とうが立つまいが、裁判規範として、また、道徳とか倫理を重んじるカルチャーとして、すでに一定の状況で、実質的にフィデューシャリー関係が認識され、義務の内容や効果など不明確ではあるもののフィデューシャリー・デューティーの存在を前提とする考え方は織り込まれ、実体法の一部を形成しているということがいえるのではないか、さらに一歩進んでフィデューシャリーの関係を認識し、フィデューシャリー・デューティーを観念することは十分意義のある考え方ではないかと思われます。

7 フィデューシャリー・デューティー——信託法の受託者責任

ところでフィデューシャリー・デューティーは受託者責任と日本では呼ばれ、受託者責任とは信託法における受託者の義務の総体あるいは中心たる義務ととらえることができることから、フィデューシャリー・デューティーの内容をなすものを信託法に求めるという考え方も可能ではないかという発想につながります。もちろん、フィデューシャリーが信託法上の受託者でない場合は、状況に応じて義務の内容を修正する必要はありますが、とりわけ中心となる忠実義務についての考え方はフィデューシャリー・デューティーにおいても適用されるのではないかという議論です。

そこで信託法における受託者の義務には何があるのかというと、信託事務遂行義務（29条1項）、善管注意義務（同条2項）、忠実義務（30条～32条）、公平義務（33条）、分別管理義務（34条）、情報提供義務（36条～39条）、また旧法の自己執行義務に置き換わる信託事務の第三者委託に関連する義務（35条）等があげられます。そのなかで重要な義務は善管注意義務と忠実義務であり、信託法上、フィデューシャリー・デューティー＝受託者責任＝善管注意義務＋忠実義務という式が成り立つといえます。

8 忠実義務と忠実義務違反の効果

では、中心となる忠実義務についてみてみたいと思います。フィデューシャリー・デューティーは忠実義務と訳されることもあり、日本法においても英米法においてもフィデューシャリー・デューティーを信認義務と訳すか、受託者責任と訳すかは別として、その中心となるのが忠実義務であるということは避けられない議論と思います。ただ、忠実義務という言葉、忠実ということが義務内容として不明確であり、何を読み取るかということが肝心になってきます。

まず信託法には忠実義務に関する一般規定が存在します（信託法30条）。別段の定めがある場合にはこの限りではないというような任意規定の記載もないことから、受託者というものは、あらゆる場合において忠実義務を負っているということになります。

細かく信託法の中身を紹介する場でもないので、かいつまんで信託法の忠実義務に関する規定を説明します。なお詳しくは図表7－2を参照してください。一般規定とは別に利益相反行為の禁止を規定しています（同31条1項）。利益相反行為の禁止は受益者と受託者だけでなく、受益者と受託者の利害関係人、受益者と他の信託の受益者まで拡大され、対象たる取引は自己取引から代理取引、間接取引まで拡大されています。一方、利益相反行為禁止の例外についても詳しく規定されています（同31条2項）。

競合行為の禁止についても規定されています（同32条）。例を取り上げるとわかりやすいのですが、受託者が信託行為により行うべき有価証券の購入を、その機会を奪って固有財産の取引として行い値上り益を取得する行為や、不

図表７－２　信託法における忠実義務の規律

<table>
<tr><td>一般規定
（法30条）</td><td colspan="2">受託者は受益者のため忠実に信託事務の処理その他の行為をしなければならない</td></tr>
<tr><td>制限の種類</td><td>利益相反行為の制限（法31条）</td><td>競合行為の制限（法32条）</td></tr>
<tr><td rowspan="3">制限の内容</td><td>①　信託財産と固有財産との直接取引を制限</td><td rowspan="3">①　受託者として有する権限に基づいて信託事務の処理としてすることができる行為
②　これをしないことが受益者の利益に反するもの
については、これを自己またはその利害関係人の計算でしてはならない</td></tr>
<tr><td>②　信託財産間の直接取引（相手方の代理人となって取引することを含む）を制限</td></tr>
<tr><td>③　信託財産について、第三者との間で固有財産のために担保差入れする等の、受益者と受託者またはその利害関係人との間の利益相反行為を制限</td></tr>
<tr><td>例外①</td><td colspan="2">信託行為に許容する定めがあるとき</td></tr>
<tr><td>例外②</td><td colspan="2">重要な事実を開示して受益者の承認を得たとき</td></tr>
<tr><td>例外③</td><td>相続その他の包括承継のとき</td><td rowspan="2"></td></tr>
<tr><td>例外④</td><td>信託の目的を達成するために合理的に必要と認められる場合であって、受益者の利益を害しないことが明らかであるとき、または当該行為の信託財産に与える影響、当該行為の目的および態様、受託者と受益者の実質的な利害関係の状況その他の事情に照らして正当な理由があるとき</td></tr>
</table>

（出所）　田中和明『新信託法と信託実務』（清文社）91頁

図表７－３　信託法における忠実義務違反の効果

行為類型	利益相反行為（法31条４項～７項）		競合行為（法32条４項・５項）
	「信託財産と固有財産」「信託財産間」	第三者との間での間接取引	
行為の有効性および救済手段	受託者のなかで解決できる問題であることから無効	第三者が悪意重過失のときに限って受益者は取消しが可能（知った時から３カ月、行為の時から１年で消滅）	当該行為は有効 受益者は、第三者を害する場合を除いて、その行為が信託財産のためにされたものとみなすことができる（会社法制定前の商法の取締役の競業行為に対する会社の介入権に類似・行為の時から１年で消滅）
その他の救済手段	受益者は追認して損失てん補等の請求（40条１項）も可能	受益者は、取消しせずに損失てん補等の請求（40条１項）も可能	受益者は、その行為をそのまま追認し損失てん補の請求（40条１項）も可能
	忠実義務違反における効果の特則（40条３項） 受託者が、忠実義務違反行為を行った場合には、受託者やその利害関係人が得た利益の額と同額の損失を信託財産に生じさせたものと推定する		

（出所）　田中和明『新信託法と信託実務』（清文社）95頁

動産賃貸管理を信託事務とする受託者である不動産業者が、信託事務の機会を奪って固有財産たる不動産を賃貸し賃料を取得する行為があげられます。もっとも、要件である「これをしないことが受益者の利益に反するもの」の該当性は諸事情を総合的に勘案して実質的に判断されるとされていることから、例えば、信託銀行が固有勘定で貸出を行う場合は、委託者も信託銀行が固有勘定で貸出を行うことは前提として信託契約を締結しているのが考えられることから、通常は競合行為に該当しないことになると整理されています。競合行為は、固有財産で行う場合のみならず、受託者の利害関係人の計算で行う場合も禁止されます。

重要なのが忠実義務違反の効果のところです。債務不履行、契約違反ということになりますから損害賠償義務がある、これは別に信託法でなくても当たり前の世界ですが、信託法には忠実義務違反に対して特別な効果が規定され、また後述する利益吐出し責任に関する議論も存在します。また競合行為禁止の違反の効果として、受益者は第三者を害する場合を除いて、その行為が信託財産のためにされたものとみなすことができます。こうした忠実義務違反の効果は、信託法上の受託者責任を実体法としてのフィデューシャリー・デューティー一般にも通用することを考えるとした際のネックの一つではないかと思います。また信託法以外の法律に規定されている忠実義務についても信託法の忠実義務と同視する議論がされない理由の一つではないかと思います。図表7－3は信託法上の忠実義務違反の効果についてまとめたものなので参照ください。

9 利益吐出し責任

忠実義務違反の効果として論じられている重要な論点として利益吐出し責任というのがあります。

利益吐出し責任という言葉自体も、「吐き出す」という言葉が何か強く反発を招かないかと思わないでもないのですけれども、これは当然のこととフランケル教授はいっています。先ほどの著書から引用すると、「利益の返還による救済の根拠は、受認者は自らの不正な行為により利益を得ることが決してあってはならないという原則にある。受認者が託された財産を自らのものにしてはならないことと同様に、託された財産が生んだ利益を自らのものにすることも許されない。受認者は託された財産や権限に対して権利を有していないと同様に、そのような利益に対しても権利を与えられてはいない。したがって受認者が信頼を裏切ることで得た利益は、託した人が損害を被っていなくとも、託した人に支払われるべきである。そのような利益が、受認者の努力と能力によって生じた場合でも、その利益が受認者に帰属するのは許されない」（255頁）。ここまでのことをフランケル教授はいっているわけです。

では、日本の信託法において利益吐出し責任はどう考えられているのかという点ですが、私も参加した法制審信託法部会において、意見が分かれ議論が先鋭化した論点の一つでした。そこでの議論は、不当な利益を取得する行為があった場合には、受託者はそれを吐き出し、信託財産に返さなければいけないという規定を入れるか否かというものでしたが、最終的には採用されず、ただ、違ったかたちで、受託者が、忠実義務違反行為を行った場合には、受託者やその利害関係人が得た利益の額と同額の損失を信託財産に生じさせたものと推定するという日本法的なアレンジが施され立法化されるに至りました。

10 忠実義務——sole interestかbest interestか

忠実義務の中身である利益相反行為の禁止について、フランケル教授は「忠実義務には2つの側面がある。1つ目の側面では、受認者が託す人の利益のためだけに行動することを求める。……もう1つの側面では、受認者が託す人の利益に反する行動をとることを禁止する」（110頁）との考えを示し、そこからそれはbest interestであってはいけないことを意味すると厳しい見解を述べます。best interestではならず、sole interestでなければならない理由として、フランケル教授は、「『最善の利益のために』なる提案の裏には、法的に大きな影響をもたらす内容が隠されている。表面上は、この提案は禁止事項を任意法規へと変更するものである。しかしそれは同時に、実体法に関わる新たな変化の裏口へとつながっている。すなわち、『最善の利益』が不正流用の手段となり、託された資産や財産を使用することが（一定の状況下で）合法で正当なものとされる。このような一見すると無害な変化をきっかけに、『受認者の最善の利益』を考える習慣が定着してしまうことになるかもしれない。これは、実体法を変えるのに、これまでとられたことのない巧妙な手段である。いわば、澄んだ水を濁らせ、認識と焦点を狂わせるものといえよう。これにより『銀行は、託す人の利益にもなることを示せる限り、託された権限で利益を得てもよい』ことになる。受託者である銀行の利益相反は理論的に正当化され、現在のルールよりも信託受益者の保護がさらに弱まることになる」（152頁）と、best interestとは性悪説にのっとったような議論であると、かなり過激なことをいっています。やはりフランケル教授の考え方の背景には、日本の金融機関では考えられないわれわれがリーマンショックと呼んでいる世界金融危機を引き起こした当時の金融機関のとった行動に対する深い疑念があるのではないかと思います。

11 善管注意義務——プルーデントインベスタールール（合理的な投資家のルール）

ここではフィデューシャリー・デューティーの別の側面である信託法の善管注意義務についてみてみたいと思います。注目すべきは米国の信託法第3次リステイトメントにおけるプルーデントマンルールからプルーデントインベスタールールへの変更です。その中身は、先ほどの樋口教授の著書より引用すると、「投資運用に関する第3次リステイトメントのキー概念たる『合理的な投資家』とは、ポートフォリオに基づく投資戦略に理解があるような存在である。より具体的には、投資の適否を個々の投資ごとに判断するのではなく、ポートフォリオ全体のなかで位置づけるような投資家である。投資の多様化も、単に安全な投資をさらに多様化して、安全の上にも安全をというのではなく、リスクは大きいが収益も大きいと予想される投資も入れることのできる多様化だとされる。投機的な投資はただちに受託者の義務違反になるという叙述は完全に排除された」（200頁）というものです。一言でいいますと、いままでは人のお金を預かっている以上、慎重に管理運用しなさいといわれてきたのがプルーデントマンルールであり、善管注意義務を慎重という意味で読み取るみたいなものですが、それが第3次リステイトメントになってプルーデントインベスタールールになり、そこではリスクと分配、リスクと利益を考慮して適正にやりなさい、ですから常にリスクをとるなということではありませんと、こんな議論です。実際、信託法の改正に際してプルーデントインベスタールールを明文化するか議論され、結局、善管注意義務の解釈において読み取るということで明文化が見送られたという経緯がございます。なお、信託法の善管注意義務について、もともとフィデューシャリーとしての受託者の中核義務であることから民法上の善管注意義務とは質的に異なるとする見解があります。

12 受託者責任が争われた事例

金融機関と投資家の間の適合性原則や説明義務をめぐる争いに関してはこれまで数多く裁判例が報告されていますが、ここでは、フィデューシャリー・デューティーを信託法上の受託者責任ととらえたうえで、受託者の運用に関して受託者責任が争われた裁判例を紹介したいと思います。

一つは、ある厚生年金基金が信託銀行を①合同運用義務違反、②アセットミックス遵守義務違反で損害賠償請求した事例で、一審信託銀行敗訴、二審信託銀行勝訴と結論が分かれました。二審の大阪高裁は、①合同運用の義務はなく損害との間で因果関係もないこと、②本件は指定金銭信託で運用の種類、範囲は基金が示す運用ガイドラインにより抽象的に指定され、具体的な投資対象は信託銀行の裁量に委ねられているが、本件では基金は具体的な投資を容認していたこと、を理由に、基金の請求を退けています（大阪高判平成17年3月30日判時1901号48頁）。樋口教授はこの判決に対して、本件事実関係に基づく結論はともかくとして、結論を異にした一審も含め、本来のあり方は受託者責任という観点から受託者の善管注意義務を議論すべきであったのではないかというような趣旨のコメントをしています。

もう一つは、ある厚生年金基金が信託銀行を分散投資に関する助言義務違反、分散投資義務違反等を理由に損害賠償請求したものですが、信託銀行は受託した資産について基金が示した運用指針を遵守する義務を負うにとどまり、基金の資産全体についてまで責任は負わないという理由で基金の請求を退けています（大阪地判平成25年3月29日判時2194号56頁）。なお、判決中においていわゆるＡＩＪ事件が起こり、これを受けて、金融庁は信託銀行は基金に分散投資義務違反が生じるおそれを把握した場合の通知義務等を課するに至ったこと、それは既存の義務を確認的に規定したものではないことについて言及がされています。

投資家が信託勘定における資金の運用において実際に損失を被った場合、当該投資を決めた本人の自己責任なのか、運用機関である信託銀行にも投資に際しての助言において、また商品選定、リスクの説明等において責任が認められる場合はどのような場合であるのか、微妙な問題です。信託銀行の受託者責任をより重く厳格に考えれば、信託銀行の責任が認められる可能性が生じる一方、市場性のある金融商品を扱う以上、投資の結果損失を被るリスクは常に存在し、機関投資家は当然認識しているはずであり、受託者責任の名のもとに契約から離れ実質、結果責任を問われるようなことがあってはならないと考えることも当然なことと思われます。そのため、信託法の受託者責任から離れ、その義務内容があいまいなフィデューシャリー・デューティーを実体法の概念ととらえることについて躊躇を覚える向きがあるのも、否定しがたくやむをえないところがあるように思われます。

13 信託法上の受託者責任と信託業法上の受託者責任との関係

実体法の議論をしてきましたが、実際にはフィデューシャリー・デューティーはプリンシプルとして導入されています。仮に実際の規制となった場合の金融規制と実体法の関係を考える際の参考として、信託法と信託業法上の関係についてみてみたいと思います。信託業法上においても受託者は種々の義務を課せられており、一方、たとえば競合行為については信託業法がカバーせず、忠実義務も善管注意義務に関してもいろいろな条文に散りばめられているなど、信託法に必ずしも対応していませんが、それら業法上の受託者の義務の総体も受託者責任と位置づけることは可能です。では信託業法上の義務を守らない、違反があるときに、信託法違反の場合の効果というものは適用があるのかという議論が登場します。信託業法違反は受託者の任務懈怠であるので責任を負うという見解と、いったん信託法上の義務となりその義務の不履行として責任を負うという二つの考え方があります。信託の場合、現実問題としてほとんどの場合に信託業法の適用もあるというねじれた関係にある特殊性も考慮する必要があり、金融規制上の義務内容がどのような法理で実体法の義務となりその違反について実体法の責任を負わなければならないかについては、それぞれの規制の趣旨等にさかのぼって検討する必要があります。しかしながら、フィデューシャリー・デューティーを金融規制レベルでとらえる場合には、信託法の受託者責任ともルーツを同じくし、また、その具体的な意味内容は明確ではないものの、実体法上の概念とも結びつく善管注意義務と忠実義務がフィデューシャリー・デューティーの中心的な義務となることも考えると、フィデューシャリー・デューティーが実体法の義務・責任とも結びつきやすい点は考慮する必要があるのではないかと思われます。

14 フィデューシャリー・デューティー——ルールベースかプリンシプルベースか

以上では実体法との関係からフィデューシャリー・デューティーについて金融規制となる場合の問題について触れましたが、フランケル教授は、ルールベースの細かい規定は金融機関の性悪説に基づく行動パターンからするとふさわしくないといっております。引用しますと、「ルールが明確に線引きされていると、法律回避を誘発したり、可能にしたりするおそれがある。加えて、明確なルールは、禁止行為を細かく規定するあまり非常に膨大なものになる場合もあり、そうすると規制される側にとっても、規制する当局にとっても負担になりうる……曖昧なルールによって受認者が法令違反とされるリスクを負うということ自体が、法令違反の抑止となりうる。結局のところ、もし絶対に合法であると明らかなラインが厳密にどこなのかわからなければ、より多くの人がそのラインに近づくことを避けるであろう。信認関係に関わる多くの事例でよくあることだが、法の実現にかかる費用は高くつく。そのような場合に、曖昧なルールを用いれば、託された財産や権限の濫用に対しより強い抑止力となり、法の実現にかかる費用を低減するのに役立つ」（１０７頁）とフィデューシャリー・デューティーのあいまいさの利点を指摘します。なお解釈論のあり方について、「ある解釈は、法の根底にある政策を考慮に入れる。そこでいう政策は、法律や判例の明示的な文言に加え、法が解決しようとする問題、ルールのある理由や指針となる行動基準に由来するものである。これと別の考え方は、ルールの文言に焦点を絞る。そこでは、辞書の定義のなかから意味を明らかにすることが検討される。政策と問題解決は立法府にゆだねられる。意味の拡大は正当化されない」（１０９頁）と述べていることは研究者にとって手痛い指摘と思います。

15 資産運用の高度化とフィデューシャリー・デューティーのあり方

フィデューシャリー・デューティーについて英米法における実体法の議論があり、日本では信託法の受託者責任の議論があり、またそれを受けてか債権法改正での議論があり、英国においてはケイ・レビューを受けて議論の発展があり、本日は触れておりませんけれども、米国においても発展があるなかで、では日本においてフィデューシャリー・デューティーを資産運用の高度化という観点からどうとらえればいいのか、実体法の議論として、まずそもそもフィデューシャリー・デューティーはいかなる関係から生じ成立するか、そのときフィデューシャリー・デューティーの具体的な義務の内容は何か、信託法の議論と関連するか、金融規制のあり方としてプリンシプルベースとレギュレーションベースといずれがふさわしいか、それぞれの実体法との関係はどう理解すべきか、金融機関によるフィデューシャリー・デューティー宣言は実体法のフィデューシャリー・デューティーといかなる関係にあるか等々なかなか答えは見出しにくいと思うのですが、それこそフィデューシャリー・デューティーのねらいかもしれません。

また2015年度の金融行政方針で金融庁はフィデューシャリー・デューティーの浸透ということをいったわけですから、今後、恐らく大きな動きがあるのかもしれません。

16 質疑応答

質問　フィデューシャリー・デューティーの担い手についての質問です。

金融庁の行政方針で金融商品の販売者に対してもフィデューシャリー・デューティーがあると述べ、また、ケイ・レビューでもインベストメントチェーンの参加者すべてにフィデューシャリー・デューティーがあると述べ、フランケル教授においても、証券会社、仲介者、ブローカー・ディーラーをフィデューシャリーととらえているようです。

フィデューシャリー・デューティーを運用機関が負うことは理解できますが、こうしたインベストメントチェーンの全参加者までフィデューシャリーの関係にあると考えることについては、いかなる理由に基づくものなのでしょうか。

回答　異なる見方も存在するところですが、恐らく金融庁は次に述べるような考え方に基づいているのではないかと思います。

先ほどケイ・レビューの話でインベストメントチェーンという話がありました。

インベストメントチェーンというのは何かというと、一般的には家計と企業を思い浮かべていただくと、家計から企業にお金が流れていくルートというのはいろいろあるわけですね。とりあえず間接金融は置いておくと、大きく分けて間に証券会社や銀行といった金融商品の販売会社があって、そこから、たとえば投資信託であれば運用会社を経て、企業にお金がいく、という流れがあるわけです。

そういうふうに考えた場合に、日本の法律のもとで忠実義務等がかかるのは、あくまでも運用会社、お金を実際に受け取る人たちです。それに対して、販売会社は金融商品を売っているという立場になるわけです。つまりお客さまからお金を預かっているという立場には位置づけられていない。

他方で、国全体として、行政がインベストメントチェーンをよくしていきましょうと考えた際に、NISA導入などにあたっても議論されたことですが、実際にお客さまが成功体験を得られておらず投資をしようという意欲をもてる環境にないということが大きく一つあるわけです。

販売会社の側からみれば、さまざま自由化されるなかで、金融商品取引法などの制度も整備されるなかで、きちんと説明を果たしますと。説明を果たした後は、自己責任で投資をしてください、そういうやり方をやってきたわけです。ただ、説明責任→自己責任での投資だけでは、国民が投資の成功体験がなかなか得られないということが起きていると金融庁は考えているのではないかと思います。

この背景としてマーケット環境なども指摘されるわけですが、これまでは少なくとも中長期的には世界経済は成長してきたわけで、成功体験が得られなかった唯一の原因とは言いがたい。ではなぜ顧客が販売会社から金融商品を購入しても投資の成功体験が得られない結果となるのかについての一つの見識は、授業でも触れたフランケル教授の著書の次のような記述、「ブローカーは顧客に助言を与えてファイナンシャル・プランニングをしましょうと持ちかけながら、自らを証券販売員と考えている」（48頁）に関連してです。証券販売員は、顧客に対して取引をするかしないか、どういう取引をするかに関して、アドバイスをしましょうと持ちかけることにより、フィデューシャリー的な関係が生じていると考えるわけです。それに対して、販売員は顧客が取引をすることによって手数料収入を得ていることから利益相反的な構造ととらえるわけです。フランケル教授の考え方はリーマンショックに基づく米国での経験をふまえての面もあるという背景から、日本にそのまま当てはめることに違和感を覚える関係者も多いと思いますし、私も弁護士として報酬を得ることと倫理とはまったく別のものと感じますが、一つの見識としてそうした見方があるということです。

この利益相反的な構造がどういうふうに現れているかというと、たとえば金融機関の現場の職員の評価指標が、ファイナンシャル・プランナーと証券販売員のどちらの色彩が強いかというと、証券販売員に軸足を置かれているのではないかと。これに対して、顧客側の意識がどうかというと、残念ながら多くの場合は「信頼できる」「頼れる」ということが評価軸になるので、ファイナンシャル・プランナーの側面が強く、特に投資信託などでは、たくさん商品があってよくわからないから、どの商品を買ったらよいかなどというのが開口一番出てくるというケースは決して少なくなく、顧客は何も個別具体的な商品を選んだうえで、その商品を扱う金融機関にアクセスしているわけではなくて、ある種のアドバイスも期待しながら、資産残高を増やすことを目的に、金融機関にアクセスしていることが多いと金融庁は考えているわけです。したがって、インベストメントチェーンをよくしていこう、という観点からすれば、販売会社のビジネスも、顧客の資産をどう増やすか、に軸足を置いたものになってもらう必要があるのではないかというところに行き着くわけで、今回、金融行政方針でも販売会社も含めたインベストメントチェーンの担い手に対して、フィデューシャリー・デューティーという言葉を使って、金融行政当局が金融機関に対してビジネスモデルについて議論をし続けるというアプローチをとることにしたのではないかと思います。

なお、金融商品取引法の改正などはやらずに、こういうある意味、方針というかたちで出しているという背景の一つとしては、先ほどのフランケル教授のプリンシプルの話にもつながりますけれども、現場では法令遵守のために、顧客に膨大な取引書類の内容を説明し、これにサインを求めても、こうしたことが顧客にとってメリットにつながるとは言いがたい面もあるということもあるのではないかと思います。

ただ、実際に抽象的に「フィデューシャリー・デューティー」といっていても、金融機関と金融行政当局、さらには投資家も含めた市場関係者全体として、ある程度具体的内容についてのコンセンサスをとり進めていくことが、今後必要ではないかと思います。「顧客の真の利益を追求しましょう」というのを、もう少しブレークダウンすると何なのか、コンセンサスがとれるよう、官民の間で議論を進めていく必要があると思います。

質問 コモンローやエクイティという考え方を起源とするフィデューシャリーというものを、日本にどうやっていまから根づかせていくのかというところについてお聞きしたいと思います。

回答 英米法ですが、法律の起源としてはコモンロー、エクイティですが、現在形で考えるときには日本法とはそんなに差異はないと思います。信託法についても、英国には受託者法という法律があります。ですから現在の視点で考えれば、法の発展形態とは別として、実体法としてのフィデューシャリー・デューティーについてもそんなに困ることはないはずです。とはいっても、フィデューシャリー・デューティーとはもともとの起源、発想がコモンロー、エクイティの議論で、日本にはエクイティという発想はないという議論に立ち戻ることになり、この溝はないとまで断言できないのも事実です。

ではフィデューシャリーについてどうすればよいかですが、あいまいな概念では困るので義務内容を明確化しようとすればすでに規制として存在する、あるいは善管注意義務の範疇であるという反論を受けることになります。ではたして英米法で議論されているフィデューシャリー・デューティーは民法の善管注意義務でまかなわれているという議論に納得感があるかといえば、ないというのが自然の見方かと思います。ところでこの点は実体法の議論をするからより先鋭化するのであって、フィデューシャリー・デューティーをプリンシプルとして利益相反行為禁止や顧客本位を絶えず深掘りしようという取組みとしてとらえ、実効性については、金融庁によりその実現に向けた取組みをモニタリングすることで、ある程度担保できるのではないかと思います。

質問　弁護士とか医者と異なり、金融機関が積極的にフィデューシャリーとしてアプローチしていくという感覚がまだ根づいていないと思うのですが、それは今回の金融庁による基本方針の発表によってどれくらい進捗していくと考えればよいのでしょうか。

回答　特に医者、弁護士というのはいちばん倫理規制が厳しいと思いますが、フィデューシャリー・デューティーといってもかなり中身はそれぞれの状況によって違ってくるものであって、フィデューシャリー・デューティーを負うと宣言することにより金融機関というのは単なる契約関係だけではなくて倫理的な責任も負っていることをより自覚するのではないかと思います。

これまでも説明義務とか適合性原則で判例を積み重ねたり等、フィデューシャリー・デューティーという道具を使わなくてもそれなりにいろいろな展開があって、金融規制をみてもかなり詳細にわたっており、そういうのを集合体としてみて、フィデューシャリー・デューティーはすでに体現されているではないかという見方もあるかと思います。しかし、フィデューシャリー・デューティーへの取組みを、金融機関が自ら宣言することにより、自ら考え、これでよいということなくたえず追求するという姿勢となるのではないかと思います。

質問　公平義務についてお聞きしたいのですけれども、同一信託における複数受益者間の公平ということだと思うのですが、同一信託における複数受益者のなかで複数の人がそれぞれ異なる指図をしたという場合に、公平を全うするためにどちらの指図にも従わなかったということにしてしまうと、またそれはそれで忠実義務とか善管注意義務違反を問われてしまう可能性があるかと思います。受託者責任としていろいろな義務が定められていると思うのですけれども、その義務の優越関係みたいなものはどのように考えたらよいでしょうか。

回答　公平義務というのは言うは易し、公平を完全な平等と考えると具体的な場面設定ではむずかしく、では現実的に問題になるかというと、それほどには問題にならないということができるのではないかと思います。まず、指図権の法的性格ですが、信託契約で付与されている場合は別として、一般に受託者は従う義務はないとされています。では公平義務の観点からはどうかというと、信託契約で受益権の複層化や優先劣後構造とすることは認められており、また、何が公平かは信託の趣旨から実質的に考えることになることから、実際問題として、受託者が公平義務の観点から受託者責任を問われることはないといえます。受益者同士の意見が違った場合の扱いですが、信託契約で多数決等の意思決定方法を定めていない場合は全員一致での意思決定を原則としています。なお、フランケル教授のsole interest説の場合、複数の顧客の優先順位はどう考えるのかという問題は残り、この点はbest interest説のほうが説明しやすいように感じます。

質問　フィデューシャリー・デューティー宣言の内容自体はいままでもホームページや金融機関のパンフレット等で表示していたのではないかと思いますが、あえてフィデューシャリー・デューティーというふうに宣言することで運用機関において何かねらいとしているものはあるのでしょうか。

回答　これまでフィデューシャリー・デューティー宣言をしているのは運用会社なので運用会社の視点から考えると、運用会社は金融行政基本方針の「商品開発、販売、運用、資産管理それぞれに携わる金融機関」のうち、運用の部分を担い、一般的に運用会社はメーカーみたいなもので、販売会社である金融機関に販売してもらわないと自分たちの商品を売れない立場です。これまできちんとやってきたということを確認的な意味であえて宣言し、さらにそのメーカーにあたる運用会社のなかには、小売にあたる金融機関に対して若干強気に出て、小売を選びますという宣言をしたところも出てきています。

質問　ある種時代の流れを先取りしてフィデューシャリー・デューティー宣言を行った運用会社が登場してきたという説明があったと思いますけれども、今後これに続く会社はどれくらい現れるのか、そういう流れというのは業界にも影響を与えると思われるのかということをお聞きしたいと思います。

回答　これまでのフィデューシャリー・デューティー宣言の内容程度であれば、どの運用会社も出そうと思えば出せることになるように思います。当たり前のことが書いてあるように思うのです。ただ、こういう動きが運用会社にとどまらないところにどう広がっていくのかというのが今後の課題になるでしょうし、もう一つは、先ほど金融行政基本方針に出たフィデューシャリー・デューティーの内容についてどうコンセンサスが社会でとられていくのかということに触れましたけれども、恐らくそれとも関連をしていて、多く出てくる宣言により、多くの運用会社が――運用会社ではない会社もあると思いますけれども、どう考えているかが明らかになっていきますので、内容のコンセンサスにも多分に影響を及ぼしていくのではないかと思います。なかにはいい意味でエッジの利いているものが出てくれば、それはほかの金融機関にも取り入れられていくことによって、全体的な行動に影響を及ぼすかもしれません。運用会社以外の金融機関においても広がりは予想されるところですが、フィデューシャリーという観点から行動や取組み方針をまとめ、対外的に公表することにより、不退転の決意を明らかにし、PDCAを回す、絶えずモニタリングしチェックし見直すというビジネスモデルが構築できることになるのではないかと思います。また、金融庁も当然そうした視点からモニタリングしていくことになるのではないかと思います。

（注）その後、2016年2月にはみずほフィナンシャルグループが、3月には三井住友フィナンシャルグループが、5月には三菱UFJフィナンシャル・グループが取組み方針を宣言するに至っている。

質問　フィデューシャリー・デューティーについてもっと検討すべきというのが世界的な流れというお話で、多分それはリーマンショックとかが契機と思いますが、仮にリーマンショックのような出来事がなくても、フィデューシャリー・デューティーについて盛んに論じられたと思いますか。

回答　リーマンショックとは、特に英米、欧州において数百兆円という莫大な損失と政府による金融システム維持のための莫大な支出を伴った出来事です。ケイ・レビューもそれを契機に公表され、フランケル教授によるフィデューシャリー・ローの出版も、ちょうどその後でした。

ただ、日本の場合、リーマンショックの影響というのは間接的にはありましたが、日本の金融機関は加害者ではない、運用会社が何か変なことをしたとか、インベストメントチェーンのなかでだれかが間違ったことをしたということはないです。この講義は運用の高度化を図り、個人の金融資産をもっと運用へもっていきましょう、そのために何が欠けているのでしょうかというのが一貫したテーマであり、金融危機、リーマンショックとは関係なしにフィデューシャリー・デューティーは一つの視点として出ていると思います。結局、日本でいま議論されている流れと、恐らくグローバルに議論されている流れというのがシンクロしているところもあれば、シンクロしていないところも結構あると思います。ケイ・レビューの問題意識の発端というのはショートターミズムの話になっています。株式市場で、短期で収益を追求するような動き、リーマンショック以前の英米の金融機関のようなやり方、あるいはその報酬体系も含めて、そういったものに対してどう見直していこうか、企業がきちんと成長していくところに意味を見出しましょうという文脈のなかでフィデューシャリー・デューティーの話が出てきていると思います。

日本の場合は、少子高齢化でこれからシュリンクしていくなかで莫大な家計金融資産をどう有効活用していこうか、そういう文脈のなかで、ではそれらのボトルネックはどこなのだと考えたときの一つとして、たとえば金融機関とお客さまとの関係性みたいな議論が出てきてフィデューシャリー・デューティーの議論が出てきています。ただ、では議論の中身がまったく違うのかというと、恐らくそうではなく、そこは相互に連接し合っていて、たとえばケイ・レビューの問題意識にある投資した企業の収益力向上を目指しましょうというのは、日本においてもＧＰＩＦなどがきちんと投資活動をすることによって日本企業の稼ぐ力をつけましょうというのにもつながっていくという意味では、リンクしているところもあると思います。

質問　合理的な投資家のルールという方向に向かっていくと、投資戦略について受託者の裁量がより認められて経営判断の原則が適用されるという考え方とそれに対する反対論もあると思いますが、信託法と経営判断の原則の関係についてお伺いできればと思います。

回答　受託者と経営判断の原則の関係について論点としてはよく取り上げられるのですが、取締役の場合のような詰めた議論というのはなく、受託者により裁量を認め、裁量の範囲であれば結果責任を問わないという程度の意味で経営判断の原則ととらえているように感じます。もっともその程度であれば、民法の善管注意義務でも同様ではないかという反論を受けることになります。なお、運用の事例ではなく、信託で事業を遂行するときは、受託者は取締役と同じように経営判断の原則の適用があるということはいえると思います。では資産運用という観点から、会社法レベルでの取締役の経営判断の原則と同レベルの受託者の経営判断の原則の適用を議論できないかというと、一般論としても信託の構造から受託者は運用財産の名義人であって、質的にも民法上の善管注意義務における裁量とは異なるのではないか、またそのための裁量を行使する場面は多く、その際には信託契約に従い、フィデューシャリーとしての責務にのっとり判断し行動する限りにおいては、むやみに結果に対する厳格な責任は問われることはないというような整理は可能ではないかと思います。

質問　運用会社がフィデューシャリー・デューティー宣言をされているということなのですが、金融庁の最初の問題意識として、現行法上だと販売会社にフィデューシャリー的な規制がかかっていきづらいということからであったと思うので、販売会社がこういった宣言を出したら結構大きな意義があるのかなと思います。実際、販売会社でこういう宣言を出している例があるかという点と、それに関連して、フィデューシャリー・デューティーとかフィデューシャリー・デューティー宣言を販売会社はどう受けとめているのか、そのあたりを説明していただければと思います。

回答　まず販売会社で出している例というのは、現時点（２０１５年11月18日現在）では私は認識している限りは多分ないと思います。販売会社がフィデューシャリー・デューティーに関して、認識不足であるという意味ではなくて、あくまでも実体法上の義務において、販売会社である以上フィデューシャリー・デューティー的な意味での、たとえば忠実義務のようなもの、お客さまのために適切にアドバイスをしてアセットを託してもらうという立場にはないということです。当然、金融商品取引法上の適合性原則ですとか説明義務はかかってくるわけなので、そこは整理の仕方はいろいろありうるのだと思うのですけれども、今日の動きとは、ただ運用会社のこういった問題意識とあわせてフィデューシャリー・デューティーというくくり方をして、インベストメントチェーン全体が家計金融資産の増加に向けて動くような日本全体としての仕組みにしましょう、そういう発想ということになります。

では、販売会社がこういうものを出したら意味があるかというと、それは大きな意味はあると思います。ただ、その場合に気をつけなければいけないのは、お客さまにはいろいろなニーズをもっている人がいるということです。つまりデイトレーダーのように自分で銘柄をちゃんと選んで、金融機関から余計なアドバイスを受けている暇があれば、早くトレーディングしたいのだという人もなかにはいるわけなので、そことの関係をきちんと整理していくことが、先ほど申し上げたフィデューシャリー・デューティーの内容の形成のコンセンサスの議論のなかでは重要になってくると思います。

第8章

投資運用業を取り巻く法規制

西村あさひ法律事務所パートナー弁護士　有吉　尚哉

（2015年12月2日）

今回は、他人の財産をかわりに運用するという投資運用のサービスを行う業者に対して、日本ではどのような規制が適用されるのか、また、いまの日本の規制の考え方について、どういった政策的・立法的な論点があるのかということを紹介したいと思っています。

そもそも投資運用といっても、何を投資対象とするかによっていろいろな運用があります。株式や債券のようなものに運用することもあれば、不動産に運用することもある。また、為替取引を使って投資運用をするケースもあれば、コモディティと呼ばれるような金属とか穀物とか、そういったものの相場に対して投資をするケースもあるわけです。ただ、今回の話の中心は金融商品に関するもので、具体的には有価証券、すなわち、株式や債券に対する投資運用を行う場合に、どのような規制が適用されるのかという話を中心に進めていきたいと思っています。

また、投資運用ということの意味ですが、ほかの人の財産に関する投資判断を行うことを投資運用として話をしていきたいと思います。

1 投資運用の場面

投資運用の形態について、特に規制の適用関係がどうなっているのかということを考えていくなかでは、典型的には二つの種類の投資運用の態様があるということをまず最初に説明したいと思います。それが図表8－1です。

まず上の図では、投資家から運用業者が一任を受けて投資判断をして運用を行うことになっています。投資家がもっているお金の運用方法を運用業者に一任する類型です。下の図はそれとは少し違って、投資家がもっているお金を運用業者に出資してしまう、すなわち、お金を渡してしまいます。そのうえで、その出資を受けた財産を、運用業者が投資家のために投資商品に対して運用を行うことになります。

図表8－1　投資運用の場面

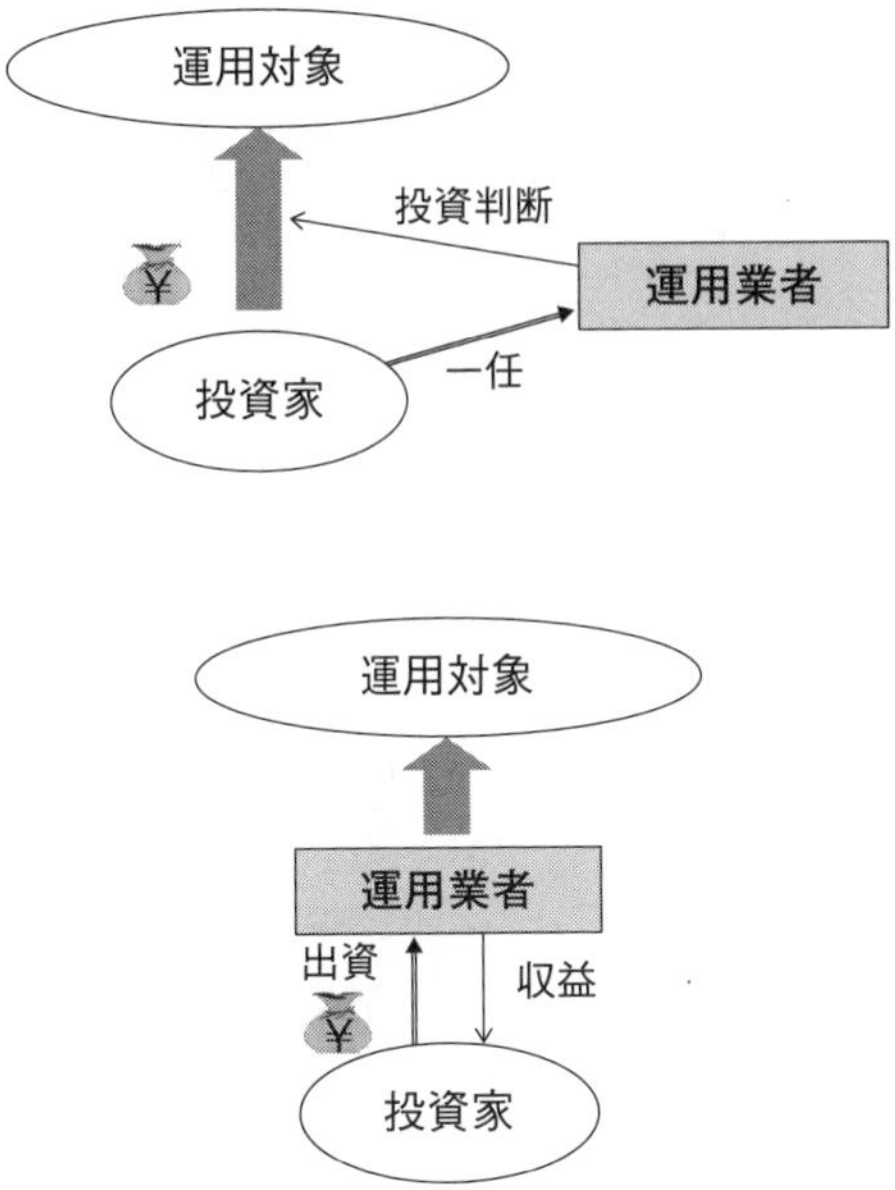

上の投資一任の類型は、あくまでも財産自体は投資家がもっており、ただ、その運用の方法については運用業者に任せていて、その判断に従って投資運用を行うというものです。一方で、下の図は、いったん投資家がもっている財産を運用業者に対して出資する、すなわち、運用業者のものとしたうえで、運用業者がその運用を行います。そして、その運用を行った結果と

して生じる収益を投資家に分配することになります。

この投資一任の形態と、それから出資をしたうえで、自分の財産として運用して投資家に収益を還元するという形態（自己運用といいます）とでは、取引の形態は異なるわけですが、両方とも、ほかの人の財産の運用について、運用業者が投資判断を行う、すなわち、投資家が自分で投資判断をするということではなくて、運用業者が投資家のためにその運用についての判断をするということでは、共通しています。

2 投資運用業規制——法律の適用関係

それでは、こういった取引に対してどのように規制が適用されているのかということをみていきたいと思います。先に結論をいいますと、いまの金融商品取引法のもとでは、特に有価証券に対する運用を行う場合は、先ほどの二つの形態、投資一任を受ける形態と、出資を受けたうえで自己運用する形態、これらの両方とも金融商品取引法の業規制の適用の対象になります。金融商品取引法のなかでは投資運用業と呼ばれる類型の業態になるわけですが、いずれも同じように規制が適用されるということになっているのがいまの法律の考え方です。

いまの金融商品取引法はそのような規制の体系になっているのですが、金融商品取引法が成立する前——成立というと厳密には不正確で、以前は証券取引法と呼ばれていた法律が金融商品取引法という法律に名前も変更されて、内容も大きく改変されるということがあったわけですが、金融商品取引法の施行前の証券取引法の時代は、規制の適用関係がだいぶ違っていました。

当時、証券取引法という法律は、証券会社のように有価証券の販売を行う業態に対する規制を定めていたのですが、投資運用業に関する規制は、証券取引法に定められていたわけではありませんでした。かわりに、投資家がもっている資産の運用方法を運用業者に全部任せるという投資一任の形態の運用業者については、廃止された有価証券投資顧問業法、正式名称は「有価証券に係る投資顧問業の規制等に関する法律」ですが、この法律のもとでの規制に服することになっていたわけです。

それに対して、一定の資金を集めて自己運用を行う形態の投資運用、典型的には、組合形態のファンドでお金を集めてきて、組合の運用を行う業務執行組合員（ジェネラル・パートナー：ＧＰ）がファンドとして集めたお金の自己運用をするという行為については、法令上の規制は基本的に適用されないことになっていました。

また、前述の有価証券投資顧問業法の規制のほか、投資信託の場面で投資運用の指図をするような業態には、「投資信託及び投資法人に関する法律」（投資信託・投資法人法）に基づく別の規制が設けられていました。

このように複数の法律に基づき規制されていた投資運用の業態、それから従来は規制の対象になっていなかったファンドでの自己運用のようなものをすべて、包括的に同じ法律のもとで、同じような規制を適用する。どの類型についても、他人の財産を運用するための投資判断をすべて委ねられているという点で変わりはないということで、一律に同じような規制を適用するという考え方がとられたのが金融商品取引法ということになります。

このように同じような業態に対して同じような規制を適用するという考え方を、金融商品取引法が施行される時期には、規制の包括化・横断化と呼んでいました。そして、規制の包括化・横断化の一つの場面として、こういった投資運用業に関する規制を統一化しようということが行われたわけです。

同時に、ファンドあるいは投資運用業の類型のすべてに画一的に重い規制を課すことになりますと、規制が過剰になるという指摘もあり、金融商品取引法では、主に一定の範囲のプロの投資家を対象とするようなファンドの運用については、適格機関投資家等特例業務という特例を適用できることになっています。どういった特例かということは後で説明しますが、要するにプロの投資家を中心とするファンドの運用については規制の緩和がなされているというものです。

このように、規制をいったん包括的あるいは横断的に取りまとめたうえで、取引の個性に応じて規制を柔軟に適用するという考え方を、特に金融商品取引法の施行の段階では、規制の柔軟化、あるいは規制の柔構造化という表現で呼んでいました。

ということで、投資運用業に対する規制は、金融商品取引法の施行前と施行後とでルールを決める法律自体が変わったということもありますし、その規制の中身も大きく変わったことになります。

ただ、規制が変わっていないのは信託業の類型です。一般的には信託業を投資運用業の一種に含めて呼ぶことはしないのですが、他人の財産を集めたうえで、それを出資した他人のために運用を行うという取引の形態の一つとして、信託というものが考えられるわけですね。そういった信託の引受けを行う業態として日本では、信託銀行や信託会社が存在するわけですが、これらの業態については、規制としては金融商品取引法が適用されるわけではなくて、信託業法の規制が適用されます。少し細かいことになりますが、厳密には、信託銀行については、信託業法が直接適用されるのではなくて、金融機関の信託業務の兼営等に関する法律、略称では兼営法と呼ぶことが多い法律ですが、この兼営法が信託業法の規制を準用することによって、規制が適用されることになっています。

金融商品取引法が成立するタイミングで、信託業法や兼営法の規制についても、金融商品取引法に近づける方向での一部改正が行われています。ただ、もともと有価証券投資顧問業法や投資信託・投資法人法に規制されていた投資運用業の類型が金融商品取引法に移管するというような、適用される法律自体が変わるという改正は行われなかったのが信託業の類型になります。

以上のとおり、現在では、信託業を除きますと、投資運用業、すなわち他人の財産に関する投資判断を行う業者に対する規制は、特に有価証券投資を対象とする場合については、金融商品取引法の規制が一元的に適用される状況にあります。

3 投資運用業規制——金融商品取引法上の投資運用業

それでは、ここで少し法律の条文もみてみますと、ここまで投資運用とは、他人の財産に関する投資判断を行うことだと、大雑把に話をしてきたわけですが、金融商品取引法のなかでは、細かく複雑なかたちで投資運用業の内容を表現しています（図表8－2）。金融商品取引法2条8項12号と同項15号に、投資運用業に該当するような行為はどのようなものなのかが細かく書いてあるわけです。

このうち金融商品取引法2条8項12号、図表8－2では上のほうは、投資一任の形態の定義規定になります。どのようなことが書いてあるかというと、一定の契約を締結して、その契約に基づいて、金融商品の価値等の分析に基づく投資判断に基づいて有価証券またはデリバティブ取引に係る権利に対する投資として、金銭その他の財産の運用を行うことと書いてあります。細かい中身は、この条文だけではなく、ほかの定義規定なども参照しないとわからないところもあるのですが、一定の投資判断に基づいて、有価証券かデリバティブに対する投資を行って、他人の有する金銭その他の財産を運用するというのが投資一任の形態になります。

投資一任の対象となる契約としてイとロの類型があります。イは投資法人に関する類型ですので、今回は説明を省略しまして、ロのほうをみると、当事者の一方が相手方から一定の投資判断の全部または一部を一任されている、かつ、その投資判断に基づいて相手方のために投資を行うのに必要な権限を委任されている、このような契約を結んで先ほどの行為をするのが投資一任としての投資運用業に該当する行為になっています。簡単には説明しにくいのですが、他人から有価証券、デリバティブに対する投資のために投資判断を一任されている、かつ、その投資を行うため

図表８－２　金融商品取引法上の投資運用業

■金融商品取引法２条８項12号（投資一任）

次に掲げる契約を締結し、当該契約に基づき、金融商品の価値等の分析に基づく投資判断に基づいて有価証券又はデリバティブ取引に係る権利に対する投資として、金銭その他の財産の運用（その指図を含む。以下同じ。）を行うこと。
イ　投資信託及び投資法人に関する法律第２条第13項に規定する登録投資法人と締結する同法第188条第１項第４号に規定する資産の運用に係る委託契約
ロ　イに掲げるもののほか、当事者の一方が、相手方から、金融商品の価値等の分析に基づく投資判断の全部又は一部を一任されるとともに、当該投資判断に基づき当該相手方のため投資を行うのに必要な権限を委任されることを内容とする契約（以下「投資一任契約」という。）

■金融商品取引法２条８項15号（自己運用）

金融商品の価値等の分析に基づく投資判断に基づいて主として有価証券又はデリバティブ取引に係る権利に対する投資として、次に掲げる権利その他政令で定める権利を有する者から出資又は拠出を受けた金銭その他の財産の運用を行うこと（第12号及び前号に掲げる行為に該当するものを除く。）。
イ　第１項第14号に掲げる有価証券又は同項第17号に掲げる有価証券（同項第14号に掲げる有価証券の性質を有するものに限る。）に表示される権利（→受益証券発行信託の受益証券）
ロ　第２項第１号又は第２号に掲げる権利（→信託受益権）
ハ　第２項第５号又は第６号に掲げる権利（→集団投資スキーム持分）

に必要な権限を授権されているという類型が、金融商品取引法の規制との関係で投資一任に当たるような投資運用業の類型になってきます。

もう一つの類型が、いわゆる自己運用と呼ばれる類型です。これは、繰り返しになりますが、金融商品取引法の施行前は規制の対象になっていなかった類型です。図表８－２の下のほうの条文を紹介しますと、金融商品の価値等の分析に基づく投資判断に基づいて主として有価証券またはデリバティブ取引に係る権利に対する投資として、一定の権利を有する人から出資を受けた金銭等の財産の運用を行うこととなっています。一定の出資を受けたうえで、その出資を受けた財産を有価証券かデリバティブに対する投資に主として充てることで投資運用を行うことを自己運用といいます。

それでは、どのような出資がこれに当たる

のかということですが、イ、ロ、ハと類型があって、イとロの類型はあまり典型的なものではなく、ハの類型がいちばん典型的になるものです。とはいっても、このハの規定をみても、「第2項第5号又は第6号に掲げる権利」としか書いていませんので、この規定だけを読んでも何のことかわからないということですが、大雑把に整理してしまうと、金融商品取引法2条2項5号あるいは6号に掲げる権利というのは、組合型のファンドに出資を行う場合に、その人が出資を行って得たファンドに対する持分のことになります。

したがって、自己運用の内容をもういっぺん整理すると、ほかの類型も多少含まれてはいるのですが、組合型のファンドに対して出資をしてもらった金銭を、主として有価証券あるいはデリバティブを対象として運用を行う、そういったことを投資運用業に該当する自己運用行為ということで金融商品取引法は定めているのです。

定義規定だけを最初からみていっても、どのような行為が金融商品取引法の規制の対象となる投資運用業に当たるのかはわかりにくいわけですが、ここまで説明してきたようなことで読み解いていくと、図表8－1の二つの類型の行為を指しているということが何となくわかっていただけるのではないかと思います。

4 投資運用業規制——投資運用と投資助言

ここで、少し話がそれるのですが、投資運用と並んで、金融商品取引法のなかでは投資助言という行為に対しても規制を及ぼすことになっています。投資助言とは何かということは、金融商品取引法2条8項11号に定義が書いてあります。今回の議論の本題ではないので、ここでは簡単に紹介するのにとどめたいと思いますが、一定の投資に対するアドバイスを行うような投資顧問契約を締結して、その投資顧問契約に基づいて助言を行う業態については、投資助言業ということで、先ほどの投資運用業と同じく金融商品取引法の業規制の対象にすることになっています。

それでは、この投資助言と先ほどの投資一任とは何が違うのかというと、投資一任のほうは投資判断を他人のかわりに行ってあげることであり、一方で投資助言は、あくまでも投資をしようとする人に助言、アドバイスを提供するということで、違うわけです。業者の側で投資の判断までするのが投資一任、判断はあくまでも投資家が行って、アドバイスだけ提供するのが投資助言であると、大まかには切り分けられると思います。

このように、観念的には投資一任、投資助言は類型が違う行為と考えられるわけですが、実務的には、どこまでが投資助言で、どこからが投資一任なのかというのは、線引きがむずかしい場面があります。この点、金融商品取引法の規制のなかでも、投資運用業に対する規制のほうが、投資助言だけを行う業者に対する規制よりもだいぶ重い規制になっています。投資運用となると、他人の財産をある意味勝手に判断して処分することができるような業態です。一方で投資助言のほうは、アドバイスは行うわけですが、最後の判断はあくまでも投資家に委ねられているわけで、他人の財産を勝手に処分するという類型ではないわけです。そういった意味では、やはり他人の財産を完全に司るような立場にある業者のほうが、アドバイスをするだけの業者よりは規制を重くするべきであるということが金融商品取引法の発想にあるわけです。これも規制の柔軟化の一つといえます。

このため、規制との関係では、投資運用業に当たる投資一任なのか、あるいは投資助言にとどまるのかということは、実務的に非常に大きな違いになりうるわけですが、時にはその区別が非常にむずかしいことがあります。特に規制により投資助言しか行うことが認められていない業者は、どこまでの行為であれば許されて、どこからはやってはいけないのかということが実務的にも問題になることがあります。少し話が本題からは外れましたが、投資運用とは別に、投資助言という業態もあるということです。

5 投資運用業規制——自己募集に対する規制

話がもう一つ別の方向に外れるのが図表8－3です。これも投資運用業と直接関係する話ではないのですが、投資運用、特に自己運用に対する規制を説明するなかではどうしても切り離せないものとして、自己募集に対する規制というものがありますので、こちらについても少しここで触れたいと思います。

自己募集という考え方ですが、まず図表8－3の左のほうをみてほしいと思います。株式会社が株式を発行して投資家に引き受けてもらう取引を図示したものです。この株式会社は株式を発行するわけですが、自分で投資家を探すだけではなくて、証券会社に株式を引き受けてもらえるような投資家を探してもらう、すなわち、取得勧誘を行ってもらうということを頼んでいるのが左の図です。

この場合、金融商品取引法の業規制をみていきますと、証券会社は金融商品取引法の規制の対象になります。どのようなことかというと、他人が発行する有価証券、この場面では株式になりますが、他人が発行する有価証券を投資家に販売勧誘するという行為は、金融商品取引業に当たり、金融商品取引法の業規制の対象になっているわけです。

一方で、株式を発行する株式会社自身はどうかといいますと、自分が発行する株式を投資家に勧誘するという行為については、金融商品取引法の業規制の対象にはなっていません。一般の会社がだれか出資をしてくれる人を探して株式を引き受けてもらうよう勧誘をするという行為を、すべからく金融商品取引法の規制、特に業規制の対象とするということになってしまいますと、会社形態での事業活動がままならないということになりかねないわけです。そこで、証券会社のように他人が発行する株式を販売勧誘することは金融商品取引業に当たって、金融商品取引法に基づ

図表８－３　自己募集に対する規制

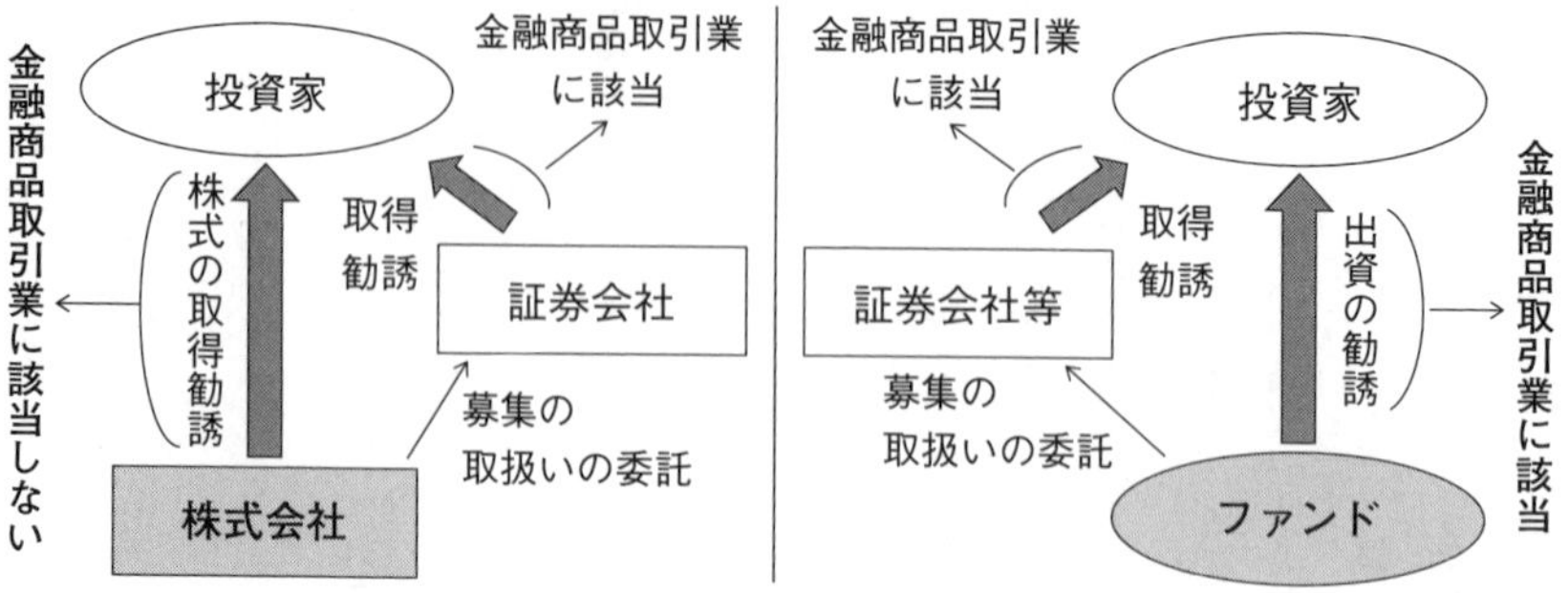

く規制の対象になっているわけですが、自ら株式を発行して、それを投資家に勧誘する行為については、情報開示の規制の対象になるということはありうるとしても、業規制の対象にはならないというのが金融商品取引法の原則的な考え方になります。

では、これがファンド、金融商品取引法の文脈では集団投資スキームと呼ばれることもありますが、ファンドの場合どうなのか。右の図では特に組合型のファンドを念頭に置いてほしいと思いますが、そのような組合の出資を募る行為については、先ほどの株式の場面とは規制の適用関係が異なっています。すなわち、組合を組成して出資持分の勧誘をするという場面で、まず証券会社やほかの業者に頼んで投資家を探してもらう場合は、先ほどの株式の勧誘と同じように、証券会社等が他人のファンドの持分の勧誘をするという行為が金融商品取引業に当たります。したがって、金融商品取引法に基づく業規制の対象になるという考え方がとられています。ただ、株式を勧誘する場合とファンドの持分を勧誘する場合とでは規制の内容が違っているわけですが、いずれにしても、規制の対象になるということは共通しています。

違ってくるのは、ファンドの持分を実際に発行して、自ら勧誘するという行為との関係です。先ほどの株式会社が自分の株式を発行する場合に投資家を探す行為は、業規制の対象とはならないということを説明したわけですが、ファンドの出資を募る行為は、ファンドの運用者自身が行っても金融商品取引業に当たるという整理になっています。その結果、ファンドを運営するジェネラル・パートナー自身がファンドの持分を勧誘する場合も金融商品取引業に該当し、金融商品取引法の業規制の対象となるということになっています。このような行為を自己募集といいますが、自ら発行する有価証券についての出資の勧誘に対しても業規制が適用されるのは、ファンドの特例ということになります。

今回の投資運用業の話との関連では、冒頭に説明した二つの投資運用業の類型のうちの出資を受けて自己運用を行う形態、そのなかでも組合の形態のファンドに出資を受けて、その組合財産、ファンドの財産を運用する場面では、ファンドの運用者が自分で投資家を探してきたとしても、金融商品取引業の規制の対象になるという特殊性があります。

したがって、組合形態の集団投資スキームを使ってお金を集めて運用するということになると、自己募集、すなわち、まず出資を募る場面で業規制がかかり、さらに、集めたお金で有価証券やデリバティブに対して投資をすることになると、運用行為についてもまた業規制の対象になるという規制の適用関係になっています。少し脱線が長くなりましたが、投資運用業の規制を考えるなかで、自己募集に対する規制も密接にかかわるものということで、知っておいていただきたいと思います。

6 投資運用業規制――一般的な規制の種類

次に、投資運用を行う場合、それも有価証券やデリバティブに対する投資を行うことで、金融商品取引法の業規制が適用されることになった場合、はたしてどのようなことが必要になるのか、規制といってもどのようなことがルールとして求められるのかということについて、ここからしばらく話をしていきたいと思います。

まず、図表８－４では、投資運用業に限らず、一般的に業者に対する規制を考えたときに、どのようなルールがあるのかということについて、大まかに整理をしています。日本ではさまざまな業態に対する規制が存在します。特に金融の場面では、多様な業態の金融機関に対して規制が適用されることになります。今回の話の対象である投資運用業を行う業者ももちろんそうですが、証券会社もそうですし、銀行や保険会社、信託会社なども、それぞれ業規制の対象になっています。

もっとも、業態ごとに規制の内容はまちまちで、扱う業務が公益的であったり、顧客の利害関係に対する影響が大きい業態には重い規制が適用されることになっていますし、顧客保護のための規制が必要ではあるものの、その必要性がそれほど高くない業態については、相対的に軽い規制が適用されることもあるわけです。

このようにいろいろな規制があるなかで、規制の枠組みについて少し類型立てて整理をしてみます。一般的には、参入規制、すなわち、その事業を始めるために一定の要件・手続が求められる規制、業務範囲規制、行為規制、財務規制、帳簿書類・事業報告書等の作成・提出、監督上の処分といったような規制の方法で、顧客の保護が図られます。

図表8－4　一般的に業法に定められる主な規律

・参入規制
・業務範囲規制
・行為規制
・財務規制
・帳簿書類・事業報告書等の作成・提出
・監督上の処分

このうちの1番目の参入規制ですが、一定の業態のビジネスを始めたいという場合に、当局との関係で、許可を受ける、認可を受ける、登録を行う、届出をするといったような一定の手続をしないと、そのビジネスをすることができないという入り口の規制のことを一般に参入規制と呼びます。許可を受けたり認可を受けたり登録をしたりという場合に、だれでもすぐに認めてもらえるというわけではなく、一定の要件を満たした者だけが許認可等を受けられるという仕組みになっています。逆にいうと、そういった要件を満たさないと許可などを受けることができず、そのビジネスを行うことができないというルールが参入規制です。一定の要件を満たさないと、顧客の利益が損なわれたり、公益が害される可能性があり、そのビジネスをやらせるわけにいかないという場面で適用される規制になります。

次に、一部の業態に対して適用される規制として業務範囲規制というものがあります。この業務範囲規制は、参入規制をクリアして、一定の許認可等を受けてビジネスを始めた場合には、一定の範囲の業務しか行ってはいけない、それを超えるような業務を行ってはいけないという規制です。兼業規制という言い方をすることもあります。

3番目の行為規制というのは、許認可等を受けてビジネスを始めた人については、あれをやりなさい、あるいはあれをやってはいけないという作為・不作為についての義務が定められることがあり、こういった規制を行為規制といいます。

それから、特に顧客の権利関係や一般的な取引秩序に大きな影響を及ぼすような業態のなかには、せっかく許認可等を受けてビジネスを始めたものの、そのビジネスがうまくいかなくて破綻をしてしまうと、取引を行っていた顧客や取引一般に重大な影響を与えることになりかねない、そんな重い業態もあるわけです。そういった業態については、ビジネスを行うにあたって、たとえば資本金が一定額以上であることを維持しなければいけないとか、純資産額が一定額以上である状況を維持しなければいけないというような財務内容についてのハードルを設定することによって、その業者が破綻することで顧客に被害が生じる事態を避けようとするという規制が適用されることがあります。このような財務状況に関する規制を財務規制と呼びます。

さらに、規制の対象となる業者がどのようなかたちで事業を行っているのかを当局が把握する観点から、帳簿書類・事業報告書等の書類を定期的に作成して、当局に提出しなければならないという規制があります。

そして、何か不正な行為をしてしまった業者に対しては、当局が処分を行うことによって、是正を図ったり、規制の実効性を高めたりします。具体的には、業務改善命令や業務停止命令、あるいは特に悪質な場合には、参入規制で認めていた許認可等を取り消してしまうなど、当局からの監督上の処分で業者に対する規律を及ぼすことになります。

7 投資運用業規制 ——金融商品取引法の規制の概要：①参入規制

一般的には、ここまでみてきたような種類の規制によって業者に対する規律を及ぼしているわけですが、ここからは、投資運用業を行う者に対してはどのような規制が適用されているのかということを順にみていきたいと思います。

まず、参入規制については、図表8－5をみていただきたいと思います。金融商品取引法では、ここまでたびたび説明をしてきた金融商品取引業を行うために、登録をしなければならないことになっています。金融商品取引法29条に規定されているわけですが、その金融商品取引業の一形態として、この章で話をしている投資運用業があるわけです。そして、金融商品取引業は、金融商品取引法に従って登録を受けた者でないと行うことができないことになっています。

それでは、どのようにして登録を受けるのかということですが、これは金融商品取引業を行いたい人が当局に対して登録を受けさせてくださいと申請することによって、登録を受けることができることになっています。ただ、金融商品取引法には、申請をしたとしても、当局側が登録を拒否する類型が登録拒否事由として定められています。結果として、金融商品取引業を行いたい業者は、登録を受けるために、登録拒否事由に該当しないようにしなければなりません。登録拒否事由に該当しているような場合には登録を受けられないことになっています。

投資運用業を行うための登録拒否事由については、細かい要件がいろいろと定められておりますので、ここで全部を説明することは避けますが、たとえば、人的構成要件や体制整備要件など、投資運用業を行うにあたって顧客を害

図表８－５　参入規制

○金融商品取引業の登録（29条）(注) ・投資運用業を含む金融商品取引業は、金融商品取引法に基づく登録を受けた者でなければ行うことができない。 ○登録を受けるためには所定の登録拒否事由に該当しないことが必要（29条の４） ・投資運用業を行う場合には、以下を含む一定の要件を満たすことが必要 ―人的構成要件・体制整備要件 ―組織要件（取締役会・監査役または委員会の設置） ―資本金要件、純財産額要件、兼業要件 ―主要株主要件

（注）以下、金融商品取引法の条文の引用については条文番号のみを記載。

することがないような十分な人的構成、すなわちスタッフが備わっているかとか、投資運用業を適正に行うための一定の体制が整っているかということがまず要件になっています。

それから、会社の形態として、取締役会と監査役あるいは委員会が設置された株式会社になっているかどうかということも要件になっています。

また、財務的な要件として、一定額以上の資本金、純財産の金額をクリアしていないといけないという要件もありますし、投資運用業を行うにあたっては、一定の他業を営んでいてはいけないという兼業制限の要件も定められています。

さらに、投資運用業の登録の特殊性として、業を行う者だけではなくて、業を行う者の主要株主、すなわち一定割合以上の議決権を有する株主についても、一定の適格性を満たすことが必要ということになっています。

そのほかにも細かい要件、たとえば法令違反の行為をしていないとか、そういった要件なども定められていますが、これらの登録拒否事由に該当しない者でなければ投資運用業を行うことができないことになっているわけです。

8 投資運用業規制——金融商品取引法の規制の概要：②業務範囲規制

それでは、次に、登録を受けて投資運用業を始めた人に対して、どのような規制が適用されるかということについてみていきます。図表8－6に示しているのは業務範囲規制です。先ほども一般論として業務範囲規制があるということを紹介しましたが、投資運用業を行う金融商品取引業者が行うことができる業務は、金融商品取引法上、一定の範囲に制限されています。何ができるかというと、一つは金融商品取引業ができる、それから、それに付随する業務もできることになっています。そのほかには、金融商品取引法のなかでいくつか細かく、こういった類型の業務なら行うことができるというものが個別に定められています。ただ、これらの類型の業務を行う場合には、事前に届出をしなければいけないということになっています。それ以外の金融商品取引法に行ってもよいと明示されていない業務については、個別に内閣総理大臣から承認を受けた場合には、行うことができることになっています。逆にいえば、金融商品取引業や一定の類型の届出業務に当たらない業務について、投資運用業を行う者が兼業したいという場合には、個別の承認を受けることが必要になっています。

なぜ業務範囲規制、あるいは兼業規制が定められているのかということですが、一般的にはいくつか規制の趣旨が説明されているところですが、中心的な考え方としては、金融商品取引業を行う者が、兼業しているほかの業を失敗してしまったことによって本業である金融商品取引業に悪影響が及び、その結果、金融商品取引業で取引を行っている顧客に対して損害を生じさせることにならないように、あらかじめ、金融商品取引業を行う者については、基本的にはその専門的な業務だけを行うことを認めるということで規制を定めているものです。

図表8－6　業務範囲規制

○投資運用業を行う金融商品取引業者が行うことが認められる業務は一定の範囲に制限される（35条）。
・行うことが認められる業務
―金融商品取引業
―金融商品取引業に付随する業務
―一定の類型の届出業務
―内閣総理大臣から承認を受けた業務
○他業の失敗により本業に悪影響を及ぼし経営基盤が危うくなることを防ぐことなどが目的

金融機関のなかでは、投資運用業を行う者だけではなくて、銀行、保険会社、証券会社、信託会社にも、認められる業務の範囲の広さは業態によってだいぶ違っていますが、これらの四つの業態には、いずれも業務範囲規制の適用があります。投資運用業も含めてですが、これらの業務は、特に顧客の財産を直接的に預かって管理運用する業態ですので、その業者が本業とはあまり関係ない業務を行って破綻してしまい、顧客の財産に被害が生じることにならないようにすることが強く求められるわけです。そのような考え方から業務範囲規制が定められています。

9 投資運用業規制
――金融商品取引法の規制の概要：③行為規制

次は図表8－7の行為規制です。金融商品取引法の規制の対象になっている金融商品取引業者に対する行為規制は、金融商品取引業者であれば共通して適用される規制と、個別の取引類型に分けて適用される規制と2段階になっています。

2で説明をした規制の包括化・横断化という観点から、金融商品取引業者に該当する場合、証券会社も金融商品取引業者に該当するわけですし、投資運用業者も金融商品取引業者に当たるわけですし、また、投資助言業者も金融商品取引業者に当たるわけですが、こういった業態の違いを問わず、金融商品取引業者であれば一定の行為規制が共通して適用されることになっています。

具体的な行為規制の内容について全部を紹介することはできないのですが、主だったものを図表8－7に概括的にあげています。一定の業務管理体制を整備しなければいけないという体制整備義務や、顧客との取引を行う際に誠実に業務を行わなければいけないという誠実義務もあります。また、業者が広告を出すときには、一定のルールを守って広告をつくらなければいけないという規制もありますし、業者が取引を行うために、その取引に関する契約を顧客と締結する前に、法定の説明事項を記載した書面を交付しなければならないという規制もあります。この場合の説明の内容は、何を説明しなければいけないかが細かく法令に定められていますし、説明しなければならない事項だけではなくて、顧客に渡す書面にどれくらいの大きさの文字で書かなければいけないとか、重要な事項については紙の前のほうに、それも枠で囲って書かなければいけないとか、そういった細かいことも含めて、一定の説明を書面で行わ

図表８－７　行為規制（金融商品取引業者等に共通する主な行為規制）

・業務管理体制の整備（35条の３） ・顧客に対する誠実義務（36条１項） ・利益相反管理体制の整備（36条２項～５項） ・広告等の規制（37条） ・契約締結前の書面の交付（37条の３） ・虚偽告知、断定的判断の提供等の禁止（38条１号・２号） ・契約の締結・解約に関する偽計等の禁止（38条の２第１号） ・損失補てん等の禁止（38条の２第２号、39条） ・適合性の原則等（40条）

なければならないという規制が定められています。図表８－７の真ん中あたりに契約締結前の書面の交付（金商法37条の３）という項目がありますが、これがいま説明をした取引の前に一定事項を説明するというルールです。

そのほか、取引に際して虚偽のことを伝えたり、不確かなことについて断定的な判断を提供することも禁止されますし、また、顧客の経験や能力に応じて取引を行わなければならないという適合性原則も金融商品取引業者一般に適用されることになっています。

次に、行為規制のなかでも投資運用業を行う者に限って特別に適用される規制も金融商品取引法に定められています。図表８－８には、投資運用業に関する特則的な行為規制のうち、主だったものを紹介しています。投資運用業は、投資助言業務との違いでも説明したところですが、他人の財産に対する判断を行うところに大きな特色があり、他人の財産についての判断権が運用業者に委ねられるということで、特に顧客を保護しなければならない要請が強いといえます。

また、特にファンド形態での自己運用の類型などを考えてみるとわかりやすいと思いますが、運用業者が保有している財産のなかには、ファンドとして運用している財産と、ファンドとは別に自分がもっている固有の財産があるわけです。そして、ファンドの財産と固有の財産をまとめて適当に丼勘定で運用業者がお金を使ってしまうと、ファンドの投資家の利益を不当に害することにな

図表8－8　行為規制（投資運用業に関する特則）

○投資運用業に関する特則 ・忠実義務・善管注意義務（42条） ・自己取引・ファンド間取引等の禁止（42条の２） ・分別管理義務（42条の４） ・顧客に対する金銭・有価証券の貸付け等の禁止（42条の６） ・運用報告書の交付（42条の７） ○他者の資産の運用を行う投資運用業では、定型的に顧客と業者の間や顧客相互間に利益相反が生じる可能性が高いため、一般的な忠実義務が定められているほか、自己取引、ファンド間取引などの禁止行為が定められている。 ○集団投資スキームの自己運用を行う場合には、運用財産の分別管理義務が適用される。

りかねないわけです。そういった意味で、他人の財産を預かっている側面があることから、他人から預かった財産と自分の固有の財産、あるいは他人といっても投資家Aから預かった財産と投資家Bから預かった財産とでまた別のファンドだったりすることもあるわけですが、そういったそれぞれのファンド、あるいは固有の財産を適切に分別して管理する、すなわち一緒くたにまとめて丼勘定で運用するようなことはしてはならないということも強く求められるわけです。

このように他者の資産の運用を行う投資運用業では、定型的に顧客と業者間の、あるいは顧客相互間の利益相反などが生じる面もあり、運用財産の分別管理が必要ということもあるため、特に顧客を保護しなければならない要請が強く、特別の規制が定められています。

具体的にどのような規制が定められているかというのが図表8－8の投資運用業に関する特則です。まず、忠実義務・善管注意義務が定められています。金融商品取引業者のなかでも証券会社のように有価証券の販売勧誘活動をする業態については、もちろん民法上の委任に当たるとか、あるいは個別の契約のなかで善管注意義務を定めるということはありますが、金融商品取引法の規制のなかでは、善管注意義務や忠実義務は定められていません。これに対して、投資運用業を行う業者に対しては、金融商品取引法の規制により、忠実義務・善管注意義務が適用されることになっています。

また、忠実義務を具体化するものとして、自己取引、すなわちファンドの財産と自分の固有財産との間の取引や自らが運用を受託するファンド同士の取引を禁止するという規制も定められています。これらの規制は、いわゆるフィデューシャリー・デューティーの具体化の一つの例ということもできると思います。

このほか、繰り返し説明をした分別管理義務もありますし、また、ファンドを運用したり、顧客の財産について投資一任を受けて運用を行う場合には、その運用結果について顧客に報告をするための運用報告書の交付義務なども規制として定められています。

このように、金融商品取引業者に対してさまざまな行為規制が適用されますし、それに加えて、投資運用業特有の行為規制も金融商品取引法に細かく定められています。

ここまで説明したような行為規制が定められているわけですが、金融商品取引法の規制の考え方の特色として、すでに説明した規制の柔軟化、あるいは規制の柔構造化という考え方があります。金融商品取引業者の行為規制の適用関係についても、規制の柔軟化という考え方がとられている場面があります。どのようなことかというと、取引を行う顧客がプロの投資家である場合には、プロである以上、自分の権利は自分で守れるであろう、むしろ重い規制を業者に課すと、業者が規制に対応するために事務負担やコストがかかってしまって、かえって顧客の利益に反することになりかねないという考え方から、一定のプロの投資家を相手とするような取引については、業者に対して適用される行為規制が緩和される仕組みがとられています。それが「特定投資家」という制度で、先ほど説明をした金融商品取引法の行為規制の大半については、特定投資家という類型の投資家を相手方とする場合には適用されないことになっています。

特定投資家に該当する投資家はどのような者かということは、原則として金融商品取引法のなかで個別の類型が決

図表8－9　投資家の類型

・「特定投資家」を相手方とする取引については、大半の行為規制が適用されない。
・ただし、虚偽告知の禁止（38条1号）、断定的判断の提供等の禁止（38条2号）、損失補てん等の禁止（39条）などの市場の公正確保を目的とする規制は、特定投資家を相手方とする取引にも適用される。

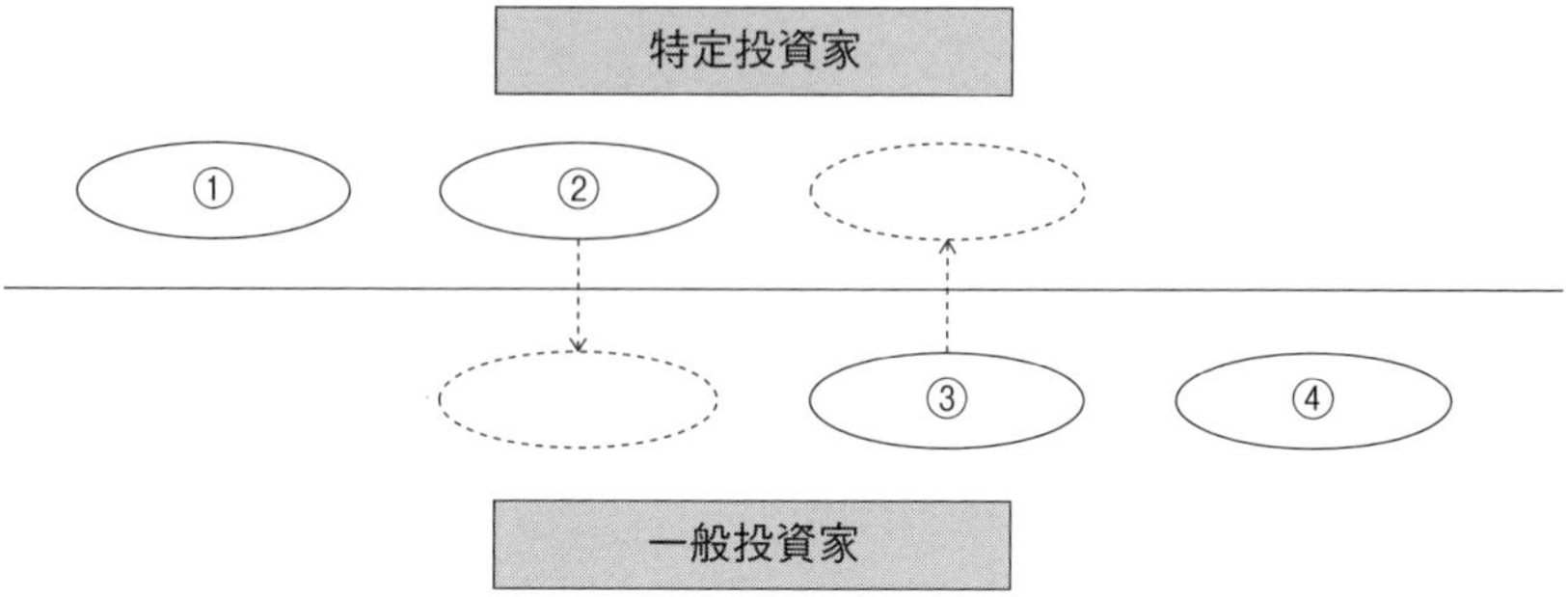

①　適格機関投資家、国、日本銀行
②　投資者保護基金その他の内閣府令で定める法人
③　①･②に該当しない法人、知識・経験・財産の状況に照らして特定投資家に相当する者として内閣府令で定める要件に該当する個人
④　③に該当しない個人

められているのですが、図表8－9の下にあるとおり、投資家には四つの類型があります。①は、何があっても特定投資家である者。それから②のように、何もしなければ特定投資家に該当するものの、個別に業者に申し出ると一般の投資家になれる者。③は、何もしないと一般の投資家に該当するのだけれど、業者に申し出ることによって特定投資家になることができる投資家。そして、④は、何があっても特定投資家にはなれない一般の投資家という四つの類型があるわけです。

この制度によって、一般的にプロであろうという類型に属する投資家と取引を行う場合には規制が緩和されているわけですが、一般的にはプロの類型に属するものの、この種の取引では通常の金融商品取引法の規制が適用されるかたちで取引がしたいという場合には、②の類型の者は、私には規制が適用されるかたちで取引を行ってくださいと申し出ることもできるわけです。逆に、抽象的・一般的にはプロとはいえない類型の投資家であっても、この種の取引では非常に経験もあって、専門性をもっているという投資家は、③の類型に該当する場合には、業者に申し出ることによって、金融商品取引法の規制はむしろ適用しないでいい、その分、手数料を安くしてほしいということをいったりすることもできる仕組みになっているのが、金融商品取引法の行為規制です。

10 投資運用業規制——金融商品取引法の規制の概要：④その他の規律

行為規制の話はここまでとしまして、次に、投資運用業を行う者を含めて、金融商品取引業者については、帳簿書類や事業報告書を作成して当局に提出しなければいけないといったルールがあります。

また、投資運用業を行う金融商品取引業者については、先ほど一般論として規制の類型を紹介したなかの財務規制については、複雑なルールは適用されないことになっています。金融商品取引業者のなかでも、たとえば証券会社については、一定の計算式に従って、財産状態が健全である状況を維持しなければならないという複雑なルールが適用されることになっているのですが、投資運用業者については、そこまでの規制は適用されません。

これらの規制をふまえて、金融商品取引業者に対しては、当局から監督を受けるというルールも法律のなかで定められています。たとえば、金融商品取引業者になると、さまざまなことを行うたびに当局に届出をしなければいけないことになっています。具体的には、倒産した場合や業務を廃止する場合は届出が必要ということになっているのですが、そういった非常に例外的な場合だけでなくても、定款変更する場合や、子会社をもつようになった場合なども届出が必要になりますし、役員、従業員が法令違反を犯してしまった場合についても届出をしなければいけないルールになっています。このように、何かあるたびに、投資運用業を行う者も含めて、金融商品取引業者は当局への届出が必要になることがあります。

また、金融商品取引業者が法令違反のようなことをした、あるいは法令違反とはいえないのかもしれませんが、顧客を害するようなことをした場合には、当局はそういった行為に対して業務を改善せよという業務改善命令を出すことができることにもなっています。さらには、不公正さの度合いがひどければ、一定期間業務を停止せよという業務停止命令も出すことができますし、もっと極端になってくると、このままこの業者に金融商品取引業を営ませるのでは一般の投資家に対して大きな被害が生じるという場合には、登録の取消しの命令もできることになっています。

金融商品取引業者に対しては、そのような法令違反や顧客の保護にもとるような行為が行われていないかどうかを当局が調べるために、報告徴求命令というかたちで一定のことを報告せよという命令を出すこともできますし、また、金融機関に対する検査も行うことができます。実際に金融商品取引業者に対しては、何年かに1回、当局が検査に入ることがあります。このように、金融商品取引業者は、国からの監督ということでいろいろな制約を受けることになります。

ここまで投資運用業者に対してどのような規制が適用されるのかということを話してきました。ここからは、いままで説明してきたような制度や、その特例のような制度も紹介しつつ、実際に投資運用業を規律するにはどのような課題があって、今後どのような政策が考えられるのかということについて、課題点、論点を指摘していきたいと思います。

（注）以下の記述は、金融商品取引法の一部を改正する法律（平成27年法律第32号）による改正が施行される前の金融商品取引法の内容を前提とするものです。

11 プロ向けファンドの特例

先ほど金融商品取引法では、規制の柔軟化の観点から、一定のプロを相手にするファンドの自己運用については規制の特例が適用されるということを少し説明しました。この特例は「適格機関投資家等特例業務」という長い名称で、特則が定められています。この適格機関投資家等特例業務は、「適格機関投資家等」を相手方としてファンドの自己募集、自己運用を行う場合には、規制を緩和するというものです。一般的にはプロ向けファンドの特例という言い方をされています。

それでは、この「適格機関投資家等」とは何なのかということですが、プロ向けファンドの特例のルールは、非常に細かいものなのですが、大まかには図表8-10の二つ目の白丸にあるとおり、1名以上の適格機関投資家と49名以下の適格機関投資家ではない一般投資家だけを対象にするような集団投資スキーム、ファンドの自己運用行為については、規制が緩和される場合があるということです。自己運用に加えて、ファンドについては自己募集についても規制の対象になるということを説明しましたが、自己募集についても適格機関投資家等特例業務の特例が適用されることになっています。

ファンドの自己募集や自己運用をするためには、金融商品取引業の参入規制が適用され、一定の要件を満たして登録を受けないと、業務を行うことができないということを説明しました。

図表８－10　プロ向けファンドの特例

○集団投資スキーム（ファンド）の自己募集・自己運用は、原則として金融商品取引業に該当し、規制が適用される。
・自己募集：組合・匿名組合の出資を募る行為
・自己運用：出資を受けた金銭を業務執行組合員・営業者が主として有価証券を対象として運用する行為

○１名以上の適格機関投資家と49名以下の一般投資家を対象とする集団投資スキームの自己募集・自己運用には、適格機関投資家等特例業務の特例が適用される（63条以下）。

［適格機関投資家］
金融商品取引業者（第一種金融商品取引業・投資運用業）、投資法人、外国投資法人、銀行、保険会社、外国保険会社、信用金庫等、農林中央金庫、商工組合中央金庫、一定の信用協同組合・農業協同組合、一定の公的金融機関、投資事業有限責任組合、届出を行った純資産100億円以上の厚生年金基金・企業年金基金、届出を行った運用型信託会社・外国信託会社、一定の財産要件等を満たして届出を行った法人・個人、等

登録というのはそれなりに大変なことで、特に投資運用業の登録をするためには、人的要件や体制整備要件を含めて、多くの要件をクリアしないと登録を受けられないものです。これに対して、プロ向けファンド、すなわち１名以上の適格機関投資家、プロの投資家と、49名以下のそれ以外の投資家だけから成るファンドを運用する場合には、規制の柔軟化、柔構造化の観点から、適格機関投資家等特例業務の制度を利用することにより、参入規制としても登録をすることまでは不要で、特に適格要件もなく、届出をしておけば自己募集、自己運用を行うことができるというルールになっています。

適格機関投資家というのは、要するにプロの投資家のことで、先ほどの特定投資家ともまた少し違う概念なのですが、図表８－10の下の枠で多くの類型をあげています。金融商品取引法では、こういった一般的にプロであろうと評価できる投資家のことを適格機関投資家と位置づけています。こういったプロの投資家が１名以上、出資を行っていて、業者に対する牽制を働かせている場合には、それに加えて、49名までの適格機関投資家以外の

図表8－11　プロ向けファンドのイメージ

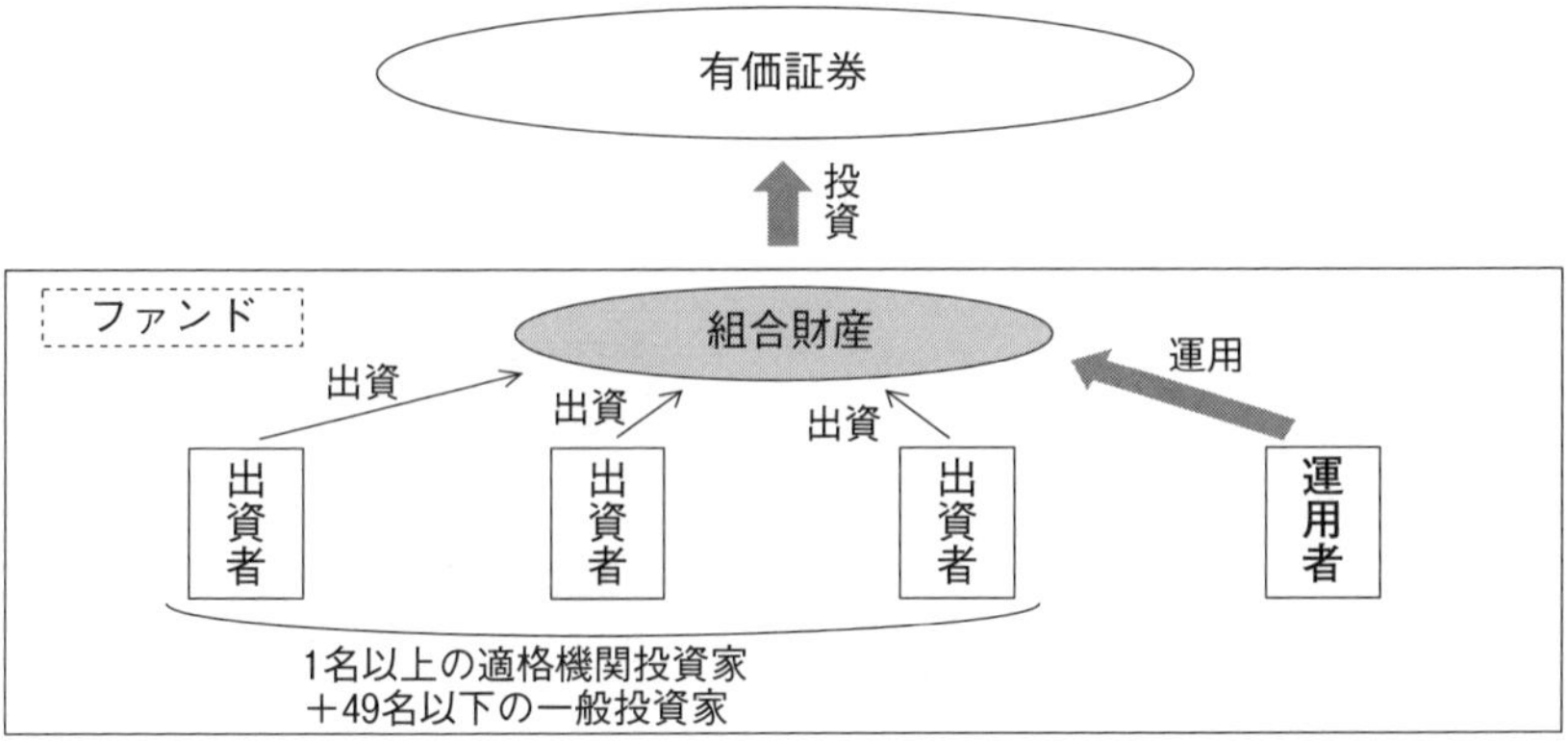

投資家もファンドに参加してよいという制度です。制度上、このプロの投資家がほかの投資家のために何かするということが義務づけられているわけではないのですが、ただ、業者としてもプロの投資家に目をつけられながらファンドを運営する限りは、あまり不適切なこともしないであろうという考え方から、1名以上の適格機関投資家と49名以下の一般投資家を対象にするようなプロ向けファンドについては、規制が緩和される特例ができているということになります。

　このプロ向けファンドの特例を図示したのが図表8－11です。ファンドの運用者がジェネラル・パートナーとなり、運用を行うことになりますが、出資者になるうちの1名以上は適格機関投資家であり、それに加えて、0名でもいいのですけれども、49名以下の一般投資家が参加している、そんなファンドの自己募集、自己運用については、適格機関投資家等特例業務として緩和された規制の適用を受けることが可能になります。

　緩和された規制ということで、図表8－12の真ん中の欄をみてください。通常の金融商品取引業による自己募集、自己運用については登録を行わなければならないという参入規制が適用されるところですが、適格機関投資家等特例業務については、登録は不要で、かわりに届出をすればよいということになっているわけです。届出が却下されるという事由はいまのところ設けられていません。

図表８－12　金融商品取引業と適格機関投資家等特例業務

	金融商品取引業による自己募集・自己運用	適格機関投資家等特例業務
出資者	制限なし	１名以上の適格機関投資家 ＋49名以下の一般投資家
登録	登録必要 （登録拒否事由に該当しないことが必要）	登録不要 （届出が必要）
行為規制	適用あり	虚偽告知の禁止・損失補てん等の禁止の規制のみ適用

そのうえで、通常の登録を行った金融商品取引業者は、先ほど説明をした行為規制が適用されることになるわけですが、適格機関投資家等特例業務については、虚偽告知の禁止のような公益性が強い規制はごく一部適用されますが、それ以外の行為規制は適用されないという規制が緩和されたルールになっています。

というのが現在の金融商品取引法のプロ向けファンド規制のルールなのですが、実はこのルールは、２０１６年3月1日から大きく規制強化される方向で改正されることになっています。どういうことかといいますと、このプロ向けファンドの特例である適格機関投資家等特例業務という制度を悪用して、一般の投資家に被害が生じている事例が、この数年、非常に増加しているといわれています。この制度を使うことで、業者が登録を行わないでもファンドに関する業務を行うことができることになり、当局の監督の対象にもならないということになります。そういった業者が名ばかりの特例業務の対象のプロ向けファンドをつくって、一般の投資家を害するような事例が近年多くなってきているという問題意識があったわけです。

その結果、２０１５年の国会で適格機関投資家等特例業務制度を大きく見直し、規制強化する改正法が成立しました。どういったルールになるかということをここで説明するのは省略しますが、適格機関投資家等特例業務として認められる要件を厳しくすることになっていますし、また、届出を行ったら業務ができることに変わりはないのですが、届出を行った者に対しても、先ほど説明した行為規制を適用し、監督上の行政処分を行うこともできるようにするというかたちでの法改正になっています。

このように、悪用する事例を防ぐために規制を強化するというのは、日本の資本市場、金融市場のためになる面もあるわけですが、他方で、規制強化されることで、こういったプロ向けファンドを使ったかたちでの円滑な金融を阻害するというか、制約が高くなる面もあるわけです。今回、金融庁では、投資者保護を重視して制度の見直しを行うことになったわけですが、はたして、投資者保護という観点と金融を発展・促進させるという観点、このバランスをどのようにとって、どういった制度とするのが望ましいのかということは、非常にむずかしい問題です。金融商品取引法が制定された当時は、バランスがとれているものだと考えられて、いまの改正前の適格機関投資家等特例業務の制度ができていたわけですが、それが実際に悪用される事例も出てきているということをふまえて、少し投資者保護のほうに視点をずらすような政策判断がなされたわけです。はたしてそれがよいことなのか悪いことなのかは、やってみないとわからない面がありますし、やらなかったほうは、結局、答えをみることはできないので、今回の制度改正を行うほうがよかったのかについては、最後までわからないともいえますが、そういった二つの観点をどうバランスをとっていくのかは、このような金融規制の改正をしていくなかでは常に重要な視点になります。

12 資産運用ビークルからの一任

二つ目の政策的な論点として、資産運用ビークルから投資一任を受ける場合の取扱いについての問題意識を紹介します。器である資産運用ビークルから投資運用業者が投資一任を受けた場合であっても、運用業者に対する顧客はあくまでもビークルになるわけです（図表8－13）。ただ、このスキームのなかで、最終的に投資を行っているのは、資産運用ビークルの背後にいる個別の投資家になるわけですし、このスキームのなかで投資運用業者に規制を課してだれかを守るということを考えますと、資産運用ビークルを保護するのではなくて、投資家を直接保護できるのであれば、そのほうが目的にあっているようにもみえるわけです。ただ、日本の法律のなかでは、あくまでも運用業者の顧客は資産運用ビークルであって、その背後の投資家まで保護するような規制には必ずしもなっていない面があります。

このスキームのなかで規制によって保護されるべきなのは、背後の投資家であり、直接的に保護を及ぼすべきではないかという考えを進めると、どのようにして背後の投資家を実際に保護するルールをつくるのかとか、ここまでビークルという言い方をしましたけれども、どういう場合が器にすぎない

図表8－13　資産運用ビークルからの一任

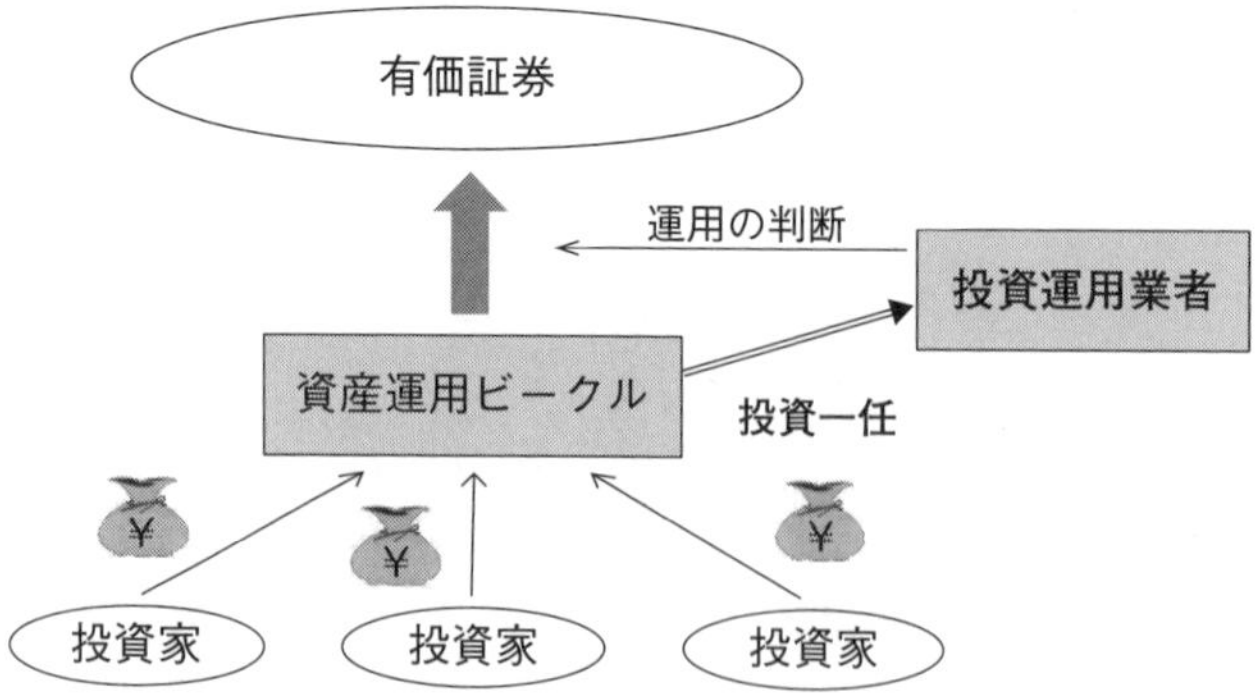

資産運用ビークルであって、どういった場合が実質的に保護されるべき投資家なのか、このようなことを線引きして区分けすることができるのか、といったことも考えないといけないわけです。そうすると、やっぱり形式的に取引の相手方になっているものを保護するようなルール、それを通じて間接的に最終的に投資家が保護されればよいという考え方も、合理性があるのではないか、ということになります。

13 不動産を投資対象とする場合の規制

それから、さらに技術的な論点かもしれませんが、不動産に対する投資運用を行う場合の規制の違いも少し紹介します。図表８－14では、匿名組合によって出資したお金を不動産によって運用する場合には、ここまで説明をしてきました金融商品取引法の規制ではなくて、不動産特定共同事業法という別の法律の規制が適用されることになっています。

これに対して、図表８－15のように、不動産をいったん信託して、その信託の受益権に対する投資を匿名組合を通じて行う場合には、信託受益権に対する投資なので、投資運用が金融商品取引業に該当することになります。

不動産を信託するとどうなるのかということは、あまり実感がない人が多いのではないかと思いますが、経済的な面からは、図表８－14も、図表８－15も、匿名組合の出資をする人からすれば、不動産からの収益を対象に運用を行っているということに違いはないわけです。

ところが、かたや、図表８－14では不動産特定共同事業の規制が適用されますし、図表８－15のスキームではここまで説明したような金融商品取引業の規制が適用されるという違いが生じています。これは規制の包括化・横断化が図られていない場面の一つということもいえると思いますし、特に不動産特定共同事業の規制があまり柔軟な内容になっていないこともあり、どちらかというと、図表８－14のスキームのほうが実施しにくいのが実務的な状況になっています。このように、経済的に似たような結果が生じつつ規制の適用関係が違っている場面もあるということです。これは、縦割り行政があったり、過去の経緯があったり、いろいろなしがらみもあって、このような規制体系に

図表８－14　不動産を投資対象とする場合の規制（不動産特定共同事業）

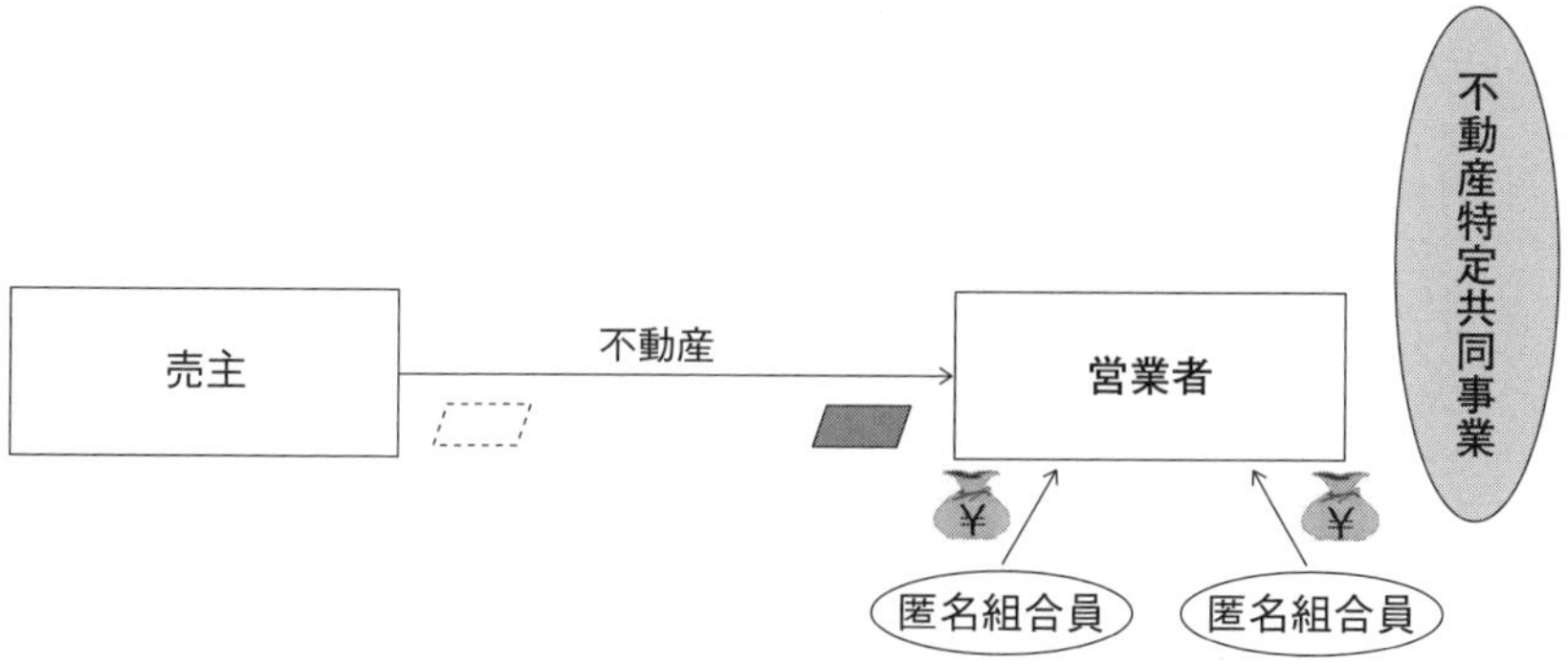

図表８－15　不動産を投資対象とする場合の規制（金融商品取引業）

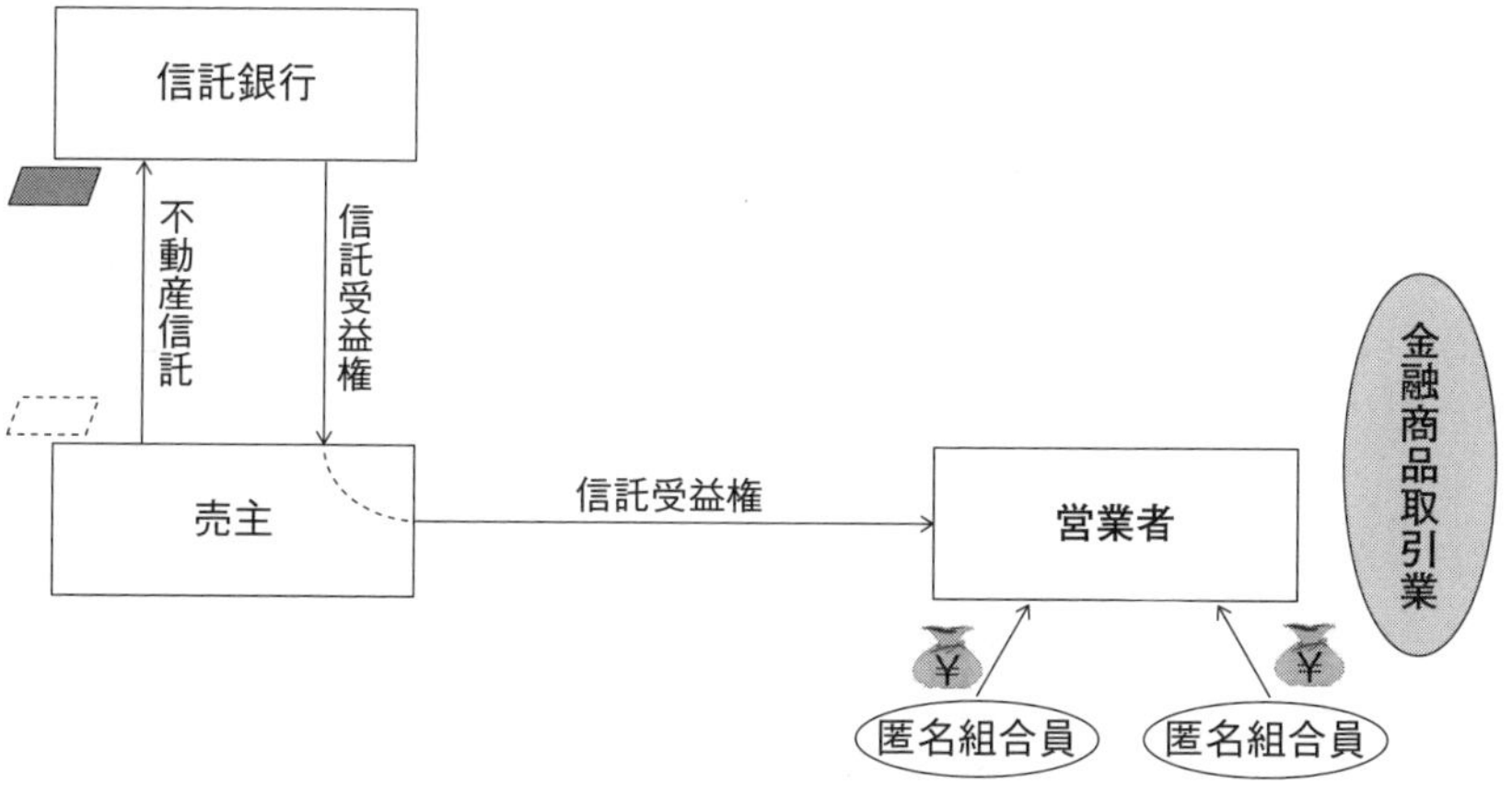

なっている面もあるのですが、規制の包括化・横断化が図られていない場面も残っているということになります。

14 議決権行使助言と投資助言業・投資運用業

最後になりますが、投資助言、投資運用とはそれぞれどのような行為かということを4で説明しました。有価証券に対する投資判断を提供する投資一任と、有価証券に対する投資に関してアドバイス・助言を行う投資助言があって、これらのいずれもが規制の対象になっているわけです。たとえば、あの株式を買うといいよということを伝えることは、投資一任や投資助言になる可能性があるわけです。すなわち、有価証券の売買についての判断を提供したり、あるいは助言をする、これは投資運用業、あるいは投資助言業の対象に、典型的になりそうということです。

それでは、たとえば、ある人が上場会社の株式をもっているとします。そうすると、毎年の株主総会で議決権をどう行使するのかということを考える場面があるわけです。もちろん、議決権割合が0・0何パーセントという人の賛成・反対は、それほど会社に影響を与えることはない。それほどといいますか、会社に影響を与えることは現実的にはないわけですが、もう少し大きな議決権割合をもっている株主がどのように議決権を行使するか検討する際に、その議決権行使の判断の一任を受ける行為、あるいは、議決権行使の助言をする行為、これらが投資運用や投資助言に当たるのかどうかという点は論点になるわけです。

典型的な投資運用や投資助言ではなさそうだと考えられますが、議決権の行使方法を助言することを業として行っている議決権行使助言会社という業態も、実際に存在するわけです。このような業態に対して投資助言業や投資運用業として規制を及ぼすべきなのか、あるいは投資運用業、投資助言業として規制を及ぼすべきではないとしても、何の規制も及ぼさないでよいのか、こういったことも今後は考えていかなければならない課題の一つではないかと思います。

　ということで、最後のほうの論点はご紹介がてらということと思っていましたので、少し駆け足になってしまいましたが、私からの話はここまでとさせていただきたいと思います。

15 質疑応答

質問　投資運用業規制の行為規制に関してですけれども、分別管理義務のところで、具体的に顧客というのが多数になるなかで、どのように分別管理をしているのか、具体的に教えていただけたらと思います。

回答　もちろん、分別管理するものにもよるわけですが、基本的に想定されるお金と有価証券について考えてみます。有価証券といっても、いろいろなものがありうるわけですが、上場株式を考えれば、振替制度の対象になっているはずなので、振替口座の名義を変えるということが一つの方法だと思います。金銭については、預金口座を分けて管理することが考えられますが、帳簿上、この金額はAファンドのものである、この金額はBファンドのものである、この金額はファンドに属するものではなくて、自分の固有財産であるという帳簿上の管理をしていることでも、分別管理と一応いえるのかなと思います。

第9章

資産運用に関する国際的な議論

みずほ証券経営調査部上級研究員　熊谷　五郎

（2015年12月9日）

みずほ証券の熊谷と申します。今日は「資産運用に関する国際的な議論」ということでお話しいたします。

自己紹介を兼ねまして、私のキャリアのバックグラウンドを申し上げておきますと、もともと1982年に野村證券に入りまして、その後、留学を経て、いわゆる証券アナリストという仕事を長くやってまいりました。最初6年間、電機セクター、その後、6年間、銀行セクターを担当して、いわゆる日本の金融危機、不良債権問題にどっぷり浸かってきました。その後、私自身の希望もありまして、資産運用にかかわるわけでありますけれども、いまの野村アセット・マネジメントに移りまして、3年ほどファンドマネジャーとして、国内外の年金基金のお客さまのために日本株ポートフォリオの運用を担当いたしました。その後、いろいろ経まして、いまはみずほ証券の経営調査部で国際金融規制とか、あるいは会計基準のリサーチをやっております。そういうこともありまして、今回は「資産運用に関する国際的な議論」ということでお話をさせていただくことになっています。

まず、リーマンの破綻を契機とする金融危機をふまえた国際金融規制改革のなかでも、特に資産運用に絡むところについて、どんな議論が行われているかということをご紹介したいと思います。

それから、これは運用機関にかかわるところで、シャドーバンキングについてお話ししてまいりたいと思います。実は日本の金融危機の時もシャドーバンキングに近いようなところで問題が生じたのですが、リーマンのあたりの金融危機では、より高度化あるいは洗練化されたかたちでこの問題が起こってしまったということで、これがどんなかたちで起こったのか、どんな問題があったかということをご紹介します。特に、問題になりましたのはMMFだったわけですが、運用業界では、主に長期の資金を扱いますが、一方でMMFのような流動性のある短期資金を扱うものもあるということです。

最後に、今度は長期投資に焦点をあてまして、「ウォールストリート・ルールからエンゲージメントへ」ということでお話しします。これはスチュワードシップ・コード等々にかかわってくるところで、これまですでにいろいろな方々がいろいろなかたちで議論されていますので、これまでとかぶる部分もあろうかと思います。ただ、運用戦略あるいは運用手法の高度化に伴って、なぜ対話というところまでいってしまっているのかという流れを押さえていただけたらと考えております。

1 はじめに

特に資産運用業を考える場合に、資産形成と同時に資金調達ということがあって、かつ、効率的な資産運用が行われることによって、マクロ的な成長をどう促していくかという視点が重要なのではないかと思っています。資本市場を考えますと、今日は金融市場も含めて考えてまいりますが、二つの顔があります。

まず、資本市場は、企業にとって──企業は基本的に資本の需要者になるわけですが──資金調達あるいは資本調達の場になるわけです。コーポレートファイナンスの授業なんかをとっておられる方はよくご存じかとは思うんですが、企業は資本市場によって与えられる資本コスト（ＷＡＣＣ＝Weighted Average Cost of Capital）を所与として行動していく。そのうえで、ＮＰＶ──ネット・プレゼント・バリューというのは、ある設備投資をしたときに、将来生まれるキャッシュフローの現在価値が、その設備投資額を上回るかどうかですが──これが正になる。コーポレートファイナンスの理論のなかでは、ＮＰＶが正になるような投資機会をどうやって見つけるかということを学ぶわけであります。特に、設備投資をして割り引くコストを資本コストと呼んでいるわけですけれども、実は日本の企業経営者にとって、この資本コストという考え方は非常にわかりづらい考え方のようで、この後も出てまいりますけれども、Return On Equity（ＲＯＥ）と資本コストの関係がうまく理解できずに、結果として非常に効率の悪い経営が行われてきたという問題が指摘されているわけであります。ただ、コーポレートファイナンスの理論に関していえば、事業投資に関する判断および運営は、資本提供者（投資家）より企業経営者のほうがよりよくできるという暗黙の仮定があると思います。

一方、資本市場を家計にとってというかたちでみると、家計は究極の資本の提供者になるわけですが、まさに資産形成の場になるわけです。資本提供者は、リスク回避型の効用関数をもって、所与のリスクのもとで期待リターンを最大化する、これが大前提になります。要は最小のリスクで期待リターンを最大にする、ないしは、ある一定の期待リターンを得るときに、リスクを最小にする行動をとるということが仮定されています。

いろいろな会社には、その会社ごとのリスクがあります。これを個別リスクというのですが、この個別リスクは、分散投資をすることによって減らしていくことができるというのが、ポートフォリオの理論、投資の理論の非常に大きな発見だったわけです。ただ、最後に残るのが市場リスクです。たとえばＴＯＰＩＸ、あるいは日経２２５でもＳ＆Ｐ５００でもいいですけれども、そういうもののインデックス投信を買ってしまえば、個別株のリスクはないですね。ただ、株式市場の変動のリスクは残ります。これを市場リスクとかシステマティックリスクといいます。

さらに、株式など特定資産に限らず、ある資産クラスに別の資産クラスを加えることで分散投資の効果が得られる。株式だけで運用しているよりも、たとえば債券を入れたり、不動産を入れたりといったほうが、分散投資の効果が大きいということです。したがって、新しくポートフォリオに何か入れるというときには、相関係数の低い資産を入れると分散投資の効果がより上がることになります。

近年、いわゆるオルタナティブ投資、そのなかでもヘッジファンドが伸びてまいりました。ヘッジファンドについて一般的にいわれるのは、運用手法にもよるのですが、株式のポートフォリオに対して非常に相関が低い。したがって、ヘッジファンドなどのオルタナティブのクラスを入れると、分散投資の効果がよりよく出るということが、その成長の要因として指摘されています。

この後でシャドーバンキングということをお話ししてまいりますが、シャドーバンキングとは影の金融システムということで、具体的には、主にアセット・マネジメント会社などを指すわけですが、簡単にいうと銀行以外の金融仲介機関による金融仲介ということになります。運用機関は、金融の仲介機関、あるいは資本市場における仲介機関という側面があるわけです。特に、短期の流動性のニーズに応えている金融商品として、ＭＭＦがあります。これは預金に非常に近い性格をもっています。一方で、長期資金を提供するのが投資信託であったり、年金、財団、基金、ＳＷＦ（ソブリン・ウエルス・ファンド）等だったりします。年金等は、インハウスで運用したり、あるいは資金を外出しして、外部の運用機関を雇ったりしており、その雇われた会社が投資顧問会社になります。

リスクをとるのはだれかという視点で、預金預入金融機関（銀行等）と資産運用会社の違いを考えますと、実は銀行というのはリスクを自分の資本でとっているのです。ですから、預金はよく元本保証といいますけれども、なぜ元本保証かというと、銀行が行っている投融資で発生した損失は、基本的には銀行が負担します。もっと正確にいうと、銀行の株主が負担してまいります。預金は元本保証ですが、ただ、銀行というのは大きなレバレッジがかかっておりますので、銀行の自己資本でまかない切れなくなってしまったときには預金者も負担せざるをえない。しかし預金者が損失を負担するということでは預金の取付けなどが起こりやすくなるために、金融システムとして不安定なものになる。そうした事態が発生すると非常に大きな社会的・経済的コストが発生するので、システム上そういうことが起こりづらくしていますのが自己資本規制であり、預金保険といわれる仕組みです。ただ、いずれにしましても、金融機関は自己の勘定でリスクをとる。したがって、金融機関が健全に運営されていくためには、厚めの自己資本をもたせるということが規制上の課題になってまいります。

ところが、資産運用会社は顧客の資金を運用しているわけです。運用しているのは運用会社ですけれども、リスクをとっているのは顧客です。したがいまして、ポートフォリオから損失が出たといったときに、それを運用機関が負担するわけではないのです。あくまでも顧客が下手な運用機関を選んでしまった結果、自己責任で顧客がその損失を負担するというかたちになります。

そういうなかで、運用会社の受託責任とはいったい何なのかということが問題になってくるわけであります。これについて、おいおい本章のなかで考えていきたいと思います。

2 国際金融規制改革と資産運用

リーマンショックの前までは、いわゆるG７の首脳サミットがありまして、その下に金融安定化フォーラムという組織がありました。そこで国際金融規制を決めておったのですが、リーマンショックの直後にG20の首脳サミットがもたれるようになった。サブプライム、リーマンの破綻によるグローバル金融危機に対応するためには、G７という先進国だけのクラブでは対応できないという認識のもとに、中国をはじめとしまして新興国を引き込んでG20というふうに枠を拡大して、世界経済をどうマネージしていくかということが話し合われるようになったわけです（図表９－１）。

そこで金融安定化フォーラムを金融安定理事会（Financial Stability Board）に改組しまして、そこをいわば司令塔として金融規制改革が行われました。これまでに、ほぼ規制のメニューがそろって、これからどういうふうに実行に移していくかということが課題になっております。たとえば、バーゼル銀行監督委員会（ＢＣＢＳ）は銀行の自己資本規制を決めたりしています。これは各国にとって非常にインパクトが大きいものです。また、証券監督者国際機構（ＩＯＳＣＯ）は証券関係の規制を考えているところです。

金融危機をふまえた国際金融規制改革のメニューとしましては、図表９－２のとおり、まず筆頭にくるのが金融機関の強靭性強化です。ここにはバーゼルⅢ、あるいは金融機関の報酬規制といったものが入っております。

それから、非常に大きな論点として、大き過ぎてつぶせないような金融機関に対してどういうふうに対処していくか、があげられます。この問題をToo－Big－To－Fail問題といいます。また、金融危機後、出てきた言葉として、

図表9－1　国際金融規制等をめぐるグローバルな協力体制

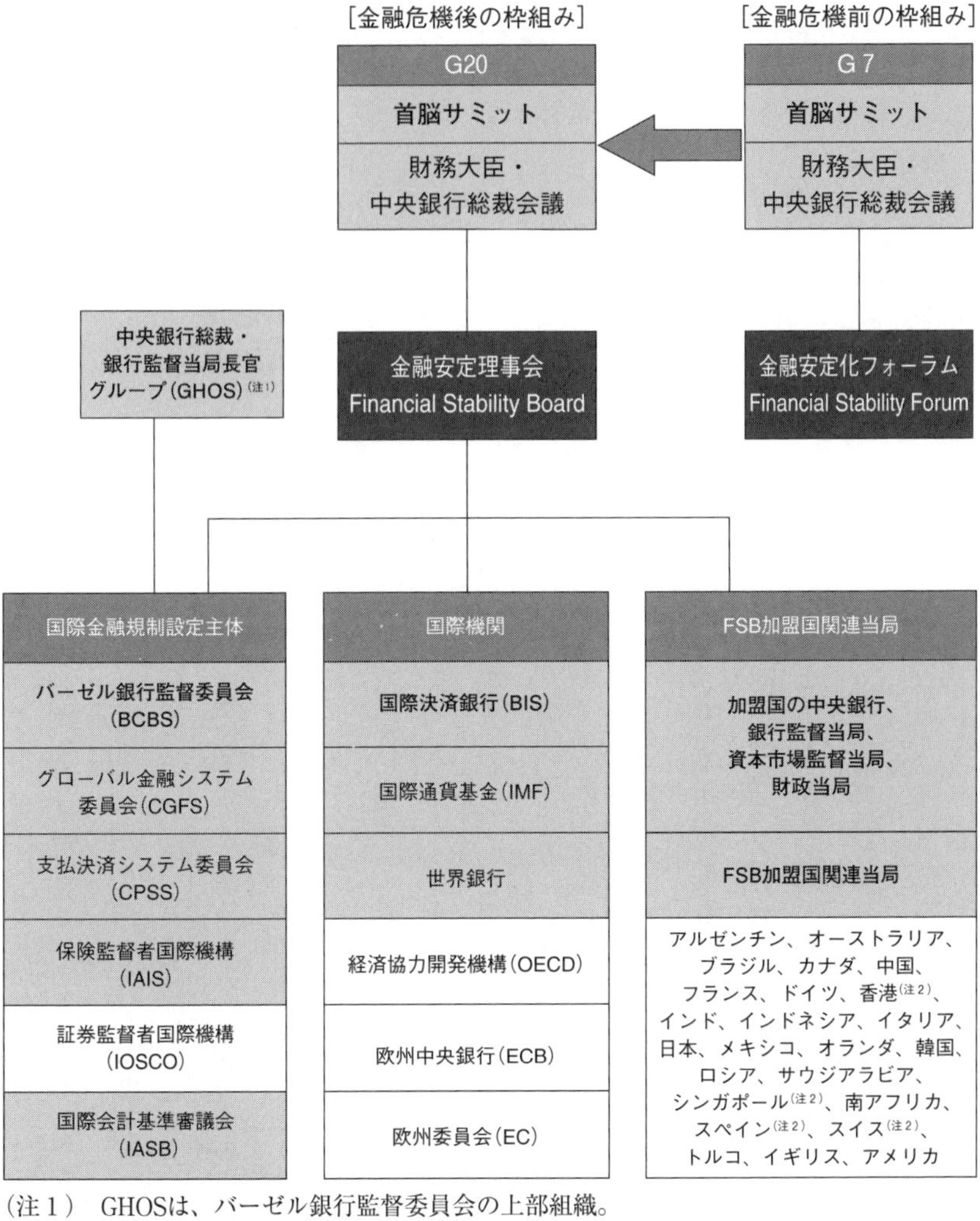

(注1)　GHOSは、バーゼル銀行監督委員会の上部組織。
(注2)　G20以外の加盟国・地域。
(出所)　国際決済銀行より、みずほ証券作成

図表9－2　金融危機をふまえた国際金融規制改革

1	金融機関の強靭性強化——バーゼルⅢ、リスク管理強化、報酬規制
2	"Too－Big－To－Fail"への終止符——G－SIFIsへの対応（資本サーチャージ、破綻処理等）⇒資産運用会社、またはファンドをG－SIFIs指定すべきか否か
3	シャドーバンキング改革
4	OTCデリバティブズ市場改革
5	その他の市場改革
6	会計基準、ディスクロージャー、データ・クオリティの改善
7	マクロ・プルーデンス政策の枠組みと政策手段の開発と実施
8	国際金融規制の遵守強化
9	長期投資ファイナンスの促進
10	その他の論点
11	金融安定理事会（FSB）の能力、リソース、ガバナンスの拡充

G－SIFIsというものがあります。これはグローバルにシステム上重要な金融機関、Globally Systemically Important Financial Institutionsの略です。グローバルに金融システムにとって重要な金融機関というのは、要は破綻してしまうとグローバル金融システムが危機に落ちてしまう巨大な金融機関のことです。これに対してより厳しい資本の賦課をかけていくにはどうしたらいいか、あるいは破綻処理をどうするのかという議論があります。

また過去のM&Aの結果、超巨大資産運用会社が誕生してしまっています。こういう資産運用会社をどのように規制していったらいいのかというのがいま問題になっています。銀行とちょっと違うのは、銀行は自分でリスクをとるので自己資本の規制は意味があるのですが、資産運用会社は自分の資本を使ってリスクをとっているわけではなく、あくまでもリスクをとっているのは顧客です。したがって、資産運用会社をG－SIFIsとして指定すべきなのか、あるいは資産運用会社が運用しているファンドをG－SIFIsとして指定するべきなのか、このあたりでいま議論が分かれています。これはまだ決まっておりません。ただ、こういうことが議論されているということです。

3番目が今日お話ししますシャドーバンキングの改革になりま

す。それ以外にＯＴＣデリバティブズとか会計基準とか、いろいろありますけれども、今日は特にシャドーバンキングの話に絞って議論していきたいと思います。

その前に、さらっと資産運用業界の規制の方向性ということをお話ししておきますと、グローバル金融危機をふまえ、資産運用業界に対する規制も強化される傾向にあります。米欧では、資産運用業界にかかわる規制強化が30以上あるともいわれています。規制強化の方向性は、大きくいって、投資家保護と金融システムの安定化です。投資家保護はフィデューシャリー・デューティーの論点にもかかわってくるところだと思います。

規制強化の結果、業界再編、ビジネスモデル変革への圧力が高まっています。自己資本規制が非常に厳しくなってくるなかで、金融機関が運用子会社を抱えていられるのかという問題が出てきました。こういうものを売却することによって、資産運用業界におけるＭ＆Ａが非常に活発になっています。その結果、巨大な運用機関ができたりしています。したがって、規制強化によって資産運用業界の収益性に対する圧力がかかるとともに、一方で、ある種の成長機会も出てきているということです。

投資家保護の観点からは、たとえば、欧州の規制になりますけれども、Ｍ·ｉＦＩＤ Ⅱというものがあります。これは金融商品の透明性向上ということで、運用会社、販売者に、よりわかりやすく包括的な顧客に対する説明責任、あるいはより高い水準の倫理規定を課すことによって、投資家保護を強化しようとしています。これは金融庁がいうところの運用会社、販売会社のフィデューシャリー・デューティーにかかわってくるような話だと思います。それから、運用会社がブローカーに支払うリサーチ費用の透明化、これはわれわれのような証券会社にとって非常に頭の痛い問題になってきています。

一方で、金融システムの安定化ということに関しては、ＦＳＢとＩＯＳＣＯから、資産運用会社またはファンドのＧＳＩＦＩｓ指定、自己資本比率、流動性比率による規制が提案されています。ただ、これをあまり厳しくしますと、そもそもファンドの運営が成り立たないという問題が出てきてしまいます。

それから、本章でお話ししますシャドーバンキング、ＭＭＦについては、固定ＮＡＶから変動ＮＡＶへという提案が、ＩＯＳＣＯや米国内で米国証券取引委員会（ＳＥＣ）から出されています。固定ＮＡＶ（Net Asset Value）とは、1単位のＭＭＦを必ず1ドルで買いますよという仕組みです。すなわち、これは実質的な元本保証をしているということで、預金と一緒になるということです。後でご説明しますけれども、これがある種のモラルハザード的な状況を引き起こしてしまったという反省がなされています。

3 シャドーバンキング――新しい信用仲介システム

この項の題名として、「新しい信用仲介システム」と書きましたけれども、シャドーバンキングについてもう少し詳しくみていきたいと思います。

シャドーバンキングとはいったい何かということですが、FSBは、通常の銀行システム外の主体または活動によって担われる金融仲介と定義しています。すなわち、銀行監督当局の規制・監督の対象外であるということを含意しているわけです。

これに対して、IMFは2012年に、FSBの定義はあまりにも広義過ぎて、政策分析には不適切である、特にシャドーバンキングのうち、証券化と担保に基づく信用仲介という二つの機能を重視すべきだと指摘したうえで、希少資源である担保の有効活用という面で、このシャドーバンキングをむしろ積極的に定義するような論文を出しています。

ちなみに、2005年に、いま、インドの中央銀行の総裁をされていますが、当時IMFの調査局長、その後、シカゴ大学経済学部教授を歴任されたラジャンが、カンザスシティ連銀が毎年行う有名なジャクソンホール経済シンポジウムで、シャドーバンキングの脆弱性とグローバルな金融危機をほぼ完璧に予言するような講演を行っています。金融危機が本格的に起こってくるのは2007年ですから、2年ほど前に、これは本当にびっくりするくらい、その後の展開を予言した指摘をしていました。

まさに2007年、同じジャクソンホールでサブプライムの危機が起こっている最中、ポール・マッカリーという、当時ＰＩＭＣＯという会社のエコノミストをされていた人が、シャドーバンキングという言葉を初めて使いました。Ｇ20では、２０１１年のソウルサミット以降、シャドーバンキングという言葉を使い出し、このあたりからこの言葉が急速に定着してきました。

シャドーバンキングでは証券化が使われます。証券化のメリットとしては、借り手の信用リスクを、貸し手である金融機関のバランスシートから切り離して、リスクを投資家に移転させることを通じて、金融機関のリスクテイク能力を開放し、潜在的な借り手により多くの資金を供給させるという効果があります。

当該リスクを部分的に分割したり、ほかの借り手の信用リスクと組み合わせたりしたうえで、小口化して販売されるため、リスクの度合いについて異なった選好をもつ複数の投資家に分散保有させることが可能になりました。潜在的な資金の供給主体である投資家に対してそれぞれの選好に即した選択肢を与えることで、リスクマネーの供給を促すという効果がありました。

最近でもシャドーバンキングをむしろ積極的に育成していこうという議論があります。なぜかというと、金融機関が自分でリスクをとってそこが危機になってしまうと、かえって金融システムが混乱するということで、シャドーバンキングをある程度しっかりモニタリングしたうえで育成していこうというのが、たとえば欧州における資本市場同盟（Capital Market Union）の提案であります。これはリスクマネーの供給促進、資金調達手段の多様化により金融システムの安定化を図っていこうというものです。高品質な証券化商品の組成を促進して、銀行部門以外の資金供給主体を活用していこうという考え方がベースにあります。

実は、これととてもよく似た議論を日本でも、日本の金融危機の後にやっていました。金融庁を中心に、当時は市場型間接金融という言葉を使っていましたけれども、まさに証券化を使って銀行のもつリスクを最終投資家にもってもらおうということが意図されていたわけです。幸か不幸か、日本の場合、市場型間接金融が育つ前にグローバルな金融危機が起こってしまいましたので、リーマンショックの時に被った損失は相対的には小さかったということがいえます。

シャドーバンキングの範囲を示した図表9－3は日本銀行が出した「シャドーバンキングの現状」というレポートから引用したものですが、主体としては銀行部門と銀行以外としまして、経済活動としては与信と与信以外として、銀行部門の与信以外の経済活動、あるいは銀行以外がやっている与信活動をシャドーバンキングといっています。

金融セクターの構造（図表9－4）というのは、大きい意味での金融機関があって、預金預入金融機関がバンキングシステムを担っています。この下に中央銀行とその他預金預入金融機関（主に銀行）ということで、銀行とＭＭＦがあります。銀行は金融監督の対象になり、日本では金融庁が監督しています。ＭＭＦというのは投資信託の一種なので、これは監督対象に入っていませんけれども、銀行の預金に非常に近い商品ですし、あるいは資金仲介主体であるということになります。その他の金融機関としてOther Financial Institution、それからＭＭＦ以外の投資ファンド（投資信託等）、保険会社、年金基金といったものが入ってきます。

ＩＭＦの推定によりますと、シャドーバンキングの規模は、２０１３年の時点で75兆ドルあります。一口で75兆ドルといってもすごい金額

図表9－3　シャドーバンキングの範囲

■現在の金融システムでは、「銀行部門による与信活動」だけでなく、銀行部門以外の主体や与信以外のかたちをとる信用仲介機能も重要な機能を担っている

		主　体	
経済活動（機能）		銀行部門	銀行以外（注1）
	与　信		
	与信以外（注2）		

（注１）　証券会社、資産運用会社、投資ファンドなど。
（注２）　レポ取引、証券化商品の組成・販売など。
（注３）　網掛けした部分がシャドーバンキングによる信用仲介。
（出所）　日本銀行「シャドーバンキングの現状」（2015年７月）

図表９－４　金融セクターの構造

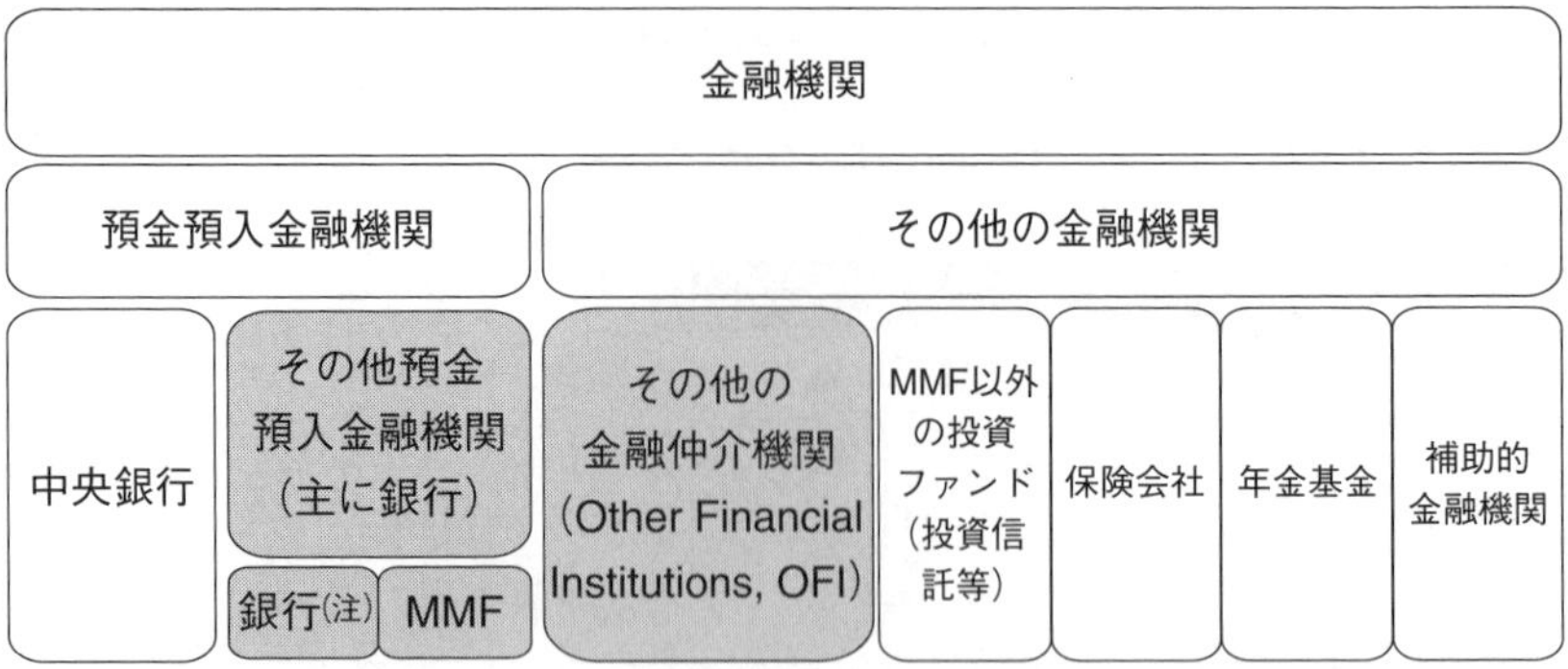

（注）　商業銀行、貯蓄銀行、信用組合など、中央銀行を除くすべての預金預入金融機関のこと。ここでは、網掛けした部分は、特に、Shadow Banking System（SBS）類似の負債を発行する潜在的可能性のあるサブセクターを示す。

（出所）　IMF Working Paper. “Shedding Light on Shadow Banking”, January 2015

ですよね。１ドル＝１００円としても７５０兆円という規模になりますから。世界のＧＤＰが、いまざくっと６０００兆円くらいです。ですから、世界のＧＤＰの１２０％に達してしまっているのです。定義によって規模にばらつきがありますけれども、いつの間にか非常に大きい規模に成長してしまったということであります。

シャドーバンキングの成長の要因としては、まず金融技術の進歩、すなわち証券化とか、ＯＴＤモデルを指摘できます。ＯＴＤモデル（Originate-to-distribute Model）とは、金融機関のビジネスモデルで、銀行がまず貸出をして、その貸出をベースに証券化して、投資家に販売していくという組成販売型モデルのことで、いっとき、ものすごくもてはやされました。

それから、良好な環境として低金利と世界的な貯蓄過剰が続いています。いままさに米国では量的緩和、ＱＥⅢをやめた後、金利をいつ引き上げるのか、ソフトランディングに向けてどうしていくのかというのが大変問題になっています。ただ、こういう大幅な資金余剰状態のなかでシャドーバンキングは育ってしまったということです。

さらに、矛盾しているのですが、安全資産への需要と利回り追

図表9－5　金融仲介部門の金融資産残高

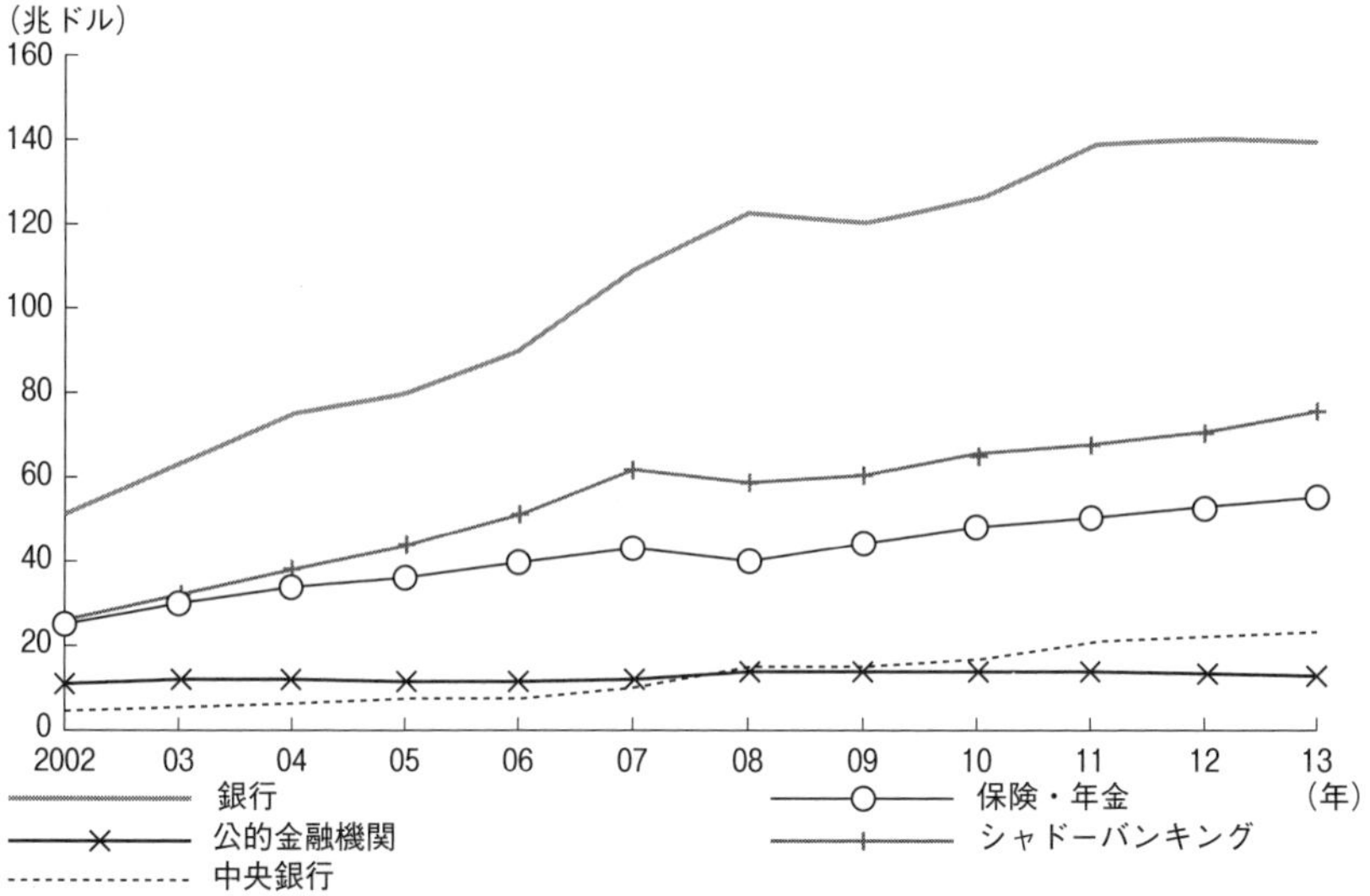

(注1)　主要国全体における金融仲介部門の金融資産残高。
(注2)　直近は2013年末。
(注3)　ここでのシャドーバンキングの定義はOFIs。
(出所)　日本銀行「シャドーバンキングの現状」(FSB)(2015年7月)

求というのがありました。極力安全な資産がほしいというニーズと同時に、ものすごい低金利のなかで運用難になってしまって、少しでも利回りがいい商品がほしいというニーズがあったのです。そういうなかで、証券化という技術を使って、トリプルAで、かつ、国債をかなり上回るような利回りの商品が大量につくられ、販売されていきました。

現状は、グローバル金融危機に伴い、証券化は正直いって低迷しています。しかしカウンターパーティ・リスク管理強化に伴って、資金貸借における担保の重要性、需要がいちだんと上昇しています。その一方で景気回復と銀行規制強化に伴って、シャドーバンキングの存在感が再び高まるような兆しさえみえてきているというところです。

図表9－5はグローバルでみたときの金融仲介部門の金融資産残高です。銀行の残高が圧倒的に多いですが、シャドーバンキングは、保

図表９－６　シャドーバンキングの種類別シェア（日本）

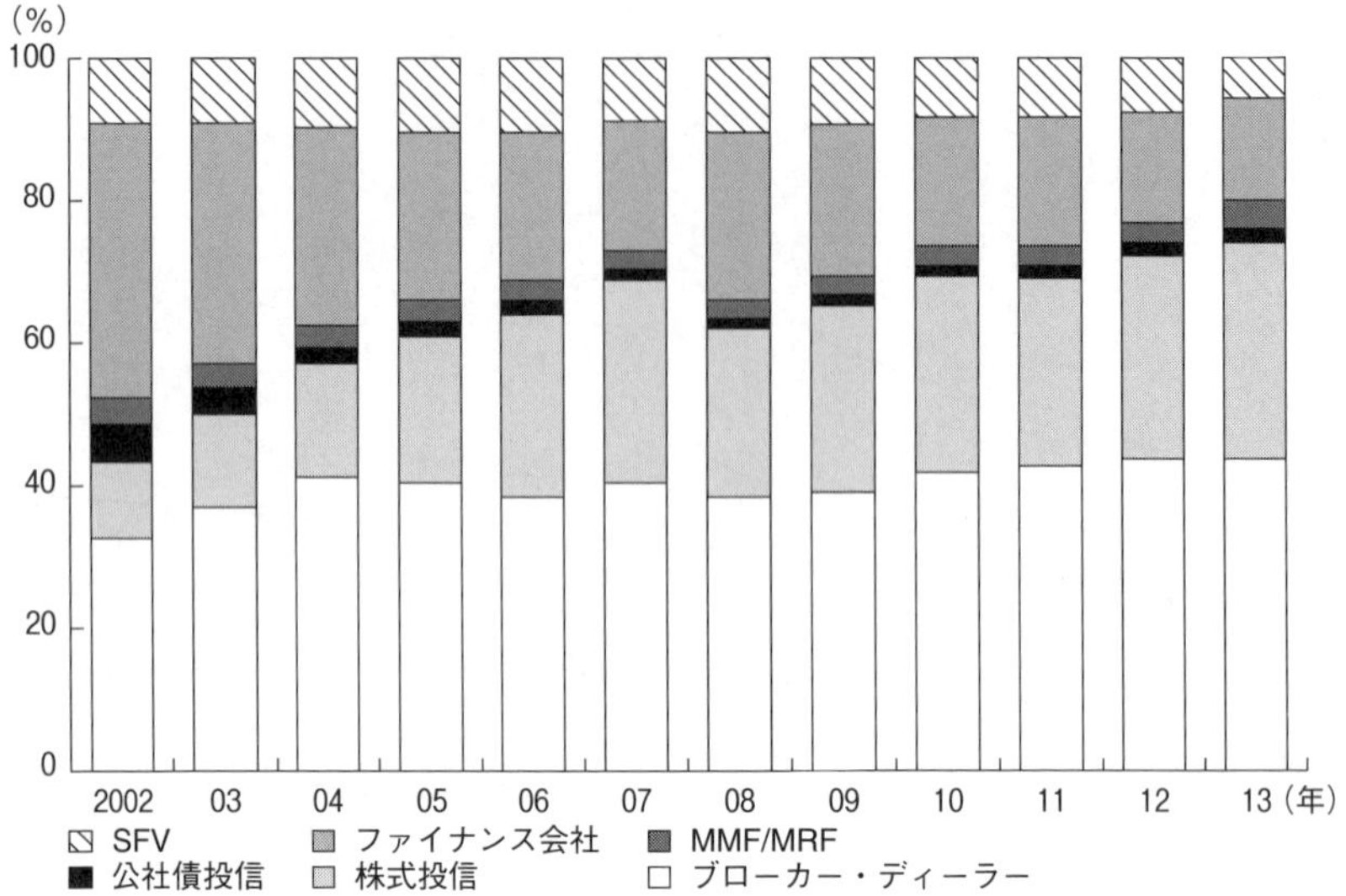

（注）　日本におけるOFIsの種類別シェア。
（出所）　日本銀行「シャドーバンキングの現状」（2015年７月）

険・年金、公的金融機関などをかなりしのいで、非常に大きな規模に達しています。

　わが国におけるシャドーバンキングの規模は国際的にみて、決して大きいとはいえないのですが、そのシェアをみると（図表9－6）、まず、ブローカー・ディーラー、つまり証券会社による金融が相対的には大きいといえます。それ以外に、株式投信、公社債投信が少しあります。また、日本に特徴的なのは、ファイナンス会社が割と大きいといえます。特に、２０００年代の初頭くらいまではすごく大きかったのです。先ほど日本でもシャドーバンキングと似たようなことが起こったと申しましたが、日本ではノンバンク問題といわれました。銀行の関連会社のノンバンクで大きいもの、リース会社とか住宅金融会社、住専といっていましたけれども、こういうところの処理が大変むずかしくて、ノンバンクの問題の解消には10年以上かかりました。これが「失われた10年」と呼ばれる時期です。しかしノンバンク問題の解消後も経済が低迷しているということで、失われた20年になってしまったわけです。

日本でのシャドーバンキングの規模は、現状、国際的にはそれほど大きくはないですが、先ほどご紹介しましたように、市場型間接金融のほうが望ましいのではないか、あるいは複線的なかたちの金融が望ましいのではないかという論点があります。そうしたなか、シャドーバンキングをどういうふうに上手に使っていくのかというのは、日本の金融システム、あるいは金融行政において一つ大きなテーマなのかなとも思います。また、資産運用の高度化という観点からも、銀行以外の資金仲介チャネルをどう確保していくかというのは、わが国の固有の問題として熱心に議論されてまいりました。

ところが、金融危機においてわかったのは、シャドーバンキングは思った以上に脆弱だったということであります。まず、銀行による証券化を用いた規制アービトラージがあります。銀行勘定とトレーディング勘定では、同じ資産であってもリスクウェイトが違う、要するに、自己資本比率の計算上、証券化商品を使うことは銀行にすごく有利に働いたということがありました。貸出金が、証券化の仕掛品在庫として、銀行勘定からトレーディング勘定に移されることで、リスク加重資産が圧縮されました。一見銀行の規制上の自己資本比率は高水準が維持される一方、いつの間にか銀行のレバレッジが拡大していったという現象が起こったわけであります。

また本来安全であるべき資産に対する取付リスクがあることがわかりました。証券化商品はトリプルAをとっていたわけですけれども、ちょっとしたことで格付が大きく下がってしまうような構造がありました。こうした格付引下げというネガティブなニュースに投資家が過剰反応してしまうと、当該証券化商品は投売りされ、一種の取付騒ぎのような状態になってしまいました。

また高格付の証券化商品を担保とする借入れに頼った金融機関の脆弱性が指摘できます。金融機関には証券化した商品を購入したいというニーズがありました。貸出ですと自分のバランスシートにのったままですが、トリプルAなど高格付の証券化商品への投資の場合は、それを購入した証券化商品を担保として他の金融機関に差し出すことにより、短期のお金を借りるときに使うことができたのです。

さらにこうしたシャドーバンキングの仕組み自体がToo－Big－To－Fail化してしまったので、いざとなったら国が支えてくれるだろうという暗黙の期待のもとにプレイヤーが行動していました。こうした期待は、実質的にシャドーバンクの関連当事者（銀行、ブローカー・ディーラー、ＭＭＦ等）に対して補助金を与えるのと同じ効果がありました。つまり暗黙の補助金の結果として過剰なリスクテイクを誘発してしまったという問題が観察されたのです。

図表９－７はＩＭＦのレポートから引用した証券化プロセスとシャドーバンキングの関係ですが、左上に究極の借り手である家計とか企業があります。ここでは家計が究極の借り手として出てくるのですけれども、これは住宅ローンなどを借りるというケースを想定しています。そうすると、バランスシートは左側に実物資産、住宅を買って、自分の持分、エクイティ、日本語でいうと頭金ですね。借入金を起こす。こういう貸出をさまざまな銀行からたくさん買い集める。たとえば住宅ローンなら住宅ローンを集めてきてポートフォリオをつくり、これをいくつかの階層の証券化商品にします。家計の借入金は、銀行からみると貸出金になるわけですけれども、これを集めてくると一定のキャッシュフローが見込める。そのキャッシュフローをベースにトリプルＡの証券をつくったり、「メザニン」といわれる中リスク中リターンの証券をつくったり、「エクイティ」と呼ばれる証券をつくります。こうした証券化商品は、「仕組債」とも呼ばれます。

すると短期の金融商品を発行して、証券化商品に投資し運用するという主体が現れました。これがＳＩＶ、ストラクチャード・インベストメント・ビークルというものです。一次証券化では住宅ローンを証券化しただけですから、10年以上の証券を発行することになるわけですけれども、ＳＩＶは短期のＣＰを発行して、長期の証券化商品を買います。一般的には、金利というのは短ければ短いほど低くて、長めの金利のほうが高いですから、ＳＩＶは長短の

図表9－7　証券化プロセスとシャドーバンキング

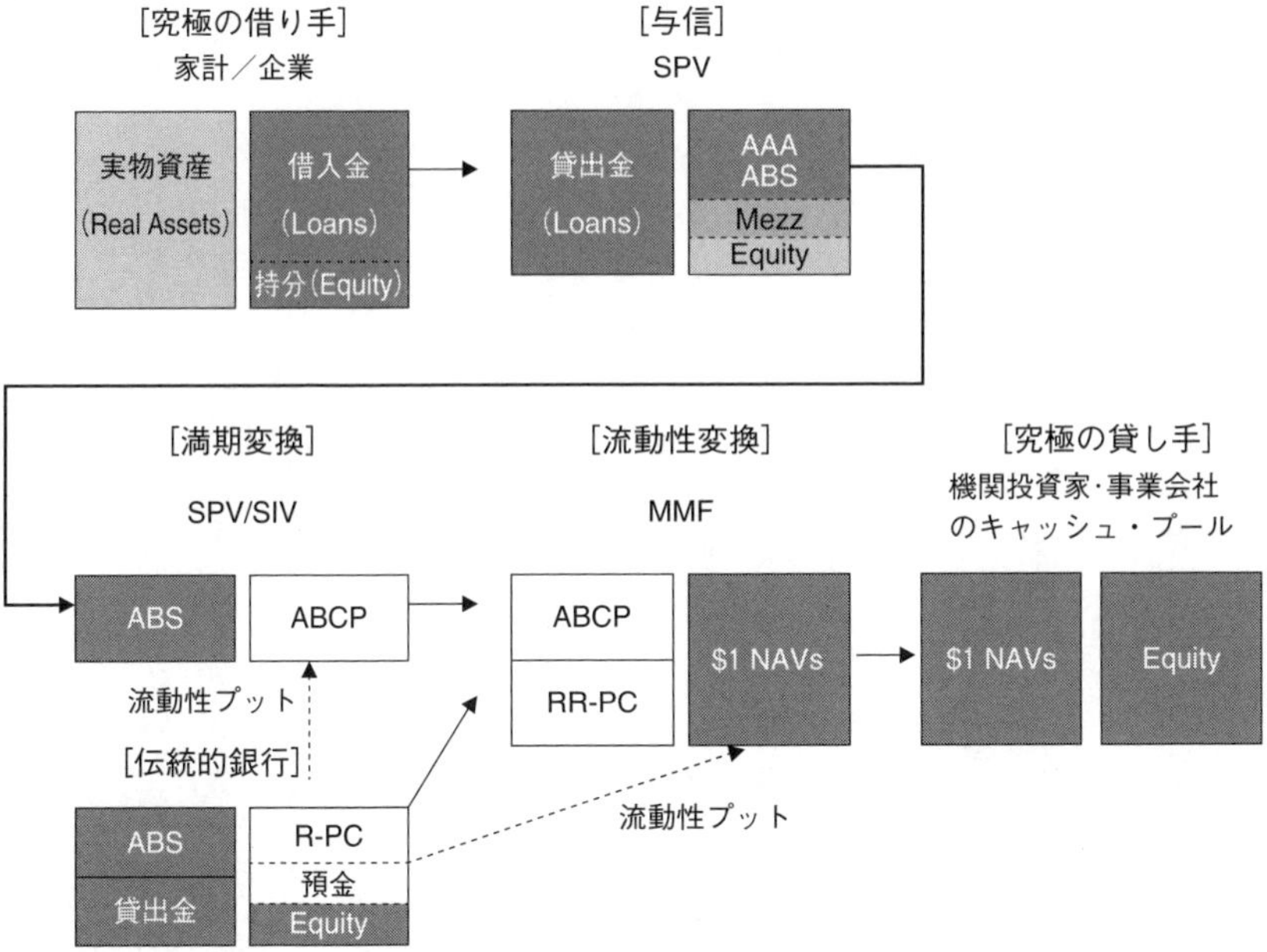

・Mezz: Mezzanine、メザニン
・ABS: Asset-backed securities、資産担保証券
・R: Repo, Repurchase Agreement、レポ取引
・MMF: Money Market Fund、短期金融資産に特化した公社債投資信託
・SPV: Special Purpose Vehicle、特別目的会社
・SIV: Structured Investment Vehicle、投資ビークル
・ABCP: Asset-backed commercial paper、資産担保コマーシャル・ペーパー
・RR: Reverse Repo、リバース・レポ取引
・NAV: Net Asset Value、投信・ファンドの1ユニット当りの純資産

（出所） IMF Staff Discussion Note. “Shadow Banking Economics and Policy”, December 2012

金利差を利用した運用をしているわけです。

図表9－7では、最後にMMFが出てくるのですけれども、MMFは短期の高い格付の金融商品で運用します。図表9－7ではSIVの発行する相対的に高格付・高利回りのABCPを買いました。また、リバース・レポという取引がありました。これは銀行に対する短期の貸付金です。伝統的な銀行が高格付のABS（資産担保証券）、証券化商品を買って、これらを担保にMMFなどからお金を借りる。それにより金融システム全体の流動性が回っていたということがあるのですけれども、この仕組みが機能する大前提として、MMFは1単位1ドルで必ず返してもらえるという投資家の期待がありました。これが固定NAVという仕組みです。究極の貸し手である機関投資家とか事業会社のキャッシュ・プールからMMFにお金が供給されました。

先ほど銀行の預金は保証されています、銀行の資本でも足りないときは預金保険という仕組みがありますといいましたが、預金保険には大抵上限があります。日本の場合1000万円が預金保険によりカバーされる額の上限となっています。1000万円という金額は個人にとっては大きな金額ですけれども、機関投資家とか事業会社で、何億円、何十億円、あるいは何百億円という単位で余剰資金をもってしまっているようなところ、あるいは運用資金をもっているところからすれば、1000万円というのは保証がないも同然なのです。ところが、MMFというのは、短期で非常に安全な資産で運用していると、みんな思っていたわけです。1単位のMMFは必ず1ドルで返ってくるという前提で運営されていましたから、機関投資家からすると、MMFは高格付の金融商品で運用されているし、銀行よりもこっちのほうがよほど安全ではないかとみえたわけであります。そこで、MMFにどんどんお金が流れ込んでいきました。

図表9－8はMMFからの資金流出ですが、2005年くらいからものすごい勢いで増えて、ピークでは4兆ドル、日本円で500兆円近い残高になっておりました。この年の9月10日から9月24日、この間にリーマンショック

図表９－８　MMFからの資金流出

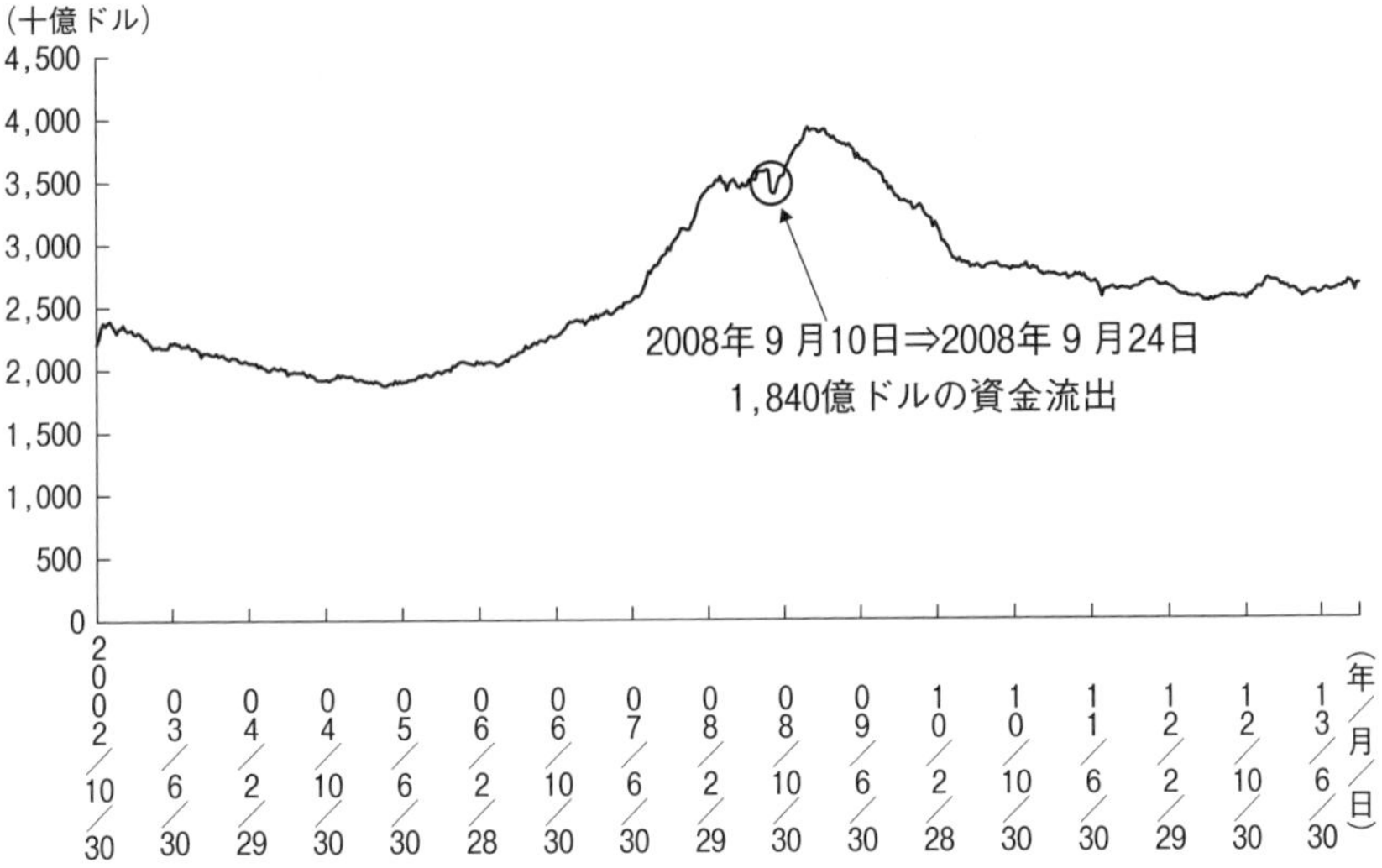

(出所)　Investment Company Instituteのデータをもとに、みずほ証券作成

があった時ですけれども、この時に実に１８４０億ドル、日本円で20兆円近いお金がたったの２週間で引き出されてしまっていました。そこで非常に大きなパニックが起こりました。

また２００４年くらいからＭＭＦの残高がものすごい勢いで伸びている一つの背景というのは、証券化商品の急成長と、これを担保にして出されるＡＢＣＰ――ＡＢＣＰも証券化商品の一つですが――そういうもので運用することによってＭＭＦ自体も成長することができたということがあります。このようなかたちでＭＭＦが伸びていったわけですけれども、先ほど申し上げたように、リーマンショックの後に元本割れを起こしてしまったのです。その結果、投資家の間にパニックが瞬く間に広がり、資金が流出しました。

なぜＭＭＦがこれほど急成長し、取付けが起こったのかというと、みんな預金と同じような感覚で投資していたからです。そうした誤った期待を抱かせないために、先ほど申し上げた固定ＮＡＶから変動ＮＡＶにしましょう、というような改革提案もあって、ＭＭＦ自体が、金融危機の後、規模としてはずいぶん縮小しました。4兆ドル近くあったものが、いまですと2・5兆ドルくらいのところで安定しています、ローリスク・ハイリターンなどというううまい話はないということがわかってきたわけであります。

以上がシャドーバンキングとMMFという話でした。これはどちらかというと運用業界の短期運用商品の流動性にかかわるところでありますけれども、次項では、長期性の資金について、どのようなことがいま起こっているのかということをお話ししたいと思います。

4 ウォールストリート・ルールからエンゲージメントへ

もともと資産運用会社の運用手法としては、図表9－9では伝統的アクティブファンドといっていますが、いろいろな株を買って、それを入れ替えながら運用するという手法が一般的でありました。ところが、市場が効率的であると、こういうアクティブファンドはなかなかインデックスに勝てないということがわかってきました。そこで、パッシブファンド、インデックスファンドとかＥＴＦといわれるものが伸びています。

その一方で、パッシブファンドというのはしょせんパッシブで、インデックスに勝つことはできない。そういうなかでヘッジファンドが伸びてきました。先ほど申しましたように、ヘッジファンドの運用は一般の株式市場あるいは債券市場との相関が低いために、ヘッジファンドを自分のポートフォリオに新しく組み込むことによって、よりよいリスク・リターン・プロファイルを実現できるということで、ヘッジファンドが伸びてきました。

さらに、最近では、アクティビストヘッジファンドといわれる、いわゆる対話をベースにした戦略ですとか、ＡＩ技術を用いたヘッジファンドというものが出てきています。

図表9－10は米国市場における株式の保有主体の変化をみたものです。１９６０年から大きな流れとして家計の保有比率が減って機関投資家が増えています。最初は企業年金が増えて、過去20年くらいをみると投信が爆発的に増えているという姿がみてとれます。

ちなみに、ピーター・ドラッカーが１９７６年に『見えざる革命』という本を出しました。この『見えざる革命』とはどういう本かというと、米国の資本主義に非常に大きな変化が起こっている。それは株主が個人から年金に変わ

図表9－9　機関投資家における運用戦略の発展（概念図）

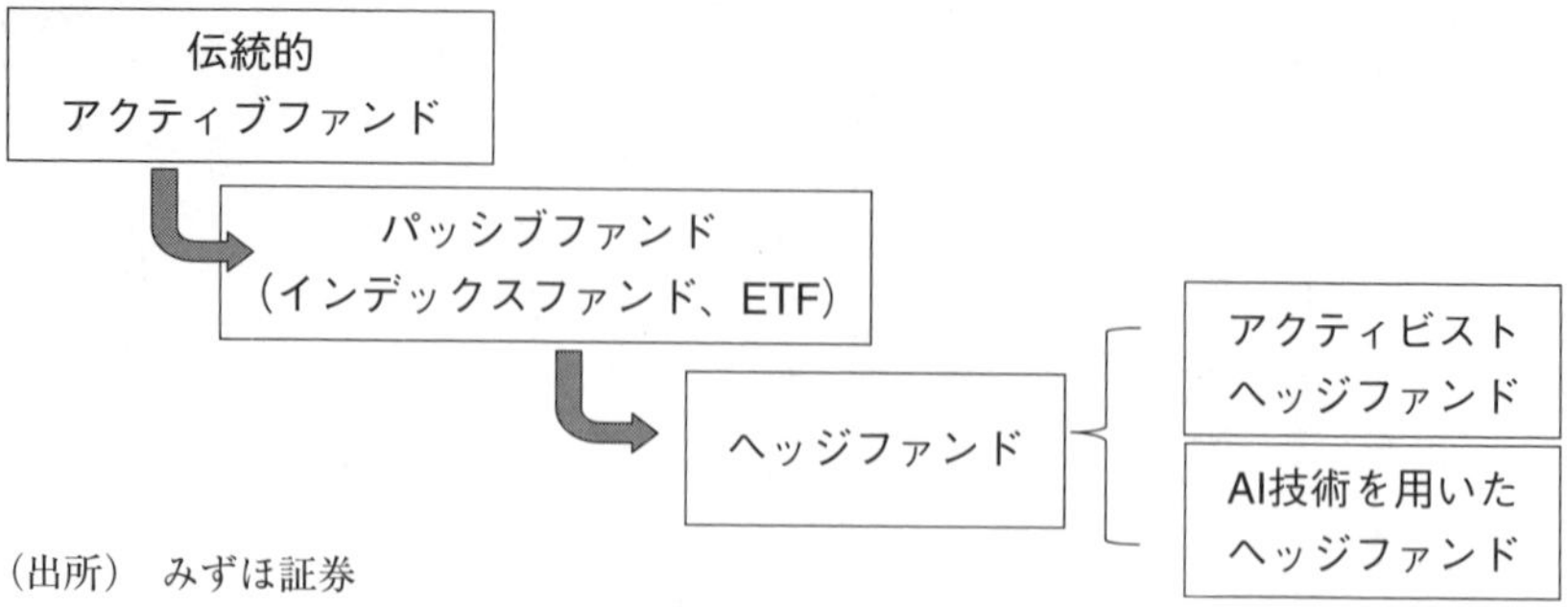

（出所）　みずほ証券

図表9－10　米国市場における機関化現象

■米国株式市場における株式保有主体の変化

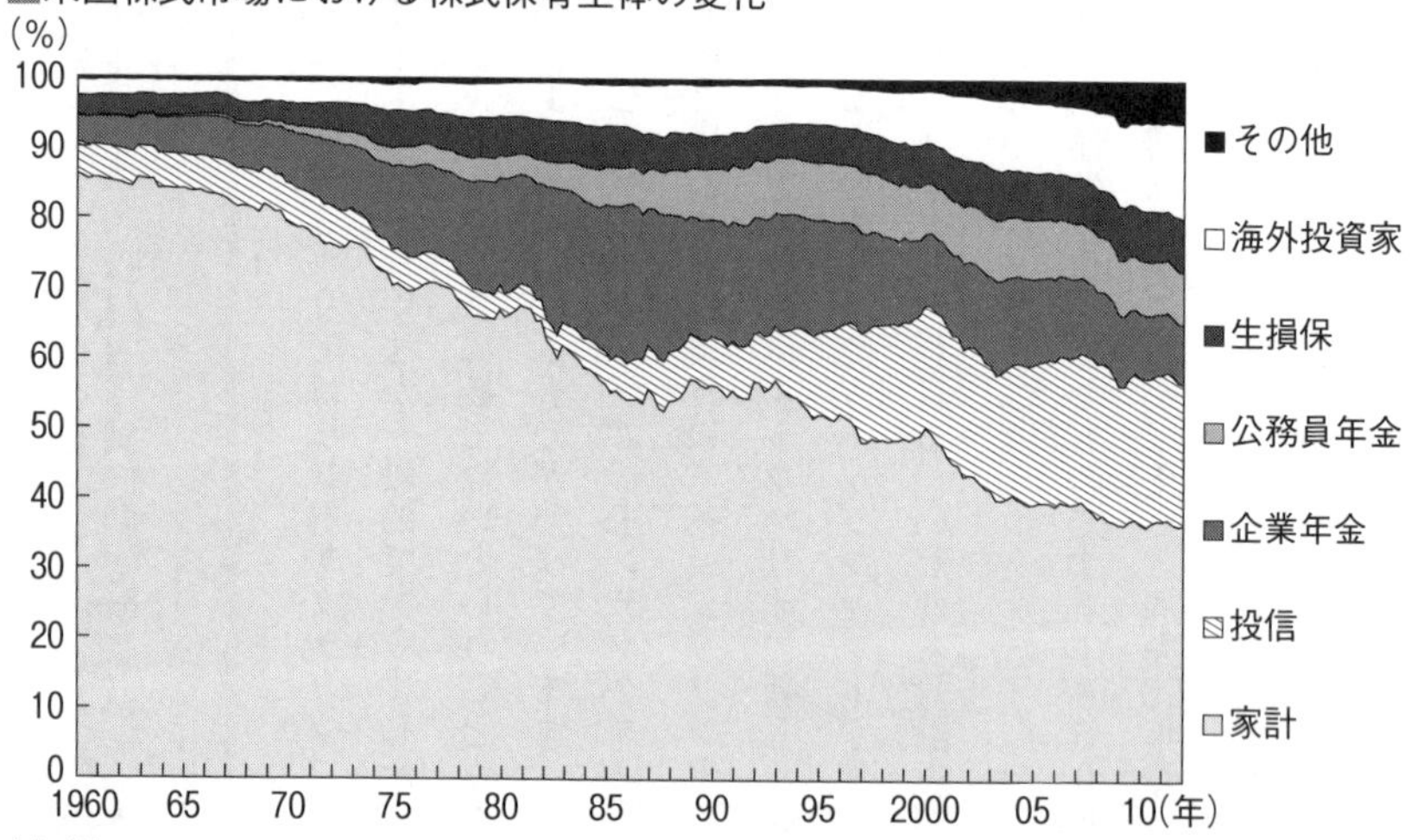

（出所）　FRB, Flow of Funds Statisticsより、みずほ証券作成

ってきているという指摘だったのです。これはとても早い時期の指摘だったと思います。

実際、その後、大変な勢いで年金が伸びていきました。ところが、ある時から年金がどんどん減って、投信が増えてきました。それまでは、企業年金はというと確定給付年金制度、DB（Defined Benefit）という仕組みが一般的でした。ところが、米国の経済が1970年代から1980年代まで低迷していて、確定給付年金のリスクが認識されるようになった。確定給

図表９－11　資産運用業界：グローバル運用資産（AUM）の成長（商品別）

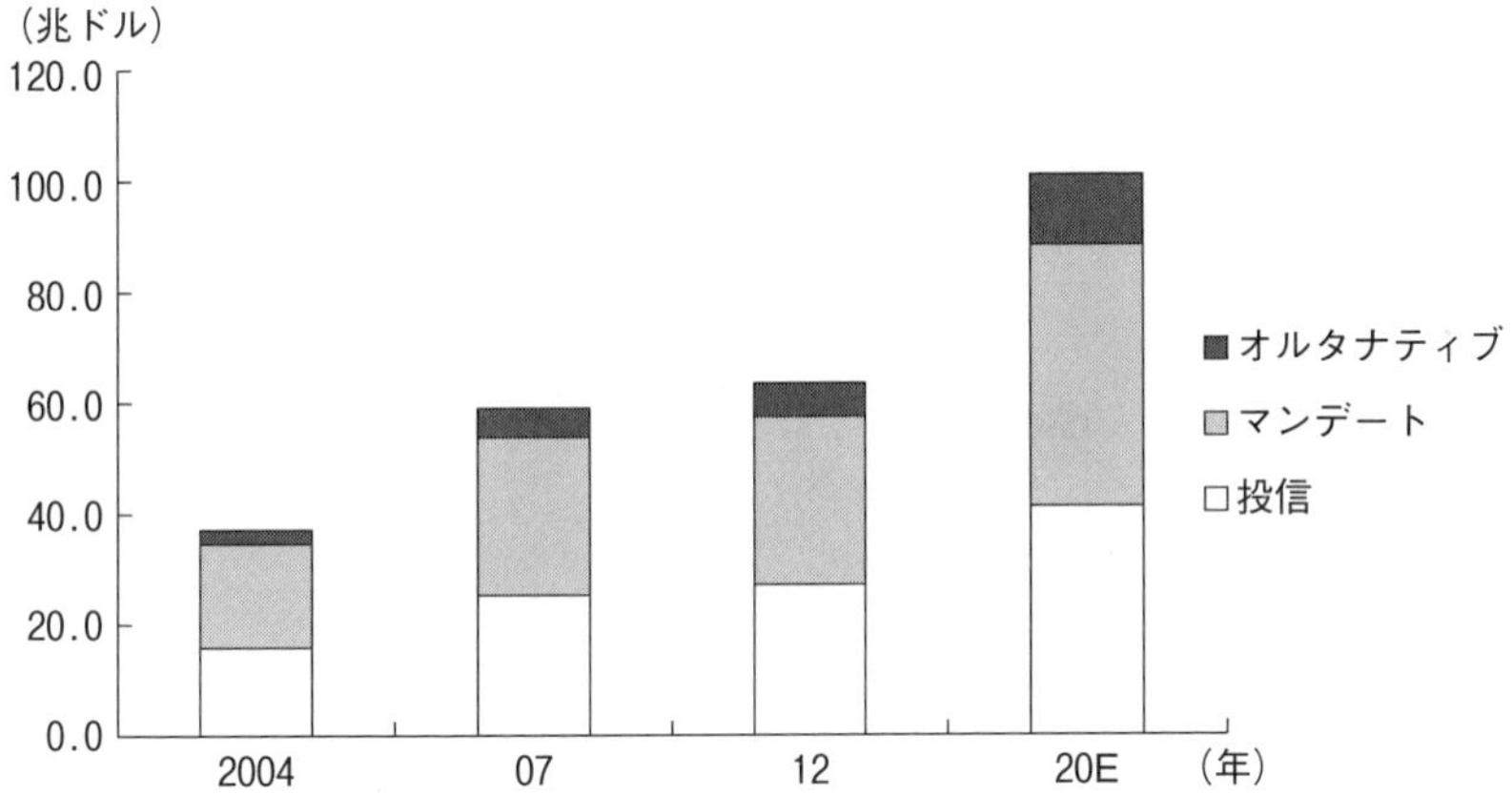

（注）　過去データはヘッジファンド・リサーチ、ICI、プレキン、タワーズ・ワトソン、シティUK。将来予想値は、PwC。

（出所）　PwC,"Asset Management 2020：A Brave New World"のデータより、みずほ証券作成

付年金は企業からみたら負債そのものであって、しかも長期の固定負債です。これがどんどん大きくなっていくというなかで、この仕組みを維持できなくなっていきました。そこで、確定拠出年金制度、ＤＣ（Defined Contribution）、４０１（ｋ）プランといわれるものへの移行が急速に進んだのです。この４０１（ｋ）を担ったのが投信であり、かつ、インデックス型の投信だったわけです。

図表９－11はＰｗＣが出した世界で運用されている資産に関するレポートで、ちょっと違和感もあるのですが、何をみていただきたいかというと、商品別に、投信、マンデート、オルタナティブと分けたうち――マンデートはいわゆる投資顧問の運用ですが――、オルタナティブというカテゴリーが大変伸びているということです。いわゆるヘッジファンドは、このオルタナティブのなかに含まれています。

さらに、図表９－12は、図表９－11と同じものを投資スタイル別に、アクティブ、パッシブ、オルタナティブとしてとったものですが、アクティブ運用が減って、パッシブが非常に伸びていることがわかります。

個人的な感覚でいくと、図表９－11で投信の比率はもっと

図表9－12　資産運用業界：グローバル運用資産（AUM）の成長（スタイル別）

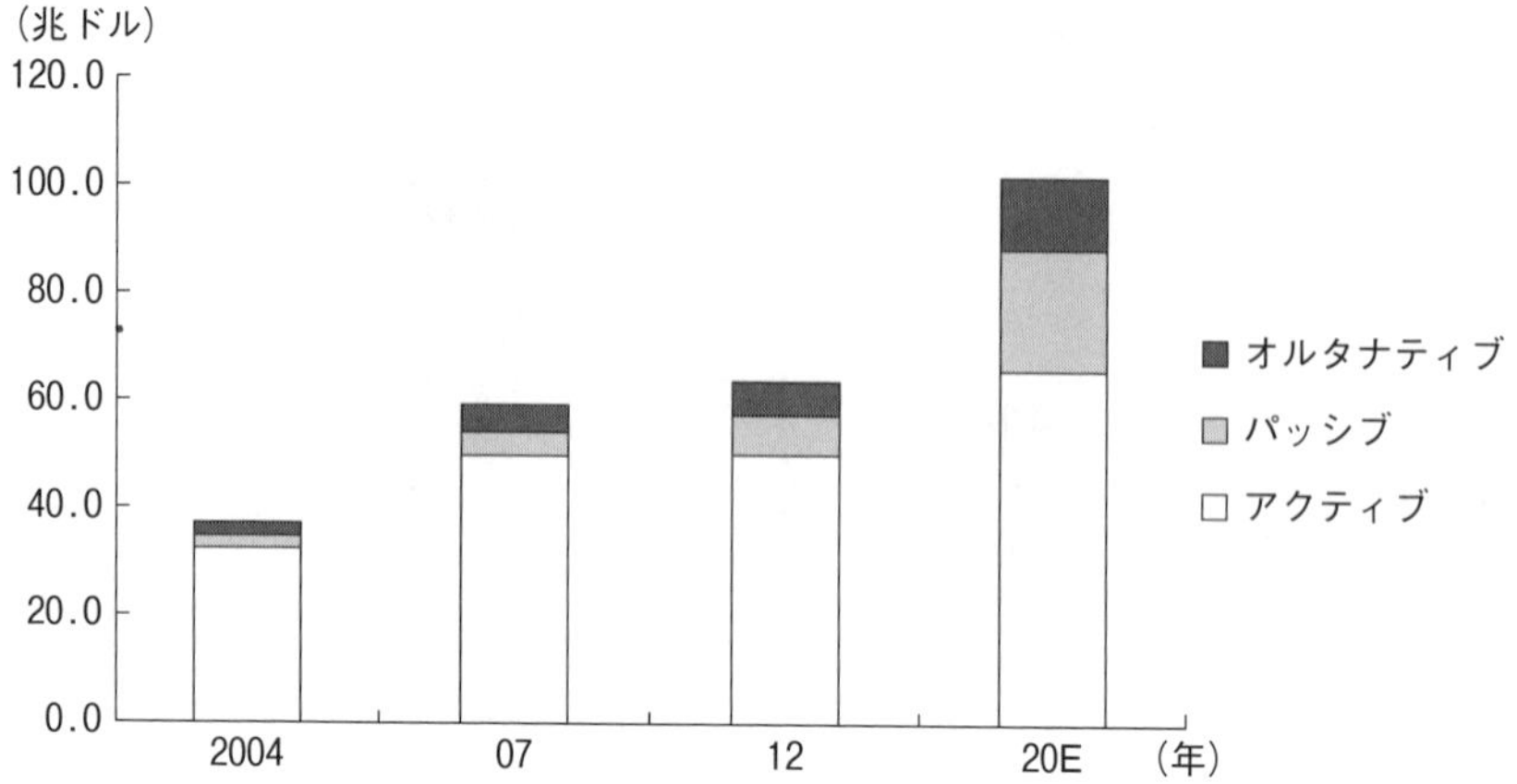

（注）過去データはヘッジファンド・リサーチ、ICI、プレキン、タワーズ・ワトソン、シティUK。将来予想値は、PwC。
（出所）PwC,“Asset Management 2020：A Brave New World”のデータより、みずほ証券作成

高いと思いますし、図表9－12のパッシブの比率ももっと高いのではないかと思いますが、ＰｗＣのリサーチでは図表9－11、9－12のとおりになっています。ただ、ここで一つ申し上げておきたいのは、大きくいってアクティブからパッシブへの流れがあるのと、さらに伝統的な運用からオルタナティブへの流れがある。ここでは、これを押さえておいていただければと思います。

いま、世界最大の運用会社ブラックロックの運用資産は２０１４年末で3・8兆ユーロあります。図表9－13は欧州の雑誌の資料なのでユーロで計算していますが、3・8兆ユーロの運用資産があります。3・8兆ユーロというと、日本円ですと５００兆円くらいのイメージです。みずほグループの3～4倍くらいの大きさになると思います。ちなみに、いま、世界最大の銀行は、総資産では中国工商銀行です。これが2・7兆ユーロ。ＨＳＢＣが2・2兆ユーロということで、ブラックロックの運用資産は世界最大の銀行を大きく上回っているのです。

どうしてブラックロックはこんなに巨大化できたかというと、２００９年6月に、当時最大の運用会社ＢＧＩ、

図表9－13　資産運用業界：グローバル運用資産（AUM）ランキング

会社名		国	2014年末 (€m)	2013年末 (€m)
1	BlackRock	US/UK	3,844,383	3,140,715
2	Vanguard Asset Management	US/UK	2,577,380	1,997,915
3	State Street Global Advisors	US/UK	2,023,149	1,701,651
4	Fidelity Investments	US	1,595,380 (1)	1,411,250
5	BNY Mellon Invest. Management EMEA	US/UK	1,407,163	1,149,878
6	J.P. Morgan Asset Management	US/UK	1,266,805	1,129,854
7	Capital Group	US	1,167,231	907,909
8	PIMCO	US/Ger/UK	1,162,583 (1)	1,116,984
9	Pramerica Investment Management	US	968,628	804,608
10	Amundi	France	865,985	777,111
11	Goldman Sachs Asset Management Int.	US/UK	846,182	586,106
12	Northern Trust Asset Management	US/UK	771,951	641,882
13	Wellington Management	US	755,108	605,536
14	Natixis Global Asset Management	France/US	735,530	629,200
15	Franklin Templeton Investments	US/UK	727,394	639,141
16	Deutsche Asset & Wealth Management	Germany	721,747	644,175
17	TIAA-CREF	US	703,529	410,297
18	Invesco	US/UK	654,645	565,283
19	Legal & General Investment Mngt.	UK	643,070	540,338
20	AXA Investment Managers	France	623,008	546,702

（出所）Investment & Pensions Europe（IPE）

Barclays Global Investorsという会社を買収したからです。ブラックロックは当時、世界第4位の運用資産規模の会社でした。この買収を契機にブラックロックは大躍進を遂げて、圧倒的に巨大な資産運用会社になりました。

2番目にきているバンガードが、インデックスファンドとかETFを巨大化させた会社です。もともとは13位に出てきているウェリントンから分かれた会社ですけれども、これも大躍進した会社です。

また、3番目のステート・ストリート・グローバル・アドバイザーズは、米国の大きな信託銀行の系列の運用会社ですけれども、この三つの運用会社の主力商品は、すべてETFやインデックス投信です。

先ほど図表9－11で違和感があると申し上げたのは、図表9－13で、世界の三大運用会社がみんなパッシブ中心の会社なのに、この比率はないだろうというのが私自身の印象です。ただ、このグラフのポイントは、アクティブよりもパッシブが伸びているということであります。

資本市場の役割を考えますと、資本の需要者である企業等と、資本提供者である投資家――究極的には家計になりますけれども――の需要と供給を、価格（株価等）の調整を通じて一致させるということになります。市場における裁定行動を通じて、リスク調整後でみて相対的に高いリターンを提供する企業の株価が高くて、低いリターンの企業の株価は低くなる。このような資本市場の価格発見機能が重要なわけですが、これによって希少資源である長期資本の最適配分が達成される。これが資本市場の大きな役割です。

ところが、ポートフォリオ理論からすると、実はインデックスに投資することが正解になってしまいます。では、みんながみんな市場ポートフォリオをもつとしたら、いったい何が起こるのかということですけれども、結果として価格発見機能が弱くなってしまうということです。

冒頭申し上げたように、私も、いっとき運用会社に身を置いておったのですが、すごく矛盾した仕事なのです。まず、アクティブ運用の矛盾。平均的なポートフォリオマネジャーはベンチマークに勝てないということを皆、理解しています。統計的にそういう結果が出てしまっているので、それは理解しています。そのうえで、自分はベンチマークに中長期的にみて勝てると信じている。顧客もまた、プロのポートフォリオマネジャーであるなら、ベンチマークに勝つことは当たり前だと思っている。皆さんも投信を買うなり、運用商品を買うといったときに、プロが運用しているのだからTOPIXに勝つのは当たり前だろう、日経平均に勝つのは当たり前だろうと思われていると思いますが、統計的には、大部分のポートフォリオマネジャーは、手数料控除後でコンスタントにベンチマークに勝つのは至難のわざなのです。しかし、みんな自信満々です。自分はたまたま今年運が悪かったけれども、長い目でみたら勝つのだと信じていないと続けられない仕事なのです。

統計的には、ごく少数ですけれども、インデックスに勝ち続けているポートフォリオマネジャーが存在します。そのようなポートフォリオマネジャーのことを世間では天才ポートフォリオマネジャーといいます。ただ問題は、天才ポートフォリオマネジャーが今後も勝ち続けられるかどうかという保証はないのです。数年前まで天才ともてはやされていた人が、数年後にはただの凡庸なポートフォリオマネジャーに変わっているということはよくあることです。ただ、この業界では、トラックレコードはとても重視されるので、みんなトラックレコードを築くのに一生懸命になっています。

一方で、パッシブ運用の矛盾ですが、パッシブ運用はアクティブ運用をやるよりも効率がいい。したがって資本提供者が合理的であれば、パッシブ運用をアクティブ運用より選好するはずです。株式市場の価格発見プロセスは、市場参加者が個別株式の適正株価を探すという行為の結果、個々の株価の相対関係が変化し、希少資源であるリスク資本の最適配分が達成され、これによって実現されます。実際には起こらないとは思いますが、世の中の運用がすべてパッシブになってしまいますと、個別株式の株価はインデックスの動きと同じになってしまう。つまり、個別株式の相対株価は常に一定となって、この結果、資本市場における価格発見機能、資源配分が損なわれてしまうという問題があります。

　巨大年金基金は、たとえばカルパースというカリフォルニアの大きな年金をはじめとして、パッシブ運用を基本としつつ、ポートフォリオ全体に占めるアクティブ運用の比率をコントロールしながらリスクをとるというスタイルが一般的になりました。ただ問題は、アクティブ運用では先ほど申し上げたようにインデックスに勝てない。パッシブ運用ではマクロ経済のパフォーマンスを超えられない。かつ、巨大年金であればあるほど、全体のポートフォリオはどんどんインデックスに近づいてしまいます。アクティブ運用の会社に運用を委託していても、委託先のポートフォリオをすべて合算するとインデックスとあまり変わらなくなってくる。マクロ経済が低迷していて、インデックスのパフォーマンスも不振であるときに、どうやって受託責任を果たしていくのかということが問題になりました。さっきいった確定給付年金では、受給者に約束する給付額が決まっています。そのためには5％など一定の予定運用利回りを達成する必要があります。しかし経済のパフォーマンスをみたら到底そんな運用は達成できない場合もあります。

　そうした時に、こういう巨大年金基金は、普通にやっていたら受託責任は果たせない、やらなければいけないことは、ポートフォリオに入っている個々の会社のパフォーマンスを上げないとだめだということに気がついたわけです。最初は経営不振企業、あるいはガバナンスに問題があるような企業を名指しして、うちはここには投資しませんということをやっていたのですけれども、だんだんもっと経営者に対してモノを申して、もっと経営成績を上げるようにプレッシャーをかけようというかたちで、経営改善を働きかけるようになってきました。こうした巨大年金基金の問題意識とそれに基づく行動は、株主行動主義（Shareholder Activism）と呼ばれるようになりました。それから、企業価値拡大・株主価値創出のための投資家との対話をエンゲージメントと呼ぶようになりました。

　アクティブ運用で投資判断といったときには、基本的に売りか買いか保有するか、自分のもっている銘柄についてはそれしかありません。もっていない銘柄については、買うか買わないかの2択です。ロングオンリーの伝統的な投資家は、銘柄の入れ替えを通じて高いリターンを目指しているわけですが、自分が魅力がないと思っている株をずっと持ち続けている、割高の株をもっているということは、受託責任を果たしていることにならないのです。したがって、より割高な株を売って、より割安な株に入れ替えていく、これがアクティブ運用の基本になりますけれども、こういうものをウォールストリート・ルールといっていました。

ただ、先ほどから申し上げているように、こういうアクティブ運用ではインデックスに勝てないとわかってきた。保有銘柄については、近年、企業経営との対話を通じてガバナンスの強化を求めたり、企業の経営戦略の変更を求めるケースも出てきている。そのような企業との対話による保有銘柄の企業価値増大を求めることも、アセットオーナーである年金基金や、さらにいうならば年金の受給者に対するアセット・マネジャーの重要な受託責任と考えられるようになってきました。もともとは上手に運用をやって資産を増やせば、それで受託責任、フィデューシャリー・デューティーを果たしているということになっていたのだけれども、最近では投資先の会社に働きかけて、その経営をよくしていく。そこまでやって、やっと受託責任を果たしているとみなされるようになってきたということです。

こうした動きは実はマクロ的にも大きな意味をもっていて、単に売ったり買ったりしているということではなくて、自分の投資している企業の経営に積極的に働きかけることを通じて、個々の企業を強くし、ひいてはマクロ経済をよくすることに貢献しようということです。冒頭に資本市場は資金調達の場であると同時に、資産形成の場であるということを申し上げましたけれども、マクロ経済が伸びていかない限りは、資産形成もマクロでみたらできないということです。個々人レベルでは財産をためることができる人はいるかもしれませんけれども、経済全体でみたときには、やはり豊かにはなりません。これまでマクロの政策というと、伝統的には財政政策とか金融政策で担ってきたわけでありますけれども、ミクロのところまでおりていって、ミクロのプレイヤーである企業に働きかけることによって富を増大させていくということが、いま、特に日本のような経済では求められてきていると考えています。

5 質疑応答

質問　今日のお話のなかで、何度か安全資産という言葉が出てきましたが、リーマンショック後もそれは格付を基準に判断されているのでしょうか、リーマンショックの前後で格付に対する信頼は変わったのでしょうか。

回答　証券化商品の格付と、それまで非常にノウハウが積み上がってきた社債、クレジットの格付の仕方は本来異なるべきでした。一般の社債の信用リスクだと、割ときれいに正規分布を書いて、期待損失が計算できるわけですが、証券化商品は、期待損失はいくらでもコントロールできて、キャッシュフローをいくらでも組み替えることができてしまう。しかも、損失が起こる確率を小さくしていますが、起こったときのテールリスクは非常に大きい商品となっていました。このように商品特性が普通の社債とまったく違うにもかかわらず、表面的にはトリプルAという同じような指標を使ったわけです。

結果として、普通の社債などの信用格付だと、たとえばトリプルAがトリプルAマイナス、ダブルAプラスと段階的に落ちていきますが、証券化商品ではトリプルAがいきなり投機的格付に落ちてしまったりということが実際起こってしまったんですね。それで格付機関に対する信頼が大変損なわれ、格付機関への規制ということが叫ばれるようになりました。今日は話を省略してしまいましたけれども、それは金融規制のなかで大きな論点の一つになっています。

さらに、もう少し付言しますと、実は格付機関のビジネスモデルには大きな問題がありました。格付の最大の受益者は投資家ですが、格付機関にお金を払っているのはだれかというと、発行体なのです。発行体には少しでもいい格付をとりたいというインセンティブがあります。しかも、社債であれば、クレジットは安定しているので、発行体が自由自在にできるということはないのですが、証券化商品は、間に入っている投資銀行がいかようにも設計できてしまうので、逆に格付会社のほうが「ここをこういうふうにしてくれるとトリプルAをあげられるんだけどな」とつぶやくと、それにあわせて投資銀行が証券化商品を組成することになります。したがって、投資銀行業界と格付業界は、ある種の利益相反関係にあるにもかかわらず、このような実務をやってきました。これも広い意味で金融庁でいわれているフィデューシャリー・デューティーにかかわるような問題だと思います。組成に関して明らかに問題があるとわかりつつ、そういう行為をしていたことは、本当にフィデューシャリー・デューティーを果たしていたのかというと、疑問を感じます。

質問　GPIFが損失を出したというニュースがありましたが、このような損失は不可避的なものなのでしょうか。まず、多くの新聞報道の仕方、損失が発生してけしからんという理解のされ方自体が、残念ながらわが国のリテラシーの低さを示しているということなのだろうと思います。実はあの期間をとってみたときに、GPIFの株のポートフォリオのパフォーマンスは、わずかながらですけれども、インデックスを上回っていました。その限りにおいては健闘したというべきなのです。

回答　この問題については二つの考え方があると思います。公的な年金において、株式でリスクをとるのが本当にいいのかという問題です。たとえば米国だと、公的年金に株式は入れないということでやっています。

ただ一方で、政策的にどう考えるかという部分があります。GPIFというのは非常に巨大なソブリン・ウエルス・ファンドです。日本のマクロ経済を考えていった場合、少子高齢化で、債券の運用だけではなかなか十分なリターンを出せないというなかで、ある程度リスク資産をもたなければいけない。かつ、日本経済のパフォーマンスをよくしていこうと思ったときに、ある程度GPIFのような資金でエクイティ、株式のリスクをとって、かつ、積極的に企業に働きかけていく、エンゲージメントを行っていくということは必要なことといいますか、悪いことではないと私は思っています。いや、それは公的年金のやることではないでしょうという意見もあります。ここは価値観の問題になってくると思いますが、私自身は、この日本の苦境を打開するために、GPIFのような資金を使ってそういう試みをやってみるということは決して悪いことではないと思います。

いずれにしても、金融市場が荒れれば、GPIFのような巨大な資金をもっていて、かつ、リスク資産へのエクスポージャーをもっていたならば、なんらかの損失は避けられません。ロスが出たというよりは資産が減ったというべきだと思いますが、そういう時期があっても、それは仕方がないでしょう。

一方で、GPIFの資産でみていただくと、アベノミクスの恩恵で、この2年間くらいはむしろ資産が大変な勢いで増えていますから、そういうところをみないで、その3カ月間のパフォーマンスだけみて、けしからんと騒ぐのは、ちょっと行き過ぎではないかなと思います。

質問 シャドーバンキングについて、海外での規制の議論が高まった背景と、日本との違いは何でしょうか。

回答 シャドーバンキングが、なぜ海外でより規制の議論が高まったかというと、証券化商品の厚みが全然違ったから。日本でも市場型間接金融という言葉が使われたことがあって、2002年くらいにもっと投資家の資金をクレジットのほうに引っ張ってきてという議論がされたことがありました。銀行は、自己資本を使ってリスクをとっていきますが、自己資本の限界を超えると大変な混乱が起こってしまいますので、その発想というのはとても正しかったと思います。日本でも証券化推進の議論が出ていたのですが、海外では、それがちょうど証券化という技術が立ち上がってくるときにぶち当たって、より積極的に使われました。その結果、いつの間にか世界のGDPの120%という規模にまでシャドーバンキングが育ってしまったわけです。

何が問題かというと、シャドーバンキングという言葉が含意しているのは、規制当局が何もみていないということ。まさに自由な商品開発を行って、かつ、販売できました。ところが、そこであまりにも販売会社、あるいは投資銀行としてのフィデューシャリー・デューティー、あるいは適合性の原則といったほうがいいのかもしれませんが、それに反するような行為が横行してしまい、かつ、過剰なリスクをとり過ぎて大崩壊が起こってしまいました。そういうなかで、証券化に対する規制が入ったり、運用会社に対する規制が考えられてきました。しかし日本の場合は、証券化の市場そのものがそれほど大きくなかったということもあって、シャドーバンキングに対する規制は、それほど大きな問題になりませんでした。そういう差だと思います。

ただ、シャドーバンキングという言葉はなかったですが、日本でも、かつて系列ノンバンク問題というのが起こりました。これはどういうものかというと、銀行の関連会社のノンバンクを通じて不動産会社に貸し込みました。どうしてそんなことが起こったかというと、政府が、銀行が不動産業界に対して貸すことのできる上限を決めてしまったのです。総量規制といいます。その総量規制を迂回するために、銀行は自分たちの系列のノンバンクにお金を貸して、そこを経由して不動産業界にお金を流し込むということをやりました。これが数十兆円の規模になってしまって、この処理に大変苦労しました。証券化という高度な技術は使っていませんけれども、これは今風にいえばシャドーバンキングだったと思います。

さいごに

本書に名前が出てくる方々をはじめ、講師の皆さまには、「資本市場と公共政策」という講義の意義、資産運用の高度化というテーマを取り上げた意図をご理解いただき、講義への登壇を快く引き受けてくださいました。講義では学生から非常に多くの質問が出され、これに対し、講師の皆さまは大変丁寧に回答してくださり、時間内に終わらないことも少なくありませんでした。スペースの関係などから、講義のすべての回を、また質疑応答のすべてを掲載することができませんでしたが、講師の皆さまには多大な時間と労力を割いていただきましたこと、心より感謝申し上げます。

この講義は、もちろん学生の学習を目的に行ったものですが、昨今の資産運用を取り巻く、市場環境の変化や、政策上あるいは法学的な議論の高まりをふまえ、講義の議論を広く社会で関心のある方にご覧いただくことは、さまざまな場面において意義があるものと考え、講師の皆さまに原稿確認という手間までおかけして、出版することにいたしました。金融財政事情研究会の谷川治生氏、堀内駿氏には、本書の構想段階から相談にのっていただき、大変なご尽力をいただきました。この場を借りて厚く御礼申し上げます。

本書の編集作業等は今泉が主に行いましたが、この講義は小野傑東京大学法科大学院客員教授（西村あさひ法律事務所 パートナー弁護士）とともに企画し運営してきました。小野先生には、さまざまに的確なアドバイスをいただき、不慣れな私を助けていただきました。

東京大学法学政治学研究科の神作裕之教授には、この講義の企画運営をはじめ、教育・研究活動の全般にわたり親身にご指導いただき、本書の出版にあたっても有益なアドバイスをいただきました。

講義の運営その他では、東京大学公共政策大学院の三木真砂美さんにも大変お世話になりました。

また、資産運用の高度化というテーマに関して、常日頃から一緒に議論してくださる関係者の皆さまよりいただいた刺激が、本書を出版することの後押しになったことはいうまでもありません。

皆さまに心より御礼申し上げます。

最後に、この講義に参加して活発な議論を交わしてくれた学生の皆さんに感謝申し上げます。学生皆さんの今後の活躍を心より祈念したいと思います。

今泉　宣親

[第９章]

[第7章]

[第8章]

［第５章］

［第６章］

［第３章］

［第４章］

[第２章]

図表索引

[はじめに]

[第１章]

タ　行

ナ　行

ハ　行

ヤ　行

ラ　行

事項索引

※(　)付きは「はじめに」より

数　字

英　字

ア　行

カ　行

サ　行

資産運用の高度化に向けて
——インベストメント・チェーンを通じた経済成長

平成29年3月10日　第1刷発行

編　者　神作　裕之
　　　　小野　　傑
　　　　今泉　宣親
発行者　小田　　徹
印刷所　三松堂印刷株式会社

〒160-8520　東京都新宿区南元町19
発　行　所　**一般社団法人 金融財政事情研究会**
　編 集 部　TEL 03(3355)2251　FAX 03(3357)7416
販　　　売　**株式会社 き ん ざ い**
　販売受付　TEL 03(3358)2891　FAX 03(3358)0037
　URL http://www.kinzai.jp/

ISBN978-4-322-13040-9